PSALTERIUM
MONASTICUM

PSALTERIUM
CUM CANTICIS NOVI & VETERIS TESTAMENTI
IUXTA REGULAM S.P.N. BENEDICTI
& ALIA SCHEMATA LITURGIÆ HORARUM MONASTICÆ
CUM CANTU GREGORIANO
CURA ET STUDIO MONACHORUM
SOLESMENSIUM

SOLESMIS
MCMLXXXI

Prot. CD 1542/80

CONGREGATIONIS SOLESMENSIS O.S.B.

Instante Reverendissimo Patre Ioanne Prou, Præside Congregationis Solesmensis O.S.B., Abbate Abbatiæ S. Petri Solesmensis, litteris die 23 augusti 1980 datis, vigore facultatum huic Sacræ Congregationi a Summo Pontifice Ioanne Paulo II tributarum, Psalterium Monasticum, prout exstat in exemplari ad nos misso, perlibenter probamus seu confirmamus.

In textu impresso mentio fiat de confirmatione ab Apostolica Sede concessa. Eiusdem insuper textus impressi duo exemplaria ad hanc Sacram Congregationem transmittantur.

Contrariis quibuslibet minime obstantibus.

Ex ædibus Sacræ Congregationis pro Sacramentis et Cultu Divino, die 22 novembris 1980.

Iacobus R. Card. Knox
Praefectus

Vergilius Noe
a *Secretis a.*

© 1981, Abbaye Saint-Pierre de Solesmes.
© 1981, Desclée, Paris-Tournai.

Abbaye Saint-Pierre de Solesmes.
F-72300 Sablé-sur-Sarthe, France

ISBN 2-85274-054-0

PROŒMIUM

Divini Officii a Sacrosancto Vaticano Concilio secundo facta renovatio, monasticae liturgiae aptata est per Thesaurum liturgiæ horarum monasticæ *die 10 februarii 1977 a Sacra Congregatione pro Sacramentis et Cultu divino approbatum et ab Abbate Primate Confoederationis O.S.B. evulgatum.*

In eumdem aptationis finem persequendum, solesmenses monachi, hoc anno quindecies centenario a nativitate S.P.N. Benedicti, hoc edunt Psalterium quo monachi et moniales O.N. Officium renovatum gregoriano cantu celebrare queant.

Continet hic liber imprimis integrum CL psalmorum textum, cum canticis consuetudinariis tam Veteris Testamenti quam Novi, iuxta Novam Vulgatam bibliorum sacrorum interpretationem, a Concilio Vaticano II postulatam, curis Pauli Papae VI ad effectum adductam, et auctoritate Ioannis Pauli Papae II per Constitutionem Apostolicam Scripturarum thesaurus, *die 25 Aprilis 1979 promulgatam.*

Disponuntur vero psalmi in hoc libro secundum ordinem eis a Regula S.P.N. Benedicti assignatum, parum quidem ab ordine numerico discrepantem. Verumtamen ut communitates diversis psalmodiae schematibus in Thesauro liturgiæ horarum monasticæ *propositis utentes, istud commode possint adhibere Psalterium, post varias schematis A distributiones in ipso Psalterii corpore notatas, immediate subiuncta sunt schemata B, C, D, cum partibus propriis ac notulis ad antiphonas et psalmos remittentibus. Ne tamen ad aliam libri partem saepius aequo remitteretur, pro unoquoque psalmo selectae sunt ex traditione gregoriana una pluresve antiphonae ex huiusce psalmi textu desumptae. Quae antiphonae in capite psalmorum lineolis includuntur, quando antiphona schematis Regulae non iam ipsa desumitur e psalmo.*

Optandum autem visum est servare vel restituere quasdam S. Regulae circa divinum Officium dispositiones, in Thesauro *praetermissas, ut sunt: preces pro fratribus absentibus in fine uniuscuiusque horae, abbatis benedictio post Nocturnorum psalmodiam ad Vigilias, supplicatio litaniae id est* Kýrie eléison, *ac* Pater noster *in fine Vigiliarum minorumque Horarum. Hae igitur dispositiones obligationem inducere non intendunt ac praeter tres supradictas, aliae huiusmodi dispositiones,vel in Psalterio sibi annexam habent variationem ad libitum, e* Thesauro *depromptam, vel ipsae, tamquam variatio ad libitum, dispositioni in* Thesauro *indictae annectuntur.*

Hic, qui nunc editur, liber, utpote ad Officium chorale *destinatus, praeter psalmos et cantica complectitur, et in cantu semper, antiphonas et responsoria brevia temporis per annum. Quibus ad augenda voluminis huius commoda adiungitur textus hymnorum, versuum, lectionum brevium etc., exclusis lectionibus prolixis, quo Officii temporis per annum integra recitatio possibilis evadat. Additus est insuper in appendice, sub aliqua tamen parcitate, textus Ordinarii aliorum temporum, quem in posterum libri, qui iam componuntur, praebebunt, necnon textus antiphonarum, versuum et canticorum, cum indicatione psalmorum, pro sollemnitatum festorumque Vigiliis, denique textus orationum de tempore in Collectarium redactarum.*

Donec vero in lucem prodeant Antiphonale Romanum, Hymnarium necnon Antiphonale Monasticum, supplebitur eorum defectus, tam pro textu quam pro melodia, usu librorum qui hucusque in manibus habentur.

Si revera huius voluminis moles, ex proposito modicior, exegit ut a textuum e Thesauro *propositorum copia selectio arctior fieret, optandum tamen manet ut haec copia in Officio chorali non negligatur.*

Omnes huius libri melodiae ex traditione gregoriana proveniunt et secundum hodiernae musicalis criticae regulas restitutae sunt. Antiphonis, in Thesauro quidem propositis, sed ab illa traditione alienis, aliae, similes tamen quoad sensum, substitutae sunt. Quod revera faciendo ipsa servata est methodus adhibita in preparando futuro Antiphonali Romano, ad quod lectorem amplioris de hac re explanationis cupidum remittimus.

Abbreviatio A. quae olim pro antiphona usurpabatur, in hoc libro restituta est. Signo ¶ indicantur variationes ad libitum propositae et divisiones psalmorum secundum schemata.

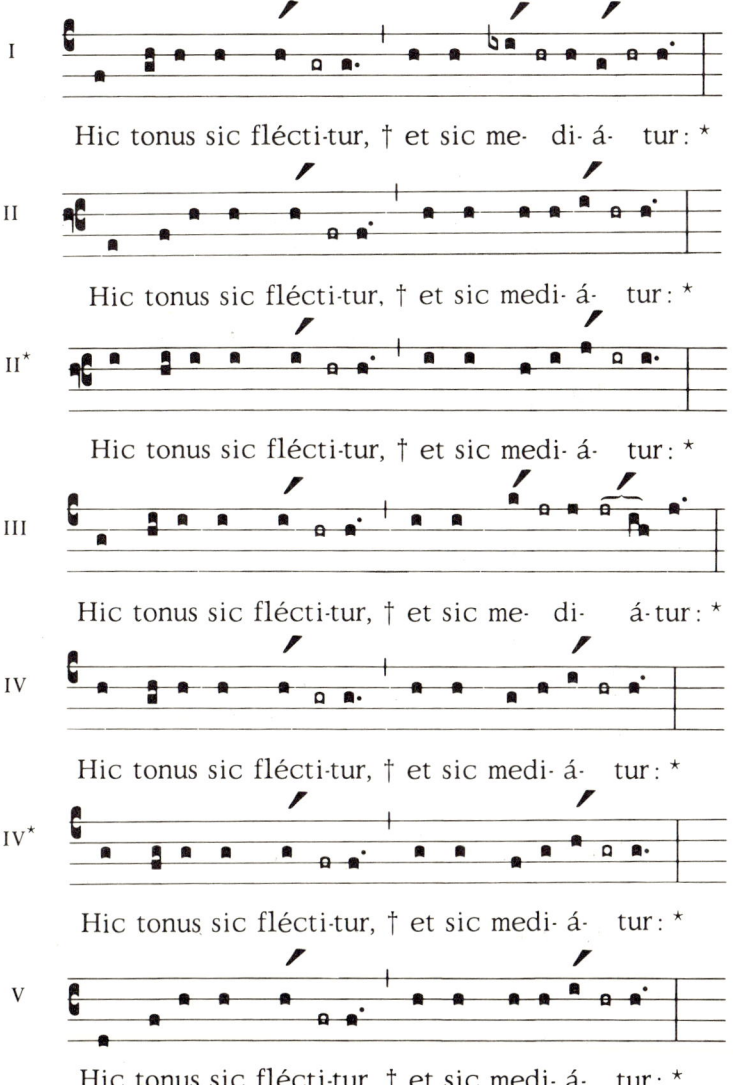

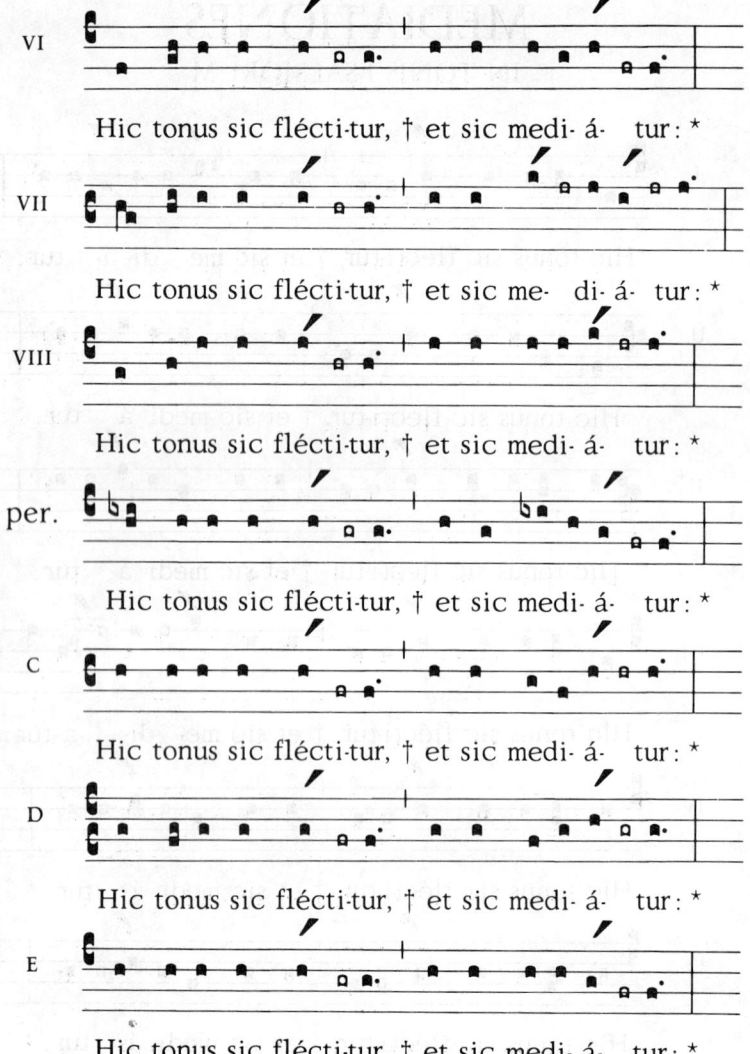

TONUS LECTIONUM

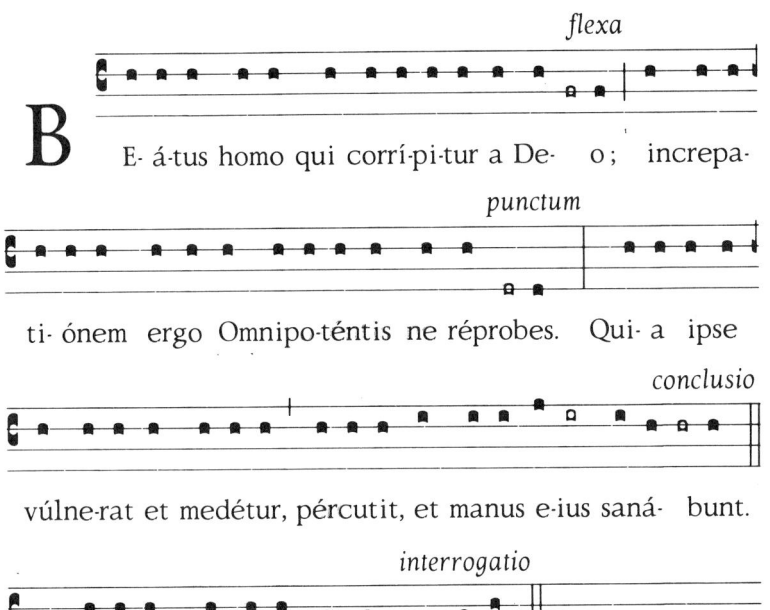

flexa

B Be- á-tus homo qui corrí-pi-tur a De- o; increpa-

punctum

ti- ónem ergo Omnipo-téntis ne réprobes.   Qui- a ipse

conclusio

vúlne-rat et medétur, pércutit, et manus e-ius saná- bunt.

interrogatio

... Quis enim cognóvit sensum Dómi-ni?

FERIA SECUNDA AD PRIMAM

℣. Deus, in adiutórium meum inténde.
℟. Dómine, ad adiuvándum me festína.
Glória Patri et Fílio et Spirítui Sancto, *etc.*

HYMNUS

I Am lucis orto sídere
Deum precémur súpplices,
ut in diúrnis áctibus
nos servet a nocéntibus.

Linguam refrénans témperet,
ne litis horror ínsonet;
visum fovéndo cóntegat,
ne vanitátes háuriat.

Sint pura cordis íntima,
absístat et vecórdia;
carnis terat supérbiam
potus cibíque párcitas;

Ut, cum dies abscésserit
noctémque sors redúxerit,
mundi per abstinéntiam
ipsi canámus glóriam.

Deo Patri sit glória
eiúsque soli Fílio
cum Spíritu Paráclito,
in sempitérna sǽcula. Amen.

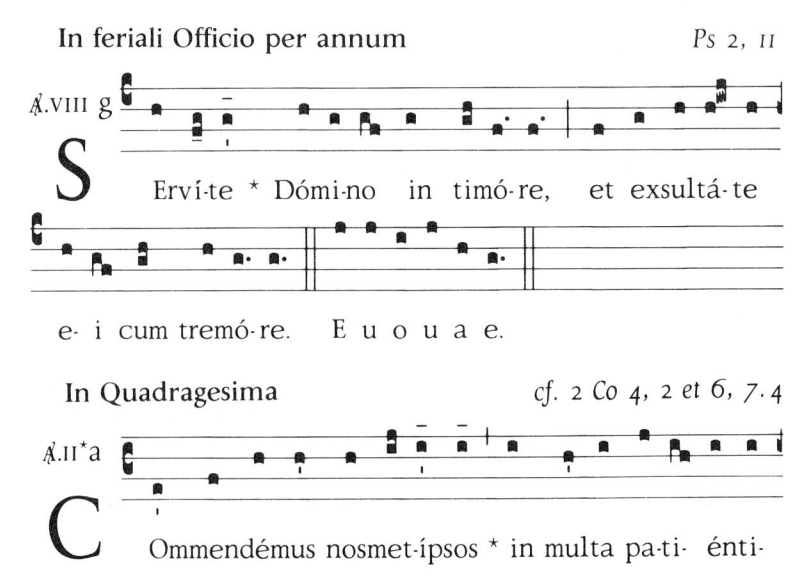

In feriali Officio per annum　　　　　　　　　*Ps* 2, 11

Ant. VIII g

S Ervíte * Dómino in timóre, et exsultáte
e- i cum tremóre.　E u o u a e.

In Quadragesima　　　　　　　*cf.* 2 Co 4, 2 *et* 6, 7.4

Ant. II*a

C Ommendémus nosmet-ípsos * in multa pati- énti-

a, in ie·iúni- is multis, per arma iustí·ti· æ. E u o u a e.

Tempore paschali

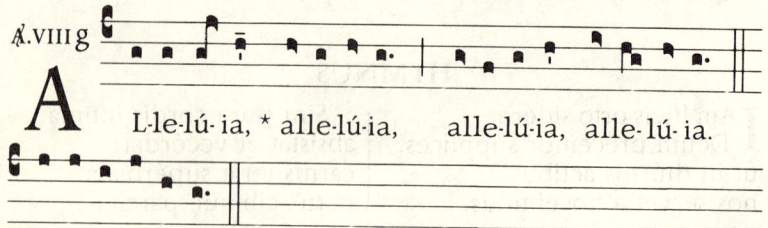

Ꭿ.VIII g

A Lle·lú·ia, * alle·lú·ia, alle·lú·ia, alle· lú· ia.

E u o u a e.

PSALMUS 1
DE DUABUS HOMINUM VIIS

Beati qui, sperantes in crucem, in aquam descenderunt (Ex auctore quodam II saeculi).

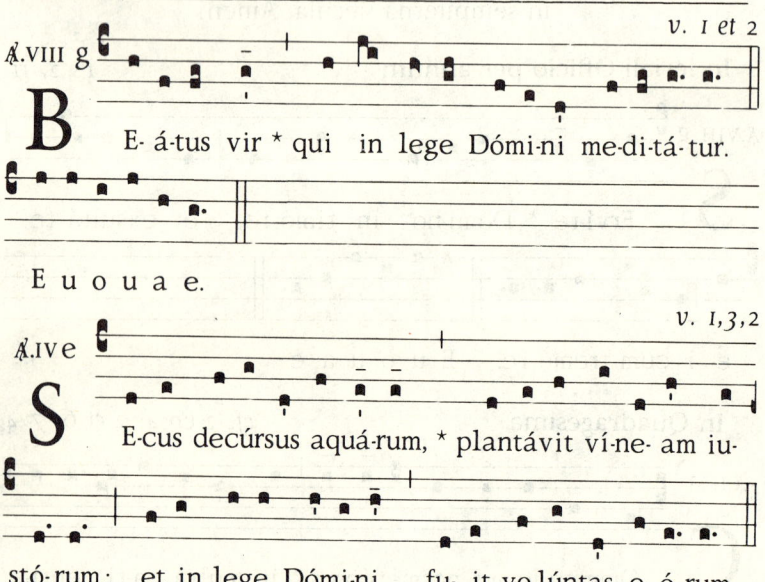

Ꭿ.VIII g   *v. 1 et 2*

B E· á·tus vir * qui in lege Dómi·ni me·di·tá· tur.

E u o u a e.

Ꭿ.IV e   *v. 1,3,2*

S E·cus decúrsus aquá·rum, * plantávit ví·ne· am iu-

stó·rum: et in lege Dómi·ni fu· it vo·lúntas e· ó·rum.

Psalmi 1 et 2

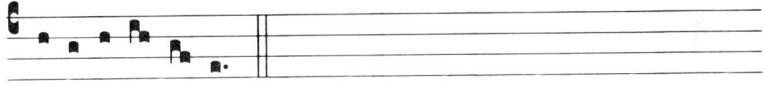

E u o u a e.

B Eátus vir qui non ábiit in consílio impiórum †
  et in via peccatórum non stetit *
    et in convéntu derisórum non sedit,
sed in lege Dómini volúntas eius, *
  et in lege eius meditátur die ac nocte.

Et erit tamquam lignum
    plantátum secus decúrsus aquárum, *
  quod fructum suum dabit in témpore suo;
et fólium eius non défluet, *
  et ómnia quæcúmque fáciet, prosperabúntur.

Non sic ímpii, non sic, *
  sed tamquam pulvis, quem próicit ventus.
Ideo non consúrgent ímpii in iudício *
  neque peccatóres in concílio iustórum.

Quóniam novit Dóminus viam iustórum, *
  et iter impiórum períbit.

Glória Patri, et Fílio, *
  et Spirítui Sancto.
Sicut erat in princípio, et nunc, et semper, *
  et in sǽcula sæculórum. Amen.

  Hic ℣. Glória Patri *semper dicitur in fine omnium psalmorum et canticorum, nisi aliter notetur.*

PSALMUS 2

MESSIAS REX ET VICTOR

  Convenerunt vere adversus puerum tuum Iesum, quem unxisti (Act 4, 27).

Ant. III a2 E- go autem * consti-tú-tus sum rex ab e- o super

Feria II ad Primam

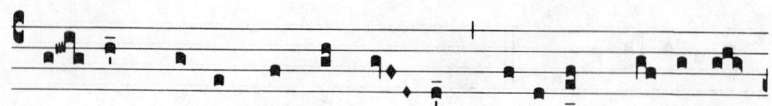

Si- on, montem sanctum e- ius, prædicans præcéptum

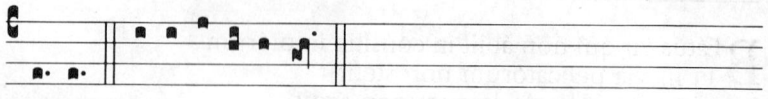

e-ius. E u o u a e.

Quare fremuérunt gentes, *
  et pópuli meditáti sunt inánia?
Astitérunt reges terræ, †
  et príncipes convenérunt in unum *
  advérsus Dóminum et advérsus christum eius:
«Dirumpámus víncula eórum *
  et proiciámus a nobis iugum ipsórum!»
Qui hábitat in cælis, irridébit eos, *
  Dóminus subsannábit eos.
Tunc loquétur ad eos in ira sua *
  et in furóre suo conturbábit eos:
«Ego autem constítui regem meum *
  super Sion, montem sanctum meum!»
Prædicábo decrétum eius. †
  Dóminus dixit ad me: «Fílius meus es tu; *
  ego hódie génui te.
Póstula a me, et dabo tibi gentes hereditátem tuam *
  et possessiónem tuam términos terræ.
Reges eos in virga férrea *
  et tamquam vas fíguli confrínges eos.»
Et nunc, reges, intellégite; *
  erudímini, qui iudicátis terram.
Servíte Dómino in timóre *
  et exsultáte ei cum tremóre.
Apprehéndite disciplínam, †
  ne quando irascátur, et pereátis de via, *
  cum exárserit in brevi ira eius.
Beáti omnes *
  qui confídunt in eo.

PSALMUS 6

HOMO AFFLICTUS DOMINI CLEMENTIAM IMPLORAT

Nunc anima mea turbata est... Pater, salvifica me ex hora hac (Io 12, 27).

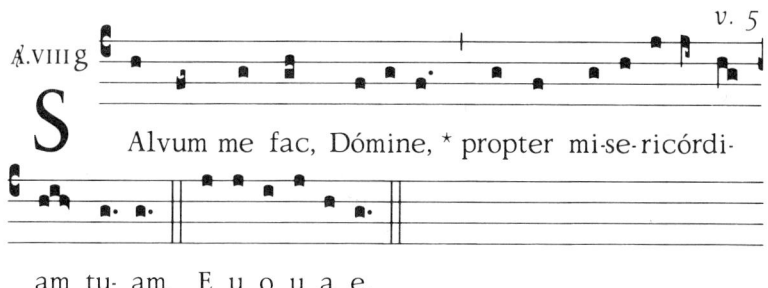

Alvum me fac, Dómine, * propter mi·se·ricórdi·am tu·am. E u o u a e.

Dómine, ne in furóre tuo árguas me, *
 neque in ira tua corrípias me.
Miserére mei, Dómine, quóniam infírmus sum; *
 sana me, Dómine, quóniam conturbáta sunt ossa mea.
Et ánima mea turbáta est valde, *
 sed tu, Dómine, úsquequo?
Convértere, Dómine, éripe ánimam meam; *
 salvum me fac propter misericórdiam tuam.
Quóniam non est in morte qui memor sit tui, *
 in inférno autem quis confitébitur tibi?
Laborávi in gémitu meo, †
 lavábam per síngulas noctes lectum meum; *
 lácrimis meis stratum meum rigábam.
Turbátus est a mæróre óculus meus, *
 inveterávi inter omnes inimícos meos.
Discédite a me omnes qui operámini iniquitátem, *
 quóniam exaudívit Dóminus vocem fletus mei.
Exaudívit Dóminus deprecatiónem meam, *
 Dóminus oratiónem meam suscépit.
Erubéscant et conturbéntur veheménter
   omnes inimíci mei; *
 convertántur et erubéscant valde velóciter.

Lectio brevis   *1 Tim 1, 17*

Regi sæculórum, incorruptíbili, invisíbili, soli Deo honor et glória in sǽcula sæculórum. Amen.

℣. Exsúrge, Christe, ádiuva nos. (T. P. Allelúia.)
℟. Et líbera nos propter nomen tuum. (T. P. Allelúia.)
Kýrie eléison. Christe eléison. Kýrie eléison.
Pater noster *secreto usque ad*
℣. Et ne nos indúcas in tentatiónem. ℟. Sed líbera nos a Malo.

Postea sine orémus *subiungitur oratio:*

Dómine Deus omnípotens, qui ad princípium huius diéi nos perveníre fecísti: † tua nos hódie salva virtúte; * ut in hac die ad nullum declinémus peccátum, sed semper ad tuam iustítiam faciéndam nostra procédant elóquia, dirigántur cogitatiónes et ópera. Per Christum Dóminum nostrum.
℟. Amen.

℣. Divínum auxílium máneat semper nobíscum.
℟. Et cum frátribus nostris abséntibus. Amen.

FERIA TERTIA AD PRIMAM

Per annum   *Ps 9, 20*

Exsúrge, Dómine, * non prævá-le- at homo.

E u o u a e.

Aliis temporibus, ut supra in feria secunda assignatur.

PSALMUS 7
ORATIO IUSTI CALUMNIAM PATIENTIS
Ecce iudex ante ianuam assistit (Iac 5, 9).

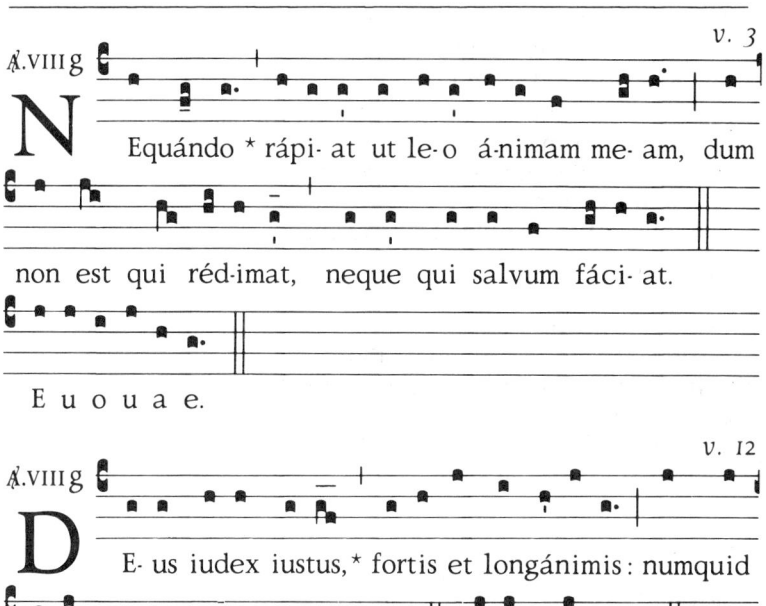

Ant. VIII g — v. 3
Nequándo * rápiat ut leo ánimam meam, dum non est qui rédimat, neque qui salvum fáciat.

E u o u a e.

Ant. VIII g — v. 12
Deus iudex iustus, * fortis et longánimis: numquid irascétur per síngulos dies? E u o u a e.

DOmine Deus meus, in te sperávi; *
  salvum me fac ex ómnibus persequéntibus me
  et líbera me,
ne quando rápiat ut leo ánimam meam *
  discérpens, dum non est qui salvum fáciat.

Dómine Deus meus, si feci istud, *
  si est iníquitas in mánibus meis,
si réddidi retribuénti mihi mala *
  et exspoliávi inimícum meum dimíttens inánem,
persequátur inimícus ánimam meam et comprehéndat †
  et concúlcet in terra vitam meam *
  et glóriam meam in púlverem dedúcat. — ¶A2

Exsúrge, Dómine, in ira tua *
  et exaltáre contra indignatiónem inimicórum meórum
et exsúrge, Deus meus, *
  in iudício, quod mandásti.
Et synagóga populórum circúmdabit te, †
  et super hanc in altum regrédere: *
  Dóminus iúdicat pópulos.

Iúdica me, Dómine, secúndum iustítiam meam *
  et secúndum innocéntiam meam, quæ est in me.
Consumátur nequítia peccatórum; †
  et iustum confírma, *
  scrutans corda et renes Deus iustus.   ¶A2

Adiutórium meum apud Deum, *
  qui salvos facit rectos corde.
Deus iudex iustus, *
  fortis, iráscens per síngulos dies.
Nonne íterum gládium suum exácuit, *
  arcum suum teténdit et parávit illum?
Et parávit sibi vasa mortis, *
  sagíttas suas ardéntes effécit.

Ecce partúriit iniustítiam, *
  concépit dolórem et péperit iniquitátem;
lacum apéruit et effódit eum *
  et íncidit in fóveam, quam fecit.
Convertétur dolor eius in caput eius, *
  et in vérticem ipsíus iníquitas eius descéndet.
Confitébor Dómino secúndum iustítiam eius *
  et psallam nómini Dómini Altíssimi.

PSALMUS 8

MAIESTAS DOMINI ET DIGNITAS HOMINIS

Omnia subiecit sub pedibus eius, et ipsum dedit caput supra omnia Ecclesiae (Eph 1, 22).

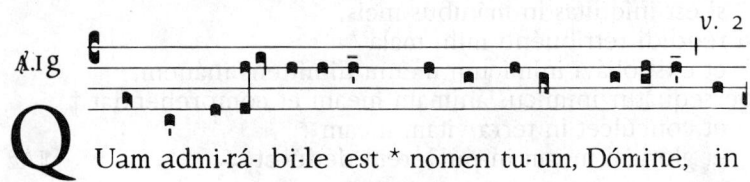

Quam admi-rá-bi-le est * nomen tu-um, Dómine,   in

Psalmus 8

univérsa terra.   E u o u a e.

v. 6 et 7

Ant. 1 a
Gló- ri- a * et honó- re coronásti e-um, Dómine;
ómni- a subiecí-sti sub pé-dibus e-ius.   E u o u a e.

DOmine, Dóminus noster, *
   quam admirábile est nomen tuum in univérsa terra,
quóniam eleváta est magnificéntia tua *
   super cælos.

Ex ore infántium et lactántium †
   perfecísti laudem propter inimícos tuos, *
   ut déstruas inimícum et ultórem.

Quando vídeo cælos tuos, ópera digitórum tuórum, *
   lunam et stellas, quæ tu fundásti,
quid est homo, quod memor es eius, *
   aut fílius hóminis quóniam vísitas eum?

Minuísti eum paulo minus ab ángelis, †
   glória et honóre coronásti eum *
   et constituísti eum super ópera mánuum tuárum.

Omnia subiecísti sub pédibus eius, †
   oves et boves univérsas, *
   ínsuper et pécora campi,
vólucres cæli et pisces maris, *
   quæcúmque perámbulant sémitas maris.

Dómine, Dóminus noster, *
   quam admirábile est nomen tuum in univérsa terra!

PSALMUS 9 A

GRATIARUM ACTIO PRO VICTORIA

Iterum venturus est iudicare vivos et mortuos.

℣. Exsúrge, Dómine, * non præváleat homo, p. 6.

COnfitébor tibi, Dómine, in toto corde meo, *
  narrábo ómnia mirabília tua.
Lætábor et exsultábo in te, *
  psallam nómini tuo, Altíssime.

Cum convertúntur inimíci mei retrórsum, *
  infirmántur et péreunt a fácie tua.
Quóniam fecísti iudícium meum et causam meam, *
  sedísti super thronum, qui iúdicas iustítiam.

Increpásti gentes, perdidísti ímpium; *
  nomen eórum delésti in ætérnum et in sǽculum sǽculi.
Inimíci defecérunt, solitúdines sempitérnæ factæ sunt; †
  et civitátes destruxísti: *
  périit memória eórum cum ipsis. ¶A2

Dóminus autem in ætérnum sedébit, *
  parávit in iudícium thronum suum
et ipse iudicábit orbem terræ in iustítia, *
  iudicábit pópulos in æquitáte.

Et erit Dóminus refúgium opprésso, *
  refúgium in opportunitátibus, in tribulatióne.
Et sperent in te qui novérunt nomen tuum, *
  quóniam non dereliquísti quæréntes te, Dómine.

Psállite Dómino, qui hábitat in Sion; *
  annuntiáte inter gentes stúdia eius.
Quóniam requírens sánguinem recordátus est eórum, *
  non est oblítus clamórem páuperum. ¶A2

Miserére mei, Dómine; †
  vide afflictiónem meam de inimícis meis, *
  qui exáltas me de portis mortis,
ut annúntiem omnes laudatiónes tuas in portis fíliæ Sion, *
  exsúltem in salutári tuo. —

Infíxæ sunt gentes in fóvea, quam fecérunt; †
  in láqueo isto, quem abscondérunt, *
  comprehénsus est pes eórum.
Manifestávit se Dóminus iudícium fáciens; *
  in opéribus mánuum suárum
    comprehénsus est peccátor.
Converténtur peccatóres in inférnum, *
  omnes gentes quæ obliviscúntur Deum.
Quóniam non in finem oblívio erit páuperis; *
  exspectátio páuperum non períbit in ætérnum.
Exsúrge, Dómine, non confortétur homo; *
  iudicéntur gentes in conspéctu tuo.
Constítue, Dómine, terrórem super eos, *
  sciant gentes quóniam hómines sunt.

FERIA QUARTA AD PRIMAM

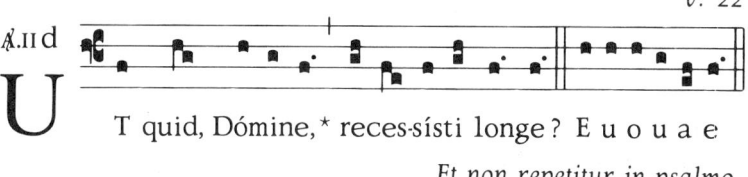

Et non repetitur in psalmo.

PSALMUS 9 B

22-39

GRATIARUM ACTIO

Beati pauperes, quia vestrum est regnum Dei (Lc 6, 20).

UT quid, Dómine, stas a longe, *
  abscóndis te in opportunitátibus, in tribulatióne?
Dum supérbit, ímpius inséquitur páuperem; *
  comprehendántur in consíliis, quæ cógitant.
Quóniam gloriátur peccátor in desidériis ánimæ suæ, *
  et avárus sibi benedícit.
Spernit Dóminum peccátor in arrogántia sua: *
  «Non requíret; non est Deus». —

Hæ sunt omnes cogitatiónes eius; *
   prosperántur viæ illíus in omni témpore.
Excélsa nimis iudícia tua a fácie eius; *
   omnes inimícos suos aspernátur.
Dixit enim in corde suo: «Non movébor; *
   in generatiónem et generatiónem ero sine malo».
Cuius maledictióne os plenum est et frauduléntia et dolo, *
   sub lingua eius labor et nequítia.
Sedet in insídiis ad vicos, *
   in occúltis intérficit innocéntem.
Oculi eius in páuperem respíciunt; *
   insidiátur in abscóndito quasi leo in spelúnca sua.
Insidiátur, ut rápiat páuperem; *
   rapit páuperem, dum áttrahit in láqueum suum.
Irruit et inclínat se, et míseri cadunt *
   in fortitúdine brachiórum eius.
Dixit enim in corde suo: «Oblítus est Deus, *
   avértit fáciem suam, non vidébit in finem».   ¶A2

Exsúrge, Dómine Deus, exálta manum tuam, *
   ne obliviscáris páuperum.
Propter quid spernit ímpius Deum? *
   Dixit enim in corde suo: «Non requíres».

Vidísti: †
   tu labórem et dolórem consíderas, *
   ut tradas eos in manus tuas.
Tibi derelíctus est pauper, *
   órphano tu factus es adiútor.
Cóntere bráchium peccatóris et malígni; *
   quæres peccátum illíus et non invénies.

Dóminus rex in ætérnum et in sæculum sæculi: *
   periérunt gentes de terra illíus.
Desidérium páuperum exaudísti, Dómine; *
   confirmábis cor eórum, inténdes aurem tuam
iudicáre pupíllo et húmili, *
   ut non appónat ultra indúcere timórem homo de terra.

PSALMUS 10
DOMINUS FIDUCIA IUSTI

Beati qui esuriunt et sitiunt iustitiam, quoniam ipsi saturabuntur (Mt 5, 6).

Ustus Dóminus,* iustí-ti-am di-lé-xit. E u o u a e.

IN Dómino confído, quómodo dícitis ánimæ meæ:
«Tránsmigra in montem sicut passer?

Quóniam ecce peccatóres intendérunt arcum, †
paravérunt sagíttas suas super nervum, *
ut sagíttent in obscúro rectos corde.
Quando fundaménta evertúntur, *
iustus quid fáciat?»

Dóminus in templo sancto suo, *
Dóminus, in cælo sedes eius.
Oculi eius in páuperem respíciunt, *
pálpebræ eius intérrogant fílios hóminum.
Dóminus intérrogat iustum et ímpium; *
qui autem díligit iniquitátem, odit ánima eius.
Pluet super peccatóres carbónes ignis et sulphur; *
et spíritus procellárum pars cálicis eórum.

Quóniam iustus Dóminus et iustítias diléxit, *
recti vidébunt vultum eius.

PSALMUS 11
INVOCATIO CONTRA SUPERBOS

Propter nos pauperes Pater Filium dignatus est mittere (S. Augustinus).

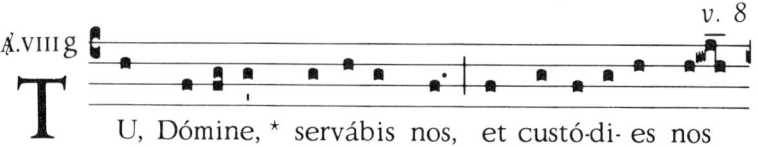

U, Dómine, * servábis nos, et custó-di- es nos

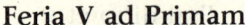

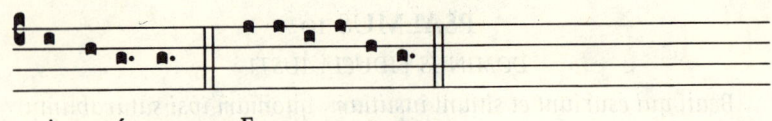

in ætérnum.   E u o u a e.

Salvum me fac, Dómine, quóniam defécit sanctus, *
   quóniam deminúti sunt fidéles a fíliis hóminum.
Vana locúti sunt unusquísque ad próximum suum; *
   in lábiis dolósis, in dúplici corde locúti sunt.

Dispérdat Dóminus univérsa lábia dolósa *
   et linguam magníloquam.
Qui dixérunt: «Lingua nostra magnificábimur, †
   lábia nostra a nobis sunt; *
   quis noster dóminus est?»

«Propter misériam ínopum et gémitum páuperum, †
   nunc exsúrgam, dicit Dóminus; *
   ponam in salutári illum quem despíciunt.»
Elóquia Dómini elóquia casta, *
   argéntum igne examinátum, separátum a terra,
      purgátum séptuplum.

Tu, Dómine, servábis nos et custódies nos *
   a generatióne hac in ætérnum.
In circúitu ímpii ámbulant, *
   cum exaltántur sordes inter fílios hóminum.

FERIA QUINTA AD PRIMAM

PSALMUS 12
LAMENTATIO IUSTI DOMINO FIDENTIS
Deus spei repleat vos omni gaudio (Rom 15, 13).

USquequo, Dómine, obliviscéris me in finem? *
Usquequo avértes fáciem tuam a me?
Usquequo ponam consília in ánima mea, †
  dolórem in corde meo per diem? *
  Usquequo exaltábitur inimícus meus super me?
Réspice et exáudi me, Dómine Deus meus. *
  Illúmina óculos meos, ne quando obdórmiam in morte,
ne quando dicat inimícus meus: †
  «Præválui advérsus eum!» *
  neque exsúltent qui tríbulant me, si motus fúero.
Ego autem in misericórdia tua sperávi. †
  Exsultábit cor meum in salutári tuo, *
  cantábo Dómino, qui bona tríbuit mihi.

PSALMUS 13
IMPIORUM STULTITIA
Ubi abundavit peccatum, superabundavit gratia (Rom 5, 20).

DIxit insípiens in corde suo: «Non est Deus». †
Corrúpti sunt et abominatiónes operáti sunt; *
non est qui fáciat bonum.
Dóminus de cælo prospéxit super fílios hóminum, *
  ut vidéret si est intéllegens aut requírens Deum. —

Omnes declinavérunt, simul corrúpti sunt; *
  non est qui fáciat bonum, non est usque ad unum.
Nonne scient omnes qui operántur iniquitátem, *
  qui dévorant plebem meam sicut escam panis?

Dóminum non invocavérunt, †
  illic trepidavérunt timóre, *
  quóniam Deus cum generatióne iusta est.
Vos consílium ínopis confundétis, *
  Dóminus autem spes eius est.
Quis dabit ex Sion salutáre Israel? †
  Cum convérterit Dóminus captivitátem plebis suæ, *
  exsultábit Iacob et lætábitur Israel.

PSALMUS 14
QUIS DIGNUS CORAM DOMINO

Accessistis ad Sion montem et civitatem Dei viventis (Heb 12, 22).

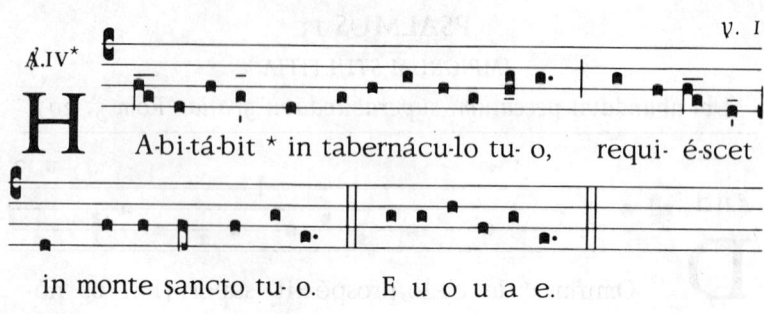

Habitábit * in tabernáculo tuo, requiéscet in monte sancto tuo. E u o u a e.

Dómine, quis habitábit in tabernáculo tuo? *
  Quis requiéscet in monte sancto tuo?
Qui ingréditur sine mácula et operátur iustítiam, *
  qui lóquitur veritátem in corde suo,
qui non egit dolum in lingua sua, †
  nec fecit próximo suo malum *
  et oppróbrium non íntulit próximo suo.
Ad níhilum reputátus est in conspéctu eius malígnus, *
  timéntes autem Dóminum gloríficat.

Qui iurávit in detriméntum suum et non mutat, †
 qui pecúniam suam non dedit ad usúram *
 et múnera super innocéntem non accépit.
Qui facit hæc, *
 non movébitur in ætérnum.

FERIA SEXTA AD PRIMAM

Conserva me, Dómine, * quóniam in te sperávi.

Euouae.   Et non repetitur in psalmo.

PSALMUS 15

DOMINUS PARS HEREDITATIS MEAE

Deus suscitavit Iesum, solutis doloribus mortis (Act 2, 24).

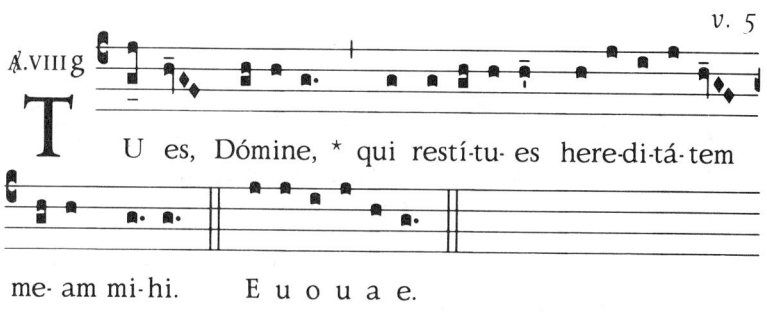

Tu es, Dómine, * qui restítues hereditátem meam mihi.   Euouae.

COnsérva me, Deus, *
quóniam sperávi in te.
Dixi Dómino: «Dóminus meus es tu, *
bonum mihi non est sine te.»
In sanctos, qui sunt in terra, ínclitos viros, *
omnis volúntas mea in eos.
Multiplicántur dolóres eórum *
qui post deos aliénos acceleravérunt.
Non effúndam libatiónes eórum de sanguínibus *
neque assúmam nómina eórum in lábiis meis.

Dóminus pars hereditátis meæ et cálicis mei: *
tu es qui détines sortem meam.
Funes cecidérunt mihi in præcláris; *
ínsuper et heréditas mea speciósa est mihi.
Benedícam Dóminum, qui tríbuit mihi intelléctum; *
ínsuper et in nóctibus erudiérunt me renes mei.
Proponébam Dóminum in conspéctu meo semper; *
quóniam a dextris est mihi, non commovébor.
Propter hoc lætátum est cor meum, †
et exsultavérunt præcórdia mea; *
ínsuper et caro mea requiéscet in spe.

Quóniam non derelínques ánimam meam in inférno, *
nec dabis sanctum tuum vidére corruptiónem.
Notas mihi fácies vias vitæ, †
plenitúdinem lætítiæ cum vultu tuo, *
delectatiónes in déxtera tua usque in finem.

PSALMUS 16

AB IMPIIS SALVA ME, DOMINE

In diebus carnis suae... preces offerens exauditus est (Heb 5, 7).

Psalmus 16

EXáudi, Dómine, iustítiam meam, *
 inténde deprecatiónem meam.
Auribus pércipe oratiónem meam, *
 non in lábiis dolósis.
De vultu tuo iudícium meum pródeat; *
 óculi tui vídeant æquitátes.

Proba cor meum et vísita nocte; †
 igne me exámina, *
 et non invénies in me iniquitátem.
Non transgréditur os meum ad ópera hóminum, *
 propter verba labiórum tuórum
  custodívi me a viis violénti.
Rétine gressus meos in sémitis tuis, *
 ut non moveántur vestígia mea. ¶A2

Ego ad te clamávi, quóniam exáudis me, Deus; *
 inclína aurem tuam mihi et exáudi verba mea.
Mirífica misericórdias tuas, *
 qui salvos facis ab insurgéntibus sperántes in déxtera tua.
Custódi me ut pupíllam óculi, †
 sub umbra alárum tuárum prótege me *
 a fácie impiórum, qui me afflixérunt.

Inimíci mei in furóre circumdedérunt me, †
 ádipem suum conclusérunt; *
 os eórum locútum est supérbiam.
Incedéntes nunc circumdedérunt me, *
 óculos suos statuérunt prostérnere in terram.
Aspéctus eórum quasi leónis paráti ad prædam *
 et sicut cátuli leónis recubántis in ábditis. ¶A2

Exsúrge, Dómine, præveni eum, supplánta eum; *
 éripe ánimam meam ab ímpio frámea tua,
a mórtuis manu tua, Dómine, *
 a mórtuis, quorum defécit pórtio vitæ.
De recónditis tuis adímpleas ventrem eórum, *
 saturéntur fílii et dimíttant relíquias párvulis suis.
Ego autem in iustítia vidébo fáciem tuam, *
 satiábor, cum evigilávero, conspéctu tuo.

PSALMUS 17   2-25

GRATIARUM ACTIO PRO SALUTE ET VICTORIA

In illa hora factus est terraemotus magnus (Apc 11, 13).

DI-ligam te, * Dómi-ne, virtus me-a.   E u o u a e.

Et non repetitur in psalmo.

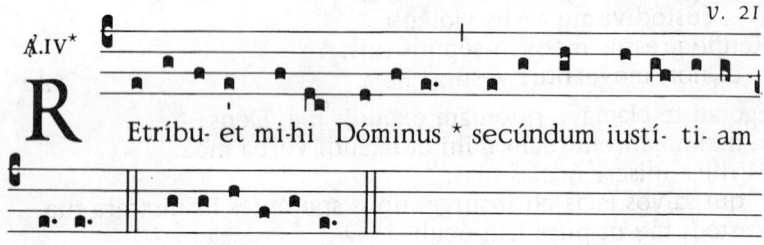

REtríbu-et mi-hi Dóminus * secúndum iustí- ti- am me- am.   E u o u a e.

Dlligam te, Dómine, fortitúdo mea. *
  Dómine, firmaméntum meum et refúgium meum
    et liberátor meus;
Deus meus, adiútor meus, et sperábo in eum; *
  protéctor meus et cornu salútis meæ et suscéptor meus.
Laudábilem invocábo Dóminum, *
  et ab inimícis meis salvus ero.   ¶A2

Circumdedérunt me fluctus mortis, *
  et torréntes Bélial conturbavérunt me;
funes inférni circumdedérunt me, *
  præoccupavérunt me láquei mortis.
In tribulatióne mea invocávi Dóminum, *
  et ad Deum meum clamávi;
exaudívit de templo suo vocem meam, *
  et clamor meus in conspéctu eius
    introívit in aures eius.

Commóta est et contrémuit terra; †
  fundaménta móntium concússa sunt et commóta sunt, *
  quóniam irátus est.

Ascéndit fumus de náribus eius, †
  et ignis de ore eius dévorans; *
  carbónes succénsi processérunt ab eo.   ¶A2
Inclinávit cælos et descéndit, *
  et calígo sub pédibus eius.
Et ascéndit super cherub et volávit, *
  ferebátur super pennas ventórum.
Et pósuit ténebras latíbulum suum, †
  in circúitu eius tabernáculum eius, *
  tenebrósa aqua, nubes áeris.
Præ fulgóre in conspéctu eius nubes transiérunt, *
  grando et carbónes ignis.
Et intónuit de cælo Dóminus, †
  et Altíssimus dedit vocem suam: *
  grando et carbónes ignis.
Et misit sagíttas suas et dissipávit eos, *
  fúlgura iecit et conturbávit eos.
Et apparuérunt fontes aquárum, *
  et reveláta sunt fundaménta orbis terrárum
ab increpatióne tua, Dómine, *
  ab inspiratióne spíritus iræ tuæ.   ¶A2 D
Misit de summo et accépit me *
  et assúmpsit me de aquis multis;
erípuit me de inimícis meis fortíssimis †
  et ab his qui odérunt me, *
  quóniam confortáti sunt super me.
Oppugnavérunt me in die afflictiónis meæ, *
  et factus est Dóminus fulciméntum meum;
et edúxit me in latitúdinem, *
  salvum me fecit, quóniam vóluit me.   ¶A2
Et retríbuet mihi Dóminus secúndum iustítiam meam *
  et secúndum puritátem mánuum meárum reddet mihi,
quia custodívi vias Dómini, *
  nec ímpie recéssi a Deo meo.
Quóniam ómnia iudícia eius in conspéctu meo, *
  et iustítias eius non réppuli a me;
et fui immaculátus cum eo *
  et observávi me ab iniquitáte.
Et retríbuit mihi Dóminus secúndum iustítiam meam *
  et secúndum puritátem mánuum meárum
    in conspéctu oculórum eius.   ¶A2

SABBATO AD PRIMAM

Ps 17, 47

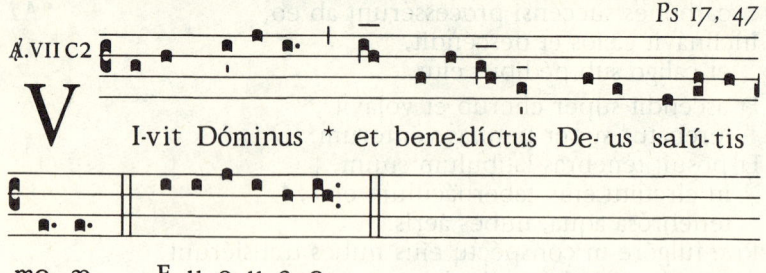

Ant. VII C2 VIvit Dóminus * et benedíctus Deus salútis meæ. E u o u a e.

DIVISIO PSALMI 17   26-51
GRATIARUM ACTIO

Si Deus pro nobis, quis contra nos (Rom 8,31).

Cum sancto sanctus eris *
  et cum viro innocénte ínnocens eris
et cum elécto eléctus eris *
  et cum pervérso cállidus eris.
Quóniam tu pópulum húmilem salvum fácies *
  et óculos superbórum humiliábis.
Quóniam tu accéndis lucérnam meam, Dómine; *
  Deus meus illúminat ténebras meas.
Quóniam in te aggrédiar hóstium turmas *
  et in Deo meo transíliam murum.   ¶D

Deus, impollúta via eius, †
  elóquia Dómini igne examináta; *
  protéctor est ómnium sperántium in se.   ¶A2
Quóniam quis Deus præter Dóminum? *
  Aut quæ munítio præter Deum nostrum?
Deus, qui præcínxit me virtúte *
  et pósuit immaculátam viam meam;
qui perfécit pedes meos tamquam cervórum *
  et super excélsa státuit me;
qui docet manus meas ad prœlium, *
  et tendunt arcum ǽreum bráchia mea.

Et dedísti mihi scutum salútis tuæ, †
  et déxtera tua suscépit me, *
  et exaudítio tua magnificávit me.

Dilatásti gressus meos subtus me, *
et non sunt infirmáta vestígia mea.
Persequébar inimícos meos et comprehendébam illos *
et non convertébar, donec defícerent.
Confringébam illos, nec póterant stare, *
cadébant subtus pedes meos. ¶A2
Et præcinxísti me virtúte ad bellum *
et supplantásti insurgéntes in me subtus me.

Et inimícos meos dedísti mihi dorsum *
et odiéntes me disperdidísti.
Clamavérunt, nec erat qui salvos fáceret, *
ad Dóminum, nec exaudívit eos.
Et commínui eos ut púlverem ante fáciem venti, *
ut lutum plateárum contrívi eos.
Eripuísti me de contradictiónibus pópuli, *
constituísti me in caput géntium.
Pópulus quem non cognóvi, servívit mihi, *
in audítu auris obœdívit mihi.
Fílii aliéni blandíti sunt mihi, †
fílii aliéni inveteráti sunt, *
contremuérunt in ábditis suis. ¶A2

Vivit Dóminus, et benedíctus Adiútor meus, *
et exaltétur Deus salútis meæ.
Deus, qui das vindíctas mihi †
et subdis pópulos sub me, *
liberátor meus de inimícis meis iracúndis;
et ab insurgéntibus in me exáltas me, *
a viro iníquo éripis me.

Proptérea confitébor tibi in natiónibus, Dómine, *
et nómini tuo psalmum dicam,
magníficans salútes regis sui †
et fáciens misericórdiam christo suo, *
David et sémini eius usque in sǽculum.

PSALMUS 18

LAUS DOMINI RERUM CONDITORIS

Visitavit nos Oriens ex alto... ad dirigendos pedes nostros in viam pacis (Lc 1, 78.79).

Sabbato ad Primam

Ant.1 g2

C Æli enárrant * glóri- am De- i. E u o u a e.

v. 2

Et non repetitur in psalmo.

CÆli enárrant glóriam Dei, *
   et ópera mánuum eius annúntiat firmaméntum.
Dies diéi erúctat verbum, *
   et nox nocti índicat sciéntiam.

Non sunt loquélæ neque sermónes, *
   quorum non intellegántur voces:
in omnem terram exívit sonus eórum *
   et in fines orbis terræ verba eórum.

Soli pósuit tabernáculum in eis, †
   et ipse tamquam sponsus procédens de thálamo suo, *
   exsultávit ut gigas ad curréndam viam.
A fínibus cælórum egréssio eius †
   et occúrsus eius usque ad fines eórum, *
   nec est quod se abscóndat a calóre eius. ¶A2

Lex Dómini immaculáta, refíciens ánimam, *
   testimónium Dómini fidéle, sapiéntiam præstans párvulis.
Iustítiæ Dómini rectæ, lætificántes corda, *
   præcéptum Dómini lúcidum, illúminans óculos.

Timor Dómini mundus, pérmanens in sǽculum sǽculi, *
   iudícia Dómini vera, iusta ómnia simul,
desiderabília super aurum et lápidem pretiósum multum *
   et dulcióra super mel et favum stillántem.

Etenim servus tuus erudítur in eis; *
   in custodiéndis illis retribútio multa.
Erróres quis intéllegit? †
   Ab occúltis munda me, *
   et a supérbia custódi servum tuum, ne dominétur mei.
Tunc immaculátus ero *
   et emundábor a delícto máximo.

Sint ut compláceant elóquia oris mei *
   et meditátio cordis mei in conspéctu tuo.
Dómine, adiútor meus *
   et redémptor meus.

PSALMUS 19

ORATIO PRO REGIS VICTORIA

Quicumque invocaverit nomen Domini, salvus erit (Act 2, 21).

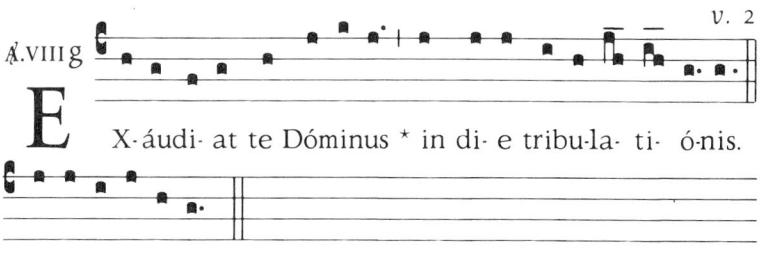

Ant. VIII g — EX-áudi-at te Dóminus * in di-e tribu-la-ti-ónis. v. 2

E u o u a e. *Et non repetitur in psalmo.*

EXáudiat te Dóminus in die tribulatiónis, *
 prótegat te nomen Dei Iacob.
Mittat tibi auxílium de sancto *
 et de Sion tueátur te.

Memor sit omnis sacrifícii tui *
 et holocáustum tuum pingue hábeat.
Tríbuat tibi secúndum cor tuum *
 et omne consílium tuum adímpleat.

Lætábimur in salutári tuo †
 et in nómine Dei nostri levábimus signa; *
 ímpleat Dóminus omnes petitiónes tuas.

Nunc cognóvi quóniam salvum fecit Dóminus
  christum suum: †
 exaudívit illum de cælo sancto suo, *
 in virtútibus salútis déxteræ eius.

Hi in cúrribus et hi in equis, *
 nos autem nomen Dómini Dei nostri invocávimus.
Ipsi incurváti sunt et cecidérunt, *
 nos autem surréximus et erécti sumus.

Dómine, salvum fac regem, *
 et exáudi nos in die qua invocavérimus te.

AD INVITATORIUM

Invitatorium locum suum habet initio totius cursus orationis quotidianae, scilicet praeponitur aut Vigiliis aut Laudibus matutinis, prout ab alterutra actione liturgica dies incipit.

Ter (vel semel) dicitur:
℣. Dómine, lábia mea apéries.
℟. Et os meum annuntiábit laudem tuam

Deinde dicitur sine antiphona psalmus primus Vigiliarum aut Laudum matutinarum. Postea dicitur psalmus invitatorius cum sua antiphona more responsoriali. (Quando psalmus invitatorius cantatur, adhibetur versio antiquior.)

Dominica,
Ant. Veníte, exsultémus Dómino.
Feria II,
Ant. Iubilémus Deo salutári nostro.
Feria III,
Ant. Regem magnum Dóminum, veníte adorémus.
Feria IV,
Ant. Dóminum qui fecit nos, veníte adorémus.
Feria V,
Ant. Adorémus Dóminum qui fecit nos.
Feria VI,
Ant. Dóminum Deum nostrum, veníte adorémus.
Sabbato,
Ant. Pópulus Dómini et oves páscuæ eius, veníte adorémus eum.

PSALMUS 94
INVITATIO AD LAUDEM DEI

Adhortamini vosmetipsos per singulos dies, donec illud «hodie» vocatur (Heb 3, 13).

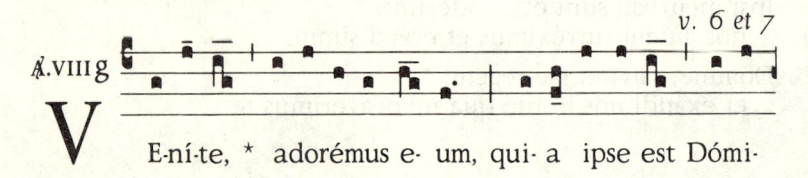

Ant. VIII g — v. 6 et 7

Veníte, * adorémus e- um, qui- a ipse est Dóminus De-us noster.   E u o u a e.

Proponitur et repetitur antiphona.

Veníte, exsultémus Dómino;
  iubilémus Deo salutári nostro.
Præoccupémus fáciem eius in confessióne
  et in psalmis iubilémus ei.
  Repetitur antiphona.

Quóniam Deus magnus Dóminus
  et rex magnus super omnes deos.
Quia in manu eius sunt profúnda terræ,
  et altitúdines móntium ipsíus sunt.
Quóniam ipsíus est mare, et ipse fecit illud,
  et siccam manus eius formavérunt.
  Repetitur antiphona.

Veníte, adorémus et procidámus
  et génua flectámus ante Dóminum, qui fecit nos,
quia ipse est Deus noster,
  et nos pópulus páscuæ eius et oves manus eius.
  Repetitur antiphona.

Utinam hódie vocem eius audiátis:
  «Nolíte obduráre corda vestra,
sicut in Meríba secúndum diem Massa in desérto,
  ubi tentavérunt me patres vestri:
  probavérunt me, etsi vidérunt ópera mea.
  Repetitur antiphona.

Quadragínta annis tæduit me generatiónis illíus,
  et dixi: «Pópulus errántium corde sunt isti.
Et ipsi non cognovérunt vias meas;
  ídeo iurávi in ira mea:
  Non introíbunt in réquiem meam.»
  Repetitur antiphona.

Glória Patri, et Fílio, et Spirítui Sancto.
Sicut erat in princípio, et nunc, et semper,
  et in sǽcula sæculórum. Amen.
  Repetitur antiphona.

DOMINICA AD VIGILIAS

℣. Deus in adiutórium meum inténde.
℟. Dómine, ad adiuvándum me festína.
Glória Pátri, et Fílio, et Spirítui Sancto.
Sicut erat in princípio et nunc et semper, et in sǽcula sæculórum. Amen. Allelúia. *(Allelúia omittitur in Quadragesima).*

Omnes horae incipiuntur hac introductione, quae omittitur tamen quando invitatorium immediate praeponitur.

Sequens psalmus dicitur quotidie et anteponitur psalmo 94, si Vigiliae incipiunt ab invitatorio.

PSALMUS 3
DOMINUS PROTECTOR MEUS

Dormivit et somnum cepit et resurrexit, quoniam Dominus suscepit eum (S. Irenaeus).

v. 6

Ą. VIII C

E-go dormí-vi * et somnum ce-pi et exsurré-xi, quóni-am Dóminus suscépit me, alle-lú-ia, alle-lú-ia.

E u o u a e.

v. 7

Ą. VI f

EXsúrge, Dó-mi-ne, * salvum me fac, De-us me-us.

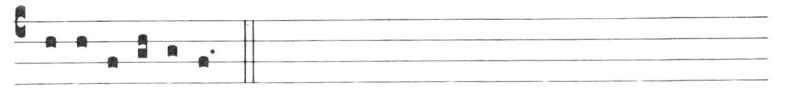

E u o u a e.

DOmine, quid multiplicáti sunt qui tríbulant me? *
 Multi insúrgunt advérsum me,
multi dicunt ánimæ meæ: *
 «Non est salus ipsi in Deo.»

Tu autem, Dómine, protéctor meus es, *
 glória mea et exáltans caput meum.
Voce mea ad Dóminum clamávi, *
 et exaudívit me de monte sancto suo.

Ego obdormívi et soporátus sum, *
 exsurréxi, quia Dóminus suscépit me.
Non timébo mília pópuli circumdántis me. *
 Exsúrge, Dómine, salvum me fac, Deus meus;

quóniam tu percussísti in maxíllam
   omnes adversántes mihi, *
 dentes peccatórum contrivísti.
Dómini est salus, *
 et super pópulum tuum benedíctio tua.

(Psalmus invitatorius cum sua antiphona).

HYMNUS

I. Quando Vigiliae dicuntur noctu vel summo mane:

PRimo diérum ómnium,
 quo mundus exstat cónditus
vel quo resúrgens Cónditor
nos, morte victa, líberat,

Pulsis procul torpóribus,
surgámus omnes ócius,
et nocte quærámus pium,
sicut Prophétam nóvimus,

Nostras preces ut áudiat
suámque dextram pórrigat,
et hic piátos sórdibus
reddat polórum sédibus,

Ut, quique sacratíssimo
huius diéi témpore
horis quiétis psállimus,
donis beátis múneret.

Deo Patri sit glória
eiúsque soli Fílio
cum Spíritu Paráclito,
in sempitérna sǽcula. Amen.

II. Quando Vigiliae dicuntur diurno tempore:

Dies ætásque céteris
  octáva splendet sánctior
in te quam, Iesu, cónsecras,
primítiæ surgéntium.

Tu tibi nostras ánimas
nunc primo conresúscita;
tibi consúrgant córpora
secúnda morte líbera.

Tibíque mox in núbibus,
Christe, ferámur óbviam
tecum victúri pérpetim:
tu vita, resurréctio.

Cuius vidéntes fáciem,
configurémur glóriæ;
te cognoscámus sicut es,
lux vera et suávitas.

Regnum, cum Patri tráditos,
plenos septéno chrísmate,
in temet nos lætíficas,
consúmmet sancta Trínitas. Amen.

IN I NOCTURNO

In Adventu

Ꜳ.Ig

VEni- et ec- ce Rex excél-sus * cum potestáte magna, ad salvándas gentes, allelú-ia. E u o u a e.

Per annum

Ps 20, 1

Ꜳ.VIIIg

DOmine, * in virtúte tu-a lætá-bi-tur rex.

E u o u a e.   Et non repetitur in psalmo.

Tempore paschali, *omnia p. 452.*

PSALMUS 20

GRATIARUM ACTIO PRO REGIS VICTORIA

Accepit vitam, ut resurgeret, et longitudinem dierum in saeculum saeculi (S. Irenaeus).

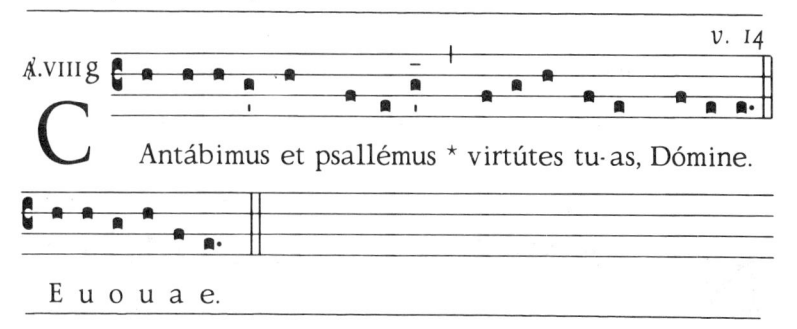

v. 14

Ꜳ.VIIIg

CAntábimus et psallémus * virtútes tu-as, Dómine.

E u o u a e.

Dómine, in virtúte tua lætábitur rex, *
  et super salutáre tuum exsultábit veheménter.
Desidérium cordis eius tribuísti ei *
  et voluntátem labiórum eius non denegásti.
Quóniam prævenísti eum in benedictiónibus dulcédinis; *
  posuísti in cápite eius corónam de auro puríssimo.
Vitam pétiit a te, et tribuísti ei, *
  longitúdinem diérum in sǽculum et in sǽculum sǽculi.

Magna est glória eius in salutári tuo, *
  magnificéntiam et decórem impónes super eum;
quóniam pones eum benedictiónem in sǽculum sǽculi, *
  lætificábis eum in gáudio ante vultum tuum.
Quóniam rex sperat in Dómino *
  et in misericórdia Altíssimi non commovébitur.

Invéniet manus tua omnes inimícos tuos, *
  déxtera tua invéniet qui te odérunt.
Pones eos ut clíbanum ignis in témpore vultus tui: *
  Dóminus in ira sua deglútiet eos, et devorábit eos ignis.
Fructum eórum de terra perdes *
  et semen eórum de fíliis hóminum.

Quóniam intendérunt in te mala, *
  cogitavérunt consília: nihil potuérunt.
Quóniam pones eos dorsum, *
  arcus tuos tendes in vultum eórum.
Exaltáre, Dómine, in virtúte tua; *
  cantábimus et psallémus virtútes tuas.

PSALMUS 21

AFFLICTIO IUSTI ET EXAUDITIO

Clamavit Iesus voce magna: «Eli, Eli, lema sabacthani» (Mt 27, 46).

v. 12

Ꜳ. II d

NE discédas a me, Dó-mine: * quóni-am tribulá-ti-o próxima est, quóni-am non est qui ádiuvet.

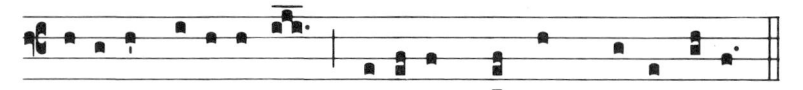

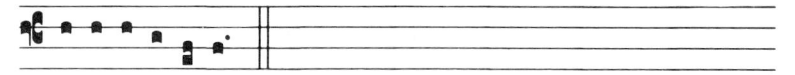

E u o u a e.

Deus, Deus meus, quare me dereliquísti? *
    Longe a salúte mea verba rugítus mei.
Deus meus, clamo per diem, et non exáudis, *
    et nocte, et non est réquies mihi.
Tu autem sanctus es, *
    qui hábitas in láudibus Israel.
In te speravérunt patres nostri, *
    speravérunt et liberásti eos;
ad te clamavérunt et salvi facti sunt, *
    in te speravérunt et non sunt confúsi.
Ego autem sum vermis et non homo, *
    oppróbrium hóminum et abiéctio plebis.
Omnes vidéntes me derisérunt me; *
    torquéntes lábia movérunt caput:
«Sperávit in Dómino: erípiat eum, *
    salvum fáciat eum, quóniam vult eum».
Quóniam tu es qui extraxísti me de ventre, *
    spes mea ad úbera matris meæ.
In te proiéctus sum ex útero, *
    de ventre matris meæ Deus meus es tu.
Ne longe fias a me, †
    quóniam tribulátio próxima est, *
    quóniam non est qui ádiuvet.
Circumdedérunt me vítuli multi, *
    tauri Basan obsedérunt me.
Aperuérunt super me os suum *
    sicut leo rápiens et rúgiens.
Sicut aqua effúsus sum, *
    et dissolúta sunt ómnia ossa mea.

Factum est cor meum tamquam cera *
  liquéscens in médio ventris mei.
Aruit tamquam testa palátum meum, †
  et lingua mea adhǽsit fáucibus meis, *
  et in púlverem mortis deduxísti me.

Quóniam circumdedérunt me canes multi, *
  concílium malignántium obsédit me.
Fodérunt manus meas et pedes meos, *
  et dinumerávi ómnia ossa mea.
Ipsi vero consideravérunt et inspexérunt me; †
  divisérunt sibi vestiménta mea *
  et super vestem meam misérunt sortem.

Tu autem, Dómine, ne elongáveris, *
  fortitúdo mea, ad adiuvándum me festína.
Erue a frámea ánimam meam *
  et de manu canis únicam meam.
Salva me ex ore leónis *
  et a córnibus unicórnium humilitátem meam.   ¶D
Narrábo nomen tuum frátribus meis, *
  in médio ecclésiæ laudábo te.

Qui timétis Dóminum, laudáte eum, *
  univérsum semen Iacob, glorificáte eum.
Métuat eum omne semen Israel, *
  quóniam non sprevit neque despéxit afflictiónem páuperis,
nec avértit fáciem suam ab eo *
  et, cum clamáret ad eum, exaudívit.

Apud te laus mea in ecclésia magna; *
  vota mea reddam in conspéctu timéntium eum.
Edent páuperes et saturabúntur, †
  et laudábunt Dóminum qui requírunt eum: *
  «Vivant corda eórum in sǽculum sǽculi!»
Reminiscéntur et converténtur ad Dóminum
    univérsi fines terræ, *
  et adorábunt in conspéctu eius univérsæ famíliæ géntium.

Quóniam Dómini est regnum, *
  et ipse dominábitur géntium.
Ipsum solum adorábunt omnes qui dórmiunt in terra; *
  in conspéctu eius prócident
    omnes qui descéndunt in púlverem. —

Anima autem mea illi vivet, *
 et semen meum sérviet ipsi.
Narrábitur de Dómino generatióni ventúræ, †
 et annuntiábunt iustítiam eius pópulo qui nascétur: *
 «Hæc fecit Dóminus!»

In Adventu *Zach 9, 3*

Ant. IV e

G Aude et læ-tá-re, * fí-li-a Ierú-sa-lem: ecce rex tu-us véni-et ti-bi. Si-on, no-li timé-re, qui-a ci-to véni-et salus tu-a. E u o u a e.

Per annum *Ps 22, 1*

Ant. IV e

D Ominus regit me * et ni-hil mi-hi dé-e-rit.

E u o u a e. *Et non repetitur in psalmo.*

PSALMUS 22

PASTOR BONUS

Agnus reget illos et deducet eos ad vitae fontes aquarum (Apc 7, 17).

Ant. VIII g *V. 1*

I N loco páscu-æ * i-bi me collocá-vit. E u o u a e.

Dominus pascit me, et nihil mihi déerit: *
  in páscuis viréntibus me collocávit,
super aquas quiétis edúxit me, *
  ánimam meam refécit.
Dedúxit me super sémitas iustítiæ *
  propter nomen suum.

Nam et si ambulávero in valle umbræ mortis,
    non timébo mala, *
  quóniam tu mecum es.
Virga tua et báculus tuus, *
  ipsa me consoláta sunt.

Parásti in conspéctu meo mensam *
  advérsus eos qui tríbulant me;
impinguásti in óleo caput meum, *
  et calix meus redúndat.

Etenim benígnitas et misericórdia subsequéntur me *
  ómnibus diébus vitæ meæ,
et inhabitábo in domo Dómini *
  in longitúdinem diérum.

PSALMUS 23

DOMINI IN TEMPLUM ADVENTUS

Christo apertae sunt portae coeli propter carnalem eius assumptionem (S. Irenaeus).

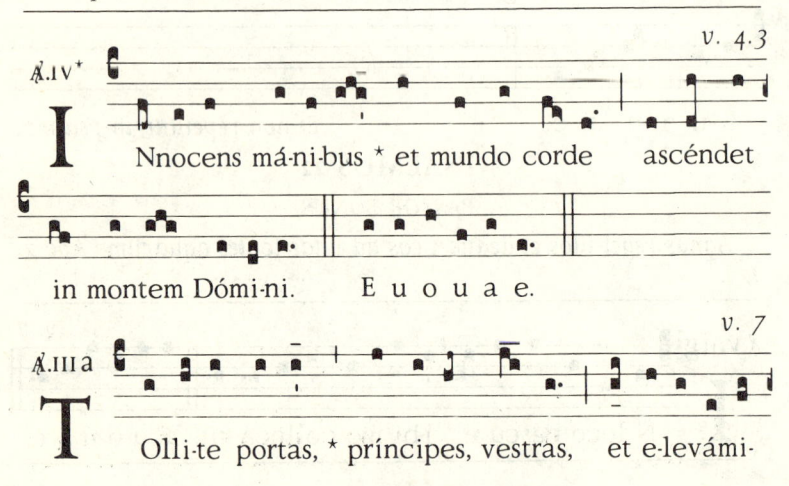

v. 4.3

Á.IV*

Innocens má-ni-bus * et mundo corde ascéndet in montem Dómi-ni. E u o u a e.

v. 7

Á.IIIa

Ollí-te portas, * príncipes, vestras, et e-levámini, portæ æterná-les.   E u o u a e.

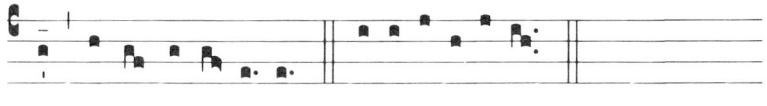

Domini est terra et plenitúdo eius, *
 orbis terrárum et qui hábitant in eo.
Quia ipse super mária fundávit eum *
 et super flúmina firmávit eum.

Quis ascéndet in montem Dómini, *
 aut quis stabit in loco sancto eius?
Innocens mánibus et mundo corde, †
 qui non levávit ad vana ánimam suam, *
 nec iurávit in dolum.
Hic accípiet benedictiónem a Dómino *
 et iustificatiónem a Deo salutári suo.
Hæc est generátio quæréntium eum, *
 quæréntium fáciem Dei Iacob.

Attóllite, portæ, cápita vestra, †
 et elevámini, portæ æternáles, *
 et introíbit rex glóriæ.
Quis est iste rex glóriæ? *
 Dóminus fortis et potens, Dóminus potens in prœlio.

Attóllite, portæ, cápita vestra, †
 et elevámini, portæ æternáles, *
 et introíbit rex glóriæ.
Quis est iste rex glóriæ? *
 Dóminus virtútum ipse est rex glóriæ.

In Adventu

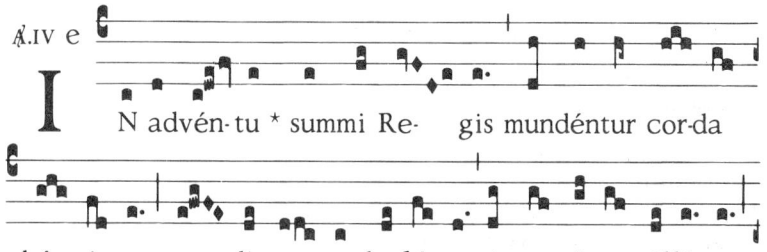

Ꭿ.IV e

IN advén-tu * summi Re- gis mundéntur corda hó-mi-num, ut digne ambu-lémus in occúrsum illí-us

Dominica ad Vigilias

qui- a ecce vé·ni· et et non tardá·bit. E u o u a e.

Per annum *Ps 24, 15*

Ant. IV e

O- cu·li me· i * semper ad Dóminum. E u o u a e.

PSALMUS 24

IMPLORATIO VENIAE ET SALUTIS

Spes non confundit (Rom 5, 5).

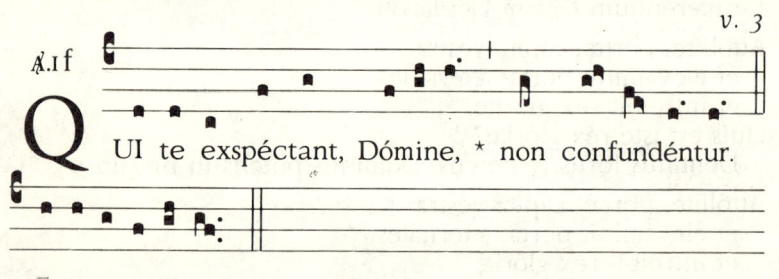

v. 3

Ant. I f

QUI te exspéctant, Dómine, * non confundéntur.

E u o u a e.

AD te, Dómine, levávi ánimam meam, *
Deus meus, in te confído; non erubéscam.
Neque exsúltent super me inimíci mei, *
  étenim univérsi qui sústinent te non confundéntur.
Confundántur infidéliter agéntes *
  propter vanitátem.

Vias tuas, Dómine, demónstra mihi *
  et sémitas tuas édoce me.
Dírige me in veritáte tua et doce me, †
  quia tu es Deus salútis meæ, *
  et te sustínui tota die. —

Psalmus 24

Reminíscere miseratiónum tuárum, Dómine, *
 et misericordiárum tuárum, quóniam a sǽculo sunt.
Peccáta iuventútis meæ et delícta mea ne memíneris; †
 secúndum misericórdiam tuam meménto mei tu, *
 propter bonitátem tuam, Dómine.

Dulcis et rectus Dóminus, *
 propter hoc peccatóres viam docébit;
díriget mansuétos in iudício, *
 docébit mites vias suas.

Univérsæ viæ Dómini misericórdia et véritas *
 custodiéntibus testaméntum eius et testimónia eius.
Propter nomen tuum, Dómine, propitiáberis peccáto meo: *
 multum est enim.

Quis est homo qui timet Dóminum? *
 Docébit eum viam quam éligat.
Anima eius in bonis demorábitur, *
 et semen eius hereditábit terram.

Familiáriter aget Dóminus cum timéntibus eum, *
 ut testaméntum suum maniféstet illis.
Oculi mei semper ad Dóminum, *
 quóniam ipse evéllet de láqueo pedes meos.

Réspice in me et miserére mei, *
 quia únicus et pauper sum ego.
Diláta angústias cordis mei *
 et de necessitátibus meis érue me.

Vide humilitátem meam et labórem meum *
 et dimítte univérsa delícta mea.
Réspice inimícos meos, quóniam multiplicáti sunt, *
 et ódio crudéli odérunt me.

Custódi ánimam meam et érue me; *
 non erubéscam, quóniam sperávi in te.
Innocéntia et æquitas custódiant me, *
 quia sustínui te.

Líbera, Deus, Israel *
 ex ómnibus tribulatiónibus suis.

PSALMUS 25
INNOCENTIS FIDUCIA ET ORATIO

Elegit nos Deus in Christo, ut essemus sancti et immaculati (Eph 1, 4).

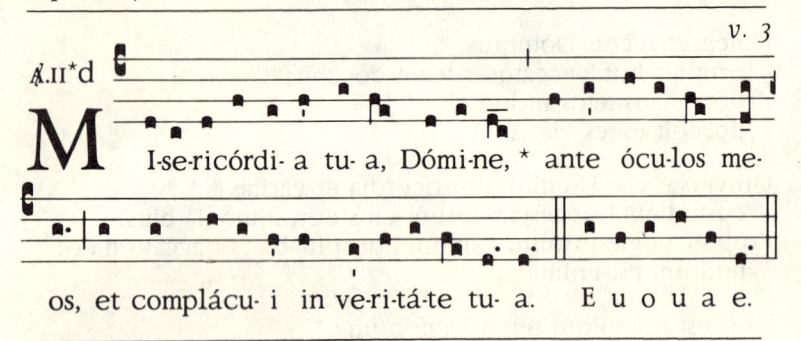

M Isericórdia tua, Dómine, * ante óculos meos, et complácui in veritáte tua.   E u o u a e.

Iúdica me, Dómine, †
  quóniam ego in innocéntia mea ingréssus sum *
  et in Dómino sperans non infirmábor.
Proba me, Dómine, et tenta me; *
  ure renes meos et cor meum.

Quóniam misericórdia tua ante óculos meos est, *
  et ambulávi in veritáte tua.
Non sedi cum viris vanitátis *
  et cum occúlte agéntibus non introíbo.
Odívi ecclésiam malignántium *
  et cum ímpiis non sedébo.

Lavábo in innocéntia manus meas *
  et circúmdabo altáre tuum, Dómine,
ut audítas fáciam voces laudis *
  et enárrem univérsa mirabília tua.
Dómine, diléxi habitáculum domus tuæ *
  et locum habitatiónis glóriæ tuæ.

Ne cólligas cum ímpiis ánimam meam *
  et cum viris sánguinum vitam meam,
in quorum mánibus iniquitátes sunt, *
  déxtera eórum repléta est munéribus.
Ego autem in innocéntia mea ingréssus sum, *
  rédime me et miserére mei.

Pes meus stetit in dirécto, *
in ecclésiis benedícam Dómino.

In Adventu:
℣. Respícite et leváte cápita vestra.
℟. Quóniam appropínquat redémptio vestra.

Per annum:
℣. Verbum Christi hábitet in vobis abundánter.
℟. In omni sapiéntia docéntes et commonéntes vosmetípsos.

Dominica I Quadragesimae:
℣. Angelis suis Deus mandábit de te.
℟. Ut custódiant te in ómnibus viis tuis.

Dominica II Quadragesimae:
℣. Lucérna pédibus meis verbum tuum.
℟. Et lumen sémitis meis.

Dominica III Quadragesimae:
℣. Revéla óculos meos.
℟. Et considerábo mirabília de lege tua.

Dominica IV Quadragesimae:
℣. In corde meo abscóndi elóquia tua.
℟. Ut non peccem tibi.

Dominica V Quadragesimae:
℣. Vivet ánima mea et laudábit te.
℟. Et iudícia tua adiuvábunt me.

Dominica in palmis:
℣. Convertímini et ágite pæniténtiam.
℟. Fácite vobis cor novum et spíritum novum.

Postea benedicat abbas:
Deus Pater omnípotens
sit nobis propítius et clemens. ℟. Amen.

Lectio biblica cum ℟..

IN II NOCTURNO

In Adventu

Is 35, 3.4

Ant. II d

Confortáte * manus dissolútas; confortámini, dícite: Ecce Deus noster véniet et salvábit nos, allelúia. E u o u a e.

Per annum

Ps 26, 1

Ant. I g

Dóminus * defénsor vitæ meæ. E u o u a e.

PSALMUS 26
IN PERICULIS FIDUCIA
Ecce tabernaculum Dei cum hominibus (Apc 21, 3).

v. 1

Ant. VIII g

Illuminátio mea, * et salus mea Dóminus.

E u o u a e.

Psalmus 26

DOminus illuminátio mea et salus mea, *
  quem timébo?
Dóminus protéctor vitæ meæ, *
  a quo trepidábo?
Dum apprópiant super me nocéntes, *
  ut edant carnes meas;
qui tríbulant me et inimíci mei, *
  ipsi infirmáti sunt et cecidérunt.

Si consístant advérsum me castra, *
  non timébit cor meum;
si exsúrgat advérsum me prœlium, *
  in hoc ego sperábo.

Unum pétii a Dómino, hoc requíram: *
  ut inhábitem in domo Dómini ómnibus diébus vitæ meæ,
ut vídeam voluptátem Dómini *
  et vísitem templum eius.

Quóniam occultábit me in tentório suo, in die malórum. †
  Abscóndet me in abscóndito tabernáculi sui, *
  in petra exaltábit me.
Et nunc exaltátur caput meum *
  super inimícos meos in circúitu meo.
Immolábo in tabernáculo eius hóstias vociferatiónis, *
  cantábo et psalmum dicam Dómino.

Exáudi, Dómine, vocem meam, qua clamávi, *
  miserére mei et exáudi me.
De te dixit cor meum: †
  «Exquírite fáciem meam!» *
  Fáciem tuam, Dómine, exquíram.

Ne avértas fáciem tuam a me, *
  ne declínes in ira a servo tuo.
Adiútor meus es tu, ne me reícias, *
  neque derelínquas me, Deus salútis meæ.
Quóniam pater meus et mater mea dereliquérunt me, *
  Dóminus autem assúmpsit me.

Osténde mihi, Dómine, viam tuam *
  et dírige me in sémitam rectam propter inimícos meos.

Ne tradíderis me in ánimam tribulántium me; †
  quóniam insurrexérunt in me testes iníqui *
  et qui violéntiam spirant. —

Credo vidére bona Dómini *
    in terra vivéntium.
Exspécta Dóminum, viríliter age, *
    et confortétur cor tuum, et sústine Dóminum.

PSALMUS 27

SUPPLICATIO ET GRATIARUM ACTIO

Pater, gratias ago tibi quoniam audisti me (Io II, 41).

v. 7

Ã.1 g

F Actus est * adiú-tor me- us De- us me- us.

E u o u a e.

AD te, Dómine, clamábo; *
    Deus meus, ne síleas a me.
Ne quando táceas a me, *
    et assimilábor descendéntibus in lacum.
Exáudi vocem deprecatiónis meæ, dum clamo ad te, *
    dum extóllo manus meas ad templum sanctum tuum.
Ne simul trahas me cum peccatóribus *
    et cum operántibus iniquitátem.
Qui loquúntur pacem cum próximo suo, *
    mala autem in córdibus eórum.

Da illis secúndum ópera eórum *
    et secúndum nequítiam adinventiónum ipsórum.
Secúndum opus mánuum eórum tríbue illis, *
    redde retributiónem eórum ipsis.
Quóniam non intellexérunt ópera Dómini †
    et opus mánuum eius, *
    déstruet illos et non ædificábit eos.

Benedíctus Dóminus, †
    quóniam exaudívit vocem deprecatiónis meæ; *
    Dóminus adiútor meus et protéctor meus,

in ipso sperávit cor meum, et adiútus sum, †
 et exsultávit cor meum, *
 et in cántico meo confitébor ei.
Dóminus fortitúdo plebi suæ *
 et refúgium salvatiónum christi sui est.
Salvum fac pópulum tuum et bénedic hereditáti tuæ *
 et pasce eos et extólle illos usque in ætérnum.

In Adventu *cf. Is 35, 4*

Ant. III a

Gaudéte omnes, * et lætámini: ecce qui a véniet Dóminus ultiónis, addúcet retributiónem: ipse véniet et salvábit nos. E u o u a e.

Per annum *Ps 28, 2*

Ant. VIII g

Adoráte Dóminum * in aula sancta eius.

E u o u a e.

PSALMUS 28

VERBI DOMINI PRAECONIUM

Ecce vox de coelis dicens: «Hic est Filius meus dilectus» (Mt 3, 17).

Afférte Dómino, fílii Dei, *
 afférte Dómino glóriam et poténtiam,

afférte Dómino glóriam nóminis eius, *
adoráte Dóminum in splendóre sancto.

Vox Dómini super aquas; †
Deus maiestátis intónuit, *
Dóminus super aquas multas.
Vox Dómini in virtúte, *
vox Dómini in magnificéntia.

Vox Dómini confringéntis cedros; *
et confrínget Dóminus cedros Líbani.
Et saltáre fáciet, tamquam vítulum, Líbanum, *
et Sárion, quemádmodum fílium unicórnium.

Vox Dómini intercidéntis flammam ignis, †
vox Dómini concutiéntis desértum, *
et concútiet Dóminus desértum Cades.
Vox Dómini properántis partum cervárum, †
et denudábit condénsa; *
et in templo eius omnes dicent glóriam.

Dóminus super dilúvium hábitat, *
et sedébit Dóminus rex in ætérnum.
Dóminus virtútem pópulo suo dabit, *
Dóminus benedícet pópulo suo in pace.

PSALMUS 29

GRATIARUM ACTIO PRO LIBERATIONE A MORTE

Christus post resurrectionem gloriosam Patri gratias agit (Cassianus).

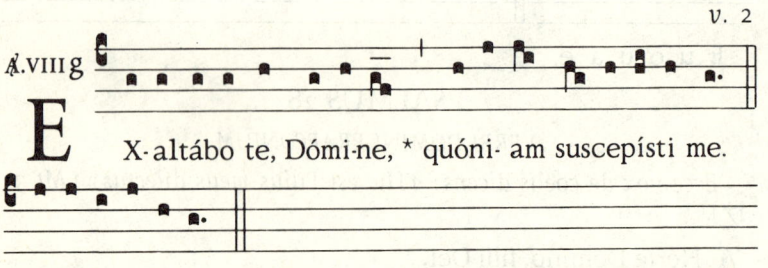

E X-altábo te, Dómi-ne, * quóni- am suscepísti me.

E u o u a e. *Et non repetitur in psalmo.*

Dómine, abstraxísti * ab ínferis ánimam meam.

E u o u a e.

Exaltábo te, Dómine, quóniam extraxísti me, *
    nec delectásti inimícos meos super me.
Dómine Deus meus, clamávi ad te, *
    et sanásti me.
Dómine, eduxísti ab inférno ánimam meam, *
    vivificásti me, ut non descénderem in lacum.

Psállite Dómino, sancti eius, *
    et confitémini memóriæ sanctitátis eius,
quóniam ad moméntum indignátio eius *
    et per vitam volúntas eius.
Ad vésperum demorátur fletus, *
    ad matutínum lætítia.

Ego autem dixi in securitáte mea: *
    «Non movébor in ætérnum».
Dómine, in voluntáte tua *
    præstitísti decóri meo virtútem;
avertísti fáciem tuam a me, *
    et factus sum conturbátus.
Ad te, Dómine, clamábam *
    et ad Deum meum deprecábar.

Quæ utílitas in sánguine meo, *
    dum descéndo in corruptiónem?
Numquid confitébitur tibi pulvis *
    aut annuntiábit veritátem tuam?
Audívit Dóminus et misértus est mei, *
    Dóminus factus est adiútor meus.
Convertísti planctum meum in choros mihi, *
    conscidísti saccum meum et accinxísti me lætítia,
ut cantet tibi glória mea et non táceat. *
    Dómine Deus meus, in ætérnum confitébor tibi.

In Adventu

Apc 22, 12

Ant. VI f

Ecce vé·ni·o ci·to * et merces me- a mecum est, di·cit Dóminus : dare u·ni·cu· í· que secúndum ó·pe·ra su· a.   E u o u a e.

Per annum

Ps 30, 1

Ant. VIII g

IN tu·a iustí·ti· a, * lí·bera me, Dómine.

E u o u a e.

PSALMUS 30

AFFLICTI SUPPLICATIO CUM FIDUCIA

Pater, in manus tuas commendo spiritum meum (Lc 23, 46).

IN te, Dómine, sperávi, non confúndar in ætérnum; *
 in iustítia tua líbera me.
Inclína ad me aurem tuam, *
 accélera, ut éruas me.
Esto mihi in rupem præsídii et in domum munítam, *
 ut salvum me fácias.

Quóniam fortitúdo mea et refúgium meum es tu *
 et propter nomen tuum dedúces me et pasces me.
Edúces me de láqueo, quem abscondérunt mihi, *
 quóniam tu es fortitúdo mea. —

Psalmus 30

In manus tuas comméndo spíritum meum; *
  redemísti me, Dómine, Deus veritátis.
Odísti observántes vanitátes supervácuas, *
  ego autem in Dómino sperávi.
Exsultábo et lætábor in misericórdia tua, *
  quóniam respexísti humilitátem meam;
agnovísti necessitátes ánimæ meæ, †
  nec conclusísti me in mánibus inimíci; *
  statuísti in loco spatióso pedes meos.

Miserére mei, Dómine, quóniam tríbulor; †
  conturbátus est in mæróre óculus meus, *
  ánima mea et venter meus.
Quóniam defécit in dolóre vita mea *
  et anni mei in gemítibus;
infirmáta est in paupertáte virtus mea, *
  et ossa mea contabuérunt.

Apud omnes inimícos meos factus sum oppróbrium †
  et vicínis meis valde et timor notis meis: *
  qui vidébant me foras, fugiébant a me.
Oblivióni a corde datus sum tamquam mórtuus; *
  factus sum tamquam vas pérditum.
Quóniam audívi vituperatiónem multórum: *
  horror in circúitu;
in eo dum convenírent simul advérsum me, *
  auférre ánimam meam consiliáti sunt.

Ego autem in te sperávi, Dómine; †
  dixi: «Deus meus es tu, *
  in mánibus tuis sortes meæ».
Eripe me de manu inimicórum meórum *
  et a persequéntibus me;
illústra fáciem tuam super servum tuum, *
  salvum me fac in misericórdia tua.

Dómine, non confúndar, quóniam invocávi te; *
  erubéscant ímpii et obmutéscant in inférno.
Muta fiant lábia dolósa, †
  quæ loquúntur advérsus iustum protérva *
  in supérbia et in abusióne.

Quam magna multitúdo dulcédinis tuæ, Dómine, *
  quam abscondísti timéntibus te.

Perfecísti eis qui sperant in te, *
  in conspéctu filiórum hóminum.
Abscóndes eos in abscóndito faciéi tuæ *
  a conturbatióne hóminum;
próteges eos in tabernáculo *
  a contradictióne linguárum.

Benedíctus Dóminus, *
    quóniam mirificávit misericórdiam suam mihi
      in civitáte muníta.
Ego autem dixi in trepidatióne mea: *
  «Præcísus sum a conspéctu oculórum tuórum».
Verúmtamen exaudísti vocem oratiónis meæ, *
  dum clamárem ad te.

Dilígite Dóminum, omnes sancti eius: †
  fidéles consérvat Dóminus *
  et retríbuit abundánter faciéntibus supérbiam.
Viríliter ágite, et confortétur cor vestrum, *
  omnes qui sperátis in Dómino.

PSALMUS 31
BEATUS CUI REMISSA EST INIQUITAS

David dicit beatitudinem hominis, cui Deus reputat iustitiam sine operibus (Rom 4, 6).

Ӕ. III a   V. II

L Ætámini * in Dómino, et exsultáte, iusti, et gloriámini, omnes recti corde. E u o u a e.

B Eátus cui remíssa est iníquitas *
  et obtéctum est peccátum.
Beátus vir cui non imputávit Dóminus delíctum, *
  nec est in spíritu eius dolus.

Quóniam tácui, inveteravérunt ossa mea, *
  dum rugírem tota die.

Quóniam die ac nocte graváta est super me manus tua, *
 immutátus est vigor meus in ardóribus æstátis.
Peccátum meum cógnitum tibi feci, *
 et delíctum meum non abscóndi.
Dixi: «Confitébor advérsum me
 iniquitátem meam Dómino». *
 Et tu remisísti impietátem peccáti mei.
Propter hoc orábit ad te omnis sanctus *
 in témpore opportúno.
Et in dilúvio aquárum multárum *
 ad eum non approximábunt.
Tu es refúgium meum, a tribulatióne conservábis me; *
 exsultatiónibus salútis circúmdabis me.
Intelléctum tibi dabo et ínstruam te in via qua gradiéris; *
 firmábo super te óculos meos.
Nolíte fíeri sicut equus et mulus, *
 quibus non est intelléctus;
in camo et freno si accédis ad constringéndum, *
 non appróximant ad te.
Multi dolóres ímpii, *
 sperántem autem in Dómino misericórdia circúmdabit.
Lætámini in Dómino et exsultáte, iusti, *
 et gloriámini, omnes recti corde.

In Adventu:
℣. Dómine, Deus virtútum, convérte nos.
℟. Et osténde fáciem tuam, et salvi érimus.

Per annum:
℣. Vestri beáti óculi quia vident.
℟. Et aures vestræ quia áudiunt.

Dominica I Quadragesimae:
℣. Scápulis suis obumbrábit tibi.
℟. Et sub pennis eius sperábis.

Dominica II Quadragesimae:
℣. Declarátio sermónum tuórum illúminat.
℟. Et intelléctum dat párvulis.

Dominica III Quadragesimae:

℣. In ætérnum non obliviscar iustificatiónes tuas.
℟. Quia in ipsis vivificásti me.

Dominica IV Quadragesimae:

℣. Viam iustificatiónum tuárum ínstrue me.
℟. Et exercébor in mirabílibus tuis.

Dominica V Quadragesimae:

℣. Custodívit ánima mea testimónia tua.
℟. Et diléxit ea veheménter.

Dominica in palmis:

℣. Réspice in me et miserére mei.
℟. Quia únicus et pauper sum ego.

Postea benedicat abbas:
Christus perpétuæ
det nobis gáudia vitæ. ℟. Amen.

Lectio patristica cum ℟.

IN III NOCTURNO

IN ADVENTU

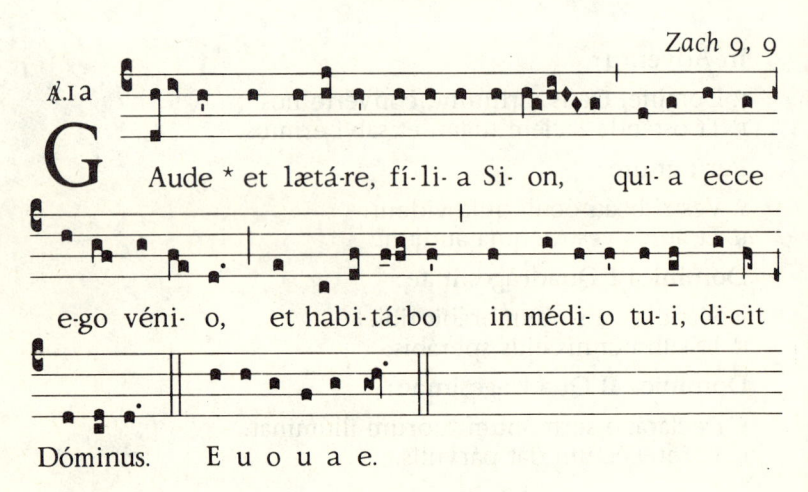

Zach 9, 9

Ant. 1 a

Gaude * et lætáre, fília Sion, quia ecce ego vénio, et habitábo in médio tui, dicit Dóminus. E u o u a e.

Cantica in Adventu

vel — Is 16, 1

Ant. II*-IV a

E-mítte Agnum, Dómine, * domina-tó-rem terræ, de Petra desérti, ad montem fí- li- æ Si- on. E u o u a e.

vel — Gal 4, 4-5

Ant. VI f

ECce * iam venit pleni- túdo témpo-ris in quo mi-sit De- us Fí- li- um su- um in ter- ras, natum de Vír- gi- ne, factum sub le- ge, ut e- os qui sub lege e-rant red- ímeret. E u o u a e.

CANTICUM I

Is 40, 10-17

PASTOR BONUS: DEUS ALTISSIMUS ET SAPIENTISSIMUS

Ecce venio cito, et merces mea mecum est (Apc 22, 12).

ECce Dóminus Deus in virtúte venit, *
et bráchium eius dominátur:
ecce merces eius cum eo *
et præmium illíus coram illo.

Sicut pastor gregem suum pascit, †
  in bráchio suo cóngregat agnos et in sinu suo levat; *
  fetas ipse portat.

Quis mensus est pugíllo aquas *
  et cælos palmo dispósuit,
módio contínuit púlverem terræ *
  et librávit in póndere montes et colles in statéra?
Quis diréxit spíritum Dómini? *
  Aut quis consílium suum osténdit illi?
Cum quo íniit consílium et instrúxit eum *
  et dócuit eum sémitam iustítiæ
et erudívit eum sciéntiam *
  et viam prudéntiæ osténdit illi?

Ecce gentes quasi stilla sítulæ †
  et quasi moméntum púlveris in statéra reputántur; *
  ecce ínsulæ quasi pulvis exíguus.
Et Líbanus non suffíciet ad succendéndum, *
  et animália eius non suffícient ad holocáustum.
Omnes gentes, quasi non sint, coram eo; *
  quasi níhilum et ináne reputántur ab eo.

CANTICUM II   Is 42, 10-16

HYMNUS DE DEO VICTORE ET SALVATORE

Cantant quasi canticum novum ante thronum Dei (Apc 14, 3).

CAntáte Domino cánticum novum, *
  laus eius ab extrémis terræ;
qui descénditis in mare et plenitúdo eius, *
  ínsulæ et habitatóres eárum.
Exsúltent desértum et civitátes eius, *
  vici, quos hábitat Cedar.
Iúbilent habitatóres Petræ, *
  de vértice móntium clament.
Ponant Dómino glóriam *
  et laudem eius in ínsulis núntient.

Dóminus sicut fortis egrediétur, *
  sicut vir prœliátor suscitábit zelum;
vociferábitur et conclamábit, *
  super inimícos suos prævalébit.

«Tácui semper, sílui, pátiens fui; *
   sicut partúriens ululábo, gemam et fremam simul.
Desértos fáciam montes et colles *
   et omne gramen eórum exsiccábo;
et ponam flúmina in ínsulas *
   et stagna arefáciam.
Et ducam cæcos in viam, quam nésciunt, *
   et in sémitis, quas ignoravérunt, ambuláre eos fáciam;
ponam ténebras coram eis in lucem *
   et prava in recta.»

CANTICUM III   Is 49, 7-13

PER SERVUM SUUM DOMINUS REDIMET POPULUM

Filium suum unigenitum misit Deus in mundum, ut vivamus per eum (1 Io 4, 9).

Hæc dicit Dóminus, redémptor Israel, Sanctus eius, †
   ad contémptum in ánima,
      ad abominátum in gente, *
   ad servum dominórum:
«Reges vidébunt et consúrgent,
      príncipes quoque et adorábunt †
   propter Dóminum, quia fidélis est, *
   Sanctum Israel, qui elégit te.»

Hæc dicit Dóminus: †
   «In témpore beneplácíti exaudívi te *
   et in die salútis auxiliátus sum tui;
et servávi te et dedi te in fœdus pópuli, *
   ut suscitáres terram et distribúeres hereditátes dissipátas;
ut díceres his qui vincti sunt: «Exíte», *
   et his qui in ténebris: «Revelámini».

Super vias pascéntur, *
   et in ómnibus cóllibus decalvátis páscua eórum;
non esúrient, neque sítient, *
   et non percútiet eos æstus vel sol,
quia miserátor eórum reget eos *
   et ad fontes aquárum addúcet eos.
Et ponam omnes montes meos in viam, *
   et sémitæ meæ exaltabúntur.

Ecce isti de longe vénient, †
 et ecce illi ab aquilóne et mari, *
 et isti de terra Sinim».
Laudáte, cæli, et exsúlta, terra; *
 iubiláte, montes, laudem,
quia consolátur Dóminus pópulum suum *
 et páuperum suórum miserétur.

℣. Egrediétur Dóminus de loco sancto suo.
℟. Véniet, ut salvet pópulum suum.

PER ANNUM

ALle-lú-ia, * al-le-lú-ia, alle-lú-ia.   E u o u a e.

CANTICUM I Is 33, 2-10
ORATIO FIDUCIAE IN MISERIA

In Christo sunt omnes thesauri sapientiae et scientiae absconditi (Col 2, 3).

DOmine, miserére nostri, te enim exspectávimus; †
 esto bráchium nostrum in mane *
 et salus nostra in témpore tribulatiónis.
A voce fragóris fugérunt pópuli, *
 ab exaltatióne tua dispérsæ sunt gentes.
Et congregabúntur spólia, sicut collígitur bruchus; *
 sicut discúrrunt locústæ, ad ea discúrritur.
Sublímis est Dóminus, †
 quóniam hábitat in excélso; *
 implet Sion iudício et iustítia.
Et erit fírmitas in tempóribus tuis; †
 divítiæ salútis sapiéntia et sciéntia: *
 timor Dómini ipse est thesáurus eius.
Ecce præcónes clamábunt foris, *
 ángeli pacis amáre flebunt.

Dissipátæ sunt viæ, cessávit tránsiens per sémitam; †
 írritum fecit pactum, *
 reiécit testes, non reputávit hómines.

Luget et elanguéscit terra, *
 confúsus est Líbanus et obsórduit,
et factus est Saron sicut desértum, *
 et exaruérunt Basan et Carmélus.
«Nunc consúrgam, dicit Dóminus, *
 nunc exaltábor, nunc sublevábor.»

CANTICUM II Is 33, 13-16
DEUS IUDICABIT IN IUSTITIA

Vobis est repromissio et filiis vestris et omnibus qui longe sunt (Act 2, 39).

AUdíte, qui longe estis, quæ fécerim, *
 et cognóscite, vicíni, fortitúdinem meam.
Contérriti sunt in Sion peccatóres, *
 possédit tremor ímpios.
Quis póterit habitáre de vobis cum igne devoránte? *
 Quis habitábit ex vobis cum ardóribus sempitérnis?

Qui ámbulat in iustítiis *
 et lóquitur æquitátes,
qui réicit lucra ex rapínis *
 et éxcutit manus suas, ne múnera accípiat,
qui obtúrat aures suas, ne áudiat sánguinem, *
 et claudit óculos suos, ne vídeat malum:

iste in excélsis habitábit, *
 muniménta saxórum refúgium eius;
panis ei datus est, *
 aquæ eius fidéles sunt.

CANTICUM III Eccli 36, 14-19
ORATIO PRO POPULO DEI

Haec est vita aeterna, ut cognoscant te, solum Deum verum et quem misisti, Iesum Christum (Io 17, 3).

MIserére plebi tuæ,
 super quam invocátum est nomen tuum, *
 et Israel, quem coæquásti primogénito tuo.

Miserére civitáti sanctificatiónis tuæ, *
 Ierúsalem, loco requiéi tuæ.
Reple Sion maiestáte tua *
 et glória tua templum tuum.
Da testimónium his qui ab inítio creatúræ tuæ sunt, *
 et súscita prædicatiónes, quas locúti sunt in nómine tuo.
Da mercédem sustinéntibus te, *
 ut prophétæ tui fidéles inveniántur.
Et exáudi oratiónes servórum tuórum, †
 secúndum beneplácitum super pópulo tuo, *
 et dírige nos in viam iustítiæ,
et sciant omnes, qui hábitant terram, *
 quia tu es Deus sæculórum.

℣. Dírige me, Dómine, in veritáte tua et doce me.
℟. Quia tu es Deus salútis meæ.

IN QUADRAGESIMA

2 Cor 6, 2.4.5.6

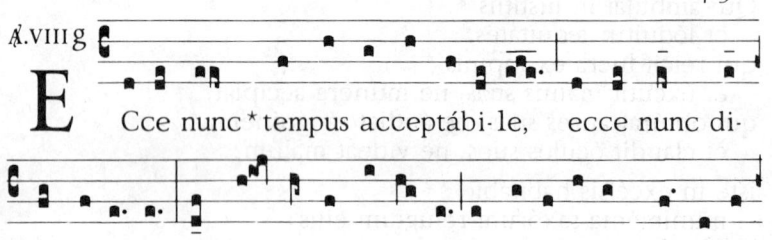

Ant. VIII g

Ecce nunc * tempus acceptábile, ecce nunc dies salútis: in his ergo diébus exhibeámus nos sicut Dei minístros, in multa patiéntia, in ieiúniis, in vigíliis, et in caritáte non ficta. E u o u a e.

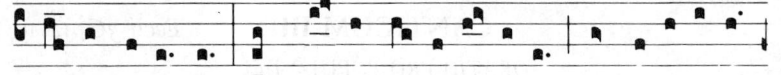

CANTICUM I Ier 14, 17-21
LAMENTATIO POPULI TEMPORE FAMIS ET BELLI

Appropinquavit regnum Dei; paenitemini et credite evangelio (Mc 1, 15).

Dedúcant óculi mei lácrimam per noctem et diem, *
 et non táceant,
quóniam contritióne magna contríta est virgo fília pópuli mei, *
 plaga péssima veheménter.
Si egréssus fúero ad agros, ecce occísi gládio; *
 et si introíero in civitátem, ecce attenuáti fame:
prophéta quoque et sacérdos abiérunt *
 per terram nesciéntes.

Numquid proíciens abiecísti Iudam, *
 aut Sion abomináta est ánima tua?
Quare ergo percussísti nos, *
 ita ut nulla sit sánitas?
Exspectávimus pacem, et non est bonum, *
 et tempus curatiónis, et ecce turbátio.

Cognóvimus, Dómine, impietátes nostras, †
 iniquitátes patrum nostrórum, *
 quia peccávimus tibi.
Ne des nos in oppróbrium propter nomen tuum, *
 ne fácias contuméliam sólio glóriæ tuæ;
recordáre, *
 ne írritum fácias fœdus tuum nobíscum.

CANTICUM II Ez 36, 24-28
DOMINUS RENOVABIT POPULUM SUUM

Ipsi populi eius erunt, et ipse Deus cum eis erit eorum Deus (Apc 21, 3).

Tollam quippe vos de géntibus †
 et congregábo vos de univérsis terris *
 et addúcam vos in terram vestram;
et effúndam super vos aquam mundam, †
 et mundabímini ab ómnibus inquinaméntis vestris, *
 et ab univérsis idólis vestris mundábo vos.

Et dabo vobis cor novum *
 et spíritum novum ponam in médio vestri

et áuferam cor lapídeum de carne vestra *
  et dabo vobis cor cárneum;
et spíritum meum ponam in médio vestri †
  et fáciam, ut in præcéptis meis ambulétis *
  et iudícia mea custodiátis et operémini.
Et habitábitis in terra, quam dedi pátribus vestris, †
  et éritis mihi in pópulum, *
  et ego ero vobis in Deum.

CANTICUM III Lam 5,1-7.15-17.19-21
ORATIO IN TRIBULATIONE

Semper mortificationem Iesu in corpore circumferentes, ut et vita Iesu in corpore nostro manifestetur (2 Cor 4, 10).

REcordáre, Dómine, quid accíderit nobis; *
  intuére et réspice oppróbrium nostrum.

Heréditas nostra versa est ad aliénos, *
  domus nostræ ad extráneos.

Pupílli facti sumus absque patre, *
  matres nostræ quasi víduæ.

Aquam nostram pecúnia bíbimus, *
  ligna nostra prétio comparámus.

Iugum in cervícibus nostris minámur, *
  lassis non datur réquies.

Ægýptiis dédimus manum et Assýriis, *
  ut saturarémur pane.

Patres nostri peccavérunt et non sunt, *
  et nos iniquitátes eórum portámus.

Defécit gáudium cordis nostri; *
  versus est in luctum chorus noster.

Cécidit coróna cápitis nostri; *
  væ nobis, quia peccávimus.

Proptérea mæstum factum est cor nostrum, *
  ídeo contenebráti sunt óculi nostri.

Tu autem, Dómine, in ætérnum permanébis, *
  sólium tuum in generatiónem et generatiónem.

Quare in perpétuum obliviscéris nostri, *
derelínques nos in longitúdinem diérum?

Convérte nos, Dómine, ad te, et convertémur; *
ínnova dies nostros sicut a princípio.

Dominica I:

℣. Dóminum Deum tuum adorábis.
℟. Et illi soli sérvies.

Dominica II:

℣. Vox Patris de nube audíta est.
℟. Hic est Fílius meus diléctus: ipsum audíte.

Dominica III:

℣. Cibávit illum pane vitæ et intelléctus.
℟. Et aqua sapiéntiæ salutáris potávit illum.

Dominica IV:

℣. Verba tua, Dómine, spíritus et vita sunt.
℟. Tu verba vitæ ætérnæ habes.

Dominica V:

℣. Si quis sermónem meum serváverit.
℟. Mortem non vidébit in ætérnum.

Dominica in palmis:

℣. Cum exaltátus fúero a terra.
℟. Omnia traham ad meípsum.

Deinde abbas cantat evangelium de dominica currente, vel de resurrectione, in cuius fine omnes respondent: Amen.

HYMNUS

TE decet laus, * te decet hymnus.
Tibi glória Deo Patri et Fílio, cum Sancto Spíritu,
in sǽcula sæculórum. Amen.

Homilia ex lectionario monastico vel ab abbate habita.

HYMNUS

TE Deum laudámus: * te Dóminum confitémur.
Te ætérnum Patrem, * omnis terra venerátur.
Tibi omnes ángeli, * tibi cæli et univérsæ potestátes:
tibi chérubim et séraphim * incessábili voce proclámant:
Sanctus, * Sanctus, * Sanctus * Dóminus Deus Sábaoth.
Pleni sunt cæli et terra * maiestátis glóriæ tuæ.

Te gloriósus * Apostolórum chorus,
te prophetárum * laudábilis númerus,
te mártyrum candidátus * laudat exércitus.
Te per orbem terrárum * sancta confitétur Ecclésia,
Patrem * imménsæ maiestátis;
venerándum tuum verum * et únicum Fílium;
Sanctum quoque * Paráclitum Spíritum.

Tu rex glóriæ, * Christe.
Tu Patris * sempitérnus es Fílius.
Tu, ad liberándum susceptúrus hóminem, *
  non horruísti Vírginis úterum.
Tu, devícto mortis acúleo, *
  aperuísti credéntibus regna cælórum.
Tu ad déxteram Dei sedes, * in glória Patris.
Iudex créderis * esse ventúrus.
Te ergo, quǽsumus, tuis fámulis súbveni, *
  quos pretióso sánguine redemísti.
Ætérna fac cum sanctis tuis * in glória numerári. ¶

Salvum fac pópulum tuum, Dómine, *
  et bénedic hereditáti tuæ.
Et rege eos, * et extólle illos usque in ætérnum.
Per síngulos dies * benedícimus te;
et laudámus nomen tuum in sǽculum, *
  et in sǽculum sǽculi.
Dignáre, Dómine, die isto * sine peccáto nos custodíre.
Miserére nostri, Dómine, * miserére nostri.
Fiat misericórdia tua, Dómine, super nos, *
  quemádmodum sperávimus in te.
In te, Dómine, sperávi: * non confúndar in ætérnum.

Haec ultima pars hymni ad libitum omitti potest.

In dominicis Quadragesimae, responsorium dicitur loco hymni praecedenti.

Oratio diei cum conclusione longiori.
℣. Benedicámus Dómino. ℟. Deo grátias.
℣. Divínum auxílium máneat semper nobíscum.
℟. Et cum frátribus nostris abséntibus. Amen.

¶ **Altera dispositio III Nocturni:**
Post cantica et ℣., benedicat abbas:
Ignem sui amóris
accéndat Deus in córdibus nostris. ℟. Amen.
Homilia ex lectionario monastico vel ab abbate habita, cum ℟..
Hymnus Te Deum.
Postea abbas cantat evangelium de dominica currente vel de resurrectione, in cuius fine respondetur: Amen. *Hymnus* Te decet laus *sequitur, oratio diei cum conclusione longiori, et reliqua ut supra.*

¶A1   Prima ordinatio psalmorum
horae primae
pro his qui hanc horam non retinent.

DOMINICA AD VIGILIAS, HEBDOMADA PRIMA

IN I NOCTURNO

1 antiphona
IN ADVENTU: Véniet ecce Rex excélsus * cum potestáte magna, ad salvándas gentes, allelúia, *p. 31.*
PER ANNUM: Ego autem * constitútus sum rex ab eo super Sion, montem sanctum eius, prædicans præcéptum eius, *p. 3.*
Ps 1 Beátus vir qui non ábiit, *p. 2.*
Ps 2 Quare fremuérunt gentes, *p. 3.*

2 antiphona
IN ADVENTU: Gaude et lætáre, * fília Ierúsalem: ecce Rex tuus véniet tibi. Sion, noli timére, quia cito véniet salus tua, *p. 35.*
PER ANNUM: Deus iudex iustus, * fortis et longánimis: numquid irascétur per síngulos dies? *p. 7.*
Ps 6 Dómine, ne in furóre tuo árguas me, *p. 5.*
Ps 7 Dómine Deus meus, in te sperávi, *p. 7.*

3 antiphona
IN ADVENTU: In advéntu * summi regis, mundéntur corda hóminum, ut digne ambulémus in occúrsum illíus: quia ecce véniet et non tardábit, *p. 37.*
PER ANNUM: Exsúrge, Dómine, * non præváleat homo, *p. 6.*
Ps 9 A Confitébor tibi, Dómine, in toto corde meo, *p. 10.*
Ps 9 B Ut quid, Dómine, stas a longe, *p. 11.*

℣. Auscúlta, fili mi, sermónes meos.
℟. Et ad elóquia mea inclína aurem tuam.

IN II NOCTURNO

1 antiphona
IN ADVENTU: Confortáte * manus dissolútas; confortámini, dícite: ecce Deus noster véniet, et salvábit nos, allelúia, *p. 42.*
PER ANNUM: Habitábit * in tabernáculo tuo, requiéscet in monte sancto tuo. *p. 16.*
Ps 13 Dixit insípiens in corde suo, *p. 15.*
Ps 14 Dómine, quis habitábit, *p. 16.*

2 antiphona
IN ADVENTU: Gaudéte omnes, * et lætámini: ecce quia véniet Dóminus ultiónis, addúcet retributiónem: ipse véniet, et salvábit nos, *p. 45.*
PER ANNUM: Consérva me, Dómine, * quóniam in te sperávi, *p. 17. Et non repetitur in psalmo.*
Ps 15 Consérva me, Deus, *p. 17.*
Ps 16 Exáudi, Dómine, iustítiam meam, *p. 18.*

3 antiphona
IN ADVENTU: Ecce vénio cito, * et merces mea mecum est, dicit Dóminus, dare unicuíque secúndum ópera sua, *p. 48.*
PER ANNUM: Vivit Dóminus * et benedíctus Deus salútis meæ, *p. 22.*

Ps 17 A Díligam te, Dómine, *usque ad divisionem, p. 20.*
Ps 17 B Cum sancto sanctus eris, *a divisione, p. 22.*
℣. Vivus est sermo Dei et éfficax.
℟. Et penetrabílior omni gládio ancípiti.

IN III NOCTURNO

Ut in Psalterio, praeter per annum:
℣. Bonum mihi lex oris tui.
℟. Super mília auri et argénti.

DOMINICA AD VIGILIAS, HEBDOMADA ALTERA

Sicut in Psalterio, p. 31.

PER HEBDOMADAM AD VIGILIAS

Initio Offici, loco psalmi 3, dicitur:

Feria II, Ps 8 Dómine, Dóminus noster,
Feria III, Ps 10 In Dómino confído,
Feria IV, Ps 11 Salvum me fac, Dómine,
Feria V, Ps 12 Usquequo, Dómine,
Feria VI, Ps 18 Cœli enárrant glóriam Dei,
Sabbato, Ps 19 Exaúdiat te Dóminus,

¶A2   Altera ordinatio psalmorum
                    horae Primae
         pro his qui hanc horam non retinent

Psalmi horae Primae dicuntur ad horas minores, prout inveniuntur infra in sua quique hora.

AD LAUDES MATUTINAS

¶ *Hymnus ad Laudes matutinas, ad Vesperas et ad Completorium semper cantari potest ante psalmodiam. Tunc ℣. post hymnum omittitur.*

PSALMUS 66

OMNES GENTES DOMINO CONFITEANTUR

Notum sit vobis quoniam gentibus missum est hoc salutare Dei (Act 28, 28).

Ant. VIII g

DE- us * mi-se-re- á-tur nostri, et be-ne-dícat nos.

E u o u a e. *Et non repetitur in psalmo.*

Ant. E

ILlúmina, Dómi-ne * vultum tu- um su-per nos.

E u o u a e.

Deus misereátur nostri et benedícat nobis; *
  illúminet vultum suum super nos,
ut cognoscátur in terra via tua, *
  in ómnibus géntibus salutáre tuum.

Confiteántur tibi pópuli, Deus; *
  confiteántur tibi pópuli omnes.

Lætæntur et exsúltent gentes, †
    quóniam iúdicas pópulos in æquitáte *
    et gentes in terra dírigis.
Confiteántur tibi pópuli, Deus, *
    confiteántur tibi pópuli omnes.
Terra dedit fructum suum; *
    benedícat nos Deus, Deus noster,
benedícat nos Deus, *
    et métuant eum omnes fines terræ.

Sic per totam hebdomadam dicitur.

In dominicis Adventus et Quadragesimae, antiphonae propriae.

Per annum ac tempore paschali

℣.C C2

A Lle-lú-ia, * alle-lú-ia.   E u o u a e.

PSALMUS 50

MISERERE MEI, DEUS

Renovari spiritu mentis vestrae et induere novum hominem (Eph 4, 23-24).

℣. Miserére * mei, Deus, p. 110.
℣. Dele, Dómine, * iniquitátem meam, p. 136.
℣. Amplius lava me, Dómine, * ab iniustítia mea, p. 165.
℣. Tibi soli * peccávi, Dómine, miserére mei, p. 195.
℣. Spíritu principáli * confírma cor meum, Deus, p. 223.
℣. Benígne fac * in bona voluntáte tua, Dómine, p. 254.

Miserére mei, Deus, *
    secúndum misericórdiam tuam;
et secúndum multitúdinem miseratiónum tuárum *
    dele iniquitátem meam.
Amplius lava me ab iniquitáte mea *
    et a peccáto meo munda me. —

Quóniam iniquitátem meam ego cognósco, *
  et peccátum meum contra me est semper.
Tibi, tibi soli peccávi *
  et malum coram te feci,
ut iustus inveniáris in senténtia tua *
  et æquus in iudício tuo.
Ecce enim in iniquitáte generátus sum, *
  et in peccáto concépit me mater mea.
Ecce enim veritátem in corde dilexísti *
  et in occúlto sapiéntiam manifestásti mihi.
Aspérges me hyssópo, et mundábor; *
  lavábis me, et super nivem dealbábor.
Audíre me fácies gáudium et lætítiam, *
  et exsultábunt ossa quæ contrivísti.
Avérte fáciem tuam a peccátis meis *
  et omnes iniquitátes meas dele.
Cor mundum crea in me, Deus, *
  et spíritum firmum ínnova in viscéribus meis.
Ne proícias me a fácie tua *
  et spíritum sanctum tuum ne áuferas a me.
Redde mihi lætítiam salutáris tui *
  et spíritu promptíssimo confírma me.
Docébo iníquos vias tuas, *
  et ímpii ad te converténtur.
Líbera me de sanguínibus, Deus, Deus salútis meæ, *
  et exsultábit lingua mea iustítiam tuam.
Dómine, lábia mea apéries, *
  et os meum annuntiábit laudem tuam.
Non enim sacrifício delectáris; *
  holocáustum, si ófferam, non placébit.
Sacrifícium Deo spíritus contribulátus; *
  cor contrítum et humiliátum, Deus, non despícies.
Benígne fac, Dómine, in bona voluntáte tua Sion, *
  ut ædificéntur muri Ierúsalem.
Tunc acceptábis sacrifícium iustítiæ,
    oblatiónes et holocáusta; *
  tunc impónent super altáre tuum vítulos.

PSALMUS 117

VOX IUBILATIONIS ET SALUTIS

Hic est lapis, qui reprobatus est a vobis aedificatoribus, qui factus est in caput anguli (Act 4, 11).

v. 16

Ant. VIII g

Dextera Dómini * fecit virtútem: déxtera Dómini exaltávit me. E u o u a e.

v. 9

Ant. VIII g

Bonum est * speráre in Dómino, quam speráre in princípibus. E u o u a e.

v. 28

Ant. VIII c

Deus meus es tu, * et confitébor tibi: Deus meus es tu, et exaltábo te. E u o u a e.

Confitémini Dómino, quóniam bonus, *
quóniam in sæculum misericórdia eius.

Dicat nunc Israel, quóniam bonus, *
quóniam in sæculum misericórdia eius.

Dicat nunc domus Aaron, *
 quóniam in sǽculum misericórdia eius.
Dicant nunc qui timent Dóminum, *
 quóniam in sǽculum misericórdia eius.

De tribulatióne invocávi Dóminum, *
 et exaudívit me edúcens in latitúdinem Dóminus.
Dóminus mecum, *
 non timébo quid fáciat mihi homo.
Dóminus mecum adiútor meus, *
 et ego despíciam inimícos meos.

Bonum est confúgere ad Dóminum *
 quam confídere in hómine.
Bonum est confúgere ad Dóminum *
 quam confídere in princípibus.

Omnes gentes circuiérunt me, *
 et in nómine Dómini excídi eos.
Circumdántes circumdedérunt me, *
 et in nómine Dómini excídi eos.
Circumdedérunt me sicut apes †
 et exarsérunt sicut ignis in spinis, *
 et in nómine Dómini excídi eos.
Impelléntes impulérunt me, ut cáderem, *
 et Dóminus adiúvit me.
Fortitúdo mea et laus mea Dóminus *
 et factus est mihi in salútem.

Vox iubilatiónis et salútis *
 in tabernáculis iustórum:
«Déxtera Dómini fecit virtútem! †
 Déxtera Dómini exaltávit me; *
 déxtera Dómini fecit virtútem!»

Non móriar, sed vivam *
 et narrábo ópera Dómini.
Castígans castigávit me Dóminus *
 et morti non trádidit me.
Aperíte mihi portas iustítiæ, *
 ingréssus in eas confitébor Dómino.

Hæc porta Dómini; *
 iusti intrábunt in eam.

Confitébor tibi, quóniam exaudísti me *
et factus es mihi in salútem.

Lápidem, quem reprobavérunt ædificántes, *
hic factus est in caput ánguli;
a Dómino factum est istud *
et est mirábile in óculis nostris.

Hæc est dies, quam fecit Dóminus: *
exsultémus et lætémur in ea.

O Dómine, salvum me fac; *
o Dómine, da prosperitátem!

Benedíctus qui venit in nómine Dómini. *
Benedícimus vobis de domo Dómini.

Deus Dóminus et illúxit nobis. *
Instrúite sollemnitátem in ramis condénsis
usque ad córnua altáris.

Deus meus es tu, et confitébor tibi, *
Deus meus, et exaltábo te.

Confitémini Dómino, quóniam bonus, *
quóniam in sǽculum misericórdia eius.

Per annum sequitur Ps 62, ut infra.
Sequentes duo psalmi dicuntur loco duorum praedictorum in dominicis temporis paschalis, in sollemnitatibus, in festis, in memoriis quae ad Laudes habent antiphonas proprias et in octavis.

PSALMUS 92

MAGNIFICENTIA DOMINI CREATORIS

Regnavit Dominus, Deus noster omnipotens. Gaudeamus et exsultemus et demus gloriam ei (Apc 19, 6.7).

Dominus regnávit! Decórem indútus est; *
indútus est Dóminus, fortitúdine præcínxit se.
Etenim firmávit orbem terræ, qui non commovébitur. *
Firmáta sedes tua ex tunc, a sǽculo tu es.

Elevavérunt flúmina, Dómine, †
elevavérunt flúmina vocem suam, *
elevavérunt flúmina fragórem suum.

Super voces aquárum multárum, †
 super poténtes elatiónes maris, *
 potens in altis Dóminus.

Testimónia tua credibília facta sunt nimis; *
 domum tuam decet sanctitúdo, Dómine,
  in longitúdinem diérum.

PSALMUS 99

GAUDIUM IN TEMPLUM INGREDIENTIUM

Redemptos iubet Dominus victoriae carmen canere (S. Athanasius).

IUbiláte Dómino, omnis terra, *
 servíte Dómino in lætítia;
introíte in conspéctu eius *
 in exsultatióne.

Scitóte quóniam Dóminus ipse est Deus; †
 ipse fecit nos, et ipsíus sumus, *
 pópulus eius et oves páscuæ eius.

Introíte portas eius in confessióne, †
 átria eius in hymnis, *
 confitémini illi, benedícite nómini eius.
Quóniam suávis est Dóminus; †
 in ætérnum misericórdia eius, *
 et usque in generatiónem et generatiónem véritas eius.

PSALMUS 62

ANIMA DOMINUM SITIENS

Ad Deum vigilat, qui opera noctis reicit.

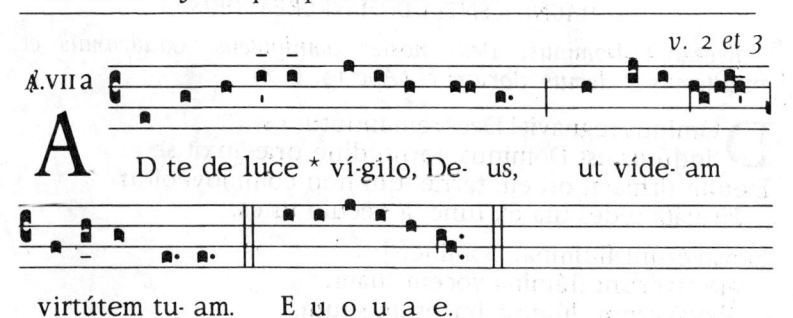

Ant. VII a — AD te de luce * vígilo, Deus, ut vídeam virtútem tuam. E u o u a e.

Psalmus 62

v. 4 et 5

Labia mea * laudábunt te in vita mea, Deus meus. E u o u a e.

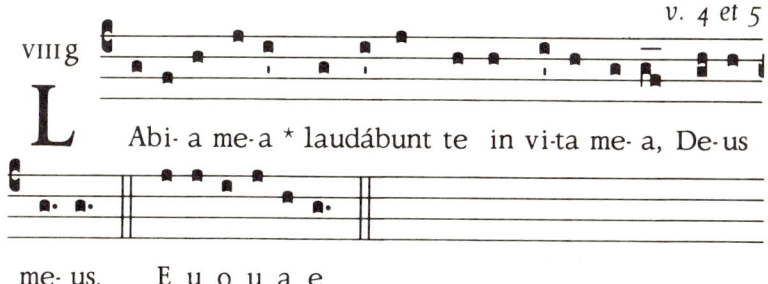

Deus, Deus meus es tu, *
 ad te de luce vígilo.
Sitívit in te ánima mea, *
 te desiderávit caro mea.
In terra desérta et árida et inaquósa, †
 sic in sancto appárui tibi, *
 ut vidérem virtútem tuam et glóriam tuam.
Quóniam mélior est misericórdia tua super vitas, *
 lábia mea laudábunt te.

Sic benedícam te in vita mea *
 et in nómine tuo levábo manus meas.
Sicut ádipe et pinguédine repleátur ánima mea, *
 et lábiis exsultatiónis laudábit os meum.
Cum memor ero tui super stratum meum, *
 in matutínis meditábor de te,
quia fuísti adiútor meus, *
 et in velaménto alárum tuárum exsultábo.

Adhǽsit ánima mea post te, *
 me suscépit déxtera tua.
Ipsi vero in ruínam quæsiérunt ánimam meam, *
 introíbunt in inferióra terræ,
tradéntur in potestátem gládii, *
 partes vúlpium erunt.
Rex vero lætábitur in Deo; †
 gloriabúntur omnes qui iurant in eo, *
 quia obstrúctum est os loquéntium iníqua.

Dominica ad Laudes

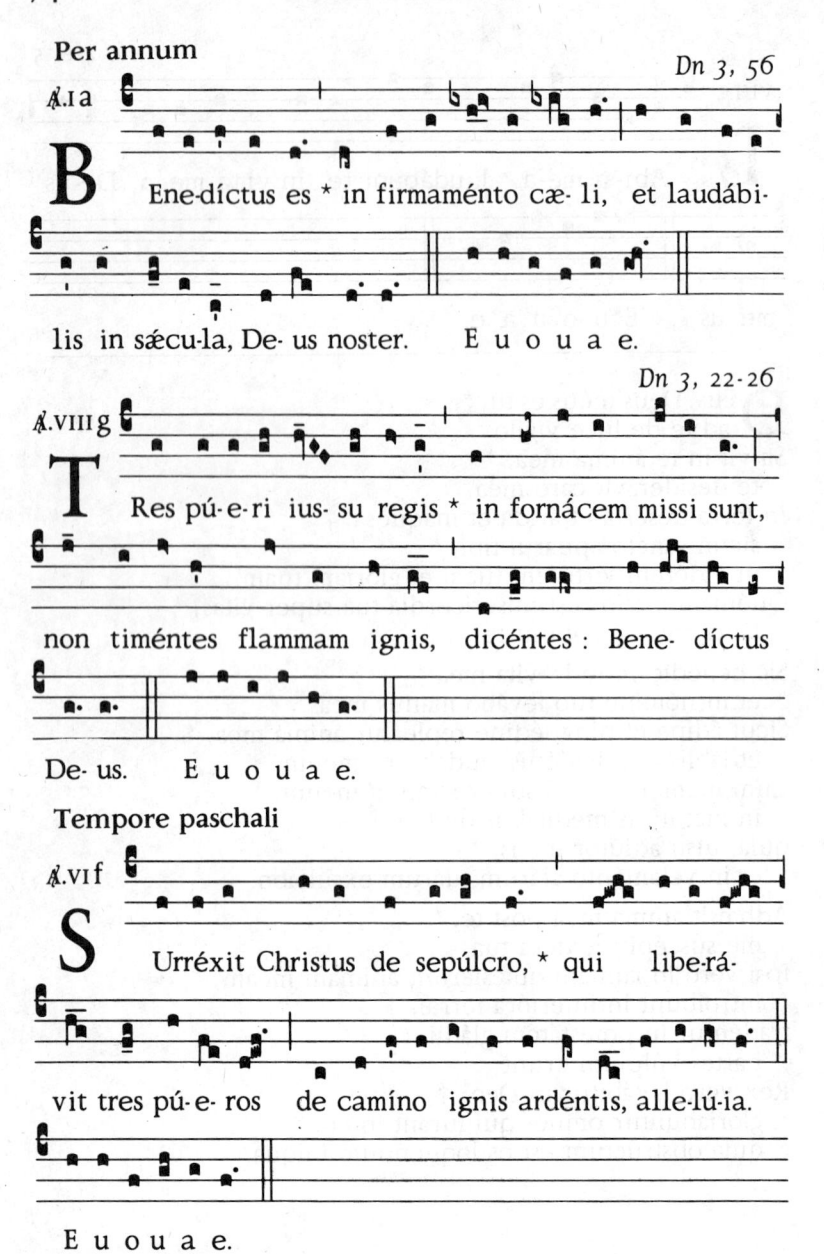

Per annum

Dn 3, 56

Ant. I a

Bene-díctus es * in firmaménto cæ-li, et laudábi-lis in sǽcu-la, De-us noster.   E u o u a e.

Dn 3, 22-26

Ant. VIII g

Tres pú-e-ri ius-su regis * in fornácem missi sunt, non timéntes flammam ignis, dicéntes: Bene-díctus De-us.   E u o u a e.

Tempore paschali

Ant. VI f

Surréxit Christus de sepúlcro, * qui libe-rá-vit tres pú-e-ros de camíno ignis ardéntis, alle-lú-ia.

E u o u a e.

CANTICUM Dn 3, 52-57
OMNIS CREATURA LAUDET DOMINUM

Creator ... est benedictus in saecula (Rom 1, 25).

Benedíctus es, Dómine Deus patrum nostrórum, *
et laudábilis et superexaltátus in sǽcula;

et benedíctum nomen glóriæ tuæ sanctum *
et superlaudábile et superexaltátum in sǽcula.

Benedíctus es in templo sanctæ glóriæ tuæ *
et superlaudábilis et supergloriósus in sǽcula.

Benedíctus es in throno regni tui *
et superlaudábilis et superexaltátus in sǽcula.

Benedíctus es, qui intuéris abýssos †
sedens super chérubim, *
et laudábilis et superexaltátus in sǽcula.

Benedíctus es in firmaménto cæli *
et laudábilis et gloriósus in sǽcula.

Benedícite, ómnia ópera Dómini, Dómino *
laudáte et superexaltáte eum in sǽcula.

vel

CANTICUM Dn 3, 57-88.56
OMNIS CREATURA LAUDET DOMINUM

Laudem dicite Deo nostro, omnes servi eius (Ap 19, 5).

Benedícite, ómnia ópera Dómini, Dómino; *
laudáte et superexaltáte eum in sǽcula.
Benedícite, cæli, Dómino; *
benedícite, ángeli Dómini, Dómino.
Benedícite, aquæ omnes quæ super cælos sunt, Dómino; *
benedícat omnis virtus Dómino.
Benedícite, sol et luna, Dómino; *
benedícite, stellæ cæli, Dómino.

Benedícite, omnis imber et ros, Dómino; *
benedícite, omnes venti, Dómino.
Benedícite, ignis et æstus, Dómino; *
benedícite, frigus et æstus, Dómino.
Benedícite, rores et pruína, Dómino; *
benedícite, gelu et frigus, Dómino.

Benedícite, glácies et nives, Dómino; *
    benedícite, noctes et dies, Dómino.
Benedícite, lux et ténebræ, Dómino; *
    benedícite, fúlgura et nubes, Dómino.
Benedícat terra Dóminum; *
    laudet et superexáltet eum in sæcula.
Benedícite, montes et colles, Dómino; *
    benedícite, univérsa germinántia in terra, Dómino.
Benedícite, mária et flúmina, Dómino; *
    benedícite, fontes, Dómino,
Benedícite, cete
    et ómnia quæ movéntur in aquis, Dómino; *
    benedícite, omnes vólucres cæli, Dómino.
Benedícite, omnes béstiæ et pécora, Dómino; *
    benedícite, fílii hóminum, Dómino.

Bénedic, Israel, Dómino *
    laudáte et superexaltáte eum in sæcula.
Benedícite, sacerdótes Dómini, Dómino; *
    benedícite, servi Dómini, Dómino.
Benedícite, spíritus et ánimæ iustórum, Dómino; *
    benedícite, sancti et húmiles corde, Dómino.
Benedícite, Ananía, Azaría, Mísael, Dómino; *
    laudáte et superexaltáte eum in sæcula.

Benedicámus Patrem et Fílium cum Sancto Spíritu; *
    laudémus et superexaltémus eum in sæcula.

Benedíctus es, Dómine, in firmaménto cæli; *
    et laudábilis et gloriósus et superexaltátus in sæcula

In fine huius cantici non dicitur Glória Patri.

A L·le·lú·ia, * al·le·lú·ia, alle·lú·ia.   E u o u a e.

PSALMUS 148

PRAECONIUM DOMINI CREATORIS

Sedenti super thronum et Agno benedictio et honor et gloria et potestas in saecula saeculorum (Ap 5, 13).

Psalmus 148

℣. Laudáte * Dóminum de cælis, p. *114.*
℣. Omnes ángeli eius, * laudáte Dóminum de cælis, p. *141.*
℣. Cæli cælórum, * laudáte Deum, p. *169.*

Laudáte Dóminum de cælis, *
  laudáte eum in excélsis.
Laudáte eum, omnes ángeli eius, *
  laudáte eum, omnes virtútes eius.
Laudáte eum, sol et luna, *
  laudáte eum, omnes stellæ lucéntes.
Laudáte eum, cæli cælórum, *
  et aquæ omnes quæ super cælos sunt.
Laudent nomen Dómini, *
  quia ipse mandávit, et creáta sunt;
státuit ea in ætérnum et in sǽculum sǽculi; *
  præcéptum pósuit, et non præteríbit.
Laudáte Dóminum de terra, *
  dracónes et omnes abýssi,
ignis, grando, nix, fumus, *
  spíritus procellárum, qui facit verbum eius,
montes et omnes colles, *
  ligna fructífera et omnes cedri,
béstiæ et univérsa pécora, *
  serpéntes et vólucres pennátæ.
Reges terræ et omnes pópuli, *
  príncipes et omnes iúdices terræ,
iúvenes et vírgines, *
  senes cum junióribus,
laudent nomen Dómini, *
  quia exaltátum est nomen eius solíus.
Magnificéntia eius super cælum et terram, *
  et exaltávit cornu pópuli sui.
Hymnus ómnibus sanctis eius, *
  fíliis Israel, pópulo qui propínquus est ei.

Hic non dicitur Glória Patri.

PSALMUS 149
EXSULTATIO SANCTORUM

Filii Ecclesiae, filii novi populi exsultent in rege suo: in Christo (Hesychius).

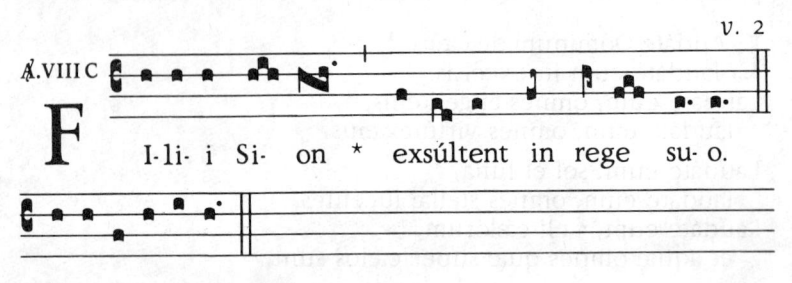

Ã. VIII C — v. 2

FIlii Si- on * exsúltent in rege su- o.

E u o u a e.

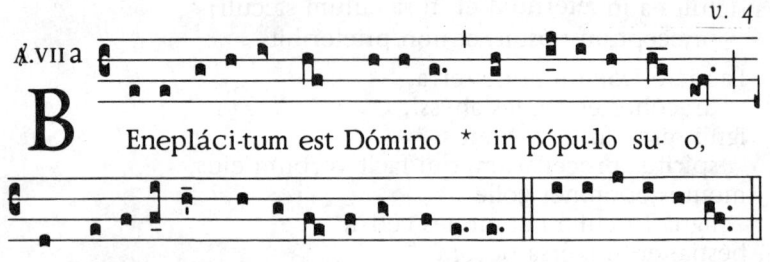

Ã. VII a — v. 4

BEneplácitum est Dómino * in pópulo su- o,

et honorábit mansu- é-tos in salú-tem. E u o u a e.

CAntáte Dómino cánticum novum; *
  laus eius in ecclésia sanctórum.
Lætétur Israel in eo qui fecit eum, *
  et fílii Sion exsúltent in rege suo.
Laudent nomen eius in choro, *
  in týmpano et cíthara psallant ei,
quia beneplácitum est Dómino in pópulo suo, *
  et honorábit mansuétos in salúte.

Iúbilent sancti in glória, *
  læténtur in cubílibus suis.
Exaltatiónes Dei in gútture eórum *
  et gládii ancípites in mánibus eórum,

ad faciéndam vindíctam in natiónibus, *
    castigatiónes in pópulis,
ad alligándos reges eórum in compédibus *
    et nóbiles eórum in mánicis férreis,
ad faciéndum in eis iudícium conscríptum: *
    glória hæc est ómnibus sanctis eius.

Hic non dicitur Glória Patri.

PSALMUS 150
LAUDATE DOMINUM

Psallite spiritu, psallite et mente, hoc est: glorificate Deum et anima et corpore vestro (Hesychius).

℣. In sanctis eius, * laudáte Deum, *p. 200.*
℣. In týmpano et choro, * in chordis et órgano, laudáte Deum, *p. 228.*
℣. In cýmbalis * benesonántibus, laudáte Dóminum, *p. 258.*

Laudáte Dóminum in sanctuário eius, *
    laudáte eum in firmaménto virtútis eius.
Laudáte eum in magnálibus eius, *
    laudáte eum secúndum multitúdinem magnitúdinis eius.

Laudáte eum in sono tubæ, *
    laudáte eum in psaltério et cíthara,
laudáte eum in týmpano et choro, *
    laudáte eum in chordis et órgano,
laudáte eum in cýmbalis benesonántibus, †
    laudáte eum in cýmbalis iubilatiónis: *
    omne quod spirat, laudet Dóminum.

Glória Patri.

Lectio brevis per annum   *Apc 7, 10.12*

Salus Deo nostro, qui sedet super thronum, et Agno. Benedíctio et glória et sapiéntia et gratiárum áctio et honor et virtus et fortitúdo Deo nostro in sǽcula sæculórum. Amen.

¶ *Ad Laudes matutinas quotidie lectio longior eligi potest.*

Dominica ad Laudes

Per annum

℟.br.VI CHriste, Fi-li De-i vi-vi, * Mi-se-ré-re no-bis.

℣. Qui sedes ad déxteram Patris. ℣. Glóri-a Patri, et Fí-li-o, et Spi-rí-tu-i Sancto.

Ps 74, 2

℟.br.VI COnfi-té-bimur tibi, De-us, * Et invocábimus nomen tu-um. ℣. Narrábimus mi-ra-bí-li-a tu-a. ℣. Glóri-a Patri, et Fí-li-o, et Spi-rí-tu-i Sancto.

Vel ad libitum: Ps 118, 36.37

℟.br.IV INclína cor me-um, De-us, * In testimóni-a tu-a. Inclína. ℣. A-vérte ócu-los me-os, ne ví-de-ant *vanitátem: in via tua vivífica me. * In testimónia tua. ℣. Glória Patri, et Fílio, et Spirítui Sancto. Inclína.*

HYMNUS

Ætérne rerum cónditor,
noctem diémque qui regis,
et témporum das témpora
ut álleves fastídium,

Præco diéi iam sonat,
noctis profúndæ pérvigil,
noctúrna lux viántibus
a nocte noctem ségregans.

Hoc excitátus lúcifer
solvit polum calígine;
hoc omnis errónum chorus
vias nocéndi déserit.

Hoc nauta vires cólligit
pontíque mitéscunt freta;
hoc, ipse Petra Ecclésiæ,
canénte, culpam díluit.

Iesu, labántes réspice
et nos vidéndo córrige;
si réspicis, lapsus cadunt
fletúque culpa sólvitur.

Tu, lux, refúlge sénsibus
mentísque somnum díscute;
te nostra vox primum sonet
et vota solvámus tibi.

Sit, Christe, rex piíssime,
tibi Patríque glória
cum Spíritu Paráclito,
in sempitérna sæcula. Amen.

℣. Dóminus regnávit! Decórem indútus est.
℟. Indútus est Dóminus, fortitúdine præcínxit se.

In Officio dominicali per annum, antiphona ad Benedictus sumitur e Proprio; in Officio vero feriali per annum, e Psalterio. In celebratione autem Sanctorum, nisi adsit propria, sumitur e Communi.

Dominica ad Laudes

CANTICUM EVANGELICUM Lc 1, 68-79
DE MESSIA EIUSQUE PRAECURSORE

Benedíctus Dóminus Deus Israel, *
 quia visitávit et fecit redemptiónem plebi suæ
et eréxit cornu salútis nobis *
  in domo David púeri sui,
sicut locútus est per os sanctórum, *
  qui a sǽculo sunt, prophetárum eius,
salútem ex inimícis nostris *
  et de manu ómnium, qui odérunt nos;
ad faciéndam misericórdiam cum pátribus nostris *
  et memorári testaménti sui sancti,
iusiurándum, quod iurávit ad Abraham patrem nostrum, *
  datúrum se nobis,
ut sine timóre, de manu inimicórum liberáti, *
  serviámus illi
in sanctitáte et iustítia coram ipso *
  ómnibus diébus nostris.
Et tu, puer, prophéta Altíssimi vocáberis: *
  præíbis enim ante fáciem Dómini paráre vias eius,
ad dandam sciéntiam salútis plebi eius *
  in remissiónem peccatórum eórum,
per víscera misericórdiæ Dei nostri, *
  in quibus visitábit nos Oriens ex alto,
illumináre his, qui in ténebris et in umbra mortis sedent, *
  ad dirigéndos pedes nostros in viam pacis.
Glória Patri.

Litania

Intercessiones litaniae fiunt, prout speciminis gratia indicantur p. 515. Deinde cantatur ab abbate (vel ab omnibus):

  Pater noster, qui es in cælis,
sanctificétur nomen tuum,
advéniat regnum tuum,
fiat volúntas tua sicut in cælo et in terra.
  Panem nostrum quotidiánum da nobis hódie;
et dimítte nobis débita nostra,
sicut et nos dimíttimus debitóribus nostris;
et ne nos indúcas in tentatiónem,
  ℟. Sed líbera nos a Malo.

Postea dicitur immediate et sine orémus *oratio propria, cum conclusione longiore.*

Benedictio

℣. Dóminus vobíscum. ℟. Et cum spíritu tuo.

Benedícat vos omnípotens Deus, Pater, et Fílius, et Spíritus Sanctus. ℟. Amen.

Absente sacerdote vel diacono, et in recitatione a solo, sic concluditur:
Dóminus nos benedícat, et ab omni malo deféndat, et ad vitam perdúcat ætérnam. ℟. Amen.

Alia formula benedictionis proponitur ad libitum quotidie ad Laudes matutinas et ad Vesperas:
Ille nos benedícat
   qui de morte resurréxit ad vitam. ℟. Amen.

℣. Divínum auxílium máneat semper nobíscum.
℟. Et cum frátribus nostris abséntibus. Amen.

FERIA SECUNDA AD VIGILIAS

Psalmus 3, p. 29,
¶ A1 *vel psalmus 8, p. 8.*

Ad invitatorium
℣. Iubilémus Deo salutári nostro.

HYMNUS

I. Quando Vigiliae dicuntur noctu vel summo mane:

Somno reféctis ártubus,
spreto cubíli, súrgimus:
nobis, Pater, canéntibus
adésse te depóscimus.

Te lingua primum cóncinat,
te mentis ardor ámbiat,
ut áctuum sequéntium
tu, sancte, sis exórdium.

Cedant tenébræ lúmini
et nox diúrno síderi,
ut culpa, quam nox íntulit,
lucis labáscat múnere.

Precámur îdem súpplices
noxas ut omnes ámputes,
et ore te canéntium
laudéris in perpétuum.

Præsta, Pater piíssime,
Patríque compar Unice,
cum Spíritu Paráclito
regnans per omne sæculum. Amen.

II. Quando Vigiliae dicuntur diurno tempore:

Ætérna lux, divínitas,
in unitáte Trínitas,
te confitémur débiles,
te deprecámur súpplices.

Summum Paréntem crédimus
Natúmque Patris únicum,
et caritátis vínculum
qui iungit illos Spíritum.

O véritas, o cáritas,
o finis et felícitas,
speráre fac et crédere,
amáre fac et cónsequi.

Qui finis et exórdium
rerúmque fons es ómnium,
tu solus es solácium,
tu certa spes credéntium.

Qui cuncta solus éfficis
cunctísque solus súfficis,
tu sola lux es ómnibus
et præmium sperántibus.

Christum rogámus et Patrem,
Christi Patrísque Spíritum;
unum potens per ómnia,
fove precántes, Trínitas.
Amen.

IN I NOCTURNO

Per annum et in tempore Adventus et Quadragesimae

Ps 32, 1

Ant. IV e

R Ectos decet * collaudá-ti-o. E u o u a e.

Tempore paschali

Ant. IV *

A L-le-lú-ia, * alle-lú-ia, alle-lú-ia. E u o u a e.

Sub hac una antiphona dicuntur psalmi de feria.

PSALMUS 32
LAUS DOMINI PROVIDENTIS
Omnia per ipsum facta sunt (Io 1, 3).

v. II

Ant. VII a

E Xsultá-te, iusti, * et glo-ri-ámi-ni, omnes recti corde. E u o u a e.

Exsultáte, iusti, in Dómino; *
  rectos decet collaudátio.
Confitémini Dómino in cíthara, *
  in psaltério decem chordárum psállite illi.

Cantáte ei cánticum novum, *
  bene psállite ei in vociferatióne,
quia rectum est verbum Dómini, *
  et ómnia ópera eius in fide.
Díligit iustítiam et iudícium; *
  misericórdia Dómini plena est terra.
Verbo Dómini cæli facti sunt, *
  et spíritu oris eius omnis virtus eórum.
Cóngregans sicut in utre aquas maris, *
  ponens in thesáuris abýssos.

Tímeat Dóminum omnis terra, *
  a fácie autem eius formídent omnes inhabitántes orbem.
Quóniam ipse dixit, et facta sunt, *
  ipse mandávit, et creáta sunt.
Dóminus díssipat consília géntium, *
  írritas facit cogitatiónes populórum.
Consílium autem Dómini in ætérnum manet, *
  cogitatiónes cordis eius in generatióne et generatiónem.

Beáta gens cui Dóminus est Deus, *
  pópulus quem elégit in hereditátem sibi.
De cælo respéxit Dóminus, *
  vidit omnes fílios hóminum.
De loco habitáculi sui respéxit *
  super omnes qui hábitant terram,
qui finxit singillátim corda eórum, *
  qui intéllegit ómnia ópera eórum.

Non salvátur rex per multam virtútem, *
  et gigas non liberábitur in multitúdine virtútis suæ.
Fallax equus ad salútem, *
  in abundántia autem virtútis suæ non salvábit.
Ecce óculi Dómini super metuéntes eum, *
  in eos qui sperant super misericórdia eius,
ut éruat a morte ánimas eórum *
  et alat eos in fame.

Anima nostra sústinet Dóminum, *
  quóniam adiútor et protéctor noster est;
quia in eo lætábitur cor nostrum, *
  et in nómine sancto eius sperávimus.
Fiat misericórdia tua, Dómine, super nos, *
  quemádmodum sperávimus in te.

PSALMUS 33
DOMINUS IUSTORUM SALUS

Gustastis quoniam dulcis Dominus (1 Pe 2, 3).

v. 8

Ant. III a

Immíttet * ángelus Dómini in circúitu timéntium eum, et erípiet eos. E u o u a e.

v. 18

Ant. VII a

Clamavérunt iusti * et Dóminus exaudívit eos. E u o u a e.

B Enedícam Dóminum in omni témpore, *
semper laus eius in ore meo.
In Dómino gloriábitur ánima mea, *
áudiant mansuéti et læténtur.
Magnificáte Dóminum mecum, *
et exaltémus nomen eius in idípsum.

Exquisívi Dóminum, et exaudívit me *
et ex ómnibus terróribus meis erípuit me.
Respícite ad eum, et illumínamini *
et fácies vestræ non confundéntur.

Iste pauper clamávit, †
et Dóminus exaudívit eum *
et de ómnibus tribulatiónibus eius salvávit eum.

Vallábit ángelus Dómini in circúitu timéntes eum *
 et erípiet eos.
Gustáte et vidéte quóniam suávis est Dóminus; *
 beátus vir qui sperat in eo.
Timéte Dóminum, sancti eius, *
 quóniam non est inópia timéntibus eum.
Dívites eguérunt et esuriérunt, *
 inquiréntes autem Dóminum non defícient omni bono.

Veníte, fílii, audíte me: *
 timórem Dómini docébo vos.
Quis est homo qui vult vitam, *
 díligit dies, ut vídeat bonum?

Próhibe linguam tuam a malo, *
 et lábia tua ne loquántur dolum.
Divérte a malo et fac bonum, *
 inquíre pacem et perséquere eam.

Oculi Dómini super iustos, *
 et aures eius in clamórem eórum.
Vultus autem Dómini super faciéntes mala, *
 ut perdat de terra memóriam eórum.

Clamavérunt, et Dóminus exaudívit *
 et ex ómnibus tribulatiónibus eórum liberávit eos.
Iuxta est Dóminus iis, qui contríto sunt corde, *
 et confráctos spíritu salvábit.

Multæ tribulatiónes iustórum, *
 et de ómnibus his liberábit eos Dóminus.
Custódit ómnia ossa eórum, *
 unum ex his non conterétur.

Interfíciet peccatórem malítia, *
 et qui odérunt iustum, puniéntur.
Rédimet Dóminus ánimas servórum suórum, *
 et non puniéntur omnes qui sperant in eo.

Ps 34, 1

A. IV a Expúgna * impugnántes me. E u o u a e.

PSALMUS 34

DOMINUS SALVATOR IN PERSECUTIONE

Congregati sunt ... et consilium fecerunt, ut Iesum dolo tenerent et occiderent (Mt 26, 3.4).

Ant. II d — v. 23

Exsúrge, Dómine, * et inténde iudício meo.

E u o u a e.

Iúdica, Dómine, iudicántes me; *
 impúgna impugnántes me.
Apprehénde clípeum et scutum *
 et exsúrge in adiutórium mihi.
Effúnde frámeam et secúrim †
 advérsus eos qui persequúntur me. *
 Dic ánimæ meæ: «Salus tua ego sum».

Confundántur et revereántur *
 quæréntes ánimam meam;
avertántur retrórsum et confundántur *
 cogitántes mihi mala.
Fiant tamquam pulvis ante ventum, *
 et ángelus Dómini impéllens eos;
fiat via illórum ténebræ et lúbricum, *
 et ángelus Dómini pérsequens eos.

Quóniam gratis abscondérunt mihi láqueum suum, *
 gratis fodérunt fóveam ánimæ meæ.
Véniat illi calámitas quam ignórat, †
 et cáptio quam abscóndit, apprehéndat eum, *
 et in eándem calamitátem ipse cadat.

Anima autem mea exsultábit in Dómino, *
 et delectábitur super salutári suo.
Omnia ossa mea dicent: *
 «Dómine, quis símilis tibi?

Erípiens ínopem de manu fortiórum eius, *
 egénum et páuperem a diripiéntibus eum.»
Surgéntes testes iníqui, *
 quæ ignorábam, interrogábant me;
retribuébant mihi mala pro bonis, *
 desolátio est ánimæ meæ.

Ego autem, cum infirmaréntur, *
 induébar cilício,
humiliábam in ieiúnio ánimam meam, *
 et orátio mea in sinu meo convertebátur.
Quasi pro próximo et quasi pro fratre meo ambulábam, *
 quasi lugens matrem contristátus incurvábar.

Cum autem vacillárem, lætáti sunt et convenérunt; *
 convenérunt contra me percutiéntes, et ignorávi.
Diripuérunt et non desistébant; †
 tentavérunt me,
  subsannavérunt me subsannatióne, *
 frenduérunt super me déntibus suis.

Dómine, quámdiu aspícies? †
 Restítue ánimam meam a malignitáte eórum, *
 a leónibus únicam meam.
Confitébor tibi in ecclésia magna, *
 in pópulo multo laudábo te.

Non supergáudeant mihi inimíci mei mendáces, *
 qui odérunt me gratis et ánnuunt óculis.
Etenim non pacífice loquebántur *
 et contra mansuétos terræ dolos cogitábant.
Et dilatavérunt super me os suum; *
 dixérunt: «Euge, euge, vidérunt óculi nostri».

Vidísti, Dómine, ne síleas; *
 Dómine, ne discédas a me.
Exsúrge et evígila ad iudícium meum, *
 Deus meus et Dóminus meus, ad causam meam.

Iúdica me secúndum iustítiam tuam, Dómine Deus meus, *
 et non supergáudeant mihi.
Non dicant in córdibus suis: «Euge, ánimæ nostræ»; *
 nec dicant: «Devorávimus eum».

Erubéscant et revereántur simul, *
 qui gratulántur malis meis;

induántur confusióne et reveréntia, *
 qui magna loquúntur super me.
Exsúltent et læténtur, qui volunt iustítiam meam, *
 et dicant semper: «Magnificétur Dóminus,
  qui vult pacem servi sui».

Et lingua mea meditábitur iustítiam tuam, *
 tota die laudem tuam.

Ps 36, 5

℟. vi f Revéla * Dómino viam tuam. E u o u a e.

PSALMUS 36

SORS MALORUM ET IUSTORUM

Beati mites, quoniam ipsi possidebunt terram (Mt 5, 5).

Noli æmulári in malignántibus, *
 neque zeláveris faciéntes iniquitátem,
quóniam tamquam fenum velóciter aréscent *
 et quemádmodum herba virens décident.

Spera in Dómino et fac bonitátem, *
 et inhabitábis terram et pascéris in fide.
Delectáre in Dómino, *
 et dabit tibi petitiónes cordis tui.

Commítte Dómino viam tuam et spera in eo, *
 et ipse fáciet;
et edúcet quasi lumen iustítiam tuam *
 et iudícium tuum tamquam merídiem.

Quiésce in Dómino et exspécta eum; †
 noli æmulári in eo qui prosperátur in via sua, *
 in hómine qui molítur insídias.
Désine ab ira et derelínque furórem, *
 noli æmulári, quod vertit ad malum,
quóniam qui malignántur, exterminabúntur, *
 sustinéntes autem Dóminum ipsi hereditábunt terram. —

Et adhuc pusíllum et non erit peccátor, *
    et quæres locum eius et non invénies.
Mansuéti autem hereditábunt terram *
    et delectabúntur in multitúdine pacis.

Insidiábitur peccátor iusto *
    et stridébit super eum déntibus suis.
Dóminus autem irridébit eum, *
    quóniam próspicit quod véniet dies eius.

Gládium evaginavérunt peccatóres, *
    intendérunt arcum suum,
ut deíciant páuperem et ínopem, *
    ut trucídent recte ambulántes in via.
Gládius eórum intrábit in corda ipsórum, *
    et arcus eórum confringétur.

Mélius est módicum iusto *
    super divítias peccatórum multas,
quóniam bráchia peccatórum conteréntur, *
    confírmat autem iustos Dóminus.

Novit Dóminus dies immaculatórum, *
    et heréditas eórum in ætérnum erit.
Non confundéntur in témpore malo *
    et in diébus famis saturabúntur.

Quia peccatóres períbunt, †
    inimíci vero Dómini ut decor campórum defícient, *
    quemádmodum fumus defícient.

Mutuátur peccátor et non solvet, *
    iustus autem miserétur et tríbuet.
Quia benedícti eius hereditábunt terram, *
    maledícti autem eius exterminabúntur.

A Dómino gressus hóminis confirmántur, *
    et viam eius volet.
Cum cecíderit, non collidétur, *
    quia Dóminus susténtat manum eius.

Iúnior fui et sénui †
    et non vidi iustum derelíctum, *
    nec semen eius quærens panem.
Tota die miserétur et cómmodat, *
    et semen illíus in benedictióne erit.

¶D

DIVISIO

Ant. VIII g   *v. 37*

Custódi * innocénti- am, et vi-de æqui- tá-tem.

E u o u a e.

Declína a malo et fac bonum, *
  et inhabitábis in sǽculum sǽculi,
quia Dóminus amat iudícium *
  et non derelínquet sanctos suos.
Iniústi in ætérnum disperíbunt, *
  et semen impiórum exterminábitur.
Iusti autem hereditábunt terram *
  et inhabitábunt in sǽculum sǽculi super eam.

Os iusti meditábitur sapiéntiam, *
  et lingua eius loquétur iudícium;
lex Dei eius in corde ipsíus, *
  et non vacillábunt gressus eius.
Consíderat peccátor iustum *
  et quærit mortificáre eum;
Dóminus autem non derelínquet eum in mánibus eius, *
  nec damnábit eum, cum iudicábitur illi.

Exspécta Dóminum et custódi viam eius, †
  et exaltábit te, ut hereditáte cápias terram; *
  cum exterminabúntur peccatóres, vidébis.
Vidi ímpium superexaltátum *
  et elevátum sicut cedrum viréntem;
et transívi, et ecce non erat, *
  et quæsívi eum, et non est invéntus.

Obsérva innocéntiam, et vide æquitátem, *
  quóniam est postéritas hómini pacífico.
Iniústi autem disperíbunt simul, *
  postéritas impiórum exterminábitur.

Salus autem iustórum a Dómino, *
 et protéctor eórum in témpore tribulatiónis.
Et adiuvábit eos Dóminus et liberábit eos †
 et éruet eos a peccatóribus et salvábit eos, *
 quia speravérunt in eo.

Ps 37, 2

Ant. C C2

NE in i- ra tu-a * árgu-as me, Dómine. E u o u a e.

PSALMUS 37
OBSECRATIO PECCATORIS IN EXTREMO PERICULO CONSTITUTI
Stabant omnes noti eius a longe (Lc 23, 49).

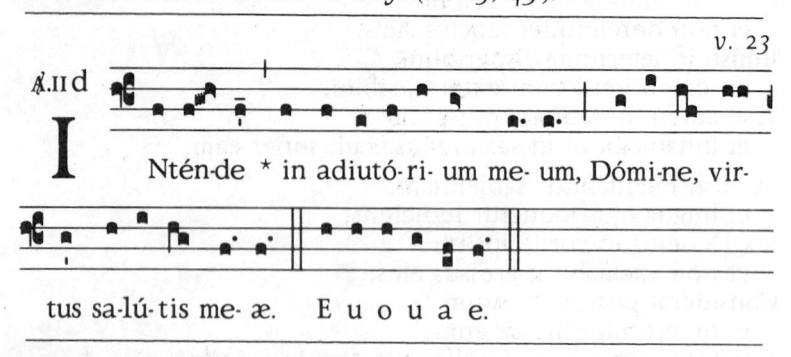

v. 23

Ant. II d

INténde * in adiutó-ri- um me- um, Dómi-ne, vir-tus sa-lú-tis me- æ. E u o u a e.

Dómine, ne in furóre tuo árguas me, *
 neque in ira tua corrípias me,
quóniam sagíttæ tuæ infíxæ sunt mihi, *
 et descéndit super me manus tua.

Non est sánitas in carne mea a fácie indignatiónis tuæ, *
 non est pax óssibus meis a fácie peccatórum meórum.
Quóniam iniquitátes meæ supergréssæ sunt caput meum *
 et sicut onus grave gravant me nimis.

Putruérunt et corrúpti sunt livóres mei *
 a fácie insipiéntiæ meæ.
Inclinátus sum et incurvátus nimis; *
 tota die contristátus ingrediébar. —

Quóniam lumbi mei impléti sunt ardóribus, *
 et non est sánitas in carne mea.
Afflíctus sum et humiliátus sum nimis, *
 rugiébam a gémitu cordis mei.

Dómine, ante te omne desidérium meum, *
 et gémitus meus a te non est abscónditus.
Palpitávit cor meum, derelíquit me virtus mea, *
 et lumen oculórum meórum, et ipsum non est mecum.

Amíci mei et próximi mei procul a plaga mea stetérunt, *
 et propínqui mei de longe stetérunt.
Et láqueos posuérunt, qui quærébant ánimam meam, †
 et qui requirébant mala mihi, locúti sunt insídias *
 et dolos tota die meditabántur.

Ego autem tamquam surdus non audiébam *
 et sicut mutus non apériens os suum;
et factus sum sicut homo non áudiens *
 et non habens in ore suo redargutiónes.

Quóniam in te, Dómine, sperávi, *
 tu exáudies, Dómine Deus meus.
Quia dixi: «Nequándo supergáudeant mihi; *
 dum commovéntur pedes mei, magnificántur super me».

Quóniam ego in lapsum parátus sum, *
 et dolor meus in conspéctu meo semper.
Quóniam iniquitátem meam annuntiábo *
 et sollícitus sum de peccáto meo.

Inimíci autem mei vivunt et confirmáti sunt, *
 et multiplicáti sunt qui odérunt me iníque.
Retribuéntes mala pro bonis detrahébant mihi *
 pro eo quod sequébar bonitátem.

Ne derelínquas me, Dómine; *
 Deus meus, ne discésseris a me.
Festína in adiutórium meum, *
 Dómine, salus mea.

Per annum
℣. Da mihi intelléctum, et servábo legem tuam.
℟. Et custódiam illam in toto corde meo.

In Adventu
℣. Osténde nobis, Dómine, misericórdiam tuam.
℟. Et salutáre tuum da nobis.

In Quadragesima
℣. Réspice in me, et miserére mei.
℟. Quia únicus et pauper sum ego.

Tempore paschali
℣. Cor meum et caro mea, allelúia.
℟. Exsultavérunt in Deum vivum, allelúia.

Postea benedicat abbas:
Exáudi, Dómine Iesu Christe, preces servórum tuórum,
et miserére nobis,
qui cum Patre et Spíritu Sancto vivis et regnas
in sǽcula sæculórum. ℟. Amen.

Lectio biblica cum ℟. *In aestate vero, scilicet a feria II post dominicam II Paschae usque ad dominicam I novembris, dici potest pro opportunitate lectio brevis cum* ℟. *breve. Tempore paschali, lectio brevis et* ℟. *breve in Ordinario, p. 430.*

Lectio brevis per annum
Lam 2, 19

Consúrge, lamentáre in nocte in princípio vigiliárum, effúnde sicut aquam cor tuum ante conspéctum Dómini; leva ad eum manus tuas.

Ps 33, 9

℟.br.VI

Gustáte et vidéte * Quóniam suávis est Dóminus. ℣. Beátus vir, qui sperat in eo. ℣. Glória Patri, et Fílio, et Spirítui Sancto.

IN II NOCTURNO

Ant. 1 a A‑lle‑lú‑ia, * alle‑lú‑ia, alle‑lú‑ia. E u o u a e.

Sub hac una antiphona dicuntur psalmi de feria.

In Quadragesima

Ps 38, 1

Ant. 1 ve Ut non de‑línquam * in lingua me‑a. E u o u a e.

PSALMUS 38
AEGROTANTIS DEPRECATIO

Vanitati creatura subiecta est ... propter eum qui subiecit in spem (Rom 8, 20).

v. 11

Ant. VII c A‑move, * Dómine, a me plagas tu‑as.

E u o u a e.

Dixi: «Custódiam vias meas, *
  ut non delínquam in lingua mea;
ponam ori meo custódiam, *
  donec consístit peccátor advérsum me».

Tacens obmútui et sílui absque ullo bono, *
  et dolor meus renovátus est.

Concáluit cor meum intra me, *
  et in meditatióne mea exársit ignis.
Locútus sum in lingua mea: *
  «Notum fac mihi, Dómine, finem meum;
et númerum diérum meórum quis est, *
  ut sciam quam brevis sit vita mea».
Ecce paucórum palmórum fecísti dies meos, *
  et spátium vitæ meæ tamquam níhilum ante te.
Etenim univérsa vánitas omnis homo constitútus est. *
  Etenim ut imágo pertránsit homo.
Etenim vánitas est et concitátur; *
  thesaurízat et ignórat quis congregábit ea.
Et nunc quæ est exspectátio mea, Dómine? *
  Spes mea apud te est.
Ab ómnibus iniquitátibus meis érue me, *
  oppróbrium insipiénti ne ponas me.
Obmútui et non apériam os meum, *
  quóniam tu fecísti.
Amove a me plagas tuas: *
  ab ictu manus tuæ ego deféci.
In increpatiónibus, propter iniquitátem,
    corripuísti hóminem, †
  et tabéscere fecísti sicut tínea desiderabília eius. *
  Etenim vánitas omnis homo.
Exáudi oratiónem meam, Dómine, *
  et clamórem meum áuribus pércipe.
Ad lácrimas meas ne obsurdéscas, †
  quóniam ádvena ego sum apud te, *
  peregrínus sicut omnes patres mei.
Avértere a me, ut refrígerer, *
  priúsquam ábeam et non sim ámplius.

PSALMUS 39

GRATIARUM ACTIO ET AUXILII PETITIO

Hostiam et oblationem noluisti, corpus autem aptasti mihi (Heb 10, 5).

℟. VIII g   V. 2

R Espéxit me, * et exaudívit deprecatiónem meam Dómi-nus. E u o u a e.

Ant. II d

Compláceat * tibi, Dómine, ut erípias me: ad adiuvándum me réspice. E u o u a e.

Exspéctans exspectávi Dóminum, *
 et inténdit mihi.
Et exaudívit clamórem meum *
 et edúxit me de lacu misériæ et de luto fæcis;
et státuit super petram pedes meos *
 et firmávit gressus meos.
Et immísit in os meum cánticum novum, *
 carmen Deo nostro.

Vidébunt multi et timébunt *
 et sperábunt in Dómino.
Beátus vir qui pósuit Dóminum spem suam *
 et non respéxit supérbos et declinántes in mendácium.
Multa fecísti tu, Dómine Deus meus, mirabília tua, †
 et cogitatiónes tuas pro nobis: *
 non est qui símilis sit tibi.
Si nuntiáre et éloqui volúero, *
 multiplicabúntur super númerum.

Sacrifícium et oblatiónem noluísti, *
 aures autem fodísti mihi.
Holocáustum et pro peccáto non postulásti, †
 tunc dixi: «Ecce vénio. *
 In volúmine libri scriptum est de me.
Fácere voluntátem tuam, Deus meus, vólui; *
 et lex tua in præcórdiis meis». —

Annuntiávi iustítiam tuam in ecclésia magna; *
  ecce lábia mea non prohibébo, Dómine, tu scisti.
Iustítiam tuam non abscóndi in corde meo, *
  veritátem tuam et salutáre tuum dixi.
Non abscóndi misericórdiam tuam *
  et veritátem tuam ab ecclésia magna. ¶

Tu autem, Dómine, ne prohíbeas miseratiónes tuas a me; *
  misericórdia tua et véritas tua semper suscípiant me,
quóniam circumdedérunt me mala,
    quorum non est númerus; †
  comprehendérunt me iniquitátes meæ, *
  et non pótui vidére.
Multiplicátæ sunt super capíllos cápitis mei, *
  et cor meum derelíquit me.

Compláceat tibi, Dómine, ut éruas me; *
  Dómine, ad adiuvándum me festína.
Confundántur et revereántur simul, *
  qui quærunt ánimam meam, ut áuferant eam.
Avertántur retrórsum et erubéscant, *
  qui volunt mihi mala.
Obstupéscant propter confusiónem suam, *
  qui dicunt mihi: «Euge, euge».

Exsúltent et læténtur in te omnes quæréntes te, *
  et dicant semper: «Magnificétur Dóminus»,
    qui díligunt salutáre tuum.
Ego autem egénus et pauper sum; *
  Dóminus sollícitus est mei.
Adiútor meus et liberátor meus tu es; *
  Deus meus, ne tardáveris.

In Quadragesima   Ps 40, 5

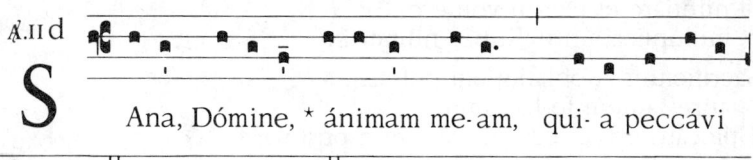

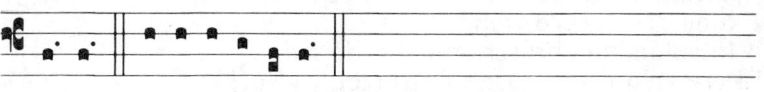

Ant. II d

Sana, Dómine, * ánimam meam, quia peccávi tibi. E u o u a e.

PSALMUS 40
INFIRMI ORATIO

Unus ex vobis me tradet, qui manducat mecum (Mc 14, 18).

Beátus qui intéllegit de egéno *
in die mala liberábit eum Dóminus.
Dóminus servábit eum et vivificábit eum †
et beátum fáciet eum in terra *
et non tradet eum in ánimam inimicórum eius.
Dóminus opem feret illi super lectum dolóris eius; *
univérsum stratum eius versábis in infirmitáte eius.

Ego dixi: «Dómine, miserére mei; *
sana ánimam meam, quia peccávi tibi».
Inimíci mei dixérunt mala mihi: *
«Quando moriétur, et períbit nomen eius?»
Et si ingrediebátur, ut visitáret, vana loquebátur; †
cor eius congregábat iniquitátem sibi, *
egrediebátur foras et detrahébat.

Simul advérsum me susurrábant omnes inimíci mei; *
advérsum me cogitábant mala mihi:
«Maleficium effúsum est in eo; *
et qui decúmbit non adíciet ut resúrgat».
Sed et homo pacis meæ, in quo sperávi, *
qui edébat panem meum, levávit contra me calcáneum.

Tu autem, Dómine, miserére mei *
et resúscita me, et retríbuam eis.
In hoc cognóvi quóniam voluísti me, *
quia non gaudébit inimícus meus super me;
me autem propter innocéntiam suscepísti *
et statuísti me in conspéctu tuo in ætérnum.

Benedíctus Dóminus Deus Israel *
a sǽculo et usque in sǽculum. Fiat, fiat.

PSALMUS 41
DESIDERIUM DOMINI ET TEMPLI EIUS

Qui sitit, veniat; qui vult, accipiat aquam vitae (Apc 22, 17).

Ant. II d   v. 3

SItívit * ánima me-a ad De-um vi-vum: quando vé-ni-am, et appa-ré-bo ante fá-ci-em Dómi-ni?

E u o u a e.

Quemádmodum desíderat cervus ad fontes aquárum, *
 ita desíderat ánima mea ad te, Deus.
Sitívit ánima mea ad Deum, Deum vivum; *
 quando véniam et apparébo ante fáciem Dei?

Fuérunt mihi lácrimæ meæ panis die ac nocte, *
 dum dícitur mihi quotídie: «Ubi est Deus tuus?»
Hæc recordátus sum et effúdi in me ánimam meam; *
 quóniam transíbam in locum
 tabernáculi admirábilis usque ad domum Dei,
in voce exsultatiónis et confessiónis *
 multitúdinis festa celebrántis.

Quare tristis es, ánima mea, *
 et quare conturbáris in me?
Spera in Deo, quóniam adhuc confitébor illi, *
 salutáre vultus mei et Deus meus.

In meípso ánima mea contristáta est; †
 proptérea memor ero tui *
 de terra Iordánis et Hermónim, de monte Misar.
Abýssus abýssum ínvocat in voce cataractárum tuárum; *
 omnes gúrgites tui et fluctus tui super me transiérunt.

In die mandávit Dóminus misericórdiam suam, †
 et nocte cánticum eius apud me est: *
 orátio ad Deum vitæ meæ.

Dicam Deo: «Suscéptor meus es. †
  Quare oblítus es mei, *
  et quare contristátus incédo, dum afflígit me inimícus?»
Dum confringúntur ossa mea, †
  exprobravérunt mihi qui tríbulant me, *
  dum dicunt mihi quotídie: «Ubi est Deus tuus?»

Quare tristis es, ánima mea, *
  et quare conturbáris in me?
Spera in Deo, quóniam adhuc confitébor illi, *
  salutáre vultus mei et Deus meus.

In Quadragesima

Ps 44, 2

Ant. vi f

E - ructávit * cor me- um verbum bonum. E u o u a e.

PSALMUS 43
POPULI CALAMITATES

In his omnibus supervincimus per eum, qui dilexit nos (Rom 8, 37).

v. 8 et 9

Ant. II d

S Alvá-sti nos, Dómine, * et in nómine tu-o confi-

té-bimur in sǽcu-la. E u o u a e.

Deus, áuribus nostris audívimus; †
  patres nostri annuntiavérunt nobis *
  opus quod operátus es in diébus eórum,
    in diébus antíquis.
Tu manu tua gentes depulísti et plantásti illos, *
  afflixísti pópulos et dilatásti eos. —

Nec enim in gládio suo possedérunt terram, *
　　et bráchium eórum non salvávit eos;
sed déxtera tua et bráchium tuum et illuminátio vultus tui, *
　　quóniam complacuísti in eis.
Tu es rex meus et Deus meus, *
　　qui mandas salútes Iacob.
In te inimícos nostros proiécimus, *
　　et in nómine tuo conculcávimus insurgéntes in nos.

Non enim in arcu meo sperábo, *
　　et gládius meus non salvábit me.
Tu autem salvásti nos de affligéntibus nos, *
　　et odiéntes nos confudísti.
In Deo gloriábimur tota die *
　　et in nómine tuo confitébimur in sǽculum.

Nunc autem reppulísti et confudísti nos *
　　et non egrediéris, Deus, cum virtútibus nostris.
Convertísti nos retrórsum coram inimícis nostris, *
　　et qui odérunt nos diripuérunt sibi.
Dedísti nos tamquam oves ad vescéndum *
　　et in géntibus dispersísti nos.

Vendidísti pópulum tuum sine lucro, *
　　nec dítior factus es in commutatióne eórum.
Posuísti nos oppróbrium vicínis nostris, *
　　subsannatiónem et derísum his qui sunt in circúitu nostro.
Posuísti nos similitúdinem in géntibus, *
　　commotiónem cápitis in pópulis.

Tota die verecúndia mea contra me est, *
　　et confúsio faciéi meæ coopéruit me
a voce exprobrántis et obloquéntis, *
　　a fácie inimíci et ultóris.　　　　　　　　　　　　　　¶D

Hæc ómnia venérunt super nos, †
　　nec oblíti sumus te; *
　　et iníque non égimus in testaméntum tuum.
Et non recéssit retro cor nostrum, *
　　nec declinavérunt gressus nostri a via tua;
sed humiliásti nos in loco vúlpium *
　　et operuísti nos umbra mortis.

Si oblíti fuérimus nomen Dei nostri *
　　et si expandérimus manus nostras ad deum aliénum,

nonne Deus requíret ista? *
 Ipse enim novit abscóndita cordis.
Quóniam propter te mortificámur tota die, *
 æstimáti sumus sicut oves occisiónis.

Evígila, quare obdórmis, Dómine? *
 Exsúrge et ne repéllas in finem.
Quare fáciem tuam avértis, *
 oblivísceris inópiæ nostræ et tribulatiónis nostræ?

Quóniam humiliáta est in púlvere ánima nostra, *
 conglutinátus est in terra venter noster.
Exsúrge, Dómine, ádiuva nos *
 et rédime nos propter misericórdiam tuam.

PSALMUS 44

REGIS NUPTIAE

Ecce sponsus! Exite obviam ei (Mt 25, 6).

℟. Eructávit cor meum verbum bonum, p. *103*.

Et non repetitur in psalmo.

Ant.VII C

Unxit te Deus, * Deus tuus, óleo lætítiæ præ consórtibus tuis. E u o u a e.

Ant.VI f

Confitebúntur tibi * pópuli, Deus, in ætérnum.

E u o u a e.

Feria II ad Vigilias

Eructávit cor meum verbum bonum, †
  dico ego ópera mea regi.*
  Lingua mea cálamus scribæ velóciter scribéntis.

Speciósus forma es præ fíliis hóminum, †
  diffúsa est grátia in lábiis tuis, *
  proptérea benedíxit te Deus in ætérnum.
Accíngere gládio tuo super femur tuum, potentíssime, *
  magnificéntia tua et ornátu tuo.
Et ornátu tuo procéde, currum ascénde *
  propter veritátem et mansuetúdinem et iustítiam.
Et dóceat te mirabília déxtera tua: †
  sagíttæ tuæ acútæ — pópuli sub te cadent —*
  in corda inimicórum regis.

Sedes tua, Deus, in sǽculum sǽculi; *
  sceptrum æquitátis sceptrum regni tui.
Dilexísti iustítiam et odísti iniquitátem, †
  proptérea unxit te Deus, Deus tuus, *
  óleo lætítiæ præ consórtibus tuis.

Myrrha et áloe et cásia ómnia vestiménta tua; *
  e dómibus ebúrneis chordæ deléctant te.
Fíliæ regum in pretiósis tuis; *
  ástitit regína a dextris tuis ornáta auro ex Ophir.

Audi, fília, et vide †
  et inclína aurem tuam *
  et oblivíscere pópulum tuum et domum patris tui;
et concupíscet rex spéciem tuam. *
  Quóniam ipse est dóminus tuus, et adóra eum.
Fília Tyri cum munéribus; *
  vultum tuum deprecabúntur dívites plebis.

Gloriósa nimis fília regis intrínsecus, *
  textúris áureis circumamícta.
In véstibus variegátis adducétur regi; *
  vírgines post eam, próximæ eius, afferúntur tibi.
Afferúntur in lætítia et exsultatióne, *
  adducúntur in domum regis.

Pro pátribus tuis erunt tibi fílii; *
  constítues eos príncipes super omnem terram.

Feria II ad Vigilias

Memor ero nóminis tui *
  in omni generatióne et generatióne;
proptérea pópuli confitebúntur tibi *
  in ætérnum et in sǽculum sǽculi.

Lectio patristica cum ℟.
¶ *Vel dici potest lectio brevis cum ℣. ut sequitur.*

Lectio brevis per annum   Ier 15, 16

Invénti sunt sermónes tui, et comédi eos, et factum est mihi verbum tuum in gáudium et lætítiam cordis mei, quóniam invocátum est nomen tuum super me, Dómine Deus exercítuum.

℣. Dírige me, Dómine, in veritáte tua et doce me.
℟. Quia tu es Deus salútis meæ.

Lectiones breves pro aliis temporibus inveniuntur in Ordinario de Tempore.

In Adventu

℣. Vox clamántis in desérto: paráte viam Dómini.
℟. Rectas fácite sémitas Dei nostri.

In Quadragesima

℣. Pænitémini et crédite Evangélio.
℟. Appropinquávit enim regnum Dei.

Tempore paschali

℣. Qui vivunt iam non sibi vivant, allelúia.
℟. Sed ei qui pro ipsis mórtuus est et resurréxit, allelúia.

IN MEMORIIS

Dedicationis ecclesiae   Gn 28, 16-17

Cum evigilásset Iacob de somno, ait: «Vere Dóminus est in loco isto, et ego nesciébam.» Pavénsque: «Quam terríbilis est, inquit, locus iste! Non est hic áliud nisi domus Dei et porta cæli.»

℣. Domus mea.
℟. Domus oratiónis vocábitur.

Beatae Mariae Virginis
Apc 12, 1

Signum magnum appáruit in cælo: múlier amícta sole, et luna sub pédibus eius, et super caput eius coróna stellárum duódecim.
℣. O quam gloriósa est Mater.
℟. Quæ cæli Regem génuit.

Plurimorum martyrum extra T.P.
Sap 10, 17

Réddidit sanctis Deus mercédem labórum suórum et dedúxit illos in via mirábili et fuit illis in velaménto diéi et in luce stellárum per noctem.
℣. Moriéntes pro Christi nómine.
℟. Ut herédes fíerent in domo Dómini.

Unius martyris extra T.P.
Eccli 39, 6

Cor suum tradet ad vigilándum dilúculo ad Dóminum, qui fecit illum, et in conspéctu Altíssimi deprecábitur.
℣. Coróna áurea super caput eius.
℟. Expréssa signo sanctitátis et fortitúdinis.

Unius vel plurimorum martyrum T.P.
Rom 8, 28

Scimus quóniam diligéntibus Deum ómnia cooperántur in bonum, his qui secúndum propósitum vocáti sunt.
℣. *ut supra extra T.P. cum* Allelúia.

Pastorum
Act 20, 28

Atténdite vobis et univérso gregi, in quo vos Spíritus Sanctus pósuit epíscopos, páscere Ecclésiam Dei, quam acquisívit sánguine suo.
℣. Elégit eum Dóminus sacerdótem sibi.
℟. Ad sacrificándum ei hóstiam laudis.

Doctorum Ecclesiae
1 Cor 1, 23-24

Nos prædicámus Christum crucifíxum, Iudǽis quidem scándalum, géntibus autem stultítiam; ipsis autem vocátis, Iudǽis atque Græcis, Christum Dei virtútem et Dei sapiéntiam.
℣. Meditátio cordis mei in conspéctu tuo.
℟. Dómine, adiútor meus et redémptor meus.

Sanctorum monachorum et monialium 2 Cor 3, 18

Nos omnes reveláta fácie glóriam Dómini speculántes, in eándem imáginem transformámur a claritáte in claritátem tamquam a Dómini Spíritu.
℣. Hæc est generátio quæréntium eum.
℟. Quæréntium fáciem Dei Iacob.

Virginum 2 Cor 11, 2

Æmulor enim vos Dei æmulatióne; despóndi enim vos uni viro vírginem castam exhibére Christo.
℣. Complácuit Dómino in te.
℟. Et in terra tua inhabitábitur.

Sanctorum virorum et mulierum Sap 10, 10

Iustum dedúxit Dóminus per vias rectas et osténdit illi regnum Dei et dedit illi sciéntiam sanctórum; honestávit illum in labóribus et complévit labóres illíus.
℣. Invéntus est sine mácula et perféctus est.
℟. Erit illi glória ætérna.

Pro muliere:
℣. Manum suam apéruit ínopi.
℟. Et palmas suas exténdit ad páuperem.

Kýrie eléison. Christe eléison. Kýrie eléison.
Pater noster *secreto usque ad*
℣. Et ne nos indúcas in tentatiónem.
℟. Sed líbera nos a Malo.

Oratio conclusiva, per annum de dominica praecedenti, ceteris temporibus diei, cum conclusione longiori.

℣. Benedicámus Dómino. ℟. Deo grátias.
℣. Divínum auxílium máneat semper nobíscum.
℟. Et cum frátribus nostris abséntibus. Amen.

Et sic terminantur Vigiliae per hebdomadam.

AD LAUDES MATUTINAS

Antiphonæ per annum in feriis appositae dicuntur semper in Officio feriali quando propriae non assignantur, et in memoriis quando sumuntur psalmi de feria ; adhibentur etiam in memoriis quae tempore Adventus vel Quadragesimae celebrantur.

Ps 66, p. 66.

Per annum Ps 50, 3

Ant. vi f

MIse-ré-re * me- i, De- us.   E u o u a e.

Et non repetitur in psalmo.

Tempore paschali. *Sub unica antiphona Allelúia, dicuntur tres priores psalmi.*

Ant. vi f

ALle-lú-ia, * alle-lú-ia, allelú-ia.   E u o u a e.

Ps 50. Miserére mei Deus, p. 67.

Ps 5, 3

Ant. viii g

INtélle-ge * clamó-rem me-um, Dómine.

E u o u a e.

PSALMUS 5

ORATIO MATUTINA AD IMPLORANDUM AUXILIUM

Verbo inhabitante, aeternaliter exsultabunt qui eum intra se receperunt.

Psalmus 5

v. 3

Ánt. VIII g

Inténde voci * ora‑ti‑ó‑nis me‑æ, rex me‑us et De‑us me‑us. E u o u a e.

VErba mea áuribus pércipe, Dómine; *
 intéllege gémitum meum.
Inténde voci clamóris mei, *
 rex meus et Deus meus.

Quóniam ad te orábo, Dómine, †
 mane exáudies vocem meam; *
 mane astábo tibi et exspectábo.
Quóniam non Deus volens iniquitátem tu es; †
 neque habitábit iuxta te malígnus, *
 neque permanébunt iniústi ante óculos tuos.

Odísti omnes qui operántur iniquitátem, †
 perdes omnes qui loquúntur mendácium; *
 virum sánguinum et dolósum abominábitur Dóminus.
Ego autem in multitúdine misericórdiæ tuæ †
 introíbo in domum tuam; *
 adorábo ad templum sanctum tuum in timóre tuo.

Dómine, deduc me in iustítia tua propter inimícos meos, *
 dírige in conspéctu meo viam tuam.
Quóniam non est in ore eórum véritas, *
 cor eórum fóvea;
sepúlcrum patens est guttur eórum, *
 mólliunt linguas suas.
Iúdica illos, Deus; décidant a cogitatiónibus suis; †
 secúndum multitúdinem impietátum eórum expélle eos, *
 quóniam irritavérunt te, Dómine.

Et omnes qui sperant in te læténtur, *
 in ætérnum exsúltent.

Obumbrábis eis, et gloriabúntur in te *
  qui díligunt nomen tuum;
quóniam tu benedíces iusto, Dómine, *
  quasi scuto, bona voluntáte coronábis eum.

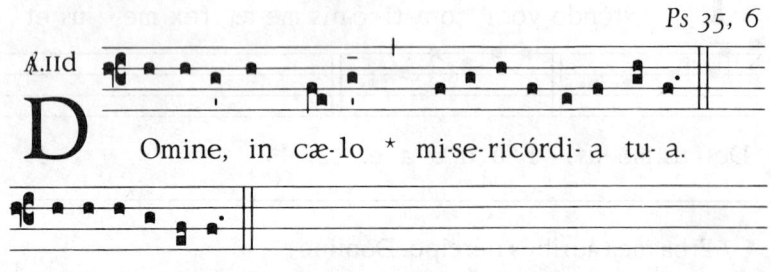

Ps 35, 6

Ant. IId

D Omine, in cæ-lo * mi-se-ricórdi-a tu-a.

E u o u a e.

PSALMUS 35

MALITIA PECCATORIS, DOMINI BONITAS

Qui sequitur me non ambulabit in tenebris, sed habebit lucem vitae (Io 8, 12).

Usúrrat iníquitas ad ímpium in médio cordis eius; *
  non est timor Dei ante óculos eius.

Quóniam blandítur ipsi in conspéctu eius, *
  ut non invéniat iniquitátem suam et óderit.

Verba oris eius iníquitas et dolus, *
  désiit intellégere, ut bene ágeret.

Iniquitátem meditátus est in cubíli suo, †
  ástitit omni viæ non bonæ, *
  malítiam autem non odívit.

Dómine, in cælo misericórdia tua *
  et véritas tua usque ad nubes;
iustítia tua sicut montes Dei, †
  iudícia tua abýssus multa: *
  hómines et iuménta salvábis, Dómine.

Quam pretiósa misericórdia tua, Deus! *
  Fílii autem hóminum in tégmine alárum tuárum sperábunt;
inebriabúntur ab ubertáte domus tuæ, *
  et torrénte voluptátis tuæ potábis eos.

Quóniam apud te est fons vitæ, *
 et in lúmine tuo vidébimus lumen.

Præténde misericórdiam tuam sciéntibus te *
 et iustítiam tuam his, qui recto sunt corde.
Non véniat mihi pes supérbiæ, *
 et manus peccatóris non móveat me.
Ibi cecidérunt qui operántur iniquitátem, *
 expúlsi sunt, nec potuérunt stare.

Is 12, 1

Ant. VIII g

COnvérsus est * furor tu-us, Dómine, et consolátus es † me. T. P. † me, alle-lú-ia. E u o u a e.

CANTICUM

Is 12, 1-6

POPULI REDEMPTI EXSULTATIO

Si quis sitit, veniat ad me et bibat (Io 7, 37).

COnfitébor tibi, Dómine, quóniam cum irátus eras mihi, *
 convérsus est furor tuus, et consolátus es me.
Ecce Deus salútis meæ; *
 fiduciáliter agam et non timébo,
quia fortitúdo mea et laus mea Dóminus, *
 et factus est mihi in salútem.»

Et hauriétis aquas in gáudio *
 de fóntibus salútis.
Et dicétis in die illa: «Confitémini Dómino *
 et invocáte nomen eius,
notas fácite in pópulis adinventiónes eius; *
 mementóte quóniam excélsum est nomen eius.
Cantáte Dómino, quóniam magnífice fecit; *
 notum sit hoc in univérsa terra.
Exsúlta et lauda, quæ hábitas in Sion, *
 quia magnus in médio tui Sanctus Israel.»

Feria II ad Laudes

Vel ad libitum: 1 Par 29, 13

Ant. 1 f Laudámus * nomen tuum ínclitum, Deus † noster. T. P. † noster, allelúia. E u o u a e.

CANTICUM 1 Par 29, 10-13
SOLI DEO HONOR ET GLORIA

Benedíctus Deus et Pater Dómini nostri Iesu Christi (Eph 1, 3).

Benedíctus es, Dómine Deus Israel patris nostri, *
  ab ætérno in ætérnum.
Tua est, Dómine, magnificéntia et poténtia, †
  glória, splendor atque maiéstas. *
    Cuncta enim quæ in cælo sunt et in terra, tua sunt.
Tuum, Dómine, regnum, *
  et tu eleváris ut caput super ómnia.

De te sunt divítiæ et glória, *
  tu domináris ómnium.
In manu tua virtus et poténtia, *
  in manu tua est magnificáre et firmáre ómnia.
Nunc ígitur, Deus noster, confitémur tibi *
  et laudámus nomen tuum ínclitum.

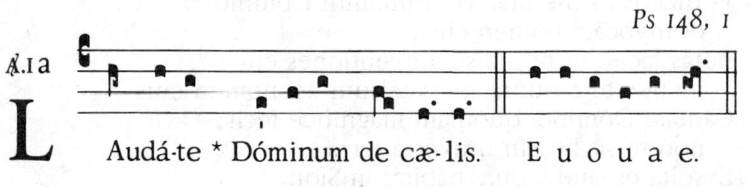

Ps 148, 1

Ant. 1 a Laudáte * Dóminum de cælis. E u o u a e.

Et non repetitur in psalmo.

Feria II ad Laudes

Tempore paschali

Ant. I a

Alleluia,* alleluia, alleluia. E u o u a e.

Psalmus Laudáte Dóminum de cælis *cum reliquis, p. 76.*

Lectio brevis per annum 2 Thess 3, 10-13

Si quis non vult operári, nec manducet. Audímus enim inter vos quosdam ambuláre inordináte, nihil operántes sed curióse agéntes; his autem, qui eiúsmodi sunt, præcípimus et obsecrámus in Dómino Iesu Christo, ut cum quiéte operántes suum panem manducent. Vos autem, fratres, nolíte deficere benefaciéntes.

Ps 71, 18

R.br.VI

Benedíctus Dóminus * A sǽculo et usque in sǽculum. ℣. Qui facit mirabília solus. ℣. Glória Patri, et Fílio, et Spirítui Sancto.

vel: Ps 32, 1.3

R.br.VI

Exsultáte, iusti, in Dómino;* Rectos decet collaudátio. ℣. Cantáte ei cánticum novum. ℣. Glória Patri, et Fí-li- o, et Spi-rí-tu- i Sancto.

HYMNUS

S Plendor patérnæ glóriæ,
de luce lucem próferens,
lux lucis et fons lúminis,
diem dies illúminans,

Verúsque sol, illábere
micans nitóre pérpeti,
iubárque Sancti Spíritus
infúnde nostris sénsibus.

Votis vocémus et Patrem,
Patrem perénnis glóriæ,
Patrem poténtis grátiæ,
culpam reléget lúbricam.

Infórmet actus strénuos,
dentem retúndat ínvidi,
casus secúndet ásperos,
donet geréndi grátiam.

Mentem gubérnet et regat
casto, fidéli córpore;
fides calóre férveat,
fraudis venéna nésciat.

Christúsque nobis sit cibus,
potúsque noster sit fides;
læti bibámus sóbriam
ebrietátem Spíritus.

Lætus dies hic tránseat;
pudor sit ut dilúculum,
fides velut merídies,
crepúsculum mens nésciat.

Auróra cursus próvehit;
Auróra totus pródeat,
in Patre totus Fílius
et totus in Verbo Pater.
Amen.

℣. Repléti sumus mane misericórdia tua.
℟. Exsultávimus et delectáti sumus.

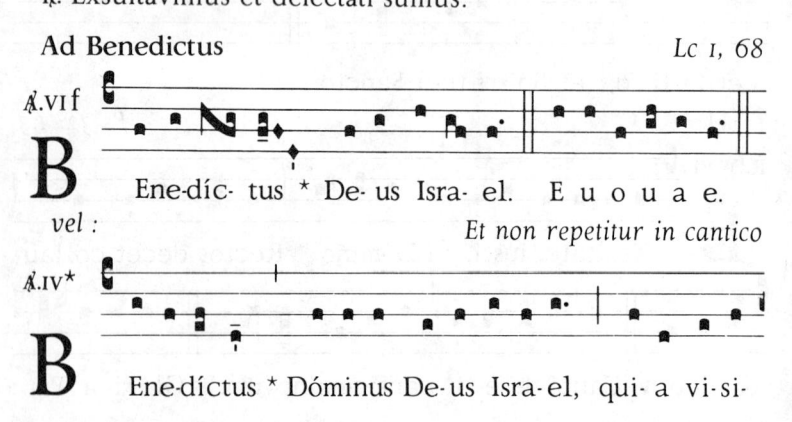

Ad Benedictus Lc 1, 68

Ant. VI f

B Ene-díc- tus * De- us Isra- el. E u o u a e.

vel : *Et non repetitur in cantico*

Ant. IV *

B Ene-díctus * Dóminus De-us Isra-el, qui- a vi-sitá-vit et libe-rá-vit nos. E u o u a e.

Litania *et conclusio sicut notatur in dominica, p. 82, cum oratione sequenti vel de dominica praecedenti in feriis per annum, vel de die in feriis aliorum temporum et memoriis.*

Oratio per annum

Actiónes nostras, quǽsumus, Dómine, aspirándo prǽveni et adiuvándo proséquere, † ut cuncta nostra operátio a te semper incípiat, * et per te cœpta finiátur. Per Dóminum.

Benedictio

Lumen de vero Lúmine
  nos ditet suo múnere. ℟. Amen.

FERIA TERTIA AD VIGILIAS

Psalmus 3, p. 29,
¶A1 *vel psalmus 10, p. 13.*

Ad invitatorium
℣. Regem magnum Dóminum, veníte adorémus.

HYMNUS

I. *Quando Vigiliae dicuntur noctu vel summo mane:*

COnsors patérni lúminis,
 lux ipse lucis et dies,
noctem canéndo rúmpimus:
assíste postulántibus.

 Aufer tenébras méntium,
fuga catérvas dǽmonum,
expélle somnoléntiam
ne pigritántes óbruat.

 Sic, Christe, nobis ómnibus
indúlgeas credéntibus,
ut prosit exorántibus
quod præcinéntes psállimus.

 Sit, Christe, rex piíssime,
tibi Patríque glória
cum Spíritu Paráclito,
in sempitérna sǽcula.
 Amen.

II. *Quando Vigiliae dicuntur diurno tempore:*

O sacrosáncta Trínitas,
 quæ cuncta condens
 órdinas,
diem labóri députans
noctem quiéti dédicas,

 Te mane, simul véspere,
te nocte ac die cánimus;
in tua nos tu glória
per cuncta serva témpora.

 Nos ádsumus te cérnui
en adorántes fámuli;
vota precésque súpplicum
hymnis adiúnge cǽlitum.

 Præsta, Pater piíssime,
Patríque compar Unice,
cum Spíritu Paráclito
regnans per omne sǽculum.
 Amen.

IN I NOCTURNO

Ps 45, 2

℣.E

A Diú-tor * in tribu-la- ti- ó-nibus. E u o u a e.

Tempore paschali

Ant. VIII g Allelúia, * allelúia, alle-lúia.   E u o u a e.

PSALMUS 45
DEUS REFUGIUM ET VIRTUS

Vocabunt nomen eius Emmanuel, quod est interpretatum: Nobiscum Deus (Mt 1, 23).

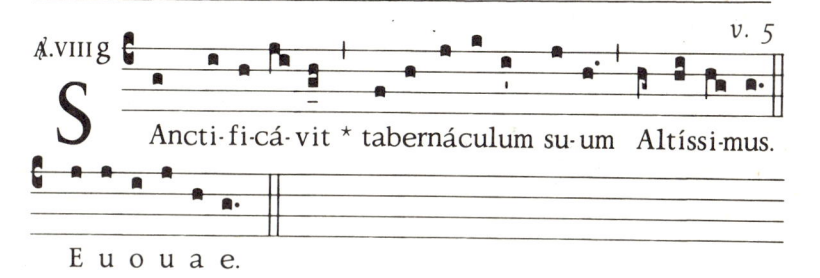

Ant. VIII g Sancti-fi-cá-vit * tabernáculum su-um Altíssi-mus.   v. 5

E u o u a e.

Deus est nobis refúgium et virtus, *
  adiutórium in tribulatiónibus invéntus est nimis.
Proptérea non timébimus, dum turbábitur terra, *
  et transferéntur montes in cor maris.
Fremant et intuméscant aquæ eius, *
  conturbéntur montes in elatióne eius.

Flúminis rivi lætíficant civitátem Dei, *
  sancta tabernácula Altíssimi.
Deus in médio eius, non commovébitur; *
  adiuvábit eam Deus mane dilúculo.
Fremuérunt gentes, commóta sunt regna; *
  dedit vocem suam, liquefácta est terra.

Dóminus virtútum nobíscum, *
  refúgium nobis Deus Iacob.
Veníte et vidéte ópera Dómini, *
  quæ pósuit prodígia super terram.
Auferet bella usque ad finem terræ, †
  arcum cónteret et confrínget arma *
  et scuta combúret igne.

Vacáte et vidéte quóniam ego sum Deus: *
  exaltábor in géntibus et exaltábor in terra.
Dóminus virtútum nobíscum, *
  refúgium nobis Deus Iacob.

PSALMUS 46

DOMINUS UNIVERSORUM REX

Sedet ad dexteram Patris, et regni eius non erit finis.

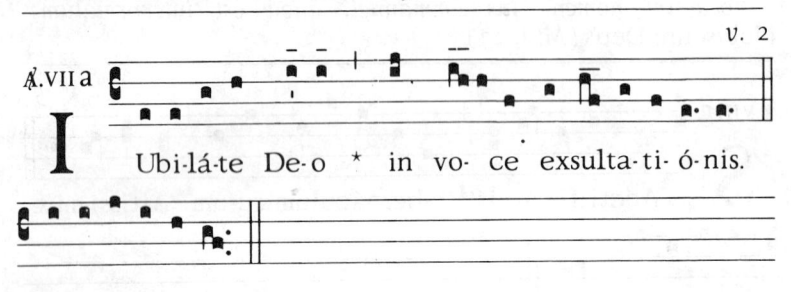

Ant. VII a

Iubiláte Deo * in voce exsultatiónis.

E u o u a e.

Omnes gentes, pláudite mánibus, *
  iubiláte Deo in voce exsultatiónis,
quóniam Dóminus Altíssimus, terríbilis, *
  rex magnus super omnem terram.

Subiécit pópulos nobis *
  et gentes sub pédibus nostris.
Elégit nobis hereditátem nostram, *
  glóriam Iacob, quem diléxit.
Ascéndit Deus in iúbilo, *
  et Dóminus in voce tubæ.

Psállite Deo, psállite; *
  psállite regi nostro, psállite.
Quóniam rex omnis terræ Deus, *
  psállite sapiénter.

Regnávit Deus super gentes, *
  Deus sedet super sedem sanctam suam.
Príncipes populórum congregáti sunt *
  cum pópulo Dei Abraham,
quóniam Dei sunt scuta terræ: *
  veheménter elevátus est.

Ps 47, 2

Ant. 1 a

Magnus Dóminus * et laudá-bi-lis ni-mis.

E u o u a e.   *Et non repetitur in psalmo.*

PSALMUS 47

GRATIARUM ACTIO PRO POPULI SALUTE

Sustulit me super montem magnum et ostendit mihi civitatem sanctam Ierusalem (Apc 21, 10).

MAgnus Dóminus et laudábilis nimis *
in civitáte Dei nostri.
Mons sanctus eius collis speciósus, *
exsultátio univérsæ terræ.
Mons Sion, extréma aquilónis, *
cívitas regis magni.
Deus in dómibus eius notus *
factus est ut refúgium.

Quóniam ecce reges congregáti sunt, *
convenérunt in unum.
Ipsi cum vidérunt, sic admiráti sunt, *
conturbáti sunt, diffugérunt;
illic tremor apprehéndit eos, *
dolóres ut parturiéntis.
In spíritu oriéntis *
cónteres naves Tharsis.

Sicut audívimus, sic vídimus in civitáte Dómini virtútum, †
in civitáte Dei nostri; *
Deus fundávit eam in ætérnum.
Recogitámus, Deus, misericórdiam tuam *
in médio templi tui.
Secúndum nomen tuum, Deus, †
sic et laus tua in fines terræ; *
iustítia plena est déxtera tua.

Lætétur mons Sion, †
  et exsúltent fíliæ Iudæ *
  propter iudícia tua.
Circúmdate Sion et complectímini eam, *
  numeráte turres eius.
Pónite corda vestra in virtúte eius †
  et percúrrite domos eius, *
  ut enarrétis in progénie áltera.
Quóniam hic est Deus, Deus noster †
  in ætérnum et in sǽculum sǽculi; *
  ipse ducet nos in sǽcula.

PSALMUS 48

VANITAS DIVITIARUM

Dives difficile intrabit in regnum caelorum (Mt 19, 23).

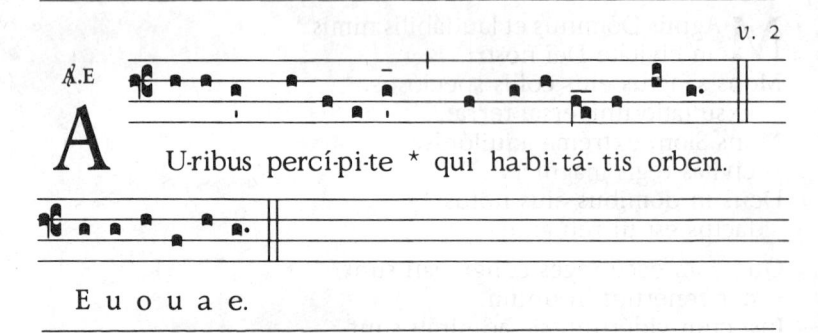

Ᾱ.E   Uribus percípite * qui habitátis orbem.

E u o u a e.

Audíte hæc, omnes gentes, *
  áuribus percípite, omnes qui habitátis orbem:
quique húmiles et viri nóbiles, *
  simul in unum dives et pauper!
Os meum loquétur sapiéntiam *
  et meditátio cordis mei prudéntiam.
Inclinábo in parábolam aurem meam, *
  apériam in psaltério ænígma meum.
Cur timébo in diébus malis, *
  cum iníquitas supplantántium circúmdabit me?
Qui confídunt in virtúte sua *
  et in multitúdine divitiárum suárum gloriántur. —

Etenim seípsum non rédimet homo; *
 non dabit Deo propitiatiónem suam.
Nímium est prétium redemptiónis ánimæ eius: †
 ad últimum defíciet, *
 ut vivat usque in finem, nec vídeat intéritum.
Et vidébit sapiéntes moriéntes; †
 simul insípiens et stultus períbunt *
 et relínquent aliénis divítias suas.

Sepúlcra eórum domus illórum in ætérnum; †
 tabernácula eórum in progéniem et progéniem, *
 etsi vocavérunt nomínibus suis terras suas.
Et homo, cum sit in honóre, non permanébit; †
 comparátus est iuméntis, quæ péreunt, *
 et símilis factus est illis.

Hæc via illórum, quorum fidúcia in semetípsis, *
 et finis eórum, qui cómplacent in ore suo.
Sicut oves in inférno pósiti sunt, *
 mors depáscet eos;
descéndent præcípites ad sepúlcrum, †
 et figúra eórum erit in consumptiónem: *
 inférnus habitáculum eórum.

Verúmtamen Deus rédimet ánimam meam, *
 de manu ínferi vere suscípiet me.
Ne timúeris, cum dives factus fúerit homo *
 et cum multiplicáta fúerit glória domus eius,
quóniam, cum interíerit, non sumet ómnia, *
 neque descéndet cum eo glória eius.

Cum ánimæ suæ in vita ipsíus benedíxerit: *
 «Laudábunt te quod benefecísti tibi»,
tamen introíbit ad progéniem patrum suórum, *
 qui in ætérnum non vidébunt lumen.

Homo, cum in honóre esset, non intelléxit; †
 comparátus est iuméntis, quæ péreunt, *
 et símilis factus est illis.

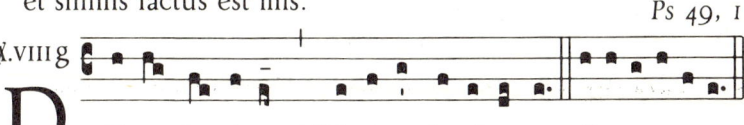

Ps 49, 1

Ꭺ. VIII g DE- us de- ó-rum,* Dóminus locútus est. E u o u a e.

Et non repetitur in psalmo.

PSALMUS 49
VERA IN DOMINUM PIETAS
Non veni solvere legem, sed adimplere (cf. Mt 5, 17).

I Mmola De-o*sacri-fí-ci-um laudis. E u o u a e.

Deus deórum Dóminus locútus est *
  et vocávit terram a solis ortu usque ad occásum.
Ex Sion speciósa decóre Deus illúxit, *
  Deus noster véniet et non silébit:
Ignis consúmens est in conspéctu eius *
  et in circúitu eius tempéstas válida.

Advocábit cælum desúrsum *
  et terram discérnere pópulum suum:
«Congregáte mihi sanctos meos, *
  qui disposuérunt testaméntum meum in sacrifício.»
Et annuntiábunt cæli iustítiam eius, *
  quóniam Deus iudex est.

«Audi, pópulus meus, et loquar; †
  Israel, et testificábor advérsum te: *
  Deus, Deus tuus ego sum.
Non in sacrifíciis tuis árguam te; *
  holocáusta enim tua in conspéctu meo sunt semper.
Non accípiam de domo tua vítulos *
  neque de grégibus tuis hircos.

Quóniam meæ sunt omnes feræ silvárum, *
  iumentórum mille in móntibus.
Cognóvi ómnia volatília cæli, *
  et quod movétur in agro, meum est.
Si esuríero non dicam tibi; *
  meus est enim orbis terræ et plenitúdo eius.

Numquid manducábo carnes taurórum *
  aut sánguinem hircórum potábo?
Immola Deo sacrifícium laudis *
  et redde Altíssimo vota tua;

et ínvoca me in die tribulatiónis: *
    éruam te, et honorificábis me.»

Peccatóri autem dixit Deus: †
    «Quare tu enárras præcépta mea *
    et assúmis testaméntum meum in os tuum?
Tu vero odísti disciplínam *
    et proiecísti sermónes meos retrórsum.

Si vidébas furem, currébas cum eo; *
    et cum adúlteris erat pórtio tua.
Os tuum dimittébas ad malítiam, *
    et lingua tua concinnábat dolos.

Sedens advérsus fratrem tuum loquebáris *
    et advérsus fílium matris tuæ proferébas oppróbrium.
Hæc fecísti, et tácui. †
    Existimásti quod eram tui símilis. *
    Arguam te et státuam illa contra fáciem tuam.

Intellégite hæc, qui obliviscímini Deum, *
    nequándo rápiam, et non sit qui erípiat.
Qui immolábit sacrifícium laudis, honorificábit me, †
    et, qui immaculátus est in via, *
    osténdam illi salutáre Dei.»

PSALMUS 51

CONTRA CALUMNIATOREM

Qui gloriatur, in Domino glorietur (1 Cor 1, 31).

Ant. VIII g   v. II

Onfi-tébor * ti-bi, Dó-mine, quóni-am exaudísti me.

E u o u a e.

Q Uid gloriáris in malítia, *
  qui potens es iniquitáte?
Tota die insídias cogitásti; *
  lingua tua sicut novácula acúta, qui facis dolum.
Dilexísti malítiam super benignitátem, †
  mendácium magis quam loqui æquitátem. *
  Dilexísti ómnia verba perditiónis, lingua dolósa.
Proptérea Deus déstruet te in finem; †
  evéllet te et emigrábit te de tabernáculo, *
  et radícem tuam de terra vivéntium.
Vidébunt iusti et timébunt *
  et super eum ridébunt:
«Ecce homo qui non pósuit Deum refúgium suum, †
  sed sperávit in multitúdine divitiárum suárum *
  et præváluit in insídiis suis.»
Ego autem sicut virens olíva in domo Dei. †
  Sperávi in misericórdia Dei *
  in ætérnum et in sǽculum sǽculi.
Confitébor tibi in sǽculum, quia fecísti; †
  et exspectábo nomen tuum, quóniam bonum est;
  in conspéctu sanctórum tuórum.

Per annum

℣. Díriget Dóminus mansuétos in iudício.
℟. Docébit mites vias suas.

In Adventu

℣. Dómine Deus noster, convérte nos.
℟. Et osténde fáciem tuam, et salvi érimus.

In Quadragesima

℣. Ipse autem est miséricors.
℟. Et propítius fiet peccátis nostris.

Tempore paschali

℣. Surréxit Dóminus de sepúlcro, allelúia.
℟. Qui pro nobis pepéndit in ligno, allelúia.

Postea benedicat abbas:

Ipsíus píetas et misericórdia nos ádiuvet,
  qui cum Patre et Spíritu Sancto vivit et regnat
    in sǽcula sæculórum. ℟. Amen.

Feria III ad Vigilias

Lectio biblica cum ℟.

¶ *Vel dici potest in æstate, scilicet a feria II post octavam Paschæ usque ad dominicam I novembris, lectio brevis cum ℟. brevi. Tempore paschali, lectio brevis et ℟. breve in ordinario.*

Lectio brevis per annum
Prv 3, 19-20

Dóminus sapiéntia fundávit terram, stabilívit cælos prudéntia; sapiéntia illíus erupérunt abýssi, et nubes rorem stillant.

Ps 53, 3

℟.br.VI

DE-us, in nómine tu-o * Salvum me fac, Dómine.

℣. Et in mi-se-ricórdi-a tu-a líbe-ra me. ℣. Gló-ri-a Patri,

et Fí-li-o, et Spi-rí-tu-i Sancto.

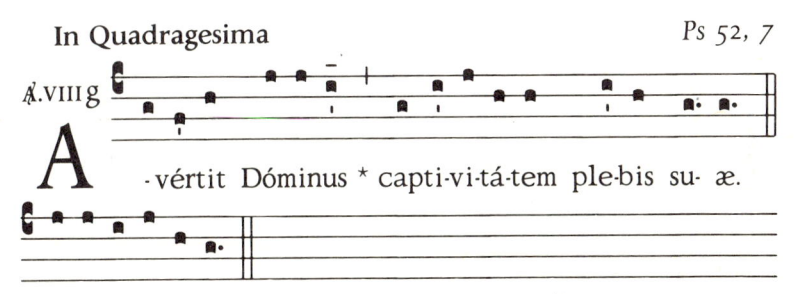

IN II NOCTURNO

A.VIII g

ALle-lú-ia, * alle-lú-ia, alle-lú-ia.   E u o u a e.

In Quadragesima
Ps 52, 7

A.VIII g

A-vértit Dóminus * capti-vi-tá-tem ple-bis su-æ.

E u o u a e.

PSALMUS 52
IMPIORUM STULTITIA
Omnes peccaverunt et egent gloria Dei (Rom 3, 23).

Dixit insípiens in corde suo: «Non est Deus». †
  Corrúpti sunt et abominatiónes operáti sunt; *
  non est qui fáciat bonum.
Deus de cælo prospéxit super fílios hóminum, *
  ut vídeat si est intéllegens aut requírens Deum.

Omnes declinavérunt, simul corrúpti sunt; *
  non est qui fáciat bonum, non est usque ad unum.
Nonne scient omnes qui operántur iniquitátem, *
  qui dévorant plebem meam ut cibum panis?

Deum non invocavérunt; *
  illic trepidavérunt timóre, et non erat timor.
Quóniam Deus dissipávit ossa eórum, qui te obsidébant, *
  confúsi sunt, quóniam Deus sprevit eos.

Quis dabit ex Sion salutáre Israel? †
  Cum convérterit Deus captivitátem plebis suæ, *
  exsultábit Iacob et lætábitur Israel.

PSALMUS 53
IMPLORATIO AUXILII
Orat propheta, ut in nomine Domini a persequentium malignitate liberetur (Cassianus).

v. 6

Ā. VIII g

Deus ádiuvat me, * et Dóminus suscéptor est ánimæ meæ. Euouae.

Deus, in nómine tuo salvum me fac *
 et in virtúte tua iúdica me.
Deus, exáudi oratiónem meam, *
 áuribus pércipe verba oris mei!

Quóniam supérbi insurrexérunt advérsum me, †
 et fortes quæsiérunt ánimam meam *
 et non proposuérunt Deum ante conspéctum suum.
Ecce enim Deus ádiuvat me, *
 et Dóminus suscéptor est ánimæ meæ.

Convérte mala super inimícos meos *
 et in veritáte tua dispérde illos.
Voluntárie sacrificábo tibi, *
 confitébor nómini tuo, Dómine, quóniam bonum est;
quóniam ex omni tribulatióne erípuit me, *
 et super inimícos meos despéxit óculus meus.

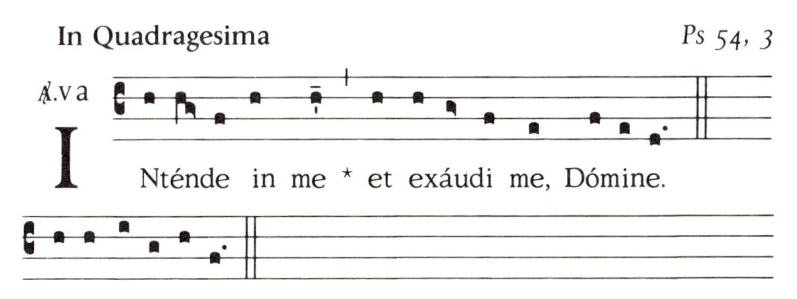

In Quadragesima *Ps 54, 3*

Ant. va

Nténde in me * et exáudi me, Dómine.

E u o u a e.

PSALMUS 54
CONTRA PERFIDUM AMICUM

Coepit Iesus pavere et taedere (Mc 14, 33).

Auribus pércipe, Deus, oratiónem meam †
 et ne abscondáris a deprecatióne mea; *
 inténde mihi et exáudi me.
Excússus sum in meditatióne mea et conturbátus sum *
 a voce inimíci et a tribulatióne peccatóris.

Quóniam devolvérunt in me iniquitátem *
 et in ira molésti erant mihi.

Cor meum torquétur intra me, *
  et formído mortis cécidit super me.
Timor et tremor venérunt super me, *
  et contéxit me pavor.

Et dixi: «Quis dabit mihi pennas sicut colúmbæ, *
  et volábo et requiéscam?
Ecce elongábo fúgiens *
  et manébo in solitúdine.
Exspectábo eum qui salvum me fáciat *
  a spíritu procéllæ et tempestáte.»

Díssipa, Dómine, dívide linguas eórum, *
  quóniam vidi violéntiam et contentiónem in civitáte.
Die ac nocte circúmeunt eam super muros eius, †
  iníquitas et labor et insídiæ in médio eius; *
  et non defécit de platéis eius frauduléntia et dolus.

Quóniam si inimícus meus maledixísset mihi, *
  sustinuíssem útique;
et si is qui óderat me, super me magnificátus fuísset, *
  abscondíssem me fórsitan ab eo.
Tu vero, homo coæquális meus, *
  familiáris meus et notus meus,
qui simul habúimus dulce consórtium: *
  in domo Dei ambulávimus in concúrsu.

Véniat mors super illos, *
  et descéndant in inférnum vivéntes,
quóniam nequítiæ in habitáculis eórum, *
  in médio eórum.
Ego autem ad Deum clamábo, *
  et Dóminus salvábit me.
Véspere et mane et merídie meditábor et ingemíscam, *
  et exáudiet vocem meam.
Rédimet in pace ánimam meam ab his qui impúgnant me, *
  quóniam in multis sunt advérsum me.
Exáudiet Deus et humiliábit illos, *
  qui est ante sǽcula.

Non enim est illis commutátio, *
  et non timuérunt Deum.
Exténdit manum suam in sócios; *
  contaminávit fœdus suum.

Lene super butýrum est os eius, *
    pugna autem cor illíus:
mollíti sunt sermónes eius super óleum, *
    et ipsi sunt gládii destrícti.

Iacta super Dóminum curam tuam, †
    et ipse te enútriet; *
    non dabit in ætérnum fluctuatiónem iusto.

Tu vero, Deus, dedúces eos *
    in púteum intéritus.
Viri sánguinum et dolósi non dimidiábunt dies suos; *
    ego autem sperábo in te, Dómine.

PSALMUS 55
FIDUCIA IN DOMINI VERBO COLLOCATA
Christus in passione monstratur (S. Hieronymus).

v. 12

IN Deo sperávi, * non timébo quid fáciat mihi homo.   E u o u a e.

Miserére mei, Deus, quóniam conculcávit me homo, *
    tota die impúgnans oppréssit me.
Conculcavérunt me inimíci mei tota die, *
    quóniam multi pugnant advérsum me, Altíssime.

In quacúmque die timébo, *
    ego in te sperábo.
In Deo, cuius laudábo sermónem, †
    in Deo sperávi; *
    non timébo: quid fáciet mihi caro?
Tota die rem meam perturbábant, *
    advérsum me omnes cogitatiónes eórum in malum.
Concitábant iúrgia, insidiabántur, *
    ipsi calcáneum meum observábant. —

Sicut quæsiérunt ánimam meam, †
 ita pro iniquitáte retríbue illis, *
 in ira pópulos prostérne, Deus.
Peregrinatiónes meas tu numerásti : †
 pone lácrimas meas in utre tuo; *
 nonne in supputatióne tua?

Tunc converténtur inimíci mei retrórsum, †
 in quacúmque die invocávero : *
 ecce cognóvi quóniam Deus meus es.

In Deo, cuius laudábo sermónem, *
 in Dómino, cuius laudábo sermónem,
in Deo sperávi; *
 non timébo : quid fáciet mihi homo?

Super me sunt, Deus, vota tua; *
 reddam laudatiónes tibi,
quóniam eripuísti ánimam meam de morte †
 et pedes meos de lapsu, *
 ut ámbulem coram Deo in lúmine vivéntium.

In Quadragesima   Ps 57, 2

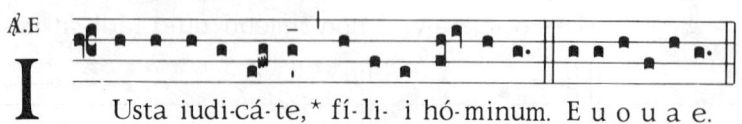

Á.E   Iusta iudicáte,* fílii hóminum. E u o u a e.

PSALMUS 57

INIQUORUM IUDICUM OBIURGATIO

Nolite ante tempus quidquam iudicare, quoadusque veniat Dominus (1 Cor 4, 5).

Numquid vere, poténtes, iustítiam loquímini, *
 recte iudicátis fílios hóminum?
Etenim in corde iniquitátes operámini, *
 in terra violéntiam manus vestræ concínnant.

Alienáti sunt peccatóres ab útero, *
 erravérunt a ventre, qui loquúntur falsa.
Venénum illis in similitúdinem serpéntis, *
 sicut áspidis surdæ et obturántis aures suas,
quæ non exáudiet vocem incantántium *
 et venéfici incantántis sapiénter. —

Deus, cóntere dentes eórum in ore ipsórum, *
  molas leónum confrínge, Dómine.
Díffluant tamquam aqua decúrrens, *
  sicut fenum conculcátum aréscant.
Sicut limax, quæ tabéscens transit, *
  sicut abortívum mulíeris, quod non vidit solem.
Priúsquam séntiant ollæ vestræ rhamnum, *
  sicut vivéntes, sicut ardor iræ absórbet eos.
Lætábitur iustus, cum víderit vindíctam, *
  pedes suos lavábit in sánguine peccatóris.
Et dicet homo: «Utique est fructus iusto, *
  útique est Deus iúdicans eos in terra».

PSALMUS 58

ADVERSUS INSURGENTES ORATIO

Hae voces Salvatoris pietatem erga Patrem suum omnes edoceant (Eusebius Caesariensis).

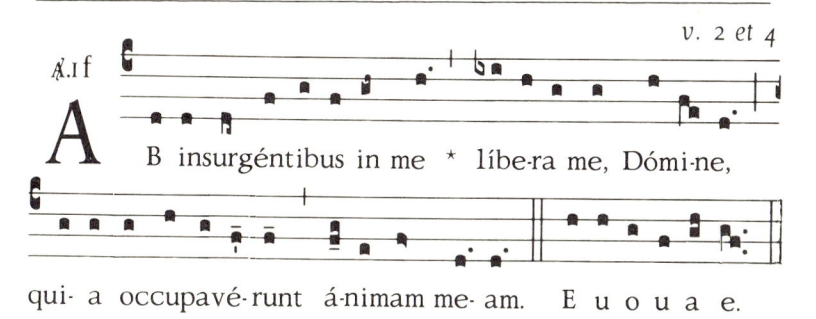

A B insurgéntibus in me * líbera me, Dómine, quia occupavérunt ánimam meam. E u o u a e.

Eripe me de inimícis meis, Deus meus, *
  et ab insurgéntibus in me prótege me.
Eripe me de operántibus iniquitátem *
  et de viris sánguinum salva me.

Quia ecce insidiáti sunt ánimæ meæ, *
  irruérunt in me fortes.
Neque delíctum neque peccátum in me est, Dómine; *
  sine iniquitáte mea currunt et præparántur.

Exsúrge in occúrsum meum et vide; *
  et tu, Dómine Deus virtútum, Deus Israel,

evígila ad visitándas omnes gentes; *
non misereáris ómnibus qui infidéliter operántur.

Reverténtur ad vésperam et latrábunt ut canes *
et circuíbunt civitátem.
Ecce eructábunt ore suo, *
et gládius in lábiis eórum: «Quis enim audit?»
Et tu, Dómine, deridébis eos; *
subsannábis omnes gentes.
Fortitúdo mea, tibi atténdam; *
quia, Deus, præsídium meum es.
Deus meus, misericórdia eius prævéniet me. *
Deus fáciet ut despíciam inimícos meos.

Ne occídas eos, nequándo obliviscátur pópulus meus; †
dispérge illos in virtúte tua *
et prostérne eos, protéctor meus, Dómine.
Peccátum oris eórum, sermo labiórum ipsórum, *
et comprehendántur in supérbia sua.
Propter exsecratiónem et mendácium, quod loquúntur, *
consúme eos in furóre,
consúme, et non erunt; *
et scient quia Deus dominábitur Iacob et fínium terræ.

Reverténtur ad vésperam et latrábunt ut canes *
et circuíbunt civitátem.
Ipsi errábunt ad manducándum; *
si vero non fúerint saturáti, murmurábunt.

Ego autem cantábo fortitúdinem tuam *
et exsultábo mane misericórdiam tuam,
quia factus es præsídium meum *
et refúgium meum in die tribulatiónis meæ.
Fortitúdo mea, tibi psallam, †
quia, Deus, præsídium meum es: *
Deus meus misericórdia mea.

Lectio brevis per annum   1 Io 4, 14-15

Nos vídimus et testificámur quóniam Pater misit Fílium salvatórem mundi. Quisque conféssus fúerit: «Iesus est Fílius Dei», Deus in ipso manet, et ipse in Deo.

℣. Bonitátem et prudéntiam et sciéntiam doce me.
℟. Quia præcéptis tuis crédidi.

In Adventu

℣. Véniat super me misericórdia tua, Dómine.
℟. Salutáre tuum, secúndum elóquium tuum.

In Quadragesima

℣. Ecce nunc tempus acceptábile.
℟. Ecce nunc dies salútis.

Tempore paschali

℣. Deus suscitávit Christum a mórtuis, allelúia.
℟. Ut fides nostra et spes essent in Deo, allelúia.

Et reliqua sicut in feria II notatur.

AD LAUDES MATUTINAS

Ps 50, 3

Ant. IV* **D**Ele, Dómine,* iniquitátem meam. E u o u a e.

Tempore paschali

Ant. IV* **A**Llelúia,* allelúia, allelúia. E u o u a e.

Ps 50. Miserére mei Deus, p. 67.

Ps 42, 5

Ant. VI f **S**Alutáre* vultus mei, Deus meus. E u o u a e.

PSALMUS 42
DESIDERIUM TEMPLI

Ego lux in mundum veni (Io 12, 46).

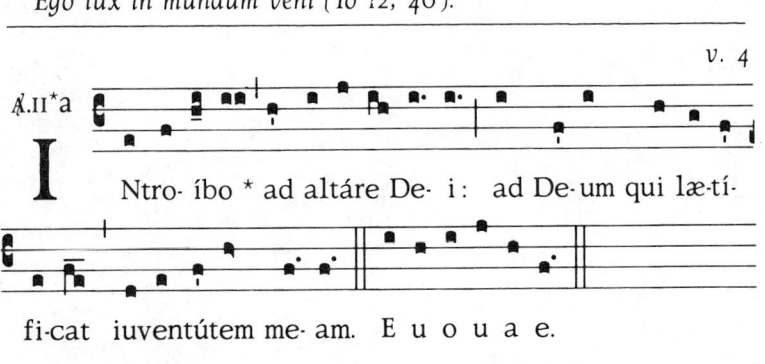

v. 4

Ant. II*a **I**Ntroíbo* ad altáre Dei: ad Deum qui lætíficat iuventútem meam. E u o u a e.

Judica me, Deus, †
et discérne causam meam de gente non sancta; *
  ab hómine iníquo et dolóso érue me.
Quia tu es Deus refúgii mei; †
  quare me reppulísti, *
  et quare tristis incédo, dum afflígit me inimícus?

Emítte lucem tuam et veritátem tuam; *
  ipsæ me dedúcant et addúcant
    in montem sanctum tuum et in tabernácula tua.
Et introíbo ad altáre Dei, †
  ad Deum lætítiæ exsultatiónis meæ. *
  Confitébor tibi in cíthara, Deus, Deus meus.

Quare tristis es, ánima mea, *
  et quare conturbáris in me?
Spera in Deo, quóniam adhuc confitébor illi, *
  salutáre vultus mei et Deus meus.

Ps 56, 2

Ant. VIII g

Quóniam * in te confídit ánima mea.

E u o u a e.

PSALMUS 56

IN AFFLICTIONE ORATIO MATUTINA

Passionem Domini cantat iste psalmus (S. Augustinus).

v. 2

Ant. VIII g

Miserére * mei, Deus, miserére mei.

E u o u a e.   *Et non repetitur in psalmo.*

Miserére mei, Deus, miserére mei, *
  quóniam in te cónfugit ánima mea;
et in umbra alárum tuárum confúgiam, *
  donec tránseant insídiæ.
Clamábo ad Deum Altíssimum, *
  Deum, qui benefécit mihi.
Mittet de cælo et liberábit me; †
  dabit in oppróbrium conculcántes me. *
  Mittet Deus misericórdiam suam et veritátem suam.
Anima mea recúmbit in médio catulórum leónum *
  devorántium fílios hóminum.
Dentes eórum arma et sagíttæ *
  et lingua eórum gládius acútus.

Exaltáre super cælos, Deus, *
  super omnem terram glória tua.

Láqueum paravérunt pédibus meis, *
  et incurvávit se ánima mea;
fodérunt ante fáciem meam fóveam, *
  et ipsi incidérunt in eam.
Parátum cor meum, Deus, †
  parátum cor meum; *
  cantábo et psalmum dicam.
Exsúrge, glória mea, †
  exsúrge, psaltérium et cíthara, *
  excitábo auróram.
Confitébor tibi in pópulis, Dómine, *
  et psalmum dicam tibi in natiónibus,
quóniam magnificáta est usque ad cælos misericórdia tua *
  et usque ad nubes véritas tua.

Exaltáre super cælos, Deus, *
  super omnem terram glória tua.

Is 38, 20

Ā.E Cunctis di-ébus * vi-tæ nostræ   salvos nos fac,

Dó-mi-ne.　　E u o u a e. *Tempore paschali omittitur* allelúia.

CANTICUM Is 38,10-14.17-20

MORIBUNDI ANGORES, SANATI LAETITIA

Ego sum vivens et fui mortuus... et habeo claves mortis (Apc 1, 17-18).

Ego dixi: In dimídio diérum meórum *
  vadam ad portas ínferi;
quæsívi resíduum annórum meórum. *
  Dixi: Non vidébo Dóminum Deum in terra vivéntium,
non aspíciam hóminem ultra *
  inter habitatóres orbis.

Habitáculum meum ablátum est et abdúctum longe a me *
  quasi tabernáculum pastórum;
convólvit sicut textor vitam meam; †
  de stámine succídit me. *
  De mane usque ad vésperam confecísti me.
Prostrátus sum usque ad mane, †
  quasi leo sic cónterit ómnia ossa mea; *
  de mane usque ad vésperam confecísti me.
Sicut pullus hirúndinis, sic mussitábo, *
  meditábor ut colúmba;
attenuáti sunt óculi mei *
  suspiciéntes in excélsum.

Tu autem eruísti ánimam meam a fóvea consumptiónis, *
  proiecísti enim post tergum tuum ómnia peccáta mea.
Quia non inférnus confitébitur tibi, †
  neque mors laudábit te; *
  non exspectábunt, qui descéndunt in lacum,
    veritátem tuam.
Vivens, vivens ipse confitébitur tibi, sicut et ego hódie; *
  pater fíliis notam fáciet veritátem tuam.
Dómine, salvum me fac, †
  et ad sonum cítharæ cantábimus
    cunctis diébus vitæ nostræ *
  in domo Dómini.

Vel ad libitum: Tob 13, 6

Ant. VII a

Ex-altá-te * regem sæcu-ló-rum in o-pé-ri-bus vestris. E u o u a e.

CANTICUM   Tob 13, 2-8
DEUS CASTIGANS ET SALVANS

Benedictus Deus et Pater Domini nostri Iesu Christi, qui secundum misericordiam suam magnam regeneravit nos (1 Pe 1, 3).

Benedíctus Deus vivens in ævum, et regnum illíus, *
  quia ipse flagéllat et miserétur,
dedúcit usque ad ínferos deórsum †
  et redúcit a perditióne maiestáte sua, *
  et non est qui effúgiat manum eius.

Confitémini illi, fílii Israel, coram natiónibus, †
  quia ipse dispérsit vos in illis *
  et ibi osténdit maiestátem suam.
Et exaltáte illum coram omni vivénte, †
  quóniam Dóminus noster, et ipse est pater noster *
  et ipse est Deus noster in ómnia sǽcula.

Flagellábit vos ob iniquitátes vestras *
  et ómnium miserébitur vestrum
et cólliget vos ab ómnibus natiónibus, *
  ubicúmque dispérsi fuéritis.
Cum convérsi fuéritis ad illum †
  in toto corde vestro et in tota ánima vestra, *
  ut faciátis coram illo veritátem,
tunc revertétur ad vos *
  et non abscóndet a vobis fáciem suam ámplius.
Et nunc aspícite quæ fecit vobíscum, *
  et confitémini illi in toto ore vestro.
Benedícite Dóminum iustítiæ *
  et exaltáte regem sæculórum. —

Canticum Thobis 13

Ego in terra captivitátis meæ confíteor illi †
　et osténdo virtútem et maiestátem eius *
　genti peccatórum.
Convertímini, peccatóres, †
　et fácite iustítiam coram illo. *
　Quis scit, si velit vos et fáciat vobis misericórdiam?

Ego et ánima mea regi cæli lætatiónes dícimus, *
　et ánima mea lætábitur ómnibus diébus vitæ suæ. ¶
Benedícite Dóminum, omnes elécti, †
　et omnes laudáte maiestátem illíus. *
　Agite dies lætítiæ et confitémini illi.

Ps 148, 2.1

Ant. v a O Mnes ánge·li e· ius,* laudá·te Dóminum de cæ·lis.

E u o u a e.

Tempore paschali

Ant. v a A Lle·lú· ia, * alle·lú·ia, alle·lú· ia.   E u o u a e.

Psalmus Laudáte Dóminum de cælis *cum reliquis, p. 76.*

Lectio brevis per annum   *Rom 13,11.12-13*

　Hora est iam vos de somno súrgere. Nox procéssit, dies autem appropiávit. Abiciámus ergo ópera tenebrárum et induámur arma lucis. Sicut in die honéste ambulémus.

Ps 17, 3

℟.br.vi D E· us me· us, adiútor me· us, * Et sperá·bo in e· um.

Feria III ad Laudes

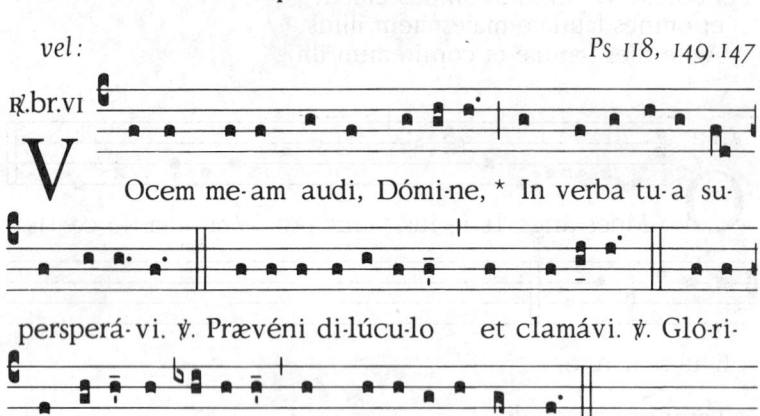

℣. Refúgium meum et liberátor meus. ℣. Glória Patri, et Fílio, et Spirítui Sancto.

vel: Ps 118, 149.147

℞.br.VI

VOcem meam audi, Dómine, * In verba tua susperarávi. ℣. Prævéni dilúculo et clamávi. ℣. Glória Patri, et Fílio, et Spirítui Sancto.

HYMNUS

PErgráta mundo núntiat
aurora solis spícula,
res et colóre véstiens
iam cuncta dat nitéscere.

   Qui sol per ævum prǽnites,
o Christe, nobis vívidus,
ad te canéntes vértimur,
te gestiéntes pérfrui.

   Tu Patris es sciéntia
Verbúmque per quod ómnia
miro refúlgent órdine
mentésque nostras áttrahunt.

   Da lucis ut nos fílii
sic ambulémus ímpigri,
ut Patris usque grátiam
mores et actus éxprimant.

   Sincéra præsta ut prófluant
ex ore nostro iúgiter,
et veritátis dúlcibus
ut excitémur gáudiis.

   Sit, Christe, rex piíssime,
tibi Patríque glória
cum Spíritu Paráclito,
in sempitérna sǽcula. Amen.

Feria III ad Laudes

℣. Repléti sumus mane misericórdia tua.
℟. Exsultávimus et delectáti sumus.

Ad Benedictus

Lc 1, 69

Ant. VII a

E-réxit Dóminus nobis * cornu salútis in domo David púeri sui. E u o u a e.

vel:

Lc 1, 71

Ant. VII a

SAlútem * ex inimícis nostris, et de manu ómnium qui nos odérunt, líbera nos, Dómine. E u o u a e.

Oratio per annum

Matutína súpplicum vota, Dómine, propítius intuére, † et occúlta cordis nostri remédio tuæ clarífica pietátis, * ut desidéria tenebrósa non téneant, quos lux cæléstis grátiæ reparávit. Per Dóminum.

Benedictio

Auxílium de cælis tríbuat nobis
 omnípotens, pius et miséricors Dóminus. ℟. Amen.

FERIA QUARTA AD VIGILIAS

Psalmus 3, p. 29,
¶A1 *vel psalmus 11, p. 13.*

Ad invitatorium
℟. Dóminum qui fecit nos, veníte adorémus.

HYMNUS

I. Quando Vigiliae dicuntur noctu vel summo mane:

Rerum creátor óptime
rectórque noster, réspice;
nos a quiéte nóxia
mersos sopóre líbera.

Te, sancte Christe, póscimus;
ignósce tu crimínibus,
ad confiténdum súrgimus
morásque noctis rúmpimus.

Mentes manúsque tóllimus,
Prophéta sicut nóctibus
nobis geréndum præcipit
Paulúsque gestis cénsuit.

Vides malum quod géssimus;
occúlta nostra pándimus,
preces geméntes fúndimus;
dimítte quod peccávimus.

Sit, Christe, rex piíssime,
tibi Patríque glória
cum Spíritu Paráclito,
in sempitérna sæcula. Amen.

II. Quando Vigiliae dicuntur diurno tempore:

Scientiárum Dómino,
sit tibi iubilátio,
qui nostra vides íntima
tuáque foves grátia.

Qui bonum, pastor óptime,
dum servas, quæris pérditum,
in páscuis ubérrimis
nos iunge piis grégibus.

Ne terror iræ iúdicis
nos hædis iungat réprobis,
sed simus temet iúdice
oves ætérnæ páscuæ.

Tibi, Redémptor, glória,
honor, virtus, victória,
regnánti super ómnia
per sæculórum sæcula. Amen.

IN I NOCTURNO

Per annum   Ps 59, 13

Ant. II d

DA nobis, Dómine, * auxílium de tribulatióne. E u o u a e.

Tempore paschali

Ant. VIII g

ALlelúia, * allelúia, allelúia. E u o u a e.

PSALMUS 59
POST CALAMITATEM ORATIO

In mundo pressuram habebitis, sed confidite, ego vici mundum (Io 16, 33).

DEus, reppulísti nos, destruxísti nos. *
   Irátus es. Convértere ad nos!
Concussísti terram, confregísti eam; *
   sana contritiónes eius, quia commóta est.
Ostendísti pópulo tuo dura, *
   potásti nos vino vertíginis.

Dedísti metuéntibus te signum, *
   ut fúgiant a fácie arcus.
Ut liberéntur dilécti tui, *
   salvos fac déxtera tua et exáudi nos.

Deus locútus est in sancto suo: †
   «Lætábor et partíbor Síchimam *
   et convállem Succoth metíbor.
Meus est Gálaad, et meus est Manásses *
   et Ephraim fortitúdo cápitis mei.

Iuda sceptrum meum, *
  Moab olla lavácri mei.
Super Idumǽam exténdam calceaméntum meum, *
  super Philistǽam vociferábor.»

Quis addúcet me in civitátem munítam? *
  Quis dedúcet me usque in Idumǽam?
Nonne tu, Deus, qui reppulísti nos, *
  et non egrediéris, Deus, in virtútibus nostris?

Da nobis auxílium de tribulatióne, *
  quia vana salus hóminis.
In Deo faciémus virtútem, *
  et ipse conculcábit tribulántes nos.

PSALMUS 60

EXSULIS ORATIO

Oratio iusti aeterna sperantis (S. Hilarius).

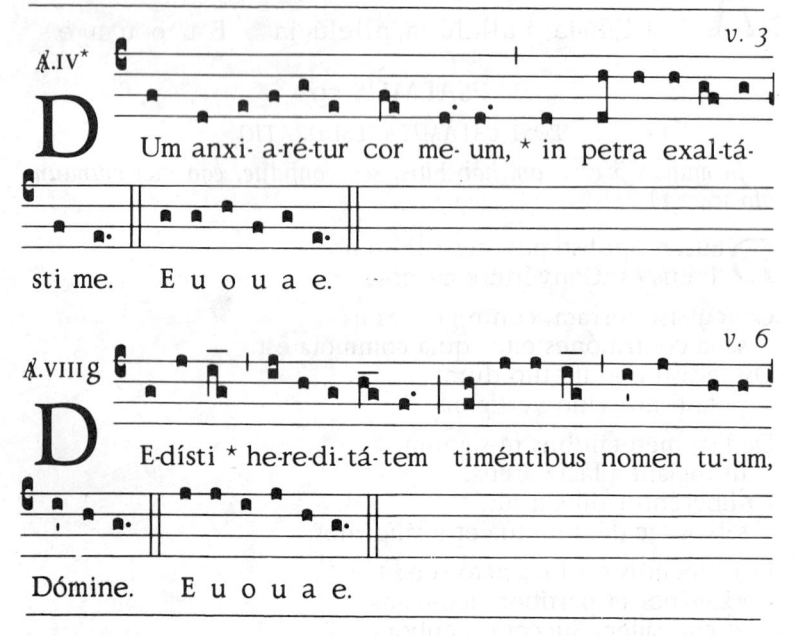

Ant. IV* — v. 3

Dum anxi-a-ré-tur cor me-um, * in petra exal-tá-sti me. E u o u a e.

Ant. VIII g — v. 6

DE-dísti * he-re-di-tá-tem timéntibus nomen tu-um, Dómine. E u o u a e.

Exáudi, Deus, deprecatiónem meam, *
  inténde oratióni meæ.

A fínibus terræ ad te clamávi, †
  dum anxiarétur cor meum. *
  In petram inaccéssam mihi deduc me!

Quia factus es spes mea, *
  turris fortitúdinis a fácie inimíci.
Inhabitábo in tabernáculo tuo in sǽcula, *
  prótegar in veláménto alárum tuárum,
quóniam tu, Deus meus, exaudísti vota mea, *
  dedísti hereditátem timéntium nomen tuum.

Dies super dies regis adícies, *
  annos eius usque in diem generatiónis et generatiónis.
Sédeat in ætérnum in conspéctu Dei; *
  misericórdia et véritas servent eum.

Sic psalmum dicam nómini tuo in sǽculum sǽculi, *
  ut reddam vota mea de die in diem.

Ps 65, 8

B Enedí-ci-te, gentes, * De-um nostrum. E u o u a e.

PSALMUS 61

PAX IN DEO

Deus spei repleat vos omni pace in credendo (Rom 15, 13).

v. 2

N Onne De-o * súbdi-ta e-rit á-nima me- a?

E u o u a e.

IN Deo tantum quiésce, ánima mea, *
ab ipso enim salutáre meum.
Verúmtamen ipse refúgium meum et salutáre meum
præsídium meum, non movébor ámplius. *

Quoúsque irrúitis in hóminem, †
contúnditis univérsi vos *
tamquam paríetem inclinátum et macériam depúlsam?
Verúmtamen de excélso suo cogitavérunt depéllere; †
delectabántur mendácio. *
Ore suo benedicébant et corde suo maledicébant.

In Deo tantum quiésce, ánima mea, *
quóniam ab ipso patiéntia mea.
Verúmtamen ipse Deus meus et salutáre meum, *
præsídium meum, non movébor.

In Deo salutáre meum et glória mea; *
Deus fortitúdinis meæ, et refúgium meum in Deo est.
Speráte in eo, omnis congregátio pópuli, †
effúndite coram illo corda vestra; *
Deus refúgium nobis.
Verúmtamen vánitas fílii Adam, *
mendácium fílii hóminum.
In statéram si conscéndant, *
super fumum leves sunt omnes.

Nolíte speráre in violéntia †
et in rapína nolíte décipi; *
divítiæ si áffluant, nolíte cor appónere.
Semel locútus est Deus, *
duo hæc audívi:
quia potéstas Deo est, †
et tibi, Dómine, misericórdia; *
quia tu reddes unicuíque iuxta ópera sua.

PSALMUS 65

HYMNUS AD SACRIFICIUM GRATIARUM ACTIONIS

De resurrectione Domini et conversione gentium (Hesychius).

℟. Benedícite, gentes, Deum nostrum, *ut supra, p. 147.*

Psalmus 65

Ant. 1 g

Audí-te, omnes, * qui timé-tis De- um, quanta fe-cit á-nimæ me- æ. E u o u a e.

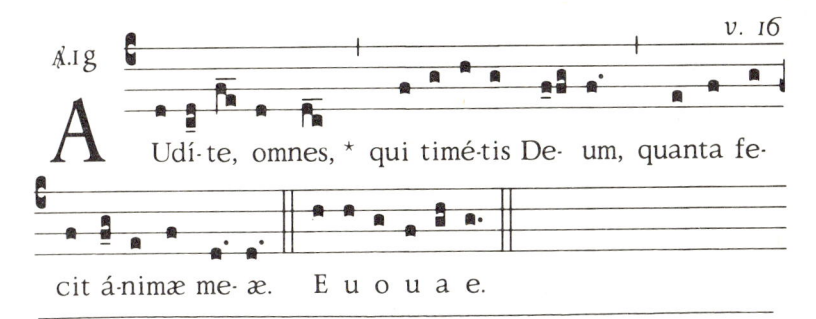

Iubiláte Deo, omnis terra, †
  psalmum dícite glóriæ nóminis eius, *
  glorificáte laudem eius.
Dícite Deo: «Quam terribília sunt ópera tua. *
  Præ multitúdine virtútis tuæ blandiéntur tibi inimíci tui.
Omnis terra adóret te et psallat tibi, *
  psalmum dicat nómini tuo.»

Veníte et vidéte ópera Dei, *
  terríbilis in adinventiónibus super fílios hóminum.
Convértit mare in áridam, †
  et in flúmine pertransíbunt pede; *
  ibi lætábimur in ipso.
Qui dominátur in virtúte sua in ætérnum, †
  óculi eius super gentes respíciunt; *
  rebélles non exalténtur in semetípsis.
Benedícite, gentes, Deum nostrum, *
  et audítam fácite vocem laudis eius;
qui pósuit ánimam nostram ad vitam *
  et non dedit in commotiónem pedes nostros.

Quóniam probásti nos, Deus; *
  igne nos examinásti, sicut examinátur argéntum.
Induxísti nos in láqueum, *
  posuísti tribulatiónes in dorso nostro.
Imposuísti hómines super cápita nostra, †
  transívimus per ignem et aquam, *
  et eduxísti nos in refrigérium.

¶D

Introíbo in domum tuam in holocáustis; *
  reddam tibi vota mea,
quæ protulérunt lábia mea, *
  et locútum est os meum in tribulatióne mea.

Holocáusta medulláta ófferam tibi cum incénso aríetum, *
ófferam tibi boves cum hircis.

Veníte, audíte, †
et narrábo, omnes qui timétis Deum, *
quanta fecit ánimæ meæ.

Ad ipsum ore meo clamávi *
et exaltávi in lingua mea.

Iniquitátem si aspéxi in corde meo, *
non exáudiet Dóminus.

Proptérea exaudívit Deus, *
atténdit voci deprecatiónis meæ.

Benedíctus Deus, qui non amóvit oratiónem meam *
et misericórdiam suam a me.

Ps 67, 27

Ꭺ. D d

IN ecclésiis * benedícite Dómino. E u o u a e.

PSALMUS 67

TRIUMPHALIS INGRESSUS DOMINI

Ascendens in altum captivam duxit captivitatem, dedit dona hominibus (Eph 4, 10).

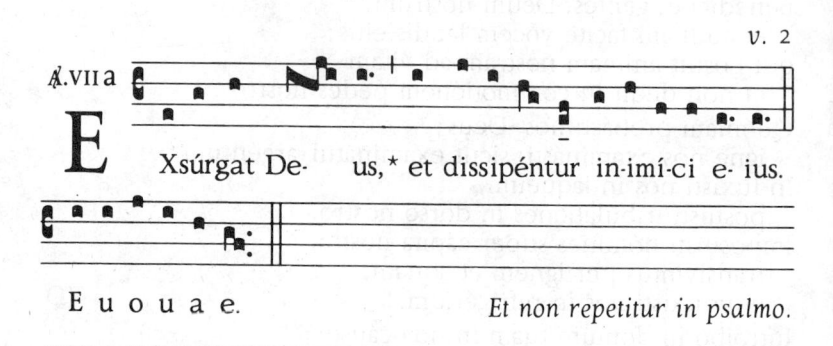

v. 2

Ꭺ. VII a

EXsúrgat Deus, * et dissipéntur inimíci eius.

E u o u a e. *Et non repetitur in psalmo.*

Exsúrgit Deus, et dissipántur inimíci eius; *
et fúgiunt qui odérunt eum a fácie eius.

Psalmus 67

Sicut dissipátur fumus, tu díssipas; †
 sicut fluit cera a fácie ignis, *
 sic péreunt peccatóres a fácie Dei.
Et iusti læténtur et exsúltent in conspéctu Dei *
 et delecténtur in lætítia.

Cantáte Deo, psalmum dícite nómini eius; †
 iter fácite ei qui fertur super nubes: *
 Dóminus nomen illi.
Iubiláte in conspéctu eius; †
 pater orphanórum et iudex viduárum, *
 Deus in habitáculo sancto suo.
Deus, qui inhabitáre facit desolátos in domo, †
 qui edúcit vinctos in prosperitátem; *
 verúmtamen rebélles habitábunt in árida terra.

Deus, cum egrederéris in conspéctu pópuli tui, *
 cum pertransíres in desérto, terra mota est,
étiam cæli distillavérunt a fácie Dei Sínai, *
 a fácie Dei Israel.
Plúviam voluntáriam effundébas, Deus; *
 hereditátem tuam infirmátam, tu refecísti eam.
Animália tua habitábant in ea, *
 parásti in bonitáte tua páuperi, Deus.

Dóminus dat verbum; *
 vírgines annuntiántes bona sunt agmen ingens:
«Reges exercítuum fúgiunt, fúgiunt, *
 et spécies domus dívidit spólia.
Et vos dormítis inter médias caulas: *
 alæ colúmbæ nitent argénto, et pennæ eius pallóre auri.
Dum dispérgit Omnípotens reges super eam, *
 nive dealbátur Selmon.»

Mons Dei mons Basan, *
 mons cacúminum mons Basan.
Ut quid invidétis, montes cacúminum, †
 monti in quo beneplácitum est Deo inhabitáre? *
 Etenim Dóminus habitábit in finem.
Currus Dei decem mília mílium: *
 Dóminus venit de Sínai in sancta.
Ascendísti in altum, captívam duxísti captivitátem; †
 accepísti in donum hómines, *
 ut étiam rebélles hábitent apud Dóminum Deum.

DIVISIO

Benedíctus Dóminus die quotídie; *
portábit nos Deus salutárium nostrórum.
Deus noster, Deus ad salvándum; *
et Dómini, Dómini éxitus mortis.
Verúmtamen Deus confrínget cápita inimicórum suórum, *
vérticem capillátum perambulántium in delíctis suis.

Dixit Dóminus: «Ex Basan redúcam, *
redúcam de profúndo maris,
ut intingátur pes tuus in sánguine, *
lingua canum tuórum ex inimícis portiónem invéniat».

Vidérunt ingréssus tuos, Deus, *
ingréssus Dei mei, regis mei in sancta.
Præcédunt cantóres, †
postrémi véniunt psalléntes, *
in médio iuvénculæ tympanístriæ.
«In ecclésiis benedícite Deo, *
Dómino, vos de fóntibus Israel.»
Ibi Béniamin adulescéntulus ducens eos, †
príncipes Iudæ cum turma sua, *
príncipes Zábulon, príncipes Néphthali.

Manda, Deus, virtúti tuæ; *
confírma hoc, Deus, quod operátus es in nobis.
A templo tuo in Ierúsalem *
tibi ófferent reges múnera.
Increpa feram arúndinis, †
congregatiónem taurórum in vítulis populórum: *
prostérnant se cum láminis argénti.
Díssipa gentes quæ bella volunt. †
Vénient optimátes ex Ægýpto, *
Æthiópia prævéniet manus suas Deo.

Regna terræ, cantáte Deo, psállite Dómino, †
psállite Deo, qui fertur super cælum cæli ad oriéntem; *
ecce dabit vocem suam, vocem virtútis.
Tribúite virtútem Deo. †
Super Israel magnificéntia eius *
et virtus eius in núbibus.

Mirábilis, Deus, de sanctuário tuo! †
  Deus Israel ipse tríbuet virtútem
    et fortitúdinem plebi suæ. *
  Benedíctus Deus!

Per annum
℣. Omnes mirabántur in verbis grátiæ.
℟. Quæ procedébant de ore ipsíus.

In Adventu
℣. Audíte verbum Dómini, gentes.
℟. Et annuntiáte illud in fínibus terræ.

Feria IV cinerum
℣. Convertímini et ágite pæniténtiam.
℟. Fácite vobis cor novum et spíritum novum.

In Quadragesima
℣. Intelléctum tibi dabo.
℟. Et ínstruam te in via qua gradiéris.

Tempore paschali
℣. In resurrectióne tua, Christe, allelúia.
℟. Cæli et terra læténtur, allelúia.

Postea benedicat abbas:
A vínculis peccatórum nostrórum
  absólvat nos omnípotens et miséricors Dóminus. ℟. Amen.

Lectio biblica cum ℟.

¶ *Vel dici potest in æstate, scilicet a feria II post octavam Paschæ usque ad dominicam I novembris, lectio brevis cum ℟. brevi. Tempore paschali, lectio brevis et ℟. breve in ordinario.*

Lectio brevis per annum Sap 1, 1-2

Dilígite iustítiam, qui iudicátis terram, sentíte de Dómino in bonitáte et in simplicitáte cordis quǽrite illum, quóniam invenítur ab his qui non tentant illum, se autem maniféstat eis qui fidem habent in illum.

Ps 70, 1.2

℟.br.VI

IN te, Dómine, sperá-vi: * Non confúndar in ætérnum. ℣. In iustí·ti· a tu·a líbe·ra me et é·ripe me.

℣. Gló·ri· a Patri, et Fí·li· o, et Spi·rí·tu· i Sancto.

IN II NOCTURNO

Ꝁ.VIII C

A L·le·lú· ia, * alle·lú·ia, alle·lú·ia. E u o u a e.

In Quadragesima

Ps 68, 33

Ꝁ.VIII g

Quǽ·ri·te Dóminum, * et vivet ánima vestra.

E u o u a e.

PSALMUS 68

ZELUS DOMUS TUAE COMEDIT ME

Dederunt ei vinum bibere cum felle mixtum (Mt 27, 34).

v. 2

Ꝁ.VIII C

S Alvum me fac, De· us, * quóni· am intravérunt

Psalmus 68

aquæ usque ad á-nimam me-am. E u o u a e.

Et non repetitur in psalmo.

Salvum me fac, Deus, *
 quóniam venérunt aquæ usque ad guttur meum.
Infíxus sum in limo profúndi, et non est substántia; *
 veni in profúnda aquárum, et fluctus demérsit me.
Laborávi clamans, raucæ factæ sunt fauces meæ; *
 defecérunt óculi mei, dum spero in Deum meum.
Multiplicáti sunt super capíllos cápitis mei, *
 qui odérunt me gratis.
Confortáti sunt, qui persecúti sunt me,
  inimíci mei mendáces; *
 quæ non rápui, tunc exsolvébam.

Deus, tu scis insipiéntiam meam, *
 et delícta mea a te non sunt abscóndita.
Non erubéscant in me, qui exspéctant te, *
 Dómine, Dómine virtútum.
Non confundántur super me, *
 qui quærunt te, Deus Israel.

Quóniam propter te sustínui oppróbrium, *
 opéruit confúsio fáciem meam;
extráneus factus sum frátribus meis *
 et peregrínus fíliis matris meæ.

Quóniam zelus domus tuæ comédit me, *
 et oppróbria exprobrántium tibi cecidérunt super me.
Et flevi in ieiúnio ánimam meam, *
 et factum est in oppróbrium mihi.

Et pósui vestiméntum meum cilícium, *
 et factus sum illis in parábolam.
Advérsum me loquebántur, qui sedébant in porta, *
 et in me canébant, qui bibébant vinum.

Ego vero oratiónem meam ad te, Dómine, *
 in témpore beneplácti, Deus.
In multitúdine misericórdiæ tuæ exáudi me, *
 in veritáte salútis tuæ.
Eripe me de luto, ut non infígar, †
 erípiar ab iis qui odérunt me, *
 et de profúndis aquárum.
Non me demérgat fluctus aquárum, †
 neque absórbeat me profúndum, *
 neque úrgeat super me púteus os suum. ¶D

DIVISIO

Exáudi me, Dómine,
 quóniam benígna est misericórdia tua; *
 secúndum multitúdinem miseratiónum tuárum
  réspice in me.
Et ne avértas fáciem tuam a púero tuo; *
 quóniam tríbulor, velóciter exáudi me.

Accéde ad ánimam meam, víndica eam, *
 propter inimícos meos rédime me.
Tu scis oppróbrium meum *
 et confusiónem meam et reveréntiam meam.

In conspéctu tuo sunt omnes qui tríbulant me; *
 oppróbrium contrívit cor meum, et elángui.
Et sustínui qui simul contristarétur, et non fuit, *
 et qui consolarétur, et non invéni.
Et dedérunt in escam meam fel, *
 et in siti mea potavérunt me acéto.

Fiat mensa eórum coram ipsis in láqueum *
 et in retributiónes et in scándalum.
Obscuréntur óculi eórum, ne vídeant, *
 et lumbos eórum semper infírma.

Effúnde super eos iram tuam, *
 et furor iræ tuæ comprehéndat eos.
Fiat commorátio eórum desérta, *
 et in tabernáculis eórum non sit qui inhábitet.

Quóniam, quem tu percussísti, persecúti sunt, *
 et super dolórem eius quem vulnerásti, addidérunt.
Appóne iniquitátem super iniquitátem eórum, *
 et non véniant ad iustítiam tuam.

Deleántur de libro vivéntium *
et cum iustis non scribántur.

Ego autem sum pauper et dolens; *
salus tua, Deus, súscipit me.
Laudábo nomen Dei cum cántico *
et magnificábo eum in laude.
Et placébit Dómino super taurum, *
super vítulum córnua producéntem et úngulas.

Vídeant húmiles et læténtur; *
quǽrite Deum, et vivet cor vestrum,
quóniam exaudívit páuperes Dóminus *
et vinctos suos non despéxit.
Laudent illum cæli et terra, *
mária et ómnia reptília in eis.

Quóniam Deus salvam fáciet Sion †
et ædificábit civitátes Iudæ; *
et inhabitábunt ibi et possidébunt eam.
Et semen servórum eius hereditábunt eam *
et qui díligunt nomen eius, habitábunt in ea.

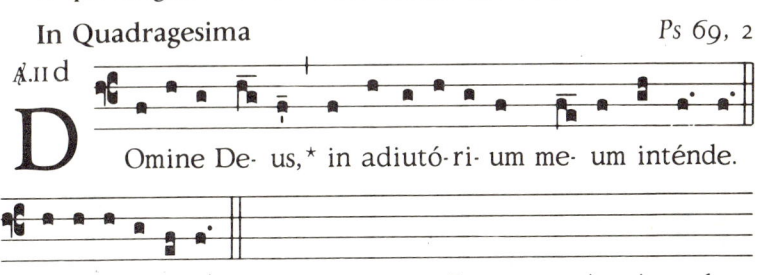

In Quadragesima *Ps 69, 2*

Ant. II d

D Omine De- us,* in adiutó-ri- um me- um inténde.

E u o u a e.   *Et non repetitur in psalmo.*

PSALMUS 69

DEUS, IN ADIUTORIUM MEUM INTENDE

Domine, salva nos, perimus (Mt 8, 25).

DEus, in adiutórium meum inténde; *
Dómine, ad adiuvándum me festína.

Confundántur et revereántur, *
qui quærunt ánimam meam.
Avertántur retrórsum et erubéscant, *
qui volunt mihi mala. —

Convertántur propter confusiónem suam, *
    qui dicunt mihi: «Euge, euge».
Exsúltent et læténtur in te omnes qui quærunt te, *
    et dicant semper: «Magnificétur Deus»,
        qui díligunt salutáre tuum.

Ego vero egénus et pauper sum; *
    Deus, ad me festína.
Adiútor meus et liberátor meus es tu; *
    Dómine, ne moréris.

PSALMUS 70

DOMINE, SPES MEA A IUVENTUTE MEA

Spe gaudentes, in tribulatione patientes (Rom 12, 12).

Ant. 1g — v. 3

Esto mihi, Dómine, * in Deum protectórem.

E u o u a e.

Ant. VIII C — v. 4

Deus meus, * éripe me de manu peccatóris.

E u o u a e.

IN te, Dómine, sperávi, *
    non confúndar in ætérnum.
In iustítia tua líbera me et éripe me; *
    inclína ad me aurem tuam et salva me.

Esto mihi in rupem præsídii et in domum munítam, *
    ut salvum me fácias,

Psalmus 70

quóniam fortitúdo mea *
  et refúgium meum es tu.
Deus meus, éripe me de manu peccatóris *
  et de manu contra legem agéntis et iníqui.

Quóniam tu es exspectátio mea, Dómine; *
  Dómine, spes mea a iuventúte mea.
Super te inníxus sum ex útero, †
  de ventre matris meæ tu es suscéptor meus; *
  in te laus mea semper.
Tamquam prodígium factus sum multis, *
  et tu adiútor fortis.

Repleátur os meum laude tua, *
  tota die magnitúdine tua.
Ne próicias me in témpore senectútis; *
  cum defécerit virtus mea, ne derelínquas me.

Quia dixérunt inimíci mei mihi, †
  et qui observábant ánimam meam, *
  consílium fecérunt in unum
dicéntes: «Deus derelíquit eum! †
  Persequímini et comprehéndite eum, *
  quia non est qui erípiat.»

Deus, ne elongéris a me; *
  Deus meus, in auxílium meum festína.
Confundántur et defíciant adversántes ánimæ meæ; *
  operiántur confusióne et pudóre, qui quærunt mala mihi.

Ego autem semper sperábo *
  et adíciam super omnem laudem tuam.
Os meum annuntiábit iustítiam tuam, †
  tota die salutáre tuum: *
  quæ dinumeráre nescívi.

Véniam ad poténtias Dómini; *
  Dómine, memorábor iustítiæ tuæ solíus.
Deus, docuísti me a iuventúte mea; *
  et usque nunc annuntiábo mirabília tua.
Et usque in senéctam et sénium, *
  Deus, ne derelínquas me,
donec annúntiem bráchium tuum *
  generatióni omni quæ ventúra est. —

Poténtia tua et iustítia tua, Deus, †
  usque in altíssima, qui fecísti magnália: *
  Deus, quis símilis tibi?
Quantas ostendísti mihi tribulatiónes multas et malas; †
  íterum vivificásti me *
  et de abýssis terræ íterum reduxísti me.
Multiplicábis magnitúdinem meam *
  et convérsus consoláberis me.

Nam et ego confitébor tibi, †
  in psaltério veritátem tuam, Deus meus; *
  psallam tibi in cíthara, Sanctus Israel.
Exsultábunt lábia mea, cum cantávero tibi, *
  et ánima mea, quam redemísti;
sed et lingua mea tota die meditábitur iustítiam tuam, *
  cum confúsi et revériti fúerint, qui quærunt mala mihi.

In Quadragesima

Ps 72, 1

Ӑ.VIII g

QUam bonus * De-us Isra-el.   E u o u a e.

PSALMUS 71
REGIA MESSIAE POTESTAS

Apertis thesauris suis, obtulerunt ei munera: aurum et tus et myrrham (Mt 2, 11).

v. 12

Ӑ.VII C
transp.

LIbe-rá- vit Dómi-nus * páupe-rem a poténte,

et ín-o-pem, cu- i non e-rat adiú-tor.

Psalmus 71

(Intonatio psalmi.) E u o u a e.

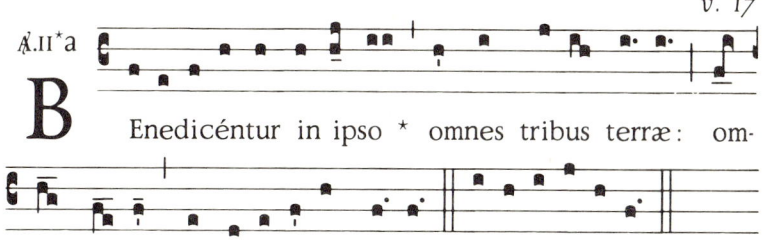

v. 17

Ant. II*a

BEnedicéntur in ipso * omnes tribus terræ: omnes gentes magni-ficábunt e- um. E u o u a e.

Deus, iudícium tuum regi da *
 et iustítiam tuam fílio regis;
iúdicet pópulum tuum in iustítia *
 et páuperes tuos in iudício.
Afferant montes pacem pópulo, *
 et colles iustítiam.
Iudicábit páuperes pópuli †
 et salvos fáciet fílios ínopis *
 et humiliábit calumniatórem.
Et permanébit cum sole et ante lunam, *
 in generatióne et generatiónem.
Descéndet sicut plúvia in gramen *
 et sicut imber írrigans terram.
Florébit in diébus eius iustítia et abundántia pacis, *
 donec auferátur luna.
Et dominábitur a mari usque ad mare *
 et a Flúmine usque ad términos orbis terrárum.
Coram illo prócident íncolæ desérti, *
 et inimíci eius terram lingent.
Reges Tharsis et ínsulæ múnera ófferent, *
 reges Arabum et Saba dona addúcent.
Et adorábunt eum omnes reges, *
 omnes gentes sérvient ei. —

¶

Quia liberábit ínopem clamántem *
 et páuperem, cui non erat adiútor.
Parcet páuperi et ínopi *
 et ánimas páuperum salvas fáciet.
Ex oppressióne et violéntia rédimet ánimas eórum, *
 et pretiósus erit sanguis eórum coram illo.

Et vivet, et dábitur ei de auro Arábiæ, †
 et orábunt pro ipso semper; *
  tota die benedícent ei.
Et erit ubértas fruménti in terra, *
 in summis móntium fluctuábit,
sicut Líbanus fructus eius *
 et florébunt de civitáte sicut fenum terræ.

Sit nomen eius benedíctum in sǽcula, *
 ante solem permanébit nomen eius.
Et benedicéntur in ipso omnes tribus terræ, *
 omnes gentes magnificábunt eum.

Benedíctus Dóminus Deus, Deus Israel, *
 qui facit mirabília solus.
Et benedíctum nomen maiestátis eius in ætérnum; *
 et replébitur maiestáte eius omnis terra. Fiat, fiat.

PSALMUS 72

CUR IUSTUS VEXETUR

Beatus est, qui non fuerit scandalizatus in me (Mt 11, 6).

℣. Quam bonus Deus Israel, *ut supra, p. 160.*

QUam bonus rectis est Deus, *
 Deus his qui mundo sunt corde!
Mei autem pæne moti sunt pedes, *
 pæne effúsi sunt gressus mei,
quia zelávi super gloriántes, *
 pacem peccatórum videns.

Quia non sunt eis impediménta, *
 sanus et pinguis est venter eórum.
In labóre mortálium non sunt *
 et cum homínibus non flagelléntur.

Psalmus 72

Ideo quasi torques est eis supérbia, *
et tamquam induméntum opéruit eos violéntia.
Prodit quasi ex ádipe iníquitas eórum, *
erúmpunt cogitatiónes cordis.
Subsannavérunt et locúti sunt nequítiam, *
iniquitátem ab excélso locúti sunt.

Posuérunt in cælo os suum, *
et lingua eórum transívit in terra.
Ideo in alto sedent, *
et aquæ plenæ non pervénient ad eos.
Et dixérunt: «Quómodo scit Deus, *
et si est sciéntia in Excélso?»
Ecce ipsi peccatóres et abundántes in sǽculo *
multiplicavérunt divítias.
Et dixi: «Ergo sine causa mundávi cor meum *
et lavi in innocéntia manus meas;
et fui flagellátus tota die, *
et castigátio mea in matutínis».

Si dixíssem: «Loquar ut illi», *
ecce generatiónem filiórum tuórum prodidíssem.
Et cogitábam, ut cognóscerem hoc; *
labor erat in óculis meis,
donec intrávi in sanctuárium Dei *
et intelléxi novíssima eórum.
Verúmtamen in lúbrico posuísti eos, *
deiecísti eos in ruínas.

Quómodo facti sunt in desolatiónem! *
Súbito defecérunt, periérunt præ horróre.
Velut sómnium evigilántis, Dómine, *
surgens imáginem ipsórum contémnes.

Quia exacerbátum est cor meum, *
et renes mei compúncti sunt;
et ego insípiens factus sum et nescívi: *
ut iuméntum factus sum apud te.
Ego autem semper tecum; *
tenuísti manum déxteram meam.
In consílio tuo dedúces me *
et póstea cum glória suscípies me.

Quis enim mihi est in cælo? *
Et tecum nihil vólui super terram.

Defécit caro mea et cor meum; *
  Deus cordis mei, et pars mea Deus in ætérnum.
Quia ecce, qui elóngant se a te, períbunt, *
  perdidísti omnes qui fornicántur abs te.
Mihi autem adhærére Deo bonum est, *
  pónere in Dómino Deo spem meam,
ut annúntiem omnes operatiónes tuas *
  in portis fíliæ Sion.

Lectio brevis per annum　　　　　　　　　　　　*1 Pe 4, 10-11*

Unusquísque, sicut accépit donatiónem, in altérutrum illam administrántes sicut boni dispensatóres multifórmis grátiæ Dei. Si quis lóquitur, quasi sermónes Dei; si quis minístrat, tamquam ex virtúte, quam largítur Deus, ut in ómnibus glorificétur Deus per Iesum Christum.

℣. Sustínuit ánima mea in verbo eius.
℟. Sperávit ánima mea in Dómino.

In Adventu

℣. Dómine, Deus noster, convérte nos.
℟. Et osténde fáciem tuam et salvi érimus.

Feria IV cinerum

℣. Qui facit veritátem venit ad lucem.
℟. Ut manifesténtur ópera eius.

In Quadragesima

℣. Convertímini et ágite pæniténtiam.
℟. Fácite vobis cor novum et spíritum novum.

Tempore paschali

℣. Deus et Dóminum suscitávit, allelúia.
℟. Et nos suscitábit per virtútem suam, allelúia.

Et reliqua sicut in feria II notatur.

AD LAUDES MATUTINAS

Ps 50, 4

Ant. VII a

Amplius lava me, Dómine, * ab iniustítia mea. E u o u a e.

Tempore paschali

Ant. VII a

Allelúia, * allelúia, allelúia. E u o u a e.

Ps 50, Miserére mei Deus, p. 67.

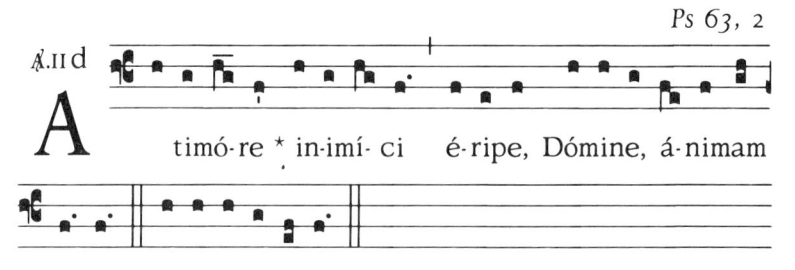

Ps 63, 2

Ant. II d

A timóre * inimíci éripe, Dómine, ánimam meam. E u o u a e.

PSALMUS 63

CONTRA HOSTES ORATIO

Maxime Domini passio commendatur in hoc psalmo (S. Augustinus).

Exáudi, Deus, vocem meam in meditatióne mea; *
a timóre inimíci custódi ánimam meam.

Prótege me a convéntu malignántium, *
a multitúdine operántium iniquitátem.

Qui exacuérunt ut gládium linguas suas, †
intendérunt sagíttas suas, venéfica verba, *
ut sagíttent in occúltis immaculátum.
Súbito sagittábunt eum et non timébunt, *
firmavérunt sibi consílium nequam.
Disputavérunt, ut abscónderent láqueos, *
dixérunt: «Quis vidébit eos?»
Excogitavérunt iníqua, †
perfecérunt excogitáta consília. *
Interióra hóminis et cor eius abýssus.

Et sagittávit illos Deus; †
súbito factæ sunt plagæ eórum, *
et infirmávit eos lingua eórum.
Caput movébunt omnes qui vidébunt eos, *
et timébit omnis homo;
et annuntiábunt ópera Dei *
et facta eius intéllegent.

Lætábitur iustus in Dómino et sperábit in eo, *
et gloriabúntur omnes recti corde.

Ps 64, 2

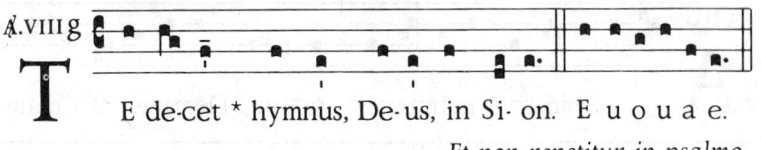

T E de-cet * hymnus, De-us, in Si- on. E u o u a e.

Et non repetitur in psalmo.

PSALMUS 64

SOLLEMNIS GRATIARUM ACTIO

In Sion intellege caelicam civitatem (Origenes).

TE decet hymnus, Deus, in Sion; *
et tibi reddétur votum in Ierúsalem.
Qui audis oratiónem, *
ad te omnis caro véniet propter iniquitátem.
Etsi prævaluérunt super nos impietátes nostræ, *
tu propitiáberis eis. —

Psalmus 64

Beátus quem elegísti et assumpsísti; *
 inhabitábit in átriis tuis.
Replébimur bonis domus tuæ, *
 sanctitáte templi tui.
Mirabíliter in æquitáte exáudies nos, Deus salútis nostræ, *
 spes ómnium fínium terræ et maris longínqui.
Firmans montes in virtúte tua, *
 accínctus poténtia.
Compéscens sónitum maris, sónitum flúctuum eius *
 et tumúltum populórum.
Et timébunt, qui hábitant términos terræ, a signis tuis; *
 éxitus oriéntis et occidéntis delectábis.

Visitásti terram et inebriásti eam; *
 multiplicásti locupletáre eam.
Flumen Dei replétum est aquis; †
 parásti fruménta illórum, *
 quóniam ita parásti eam.
Sulcos eius írrigans, glebas eius complánans; *
 ímbribus emóllis eam, benedícis gérmini eius.

Coronásti annum benignitáte tua, *
 et vestígia tua stillábunt pinguédinem.
Stillábunt páscua desérti, *
 et exsultatióne colles accingéntur.
Indúta sunt óvibus prata, †
 et valles abundábunt fruménto; *
 clamábunt, étenim hymnum dicent.

1 Sam 2, 10

Á.1g Dóminus * iudicábit fines † terræ. T. P. † terræ, allelúia. E u o u a e.

CANTICUM

1 Sam 2,1-10

HUMILIUM EXSULTATIO IN DEO

Deposuit potentes de sede, et exaltavit humiles; esurientes implevit bonis (Lc 1, 52-53).

Exsultávit cor meum in Dómino, *
 exaltátum est cornu meum in Deo meo;
dilatátum est os meum super inimícos meos, *
 quóniam lætáta sum in salutári tuo.
Non est sanctus ut est Dóminus; †
 neque enim est álius extra te, *
 et non est fortis sicut Deus noster.
Nolíte multiplicáre loqui sublímia, *
 gloriántes.
Recédant supérba de ore vestro, †
 quia Deus scientiárum Dóminus est, *
 et ab eo ponderántur actiónes.
Arcus fórtium confráctus est, *
 et infírmi accíncti sunt róbore.
Saturáti prius pro pane se locavérunt, *
 et famélici non eguérunt ámplius.
Stérilis péperit plúrimos, *
 et quæ multos habébat fílios, emárcuit.
Dóminus mortíficat et vivíficat, *
 dedúcit ad inférnum et redúcit.
Dóminus páuperem facit et ditat, *
 humíliat et súblevat;
súscitat de púlvere egénum *
 et de stércore élevat páuperem,
ut sédeat cum princípibus, *
 et sólium glóriæ téneat.
Dómini enim sunt cárdines terræ, *
 et pósuit super eos orbem.
Pedes sanctórum suórum servábit, †
 et ímpii in ténebris conticéscent, *
 quia non in fortitúdine sua roborábitur vir.
Dóminus cónteret adversários suos; *
 super ipsos in cælis tonábit.
Dóminus iudicábit fines terræ †
 et dabit impérium regi suo *
 et sublimábit cornu christi sui.

Vel ad libitum: Idt 16, 13

DOmine, * magnus es tu, et præclárus in virtúte tua. E u o u a e.

CANTICUM   Idt 16, 1. 13-15

DOMINUS, CREATOR MUNDI, POPULUM SUUM PROTEGIT

Cantant novum canticum (Apc 5, 9).

INcípite Deo meo in týmpanis, *
   cantáte Dómino meo in cýmbalis,
modulámini illi psalmum novum, *
   exaltáte et invocáte nomen ipsíus.

Cantábo Deo meo hymnum novum: †
   Dómine, magnus es tu et clarus, *
   mirábilis in virtúte et insuperábilis.

Tibi sérviat omnis creatúra tua, *
   quóniam dixísti, et facta sunt,
misísti spíritum tuum, et ædificáta sunt, *
   et non est qui resístat voci tuæ.

Montes enim a fundaméntis agitabúntur cum aquis, *
   petræ autem a fácie tua tamquam cera liquéscent.
Illis autem qui timent te *
   propítius adhuc eris.

Ps 150, 4

CÆli cælórum, * laudáte Deum. E u o u a e.

Feria IV ad Laudes

Tempore paschali

Ant. II d

Alle-lú-ia, * alle-lú-ia, alle-lú-ia.   E u o u a e.

Psalmus Laudáte Dóminum de cælis *cum reliquis, p. 76.*

Lectio brevis per annum
Tob 4, 15.16.18-19

Quod óderis, némini féceris. De pane tuo commúnica esuriénti et de vestiméntis tuis nudis. Consílium ab omni sapiénte inquíre et noli contémnere omne consílium útile. Omni témpore bénedic Dóminum et póstula ab illo, ut dirigántur viæ tuæ et omnes sémitæ tuæ et consília bene disponántur.

Ps 33, 2.

℟.br.VI

Benedícam Dóminum * In omni témpore. ℣. Semper laus e-ius in o-re me-o. ℣. Gló-ri- a Patri, et Fí-li- o, et Spi-rí-tu- i Sancto.

vel:

Ps 118, 36-37

℟.br.VI

Inclína cor me-um, De-us, * In testimóni- a tu- a.

℣. In vi- a tu-a vi-ví-fi-ca me. ℣. Gló-ri- a Patri, et Fí-li-o, et Spi-rí-tu- i Sancto.

HYMNUS

Nox et tenébrae et núbila,
confúsa mundi et túrbida,
lux intrat, albéscit polus:
Christus venit; discédite.

Calígo terræ scínditur
percússa solis spículo,
rebúsque iam color redit
vultu niténtis síderis.

Sic nostra mox obscúritas
fraudísque pectus cónscium,
ruptis retéctum núbibus,
regnánte palléscet Deo.

Te, Christe, solum nóvimus,
te mente pura et símplici
rogáre curváto genu
flendo et canéndo díscimus.

Inténde nostris sénsibus
vitámque totam díspice:
sunt multa fucis íllita
quæ luce purgéntur tua.

Sit, Christe, rex piíssime,
tibi Patríque glória
cum Spíritu Paráclito,
in sempitérna sæcula. Amen.

℣. Repléti sumus mane misericórdia tua.
℟. Exsultávimus et delectáti sumus.

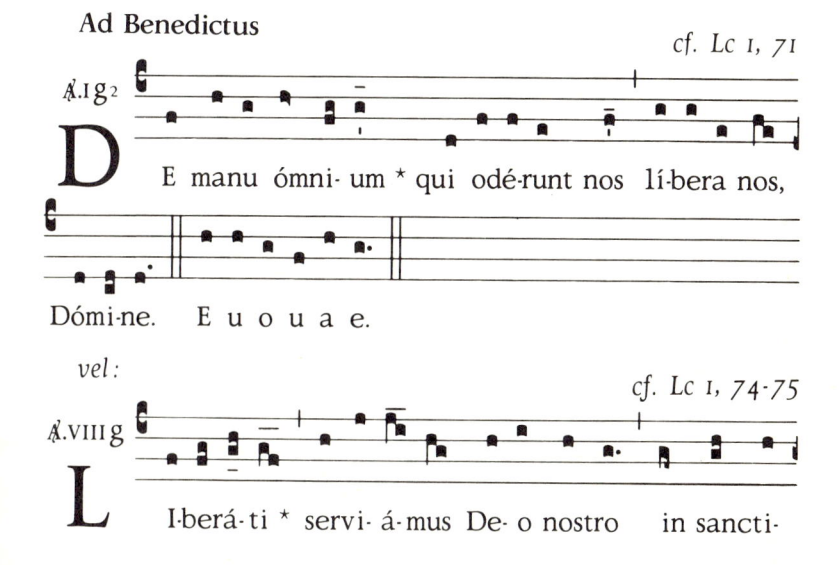

Ad Benedictus

cf. Lc 1, 71

Ant.1 g2 DE manu ómni- um * qui odé-runt nos lí-bera nos, Dómi-ne. E u o u a e.

vel:

cf. Lc 1, 74-75

Ant.VIII g LIberá-ti * servi- á-mus De- o nostro in sanctitá-te.   E u o u a e.

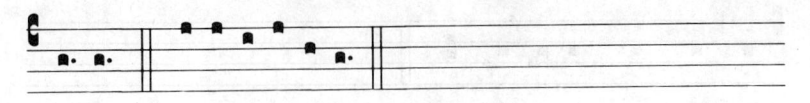

Oratio per annum

Exáudi nos, Deus, salutáris noster, † et nos pérfice sectatóres lucis et operários veritátis, * ut qui ex te nati sumus lucis fílii, tui testes coram homínibus esse valeámus. Per Dóminum.

Benedictio

Qui in cælis regnat in Trinitáte,
   ipse nos benedícere et custodíre dignétur. ℟. Amen.

FERIA QUINTA AD VIGILIAS

Psalmus 3, p. 29,
¶A1 vel psalmus 12, p. 15.

Ad invitatorium

℟. Adorémus Dóminum qui fecit nos.

HYMNUS

I. Quando Vigiliae dicuntur noctu vel summo mane:

Nox atra rerum cóntegit
terræ colóres ómnium:
nos confiténtes póscimus
te, iuste iudex córdium,

Mens, ecce, torpet ímpia,
quam culpa mordet nóxia;
obscúra gestit tóllere
et te, Redémptor, quǽrere.

Ut áuferas piácula
sordésque mentis ábluas,
donésque, Christe, grátiam
ut arceántur crímina.

Repélle tu calíginem
intrínsecus quam máxime,
ut in beáto gáudeat
se collocári lúmine.

Sit, Christe, rex piíssime,
tibi Patríque glória
cum Spíritu Paráclito,
in sempitérna sǽcula. Amen.

II. Quando Vigiliae dicuntur diurno tempore:

Christe, precámur ádnuas
orántibus servis tuis,
iníquitas hæc sǽculi
ne nostram captívet fidem.

Absit nostris e córdibus
ira, dolus, supérbia;
absístat avarítia,
malórum radix ómnium.

Non cogitémus ímpie,
invideámus némini,
læsi non reddámus vicem,
vincámus in bono malum.

Consérvet pacis fœdera
non simuláta cáritas;
sit illibáta cástitas
credulitáte pérpeti.

Sit, Christe, rex piíssime,
tibi Patríque glória
cum Spíritu Paráclito,
in sempitérna sǽcula. Amen.

Feria V ad Vigilias

IN I NOCTURNO

Per annum Ps 73, 2

Ant. VIII g

LIberásti virgam * he-re-di-tá-tis tu-æ.

E u o u a e.

Tempore paschali

Ant. IV*

ALle-lú-ia, * alle-lú-ia, alle-lú-ia. E u o u a e.

PSALMUS 73
LAMENTATIO PROPTER TEMPLUM VASTATUM
Nolite timere eos qui occidunt corpus (Mt 10, 28).

v. 2

Ant. V a

MEmor esto * congre-ga-ti-ónis tu-æ, Dómi-ne,

quam possedísti ab i-ní-ti-o. E u o u a e.

UT quid, Deus, reppulísti in finem, *
  irátus est furor tuus super oves páscuæ tuæ?
Memor esto congregatiónis tuæ, *
  quam possedísti ab inítio.
Redemísti virgam hereditátis tuæ, *
  montis Sion, in quo habitásti.

Psalmus 73

Leva gressus tuos in ruínas sempitérnas: *
ómnia vastávit inimícus in sancto.

Rugiérunt, qui odérunt te, in médio congregatiónis tuæ; *
posuérunt signa sua in signa.
Visi sunt quasi in altum secúrim vibrántes *
in silva condénsa.
Excidérunt iánuas eius in idípsum; *
in secúri et áscia deiecérunt.

Incendérunt igni sanctuárium tuum, *
in terram polluérunt tabernáculum nóminis tui;
dixérunt in corde suo: «Opprimámus eos simul». *
Combussérunt omnes congregatiónes Dei in terra.
Signa nostra non vídimus, †
iam non est prophéta, *
et apud nos non est qui cognóscat ámplius.

Usquequo, Deus, improperábit inimícus, *
spernet adversárius nomen tuum in finem?
Ut quid avértis manum tuam *
et tenes déxteram tuam in médio sinu tuo? ¶D
Deus autem rex noster ante sǽcula, *
operátus est salútes in médio terræ.

Tu conscidísti in virtúte tua mare, *
contribulásti cápita dracónum in aquis.
Tu confregísti cápita Leviathan, *
dedísti eum escam monstris maris.
Tu dirupísti fontes et torréntes; *
tu siccásti flúvios perénnes.
Tuus est dies et tua est nox, *
tu fabricátus es luminária et solem.
Tu statuísti omnes términos terræ, *
æstátem et híemem, tu plasmásti ea.

Memor esto huius: †
inimícus improperávit Dómino, *
et pópulus insípiens sprevit nomen tuum.
Ne tradas béstiis ánimas confiténtes tibi *
et ánimas páuperum tuórum ne obliviscáris in finem.
Réspice in testaméntum, *
quia repléta sunt latíbula terræ tentóriis violéntiæ.

Ne revertátur húmilis factus confúsus; *
pauper et inops laudábunt nomen tuum.

Exsúrge, Deus, iúdica causam tuam; †
  memor esto improperiórum tuórum, *
  quæ ab insipiénte fiunt tota die.
Ne obliviscáris voces inimicórum tuórum; *
  tumúltus adversariórum tuórum ascéndit semper.

PSALMUS 74
DOMINUS SUMMUS IUDEX
Deposuit potentes de sede, et exaltavit humiles (Lc 1, 52).

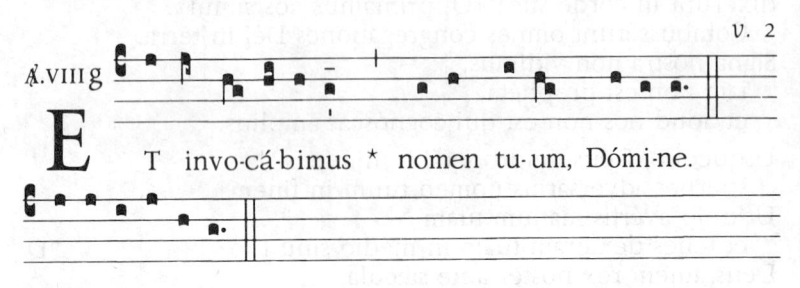

Ant. VIII g

ET invocábimus * nomen tuum, Dómine.

E u o u a e.

COnfitébimur tibi, Deus; †
  confitébimur et invocábimus nomen tuum: *
  narrábimus mirabília tua.
Cum statúero tempus, *
  ego iustítias iudicábo.
Si liquefácta est terra et omnes qui hábitant in ea, *
  ego confirmávi colúmnas eius.
Dixi gloriántibus: «Nolíte gloriári!» *
  et delinquéntibus: «Nolíte exaltáre cornu!
Nolíte exaltáre in altum cornu vestrum; *
  nolíte loqui advérsus Deum protérva.»
Quia neque ab oriénte neque ab occidénte *
  neque a desértis exaltátio.
Quóniam Deus iudex est: *
  hunc humíliat et hunc exáltat.
Quia calix in manu Dómini *
  vini meri plenus mixto.

Et inclinávit ex hoc in hoc; †
  verúmtamen usque ad fæces epotábunt, *
  bibent omnes peccatóres terræ.
Ego autem annuntiábo in sǽculum, *
  cantábo Deo Iacob.
Et ómnia córnua peccatórum confríngam, *
  et exaltabúntur córnua iusti.

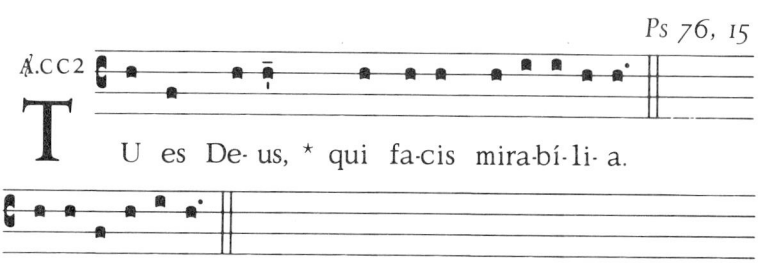

Ps 76, 15

Ant. CC2 TU es Deus, * qui facis mirabí-li-a.

E u o u a e.

PSALMUS 76

OPERUM DOMINI RECORDATIO

In omnibus tribulationem patimur, sed non angustiamur (2 Cor 4, 8).

v. 14

Ant. VIII g DEus, * in sancto vi-a tu-a; quis De-us magnus sicut De-us noster? E u o u a e.

VOce mea ad Dóminum clamávi; *
  voce mea ad Deum, et inténdit mihi.
In die tribulatiónis meæ Deum exquisívi, †
  manus meæ nocte expánsæ sunt *
  et non fatigántur.

Rénuit consolári ánima mea; †
  memor sum Dei et ingemísco, *
  exérceor, et déficit spíritus meus.
Vígiles tenuísti pálpebras óculi mei; *
  turbátus sum et non sum locútus.
Cogitávi dies antíquos *
  et annos ætérnos in mente hábui.
Meditátus sum nocte cum corde meo *
  et exercitábar, et scobébam spíritum meum.
Numquid in ætérnum proíciet Deus, *
  aut non appónet ut complacítior sit adhuc?
Aut defíciet in finem misericórdia sua, *
  cessábit verbum a generatióne in generatiónem?
Aut obliviscétur miseréri Deus, *
  aut continébit in ira sua misericórdias suas?

Et dixi: «Hoc vulnus meum, *
  mutátio déxteræ Excélsi».
Memor ero óperum Dómini, *
  memor ero ab inítio mirabílium tuórum.
Et meditábor in ómnibus opéribus tuis *
  et in adinventiónibus tuis exercébor.
Deus, in sancto via tua; *
  quis deus magnus sicut Deus noster?
Tu es Deus, qui facis mirabília, *
  notam fecísti in pópulis virtútem tuam.
Redemísti in bráchio tuo pópulum tuum, *
  fílios Iacob et Ioseph.
Vidérunt te aquæ, Deus, †
  vidérunt te aquæ et doluérunt; *
  étenim commótæ sunt abýssi.
Effudérunt aquas núbila, †
  vocem dedérunt nubes, *
  étenim sagíttæ tuæ tránseunt.
Vox tonítrui tui in rota; †
  illuxérunt coruscatiónes tuæ orbi terræ, *
  commóta est et contrémuit terra.

In mari via tua et sémitæ tuæ in aquis multis; *
  et vestígia tua non cognoscúntur.
Deduxísti sicut oves pópulum tuum *
  in manu Móysi et Aaron.

Ant. IV* Ps 77, 1

Inclináte * aurem vestram in verba oris mei.

E u o u a e.

PSALMUS 77

DOMINI BONITAS ET POPULI INFIDELITAS IN HISTORIA SALUTIS

Haec autem figurae fuerunt nostrae (1 Cor 10, 6).

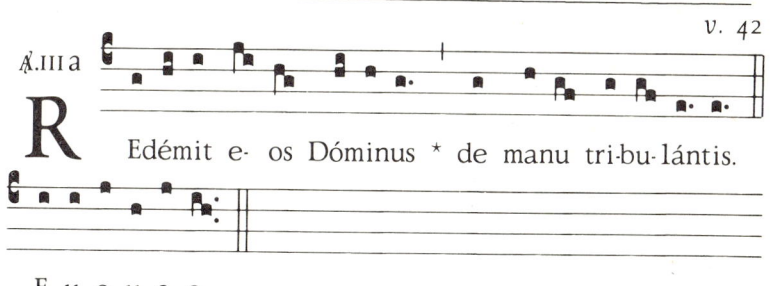

Ant. III a v. 42

Redémit e- os Dóminus * de manu tribulántis.

E u o u a e.

Ant. I g v. 69

Ædificávit Deus * sanctifícium suum in terra. E u o u a e.

Atténdite, pópule meus, doctrínam meam; *
 inclináte aurem vestram in verba oris mei.
Apériam in parábolis os meum, *
 éloquar arcána ætátis antíquæ.

Quanta audívimus et cognóvimus ea, †
  et patres nostri narravérunt nobis, *
  non occultábimus a fíliis eórum,
generatióni álteri narrántes laudes Dómini et virtútes eius *
  et mirabília eius, quæ fecit.

Constítuit testimónium in Iacob *
  et legem pósuit in Israel;
quanta mandáverat pátribus nostris †
  nota fácere ea fíliis suis, *
  ut cognóscat generátio áltera, fílii, qui nascéntur.
Exsúrgent et narrábunt fíliis suis, *
  ut ponant in Deo spem suam
et non obliviscántur óperum Dei *
  et mandáta eius custódiant.
Ne fiant sicut patres eórum, *
  generátio rebéllis et exásperans;
generátio quæ non firmávit cor suum, *
  et non fuit fidélis Deo spíritus eius.
Fílii Ephraim, intendéntes et mitténtes arcum, *
  convérsi sunt in die belli.

Non custodiérunt testaméntum Dei *
  et in lege eius renuérunt ambuláre.
Et oblíti sunt factórum eius *
  et mirabílium eius, quæ osténdit eis.
Coram pátribus eórum fecit mirabília *
  in terra Ægýpti, in campo Táneos.
Scidit mare et perdúxit eos, *
  et státuit aquas quasi in utre.
Et dedúxit eos in nube per diem *
  et per totam noctem in illuminatióne ignis.
Scidit petram in erémo *
  et adaquávit eos velut abýssus multa.
Et edúxit rívulos de petra *
  et dedúxit tamquam flúmina aquas.

Et apposuérunt adhuc peccáre ei, *
  in iram excitavérunt Excélsum in inaquóso.
Et tentavérunt Deum in córdibus suis, *
  peténtes escas animábus suis;
et contra Deum locúti sunt, *
  dixérunt: «Numquid póterit Deus
    paráre mensam in desérto?»

Psalmus 77

Ecce percússit petram, et fluxérunt aquæ, *
 et torréntes inundavérunt.
«Numquid et panem póterit dare *
 aut paráre carnes pópulo suo?»
Ideo audívit Dóminus et exársit, †
 et ignis accénsus est in Iacob, *
 et ira ascéndit in Israel.
Quia non credidérunt in Deo, *
 nec speravérunt in salutári eius.

Verúmtamen mandávit núbibus désuper *
 et iánuas cæli apéruit;
et pluit illis manna ad manducándum *
 et panem cæli dedit eis:
panem angelórum manducávit homo; *
 cibária misit eis ad abundántiam.
Excitávit austrum in cælo *
 et indúxit in virtúte sua áfricum;
et pluit super eos sicut púlverem carnes *
 et sicut arénam maris volatília pennáta:
et cecidérunt in médio castrórum eórum, *
 circa tabernácula eórum.
Et manducavérunt et saturáti sunt nimis, *
 et desidérium eórum áttulit eis.
Nondum recésserant a desidério suo, *
 adhuc escæ eórum erant in ore ipsórum,
et ira Dei ascéndit super eos, †
 et occídit pingues eórum *
 et eléctos Israel prostrávit.   ¶D

In ómnibus his peccavérunt adhuc *
 et non credidérunt in mirabílibus eius;
et consúmpsit in hálitu dies eórum *
 et annos eórum cum festinatióne.
Cum occíderet eos, quærébant eum *
 et convérsi veniébant dilúculo ad eum;
et rememoráti sunt quia Deus adiútor est eórum *
 et Deus Excélsus redémptor eórum est.

DIVISIO

ET suasérunt ei in ore suo *
 et lingua sua mentíti sunt ei;

cor autem eórum non erat rectum cum eo, *
 nec fidéles erant in testaménto eius.
Ipse autem est miséricors *
 et propitiátur iniquitáti et non dispérdit.
Sæpe avértit iram suam *
 et non accéndit omnem furórem suum.
Et recordátus est quia caro sunt, *
 spíritus vadens et non rédiens.

Quóties exacerbavérunt eum in desérto, *
 in iram concitavérunt eum in inaquóso!
Et revérsi sunt et tentavérunt Deum *
 et Sanctum Israel exacerbavérunt.
Non sunt recordáti manus eius, *
 diéi qua redémit eos de manu tribulántis.

Cum pósuit in Ægýpto signa sua *
 et prodígia sua in campo Táneos.
Convértit in sánguinem flúmina eórum *
 et rívulos eórum, ne bíberent.
Misit in eos cœnomyíam et comédit eos, *
 ranam et pérdidit eos.
Dedit brucho fructus eórum, *
 labóres eórum locústæ.
Occídit in grándine víneas eórum, *
 moros eórum in pruína.
Trádidit grándini iuménta eórum *
 et greges eórum flammæ ignis.

Misit in eos ardórem iræ suæ, †
 indignatiónem et comminatiónem et angústiam, *
 immissiónem angelórum malórum.
Complanávit sémitam iræ suæ; †
 non pepércit a morte animábus eórum *
 et vitam eórum in peste conclúsit.
Percússit omne primogénitum in terra Ægýpti, *
 primítias róboris eórum in tabernáculis Cham.

Abstulit sicut oves pópulum suum *
 et perdúxit eos tamquam gregem in desérto.
Dedúxit eos in spe, et non timuérunt, *
 et inimícos eórum opéruit mare.
Et indúxit eos in fines sanctificatiónis suæ, *
 in montem quem acquisívit déxtera eius.

Et eiécit a fácie eórum gentes †
 et divísit eis terram in funículo hereditátis *
 et habitáre fecit in tabernáculis eórum tribus Israel. ¶D

Et tentavérunt et exacerbavérunt Deum Excélsum *
 et testimónia eius non custodiérunt.
Recessérunt et prævaricáti sunt, †
 quemádmodum patres eórum, *
 convérsi sunt retro ut arcus pravus.
In iram concitavérunt eum in cóllibus suis *
 et in sculptílibus suis
  ad æmulatiónem eum provocavérunt.

Audívit Deus et exársit *
 et sprevit valde Israel.
Et réppulit habitáculum Silo, *
 tabernáculum, ubi habitávit in homínibus.
Et trádidit in captivitátem virtútem suam *
 et pulchritúdinem suam in manus inimíci.
Et conclúsit in gládio pópulum suum *
 et in hereditátem suam exársit.
Iúvenes eórum comédit ignis, *
 et vírgines eórum non sunt desponsátæ.
Sacerdótes eórum in gládio cecidérunt, *
 et víduæ eórum non plorabántur.

Et excitátus est tamquam dórmiens Dóminus, *
 tamquam potens crapulátus a vino.
Et percússit inimícos suos in posterióra, *
 oppróbrium sempitérnum dedit illis.
Et réppulit tabernáculum Ioseph *
 et tribum Ephraim non elégit,
sed elégit tribum Iudæ, *
 montem Sion, quem diléxit.
Et ædificávit sicut excélsum sanctuárium suum, *
 sicut terram, quam fundávit in sæcula.
Et elégit David servum suum †
 et sústulit eum de grégibus óvium, *
 de post fetántes accépit eum:
páscere Iacob pópulum suum *
 et Israel hereditátem suam.
Et pavit eos in innocéntia cordis sui *
 et in prudéntia mánuum suárum dedúxit eos.

Ps 78, 9

Ant. VIII C

PRopí-ti-us esto * peccá-tis nostris, Dómi-ne.

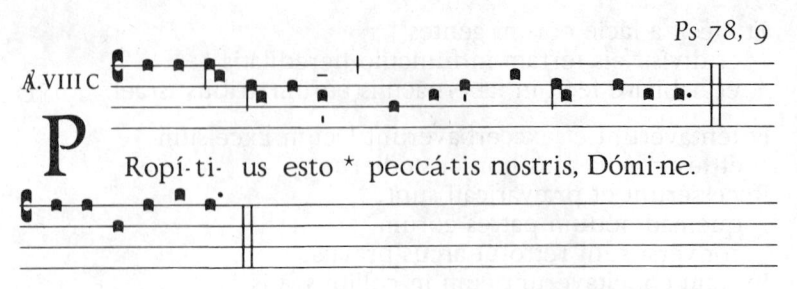

E u o u a e.

PSALMUS 78

SUPER IERUSALEM LAMENTATIO

Si cognovisses et tu quae ad pacem tibi (Lc 19, 42).

DEus, venérunt gentes in hereditátem tuam, †
  polluérunt templum sanctum tuum, *
posuérunt Ierúsalem in ruínas.
Dedérunt morticína servórum tuórum
    escas volatílibus cæli, *
  carnes sanctórum tuórum béstiis terræ.
Effudérunt sánguinem eórum
    tamquam aquam in circúitu Ierúsalem, *
  et non erat qui sepelíret.
Facti sumus oppróbrium vicínis nostris, *
  subsannátio et illúsio his qui in circúitu nostro sunt.

Usquequo, Dómine? †
  Irascéris in finem? *
  Accendétur velut ignis zelus tuus?
Effúnde iram tuam in gentes quæ te non novérunt, *
  et in regna quæ nomen tuum non invocavérunt,
quia comedérunt Iacob *
  et sedem eius desolavérunt.

Ne memíneris iniquitátum patrum nostrórum, †
  cito antícipent nos misericórdiæ tuæ, *
  quia páuperes facti sumus nimis.
Adiuva nos, Deus salutáris nostri, *
  propter glóriam nóminis tui et líbera nos;
et propítius esto peccátis nostris *
  propter nomen tuum.

Psalmus 78

Quare dicent in géntibus: «Ubi est Deus eórum?» †
 Innotéscat in natiónibus coram óculis nostris *
 últio sánguinis servórum tuórum, qui effúsus est.
Intróeat in conspéctu tuo gémitus compeditórum; †
 secúndum magnitúdinem bráchii tui *
 supérstites relínque fílios mortis.
Et redde vicínis nostris séptuplum in sinu eórum, *
 impropérium ipsórum, quod exprobravérunt tibi, Dómine.

Nos autem, pópulus tuus et oves páscuæ tuæ, *
 confitébimur tibi in sǽculum;
in generatiónem et generatiónem *
 annuntiábimus laudem tuam.

Per annum

℣. Revéla, Dómine, óculos meos.
℟. Et considerábo mirabília de lege tua.

In Adventu

℣. Annúntiat Dóminus verbum suum Iacob.
℟. Iustítias et iudícia sua Israel.

In Quadragesima

℣. Intelléctum tibi dabo.
℟. Et ínstruam te in via, qua gradiéris.

Tempore paschali

℣. Christus resúrgens ex mórtuis iam non móritur, allelúia.
℟. Mors illi ultra non dominábitur, allelúia.

Postea benedicat abbas:
In unitáte Sancti Spíritus
 benedícat nos Pater et Fílius. ℟. Amen.

Lectio biblica cum ℟..
¶ *Vel dici potest in æstate, scilicet a feria II post octavam Paschæ usque ad dominicam I novembris, lectio brevis cum ℟. brevi. Tempore paschali, lectio brevis et ℟. breve in ordinario.*

Lectio brevis per annum   *Sap 3, 9*

Qui confídunt in Dómino, intéllegent veritátem, et fidéles in dilectióne acquiéscent illi, quóniam grátia et misericórdia est sanctis eius.

℟.br.VI *Ps 80, 2*

Exsultáte De- o * Adiu-tó- ri nostro. ℣. Iubi-lá- te De-o Iacob. Gló-ri- a Patri, et Fí- li- o, et Spi-rí-tu- i Sancto.

IN II NOCTURNO

Ant. VI f

AL-le-lú-ia, * alle-lú-ia, allelú-ia.   E u o u a e.

In Quadragesima *Ps 80, 2*

Ant. I a

Exsultáte De- o * adiutó-ri nostro.   E u o u a e.

PSALMUS 79
VISITA, DOMINE, VINEAM TUAM
Veni, Domine Iesu *(Apc 22, 20)*.

v. 3

Ant. II*d

Exci-ta, Dómine, * poténti- am tu- am, ut salvos fá-ci- as nos.   E u o u a e.

Psalmus 79

Q UI pascis Israel, inténde, *
  qui dedúcis velut ovem Ioseph.
Qui sedes super chérubim, effúlge *
  coram Ephraim, Béniamin et Manásse.
Excita poténtiam tuam et veni, *
  ut salvos fácias nos.
Deus, convérte nos, *
  illústra fáciem tuam, et salvi érimus.
Dómine Deus virtútum, *
  quoúsque irascéris super oratiónem pópuli tui?
Cibásti nos pane lacrimárum *
  et potum dedísti nobis in lácrimis copióse.
Posuísti nos in contradictiónem vicínis nostris, *
  et inimíci nostri subsannavérunt nos.
Deus virtútum, convérte nos, *
  illústra fáciem tuam, et salvi érimus.
Víneam de Ægýpto transtulísti, *
  eiecísti gentes et plantásti eam.
Purgásti locum in conspéctu eius, *
  plantásti radíces eius, et implévit terram.
Opérti sunt montes umbra eius *
  et ramis eius cedri Dei;
exténdit pálmites suos usque ad mare *
  et usque ad Flumen propágines suas.
Ut quid destruxísti macériam eius, *
  et vindémiant eam omnes qui prætergrediúntur viam?
Exterminávit eam aper de silva, *
  et singuláris ferus depástus est eam.

Deus virtútum, convértere, *
  réspice de cælo et vide et vísita víneam istam.
Et prótege eam quam plantávit déxtera tua, *
  et super fílium hóminis, quem confirmásti tibi.
Incénsa est igni et suffóssa; *
  ab increpatióne vultus tui períbunt.
Fiat manus tua super virum déxteræ tuæ, *
  super fílium hóminis, quem confirmásti tibi.
Et non discedémus a te, vivificábis nos, *
  et nomen tuum invocábimus.
Dómine Deus virtútum, convérte nos *
  et illústra fáciem tuam, et salvi érimus.

PSALMUS 80

SOLLEMNIS RENOVATIO FOEDERIS

Videte, ne forte sit in aliquo vestrum cor malum incredulitatis *(Heb 3, 12)*.

℣. Exsultáte Deo adiutóri nostro, ut supra, p. 186.
Et non repetitur in psalmo.

EXsultáte Deo adiutóri nostro, *
iubiláte Deo Iacob.
Súmite psalmum et date týmpanum, *
psaltérium iucúndum cum cíthara.
Bucináte in neoménia tuba, *
in die plenæ lunæ, in sollemnitáte nostra.

Quia præcéptum in Israel est, *
et iudícium Deo Iacob.
Testimónium in Ioseph pósuit illud, †
cum exíret de terra Ægýpti; *
sermónem quem non nóveram, audívi:

«Divérti ab onéribus dorsum eius; *
manus eius a cóphino recessérunt.
In tribulatióne invocásti me et liberávi te, †
exaudívi te in abscóndito tempestátis, *
probávi te apud aquam Meríba.

Audi, pópulus meus, et contestábor te; *
Israel, útinam áudias me!
Non erit in te deus aliénus, *
neque adorábis deum extráneum.
Ego enim sum Dóminus Deus tuus, †
qui edúxi te de terra Ægýpti; *
diláta os tuum, et implébo illud.

Et non audívit pópulus meus vocem meam, *
et Israel non inténdit mihi.
Et dimísi eos secúndum durítiam cordis eórum, *
ibunt in adinventiónibus suis.

Si pópulus meus audísset me, *
Israel si in viis meis ambulásset!
In brevi inimícos eórum humiliássem *
et super tribulántes eos misíssem manum meam. —

Inimíci Dómini blandiréntur ei, *
   et esset sors eórum in sǽcula;
et cibárem eos ex ádipe fruménti *
   et de petra melle saturárem eos.»

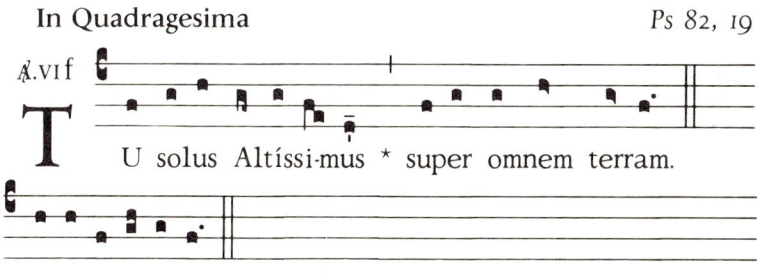

In Quadragesima

Ps 82, 19

Ant. VI f

TU solus Altíssi-mus * super omnem terram.

E u o u a e.

PSALMUS 81

CONTRA IUDICES INIQUOS

Nolite ante tempus quidquam iudicare, quoadusque veniat Dominus (1 Cor 4, 5).

Ps 9, 5

Ant. VIII g

SE-dísti super thronum, * qui iúdicas iustí-ti- am.

E u o u a e.

DEus stetit in concílio divíno, *
   in médio deórum iúdicat.
«Usquequo iudicábitis iníque *
   et fácies peccatórum sumétis?
Iudicáte egéno et pupíllo, *
   húmilem et páuperem iustificáte.
Erípite páuperem *
   et egénum de manu peccatóris liberáte.» —

Nesciérunt, neque intellexérunt, in ténebris ámbulant; *
 movebúntur ómnia fundaménta terræ.
Ego dixi: «Dii estis *
 et fílii Excélsi omnes».
Vos autem sicut hómines moriémini *
 et sicut unus de princípibus cadétis.
Surge, Deus, iúdica terram, *
 quóniam tu hereditábis in ómnibus géntibus.

PSALMUS 82
CONTRA POPULI HOSTES

Cognoscant hostes contra Israel coniurati, quod Dominus solus Altissimus in omni terra.

℣. Tu solus Altíssimus super omnem terram, p. 189.

Deus, ne quiéscas, ne táceas, *
 neque compescáris, Deus,
quóniam ecce inimíci tui fremuérunt, *
 et qui odérunt te, extulérunt caput.
Advérsus pópulum tuum malignavérunt consílium *
 et cogitavérunt advérsus eos quos abscondísti tibi.
Dixérunt: «Veníte, et disperdámus eos de gente, *
 et non memorétur nomen Israel ultra!»
Quóniam cogitavérunt unanímiter, †
 advérsum te testaméntum statuérunt: *
 tabernácula Idumæórum et Ismaelítæ,
Moab et Agaréni, †
 Gebal et Ammon et Amalec, *
 Philistǽa cum habitántibus Tyrum.
Etenim Assur sociabátur cum illis; *
 facti sunt in adiutórium fíliis Lot.
Fac illis sicut Mádian et Sísaræ, *
 sicut Iabin in torrénte Cison.
Disperiérunt in Endor, *
 facti sunt ut stercus super terram.
Pone duces eórum sicut Oreb et Zeb †
 et Zébee et Sálmana, omnes príncipes eórum,
  qui dixérunt: *
 «Hereditáte possideámus páscua Dei!»

Deus meus, pone illos ut rotam *
 et sicut stípulam ante ventum.
Sicut ignis, qui combúrit silvam, *
 et sicut flamma dévorans montes,
ita persequéris illos in tempestáte tua *
 et in procélla tua turbábis eos.

Imple fácies eórum ignomínia, *
 et quærent nomen tuum, Dómine.
Erubéscant et conturbéntur in sǽculum sǽculi *
 et confundántur et péreant;
et cognóscant quia nomen tibi Dóminus: *
 tu solus Altíssimus super omnem terram.

In Quadragesima Ps 84, 2

Ant. VI f

B Enedixísti, * Dómine, terram tuam. E u o u a e.

PSALMUS 83

DESIDERIUM TEMPLI DOMINI

Non habemus hic manentem civitatem, sed futuram inquirimus (Heb 13, 14).

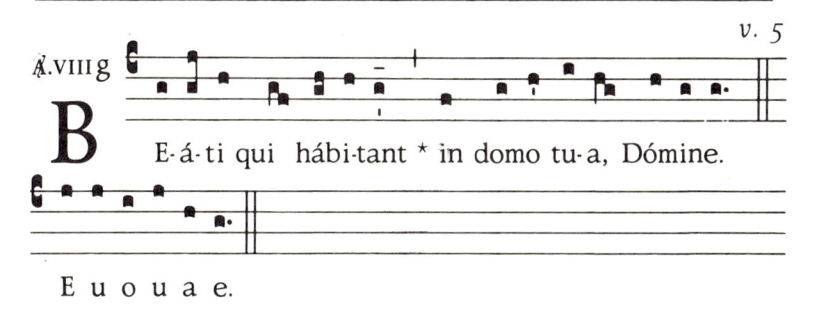

v. 5

Ant. VIII g

B Eáti qui hábitant * in domo tua, Dómine.

E u o u a e.

QUam dilécta tabernácula tua, Dómine virtútum! *
 Concupíscit et déficit ánima mea in átria Dómini.
Cor meum et caro mea *
 exsultavérunt in Deum vivum.

Etenim passer invénit sibi domum, †
 et turtur nidum sibi, ubi ponat pullos suos: *
 altária tua, Dómine virtútum, rex meus et Deus meus.
Beáti qui hábitant in domo tua: *
 in perpétuum laudábunt te.

Beátus vir cuius est auxílium abs te, *
 ascensiónes in corde suo dispósuit.
Transeúntes per vallem sitiéntem in fontem ponent eam, *
 étenim benedictiónibus véstiet eam plúvia matutína.
Ibunt de virtúte in virtútem, *
 vidébitur Deus deórum in Sion.

Dómine Deus virtútum, exáudi oratiónem meam; *
 áuribus pércipe, Deus Iacob.
Protéctor noster áspice, Deus, *
 et réspice in fáciem christi tui.

Quia mélior est dies una in átriis tuis super mília, †
 elégi ad limen esse in domo Dei mei *
 magis quam habitáre in tabernáculis peccatórum.

Quia sol et scutum est Dóminus Deus, †
 grátiam et glóriam dabit Dóminus; *
 non privábit bonis eos qui ámbulant in innocéntia.
Dómine virtútum, *
 beátus homo qui sperat in te.

PSALMUS 84

PROPINQUA EST SALUS NOSTRA

In terram delapso Salvatore nostro, benedixit Deus terram suam (Origenes).

℣. Benedixísti, Dómine, terram tuam, p. *191.*

v. 13

Ant. VIII g

Benigni-tá-tem * fecit Dóminus, et terra nostra

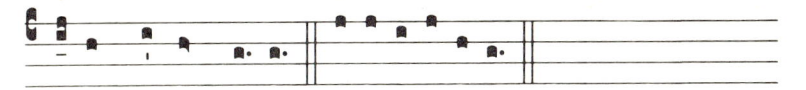

de-dit fructum su- um. E u o u a e.

Complacuísti tibi, Dómine, in terra tua, *
 convertísti captivitátem Iacob.
Remisísti iniquitátem plebis tuæ, *
 operuísti ómnia peccáta eórum.
Contraxísti omnem iram tuam, *
 revertísti a furóre indignatiónis tuæ.

Convérte nos, Deus, salutáris noster, *
 et avérte iram tuam a nobis.
Numquid in ætérnum irascéris nobis *
 aut exténdes iram tuam a generatióne in generatiónem?
Nonne tu convérsus vivificábis nos, *
 et plebs tua lætábitur in te?
Osténde nobis, Dómine, misericórdiam tuam *
 et salutáre tuum da nobis.

Audiam quid loquátur Dóminus Deus, †
 quóniam loquétur pacem
  ad plebem suam et sanctos suos *
 et ad eos qui convertúntur corde.
Vere prope timéntes eum salutáre ipsíus, *
 ut inhábitet glória in terra nostra.
Misericórdia et véritas obviavérunt sibi, *
 iustítia et pax osculátæ sunt.
Véritas de terra orta est, *
 et iustítia de cælo prospéxit.

Etenim Dóminus dabit benignitátem, *
 et terra nostra dabit fructum suum.
Iustítia ante eum ambulábit, *
 et ponet in via gressus suos.

Lectio brevis per annum
Rom 8, 18-21

Non sunt condígnæ passiónes huius témporis ad futúram glóriam, quæ revelánda est in nobis. Nam exspectátio creatúræ revelatiónem filiórum Dei exspéctat; vanitáti enim creatúra subiécta est, non volens sed propter eum qui subiécit,

in spem, quia et ipsa creatúra liberábitur a servitúte corruptiónis in libertátem glóriæ filiórum Dei.
℣. Dómine, ad quem íbimus?
℟. Verba vitæ ætérnæ habes.

In Adventu
℣. Dómine, Deus virtútum, convérte nos.
℟. Et osténde fáciem tuam, et salvi érimus.

In Quadragesima
℣. Qui meditábitur in lege Dómini.
℟. Dabit fructum suum in témpore suo.

Tempore paschali
℣. Deus regenerávit nos in spem vivam, allelúia.
℟. Per resurrectiónem Iesu Christi ex mórtuis, allelúia.

Et reliqua sicut in feria II notatur.

AD LAUDES MATUTINAS

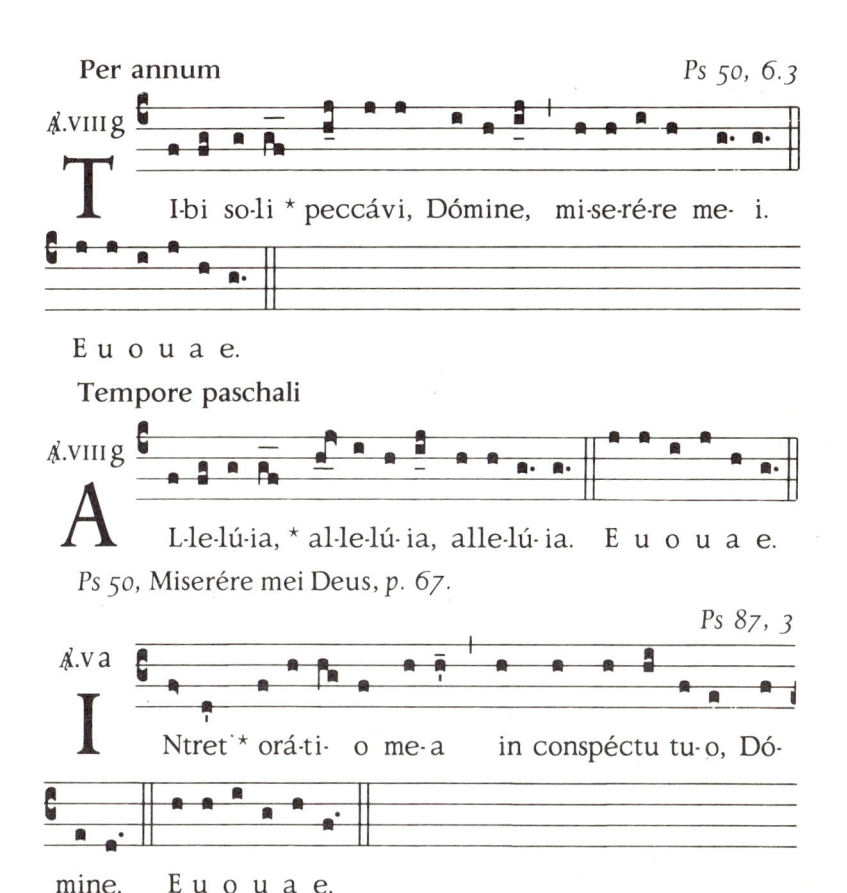

Per annum *Ps 50, 6.3*

Ant. VIII g

TIbi soli * peccávi, Dómine, miserére mei.

E u o u a e.

Tempore paschali

Ant. VIII g

ALlelúia, * allelúia, allelúia. E u o u a e.

Ps 50, Miserére mei Deus, p. 67.

Ps 87, 3

Ant. V a

INtret * orátio mea in conspéctu tuo, Dómine. E u o u a e.

PSALMUS 87

HOMINIS GRAVITER AEGROTANTIS ORATIO

Haec est hora vestra et potestas tenebrarum (Lc 22, 53).

Dómine, Deus salútis meæ, *
 in die clamávi et nocte coram te.
Intret in conspéctu tuo orátio mea; *
 inclína aurem tuam ad precem meam. —

Quia repléta est malis ánima mea, *
 et vita mea inférno appropinquávit.
Æstimátus sum cum descendéntibus in lacum, *
 factus sum sicut homo sine adiutório.
Inter mórtuos liber, *
 sicut vulneráti dormiéntes in sepúlcris;
quorum non es memor ámplius, *
 et ipsi de manu tua abscíssi sunt.

Posuísti me in lacu inferióri, *
 in tenebrósis et in umbra mortis.
Super me gravátus est furor tuus, *
 et omnes fluctus tuos induxísti super me.

Longe fecísti notos meos a me, *
 posuísti me abominatiónem eis;
conclúsus sum et non egrédiar. *
 Oculi mei languérunt præ afflictióne.
Clamávi ad te, Dómine, tota die, *
 expándi ad te manus meas.

Numquid mórtuis fácies mirabília, *
 aut surgent umbræ et confitebúntur tibi?
Numquid narrábit áliquis in sepúlcro misericórdiam tuam *
 et veritátem tuam in loco perditiónis?
Numquid cognoscéntur in ténebris mirabília tua *
 et iustítia tua in terra obliviónis?

Et ego ad te, Dómine, clamávi, *
 et mane orátio mea prævéniet te.
Ut quid, Dómine, repéllis ánimam meam, *
 abscóndis fáciem tuam a me?
Pauper sum ego et móriens a iuventúte mea; *
 portávi pavóres tuos et conturbátus sum.
Super me transiérunt iræ tuæ, *
 et terróres tui excidérunt me.
Circuiérunt me sicut aqua tota die, *
 circumdedérunt me simul.
Elongásti a me amícum et próximum, *
 et noti mei sunt ténebræ.

Ant. VI f **D**Omine, * refú-gi-um factus es nobis. E u o u a e.

Et non repetitur in psalmo.

PSALMUS 89
SIT SPLENDOR DOMINI SUPER NOS

Unus dies apud Dominum sicut mille anni, et mille anni sicut dies unus (2 Pe 3, 8).

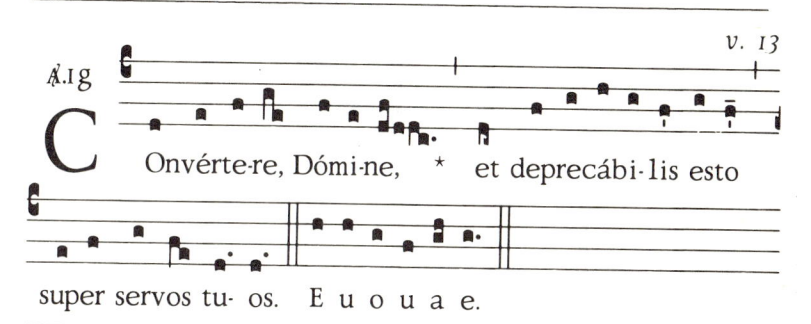

Ant. I g **C**Onvérte-re, Dómi-ne, * et deprecábi-lis esto super servos tu-os. E u o u a e.

DOmine, refúgium factus es nobis *
a generatióne in generatiónem.
Priúsquam montes nasceréntur †
  aut gignerétur terra et orbis, *
  a sǽculo et usque in sǽculum tu es Deus.

Redúcis hóminem in púlverem; *
  et dixísti: «Revertímini, fílii hóminum».
Quóniam mille anni ante óculos tuos
    tamquam dies hestérna, quæ prætériit, *
  et custódia in nocte.

Auferes eos, sómnium erunt: *
  mane sicut herba succréscens,
mane floret et crescit, *
  véspere décidit et aréscit.

Quia defécimus in ira tua *
  et in furóre tuo turbáti sumus.

Posuísti iniquitátes nostras in conspéctu tuo, *
 occúlta nostra in illuminatióne vultus tui.

Quóniam omnes dies nostri evanuérunt in ira tua, *
 consúmpsimus ut suspírium annos nostros.
Dies annórum nostrórum sunt septuagínta anni *
 aut in valéntibus octogínta anni,
et maior pars eórum labor et dolor, *
 quóniam cito tránseunt, et avolámus.
Quis novit potestátem iræ tuæ *
 et secúndum timórem tuum indignatiónem tuam?
Dinumeráre dies nostros sic doce nos, *
 ut inducámus cor ad sapiéntiam.

Convértere, Dómine, úsquequo? *
 Et deprecábilis esto super servos tuos.
Reple nos mane misericórdia tua, *
 et exsultábimus et delectábimur ómnibus diébus nostris.
Lætífica nos pro diébus quibus nos humiliásti, *
 pro annis quibus vídimus mala.

Appáreat servis tuis opus tuum *
 et decor tuus fíliis eórum.
Et sit splendor Dómini Dei nostri super nos, †
 et ópera mánuum nostrárum confírma super nos *
 et opus mánuum nostrárum confírma.

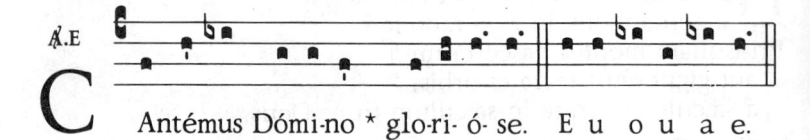

Cantémus Dómino * glorióse. E u o u a e.
 Et non repetitur in cantico.
Tempore paschali omittitur alleluia.

CANTICUM Ex 15, 1-4a.8-13.17-18
HYMNUS VICTORIAE POST TRANSITUM MARIS RUBRI

Qui vicerunt bestiam, cantabant canticum Moysi, servi Dei (cf. Apc 15, 2-3).

Cantémus Dómino: †
 glorióse enim magnificátus est, *
 equum et ascensórem deiécit in mare. —

Canticum Exodi 15

Fortitúdo mea et robur meum Dóminus, *
 et factus est mihi in salútem.
Iste Deus meus, et glorificábo eum; *
 Deus patris mei, et exaltábo eum!
Dóminus quasi vir pugnátor; †
 Iahveh nomen eius! *
 Currus pharaónis et exércitum eius proiécit in mare.

In spíritu furóris tui congregátæ sunt aquæ; †
 stetit ut agger unda fluens, *
 coagulátæ sunt abýssi in médio mari.

Dixit inimícus: «Pérsequar, comprehéndam; *
 dívidam spólia, implébitur ánima mea:
evaginábo gládium meum, *
 interfíciet eos manus mea!»
Flavit spíritus tuus, et opéruit eos mare; *
 submérsi sunt quasi plumbum in aquis veheméntibus.

Quis símilis tui in diis, Dómine? †
 Quis símilis tui, magníficus in sanctitáte, *
 terríbilis atque laudábilis, fáciens mirabília?
Extendísti manum tuam, devorávit eos terra. *
 Dux fuísti in misericórdia tua pópulo, quem redemísti,
et portásti eum in fortitúdine tua *
 ad habitáculum sanctum tuum.

Introdúces eos et plantábis in monte hereditátis tuæ, *
 firmíssimo habitáculo tuo, quod operátus es, Dómine,
sanctuário, Dómine, quod firmavérunt manus tuæ. *
 Dóminus regnábit in ætérnum et ultra!

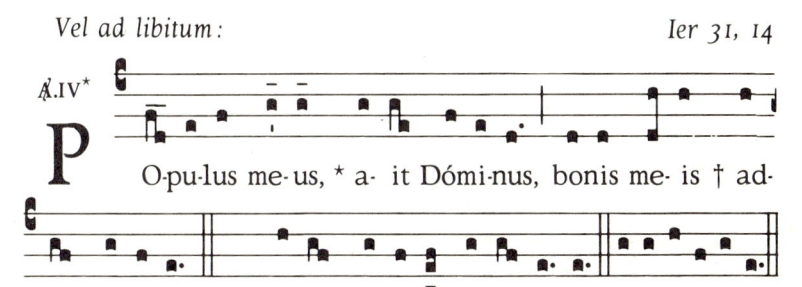

Vel ad libitum: Ier 31, 14

Ꞁ.IV*

POpulus meus, * ait Dóminus, bonis meis † adimplébitur. T. P. † adimplébitur, alle-lú-ia. E u o u a e.

CANTICUM

Ier 31, 10-14

POPULI LIBERATI FELICITAS

Iesus moriturus erat... ut filios Dei, qui erant dispersi, congregaret in unum (Io 11, 51.52).

Audíte verbum Dómini, gentes, *
　et annuntiáte in ínsulis, quæ procul sunt,
et dícite: «Qui dispérsit Israel, congregábit eum *
　et custódiet eum sicut pastor gregem suum».

Redémit enim Dóminus Iacob *
　et liberávit eum de manu potentióris.
Et vénient et laudábunt in monte Sion *
　et cónfluent ad bona Dómini,
super fruménto et vino et óleo *
　et fetu pécorum et armentórum;
erítque ánima eórum quasi hortus irríguus, *
　et ultra non esúrient.

Tunc lætábitur virgo in choro, *
　iúvenes et senes simul.
«Et convértam luctum eórum in gáudium *
　et consolábor eos et lætificábo a dolóre suo.
Et inebriábo ánimam sacerdótum pinguédine, *
　et pópulus meus bonis meis adimplébitur.»

Ps 150, 1

Ant. VI f   IN sanctis eius * laudáte Deum. E u o u a e.

Tempore paschali

Ant. VI f   ALlelúia, * allelúia, allelúia. E u o u a e.

Psalmus Laudáte Dóminum de cælis *cum reliquis, p. 76.*

Feria V ad Laudes

Lectio brevis per annum *Is 66, 1-2*

Hæc dicit Dóminus: Cælum thronus meus, terra autem scabéllum pedum meórum. Quæ ista domus, quam ædificábitis mihi, et quis iste locus quiétis meæ? Omnia hæc manus mea fecit et mea sunt univérsa ista, dicit Dóminus. Ad hunc autem respíciam, ad paupérculum et contrítum spíritu et treméntem sermónes meos.

Ps 118, 145

℟.br.VI Clamávi in toto corde me- o: * Exáudi me, Dómine. ℣. Iusti-fi-ca-ti- ónes tu-as servábo. ℣. Gló-ri- a Patri, et Fí-li- o, et Spi-rí-tu- i Sancto.

vel:

Ps 62, 7-8

℟.br.VI IN matu-tí-nis, Dómi-ne, * Medi-tá-bor de te. ℣. Qui- a factus es adiútor me- us. ℣. Gló-ri- a Patri, et Fí-li- o, et Spi-rí-tu- i Sancto.

HYMNUS

SOL ecce surgit ígneus:
piget, pudéscit, pænitet,
nec teste quisquam lúmine
peccáre constánter potest.

Tandem facéssat cæcitas,
quæ nosmet in præceps diu
lapsos sinístris gréssibus
erróre traxit dévio.

Hæc lux serénum cónferat
purósque nos præstet sibi;
nihil loquámur súbdolum,
volvámus obscúrum nihil.

Sic tota decúrrat dies,
ne lingua mendax, ne manus
oculíve peccent lúbrici,
ne noxa corpus ínquinet.

Speculátor astat désuper,
qui nos diébus ómnibus
actúsque nostros próspicit
a luce prima in vésperum.

Deo Patri sit glória
eiúsque soli Fílio
cum Spíritu Paráclito,
in sempitérna sǽcula. Amen.

℣. Repléti sumus mane misericórdia tua.
℟. Exsultávimus et delectáti sumus.

Ad Benedictus Lc 1, 74.75

Ant. VII a

IN sanctitáte * serviámus Dómino, et liberábit nos ab inimícis nostris. E u o u a e.

vel:

Ant. VII C2

DA sciéntiam * plebi tuæ, Dómine, in remissiónem peccatórum eórum. E u o u a e.

Feria V ad Laudes

Oratio per annum

Omnípotens sempitérne Deus, véspere, mane et merídie maiestátem tuam supplíciter deprecámur, † ut, expúlsis de córdibus nostris peccatórum ténebris, * ad veram lucem, quæ Christus est, nos fácias perveníre. Qui tecum vivit.

Benedictio

Christus, véritas et vita,
   semper nobis benedícat. ℟. Amen.

FERIA SEXTA AD VIGILIAS

Psalmus 3, p. 29,
¶Aɪ *vel psalmus 18, p. 23.*

Ad invitatorium
℟. Dóminum Deum nostrum, veníte adorémus.

HYMNUS

I. Quando Vigiliae dicuntur noctu vel summo mane:

TU, Trinitátis Unitas,
orbem poténter qui regis,
atténde laudum cántica
quæ excubántes psállimus.

Nam léctulo consúrgimus
noctis quiéto témpore,
ut flagitémus vúlnerum
a te medélam ómnium,

Quo, fraude quicquid
dæmonum
in nóctibus delíquimus,
abstérgat illud cælitus
tuæ potéstas glóriæ.

Te corde fido quæsumus,
reple tuo nos lúmine,
per quod diérum círculis
nullis ruámus áctibus.

Præsta, Pater piíssime,
Patríque compar Unice,
cum Spíritu Paráclito
regnans per omne sæculum. Amen.

II. Quando Vigiliae dicuntur diurno tempore:

A Désto, Christe, córdibus,
celsa redémptis cáritas;
infúnde nostris férvidos
fletus, rogámus, vócibus.

Ad te preces, piíssime
Iesu, fide profúndimus;
dimítte, Christe, quæsumus,
factis malum quod fécimus.

Sanctæ crucis signáculo,
tuo sacráto córpore,
defénde nos ut fílios
omnes, rogámus, úndique.

Sit, Christe, rex piíssime,
tibi Patríque glória
cum Spíritu Paráclito,
in sempitérna sæcula. Amen.

IN I NOCTURNO

Per annum

Ps 85, 1

Ant. VII C

Inclína, Dómine, * aurem tu-am mi-hi, et exáudi verba me-a. E u o u a e.

Et non repetitur in psalmo.

Tempore paschali

Ant. VIII g

Alle-lú-ia, * allelú-ia, alle-lú-ia. E u o u a e.

PSALMUS 85

PAUPERIS IN REBUS ADVERSIS ORATIO

Benedictus Deus, qui consolatur nos in omni tribulatione nostra (2 Cor 1, 3.4).

Inclína, Dómine, aurem tuam et exáudi me, *
 quóniam inops et pauper sum ego.
Custódi ánimam meam, quóniam sanctus sum; *
 salvum fac servum tuum, Deus meus, sperántem in te.

Miserére mei, Dómine, *
 quóniam ad te clamávi tota die.
Lætífica ánimam servi tui, *
 quóniam ad te, Dómine, ánimam meam levávi.
Quóniam tu, Dómine, suávis et mitis *
 et multæ misericórdiæ ómnibus invocántibus te.

Auribus pércipe, Dómine, oratiónem meam *
 et inténde voci deprecatiónis meæ.
In die tribulatiónis meæ clamávi ad te, *
 quia exáudies me. —

Non est símilis tui in diis, Dómine, *
 et nihil sicut ópera tua.
Omnes gentes, quascúmque fecísti, vénient †
 et adorábunt coram te, Dómine, *
 et glorificábunt nomen tuum,
quóniam magnus es tu et fáciens mirabília: *
 tu es Deus solus.

Doce me, Dómine, viam tuam, *
 et ingrédiar in veritáte tua;
simplex fac cor meum, *
 ut tímeat nomen tuum.
Confitébor tibi, Dómine Deus meus, in toto corde meo *
 et glorificábo nomen tuum in ætérnum,
quia misericórdia tua magna est super me, *
 et eruísti ánimam meam ex inférno inferióri.

Deus, supérbi insurrexérunt super me, †
 et synagóga poténtium quæsiérunt ánimam meam *
 et non proposuérunt te in conspéctu suo.
Et tu, Dómine, Deus miserátor et miséricors, *
 pátiens et multæ misericórdiæ et veritátis,
réspice in me et miserére mei; †
 da fortitúdinem tuam púero tuo *
 et salvum fac fílium ancíllæ tuæ.

Fac mecum signum in bonum, †
 ut vídeant qui odérunt me, et confundántur, *
 quóniam tu, Dómine, adiuvísti me et consolátus es me.

PSALMUS 86

IERUSALEM OMNIUM GENTIUM MATER

Illa quae sursum est Ierusalem libera est, quae est mater nostra (Gal 4, 26).

Fundaménta e·ius * in món·ti·bus sanctis.

Psalmus 86

E u o u a e.   *Et non repetitur in psalmo.*

v. 3

Ant. VII a

Glori- ó- sa * dic-ta sunt de te, cí- vi-tas De- i.

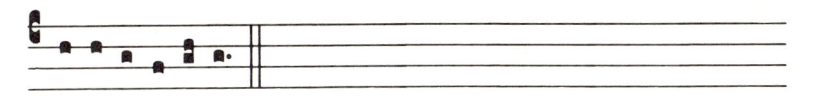

E u o u a e.

FUndaménta eius in móntibus sanctis; †
  díligit Dóminus portas Sion *
  super ómnia tabernácula Iacob.
Gloriósa dicta sunt de te, *
  cívitas Dei!

Memor ero Rahab et Babylónis inter sciéntes me; †
  ecce Philistǽa et Tyrus cum Æthiópia: *
  hi nati sunt illic.
Et de Sion dicétur: «Hic et ille natus est in ea; *
  et ipse firmávit eam Altíssimus».

Dóminus réferet in librum populórum: *
  «Hi nati sunt illic».
Et cantant sicut choros ducéntes: *
  «Omnes fontes mei in te».

Ps 88, 53

Ant. VI f

Benedíctus * Dómi-nus in ætérnum. E u o u a e.

PSALMUS 88

MISERICORDIAE DOMINI SUPER DOMUM DAVID

Deus ex semine David secundum promissionem eduxit Salvatorem Iesum (Act 13, 23).

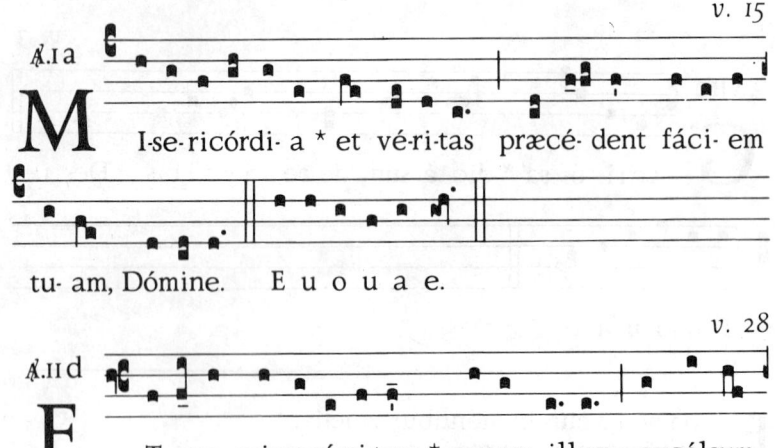

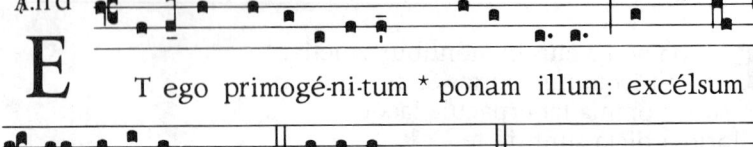

Ant. 1 a — v. 15

MIsericórdia * et véritas præcédent fáciem tuam, Dómine. Euouae.

Ant. II d — v. 28

ET ego primogénitum * ponam illum: excélsum præ régibus terræ. Euouae.

Misericórdias Dómini in ætérnum cantábo, *
in generatiónem et generatiónem
annuntiábo veritátem tuam in ore meo.
Quóniam dixísti: †
«In ætérnum misericórdia ædificábitur», *
in cælis firmábitur véritas tua.

«Dispósui testaméntum elécto meo, *
iurávi David servo meo:
Usque in ætérnum confirmábo semen tuum *
et ædificábo in generatiónem et generatiónem
sedem tuam.»

Confitebúntur cæli mirabília tua, Dómine, *
étenim veritátem tuam in ecclésia sanctórum.

Psalmus 88

Quóniam quis in núbibus æquábitur Dómino,
  símilis erit Dómino in fíliis Dei?
Deus, metuéndus in consílio sanctórum, *
  magnus et terríbilis super omnes qui in circúitu eius sunt.
Dómine Deus virtútum, quis símilis tibi? *
  Potens es, Dómine, et véritas tua in circúitu tuo.
Tu domináris supérbiæ maris, *
  elatiónes flúctuum eius tu mítigas.
Tu conculcásti sicut vulnerátum Rahab, *
  in bráchio virtútis tuæ dispersísti inimícos tuos.

Tui sunt cæli, et tua est terra, *
  orbem terræ et plenitúdinem eius tu fundásti.
Aquilónem et austrum tu creásti, *
  Thabor et Hermon in nómine tuo exsultábunt.
Tibi bráchium cum poténtia; *
  firma est manus tua, et exaltáta déxtera tua.
Iustítia et iudícium firmaméntum sedis tuæ. *
  Misericórdia et véritas præcédent fáciem tuam.

Beátus pópulus qui scit iubilatiónem. *
  Dómine, in lúmine vultus tui ambulábunt
et in nómine tuo exsultábunt tota die *
  et in iustítia tua exaltabúntur,
quóniam decor virtútis eórum tu es, *
  et in beneplácito tuo exaltábitur cornu nostrum.
Quia Dómini est scutum nostrum, *
  et Sancti Israel rex noster.   ¶D

DIVISIO

TUnc locútus es in visióne sanctis tuis et dixísti: †
  «Pósui adiutórium in poténte *
  et exaltávi eléctum de plebe.
Invéni David servum meum; *
  óleo sancto meo unxi eum.
Manus enim mea firma erit cum eo, *
  et bráchium meum confortábit eum.

Nihil profíciet inimícus in eo, *
  et fílius iniquitátis non ópprimet eum.
Et concídam a fácie ipsíus inimícos eius *
  et odiéntes eum percútiam.

Et véritas mea et misericórdia mea cum ipso, *
 et in nómine meo exaltábitur cornu eius.
Et ponam super mare manum eius *
 et super flúmina déxteram eius.

Ipse invocábit me: «Pater meus es tu, *
 Deus meus et refúgium salútis meæ.»
Et ego primogénitum ponam illum, *
 excélsum præ régibus terræ.
In ætérnum servábo illi misericórdiam meam *
 et testaméntum meum fidéle ipsi.
Et ponam in sǽculum sǽculi semen eius *
 et thronum eius sicut dies cæli.

Si autem derelíquerint fílii eius legem meam *
 et in iudíciis meis non ambuláverint,
si iustificatiónes meas profanáverint *
 et mandáta mea non custodíerint,
visitábo in virga delíctum eórum *
 et in verbéribus iniquitátem eórum.

Misericórdiam autem meam non avértam ab eo, *
 neque méntiar in veritáte mea.
Non profanábo testaméntum meum *
 et quæ procédunt de lábiis meis, non fáciam írrita.
Semel iurávi in sancto meo: *
 David non méntiar.
Semen eius in ætérnum manébit, *
 et thronus eius sicut sol in conspéctu meo
et sicut luna firmus stabit in ætérnum *
 et testis in cælo fidélis.»

Tu vero reppulísti et reiecísti, *
 irátus es contra christum tuum;
evertísti testaméntum servi tui, *
 profanásti in terram diadéma eius.
Destruxísti omnes muros eius, *
 posuísti munitiónes eius in ruínas.
Diripuérunt eum omnes transeúntes viam, *
 factus est oppróbrium vicínis suis.

Exaltásti déxteram depriméntium eum, *
 lætificásti omnes inimícos eius.
Avertísti áciem gládii eius *
 et non es auxiliátus ei in bello.

Finem posuísti splendóri eius *
 et sedem eius in terram collisísti.
Minorásti dies iuventútis eius, *
 perfudísti eum confusióne.

Usquequo, Dómine, abscondéris in finem, *
 exardéscet sicut ignis ira tua?
Memoráre quam brevis mea substántia. *
 Ad quam vanitátem creásti omnes fílios hóminum?
Quis est homo qui vivet et non vidébit mortem, *
 éruet ánimam suam de manu ínferi?

Ubi sunt misericórdiæ tuæ antíquæ, Dómine, *
 sicut iurásti David in veritáte tua?
Memor esto, Dómine, oppróbrii servórum tuórum, *
 quod contínui in sinu meo, multárum géntium,
quo exprobravérunt inimíci tui, Dómine, *
 quo exprobravérunt vestígia christi tui.
Benedíctus Dóminus in ætérnum. *
 Fiat, fiat.

Ps 93, 2

Ant. VIII g

EX-altáre * qui iú-dicas terram.   E u o u a e.

Sequens Ps 92 Dóminus regnávit hic praetermittitur, quando dicitur ad Laudes matutinas, eiusque loco dicitur Ps 75 Notus in Iudǽa Deus, p. 223.

PSALMUS 92

MAGNIFICENTIA DOMINI CREATORIS

Regnavit Dominus, Deus noster omnipotens. Gaudeamus et exsultemus et demus gloriam ei (Apc 19, 6. 7).

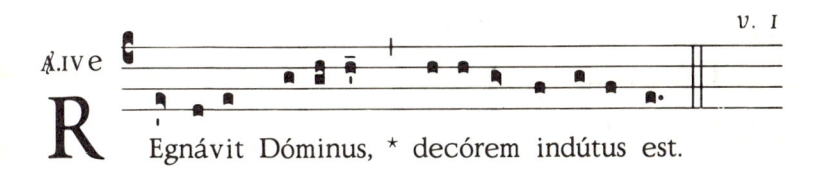

v. 1

Ant. IV e

REgnávit Dóminus, * decórem indútus est.

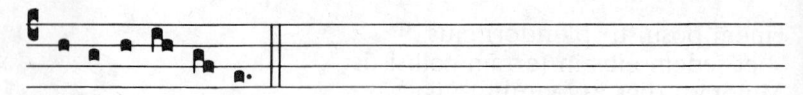

E u o u a e.   *Et non repetitur in psalmo.*

DOminus regnávit! Decórem indútus est; *
    indútus est Dóminus, fortitúdine præcínxit se.
Etenim firmávit orbem terræ, qui non commovébitur. *
    Firmáta sedes tua ex tunc, a sǽculo tu es.

Elevavérunt flúmina, Dómine, †
    elevavérunt flúmina vocem suam, *
    elevavérunt flúmina fragórem suum.
Super voces aquárum multárum, †
    super poténtes elatiónes maris, *
    potens in altis Dóminus.

Testimónia tua credibília facta sunt nimis; *
    domum tuam decet sanctitúdo, Dómine,
        in longitúdinem diérum.

PSALMUS 93
DOMINUS IUSTORUM ULTOR

Vindex est Dominus de his omnibus: non enim vocavit nos Deus in immunditia, sed in sanctificatione (1 Thess 4, 6-7).

℣. Exaltáre, qui iúdicas terram, *ut supra, p. 211.*

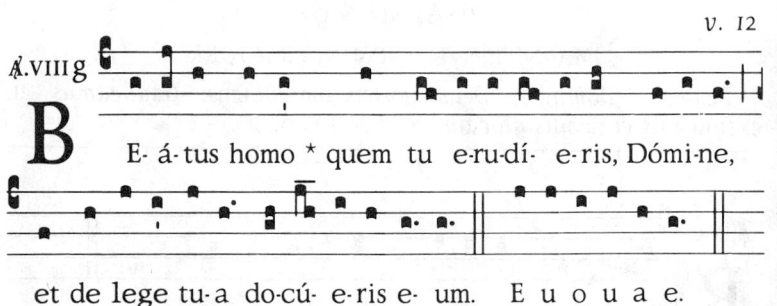

v. 12

Ant. VIII g

BE- á- tus homo * quem tu e-ru-dí- e-ris, Dómi-ne,

et de lege tu-a docú- e-ris e- um.   E u o u a e.

Psalmus 93

Deus ultiónum, Dómine, *
 Deus ultiónum, effúlge.
Exaltáre, qui iúdicas terram, *
 redde retributiónem supérbis.

Usquequo peccatóres, Dómine, *
 úsquequo peccatóres exsultábunt?
Effabúntur et loquéntur protérva, *
 gloriabúntur omnes qui operántur iniquitátem?

Pópulum tuum, Dómine, humíliant *
 et hereditátem tuam vexant.
Víduam et ádvenam interfíciunt *
 et pupíllos occídunt.
Et dixérunt: «Non vidébit Dóminus, *
 nec intélleget Deus Iacob».

Intellégite, insipiéntes in pópulo, *
 et, stulti, quando sapiétis?
Qui plantávit aurem, non áudiet, *
 aut qui finxit óculum, non respíciet?
Qui córripit gentes, non árguet, *
 qui docet hóminem sciéntiam?
Dóminus scit cogitatiónes hóminum *
 quóniam vanæ sunt.

Beátus homo quem tu erudíeris, Dómine, *
 et de lege tua docúeris eum,
ut mítiges ei a diébus malis, *
 donec fodiátur peccatóri fóvea.
Quia non repéllet Dóminus plebem suam *
 et hereditátem suam non derelínquet.
Quia ad iustítiam revertétur iudícium, *
 et sequéntur illam omnes qui recto sunt corde.

Quis consúrget mihi advérsus malignántes, *
 aut quis stabit mecum advérsus operántes iniquitátem?
Nisi quia Dóminus adiúvit me, *
 paulo minus habitásset in loco siléntii ánima mea.
Si dicébam: «Motus est pes meus», *
 misericórdia tua, Dómine, sustentábat me.
In multitúdine sollicitúdinum meárum in corde meo, *
 consolatiónes tuæ lætificavérunt ánimam meam.

Numquid sociábitur tibi sedes iniquitátis, *
 quæ fingit moléstiam contra præcéptum?

Irruunt in ánimam iusti *
    et sánguinem innocéntem condémnant.
Et factus est mihi Dóminus in præsídium *
    et Deus meus in rupem refúgii mei;
et reddet illis iniquitátem ipsórum, †
    et in malítia eórum dispérdet eos, *
    dispérdet illos Dóminus Deus noster.

Per annum

℣. Fili mi, custódi sermónes meos.
℟. Serva mandáta mea et vives.

In Adventu

℣. Vox clamántis in desérto: Paráte viam Dómini.
℟. Rectas fácite sémitas Dei nostri.

In Quadragesima

℣. Respícite ad Dóminum, et illuminámini.
℟. Et fácies vestræ non confundéntur.

Tempore paschali

℣. Mórtuus est propter delícta nostra, allelúia.
℟. Et resurréxit propter iustificatiónem nostram, allelúia.

Postea benedicat abbas:
A cunctis vítiis et peccátis
absólvat nos virtus Sanctæ Trinitátis. ℟. Amen.

Lectio brevis per annum *Sap 1, 6-7*

Spíritus díligens hóminem est sapiéntia, et non absólvet maledicum a lábiis suis, quóniam renum illíus testis est Deus et cordis illíus scrutátor verus et linguæ eius audítor; quóniam spíritus Dómini replévit orbem terrárum, et ipse qui cóntinet ómnia, sciéntiam habet vocis.

Ps 88, 2

℟.br.VI M I-se-ricórdi-as tu-as, Dómi-ne, * In ætérnum cantá-bo. ℣. In gene-ra-ti-óne et progé-ni-e. ℣. Gló-ri-a

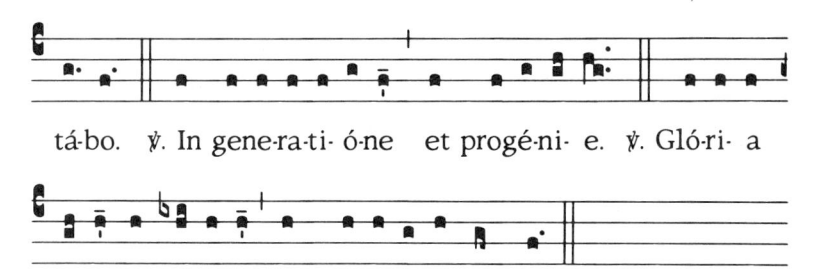

Patri, et Fí-li-o, et Spi-rí-tu-i Sancto.

IN II NOCTURNO

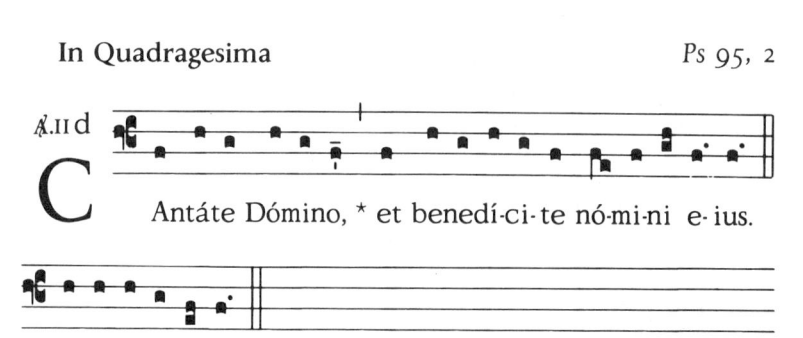

A.E

A L-le-lú-ia, * alle-lú-ia, alle-lú-ia. E u o u a e.

In Quadragesima   Ps 95, 2

A.II d

C Antáte Dómino, * et benedí-ci-te nó-mi-ni e-ius.

E u o u a e.

PSALMUS 95

DOMINUS REX ET IUDEX OMNIS TERRAE

Cantant quasi canticum novum ante thronum in conspectu Agni (cf. Apc 14, 3).

 Æ. II d — Annuntiáte*de di e in di em sa·lu·tá·re e·ius.

E u o u a e.

Cantáte Dómino cánticum novum, *
cantáte Dómino, omnis terra.
Cantáte Dómino, benedícite nómini eius, *
annuntiáte de die in diem salutáre eius.
Annuntiáte inter gentes glóriam eius, *
in ómnibus pópulis mirabília eius.

Quóniam magnus Dóminus et laudábilis nimis, *
terríbilis est super omnes deos.
Quóniam omnes dii géntium inánia, *
Dóminus autem cælos fecit.
Magnificéntia et pulchritúdo in conspéctu eius, *
poténtia et decor in sanctuário eius.

Afférte Dómino, famíliæ populórum, †
afférte Dómino glóriam et poténtiam, *
afférte Dómino glóriam nóminis eius.
Tóllite hóstias et introíte in átria eius, *
adoráte Dóminum in splendóre sancto.
Contremíscite a fácie eius, univérsa terra, *
dícite in géntibus: «Dóminus regnávit!»
Etenim corréxit orbem terræ, qui non commovébitur; *
iudicábit pópulos in æquitáte.

Læténtur cæli et exsúltet terra, †
sonet mare et plenitúdo eius; *
gaudébunt campi et ómnia quæ in eis sunt.

Tunc exsultábunt ómnia ligna silvárum †
 a fácie Dómini, quia venit, *
 quóniam venit iudicáre terram.
Iudicábit orbem terræ in iustítia *
 et pópulos in veritáte sua.

PSALMUS 96

GLORIA DOMINI IN IUDICIO

Hic psalmus salutem mundi significat et fidem omnium gentium in ipsum (S. Athanasius).

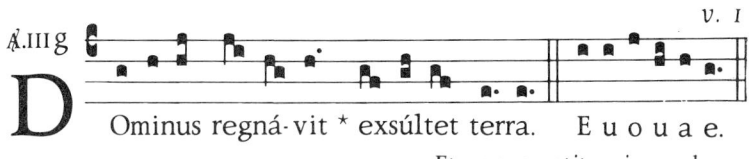

Ant. III g — V. I

DOminus regná-vit * exsúltet terra. E u o u a e.

Et non repetitur in psalmo.

DOminus regnávit! Exsúltet terra, *
 læténtur ínsulæ multæ.
Nubes et calígo in circúitu eius, *
 iustítia et iudícium firmaméntum sedis eius.
Ignis ante ipsum præcédet *
 et inflammábit in circúitu inimícos eius.
Illustrárunt fúlgura eius orbem terræ: *
 vidit et contrémuit terra.
Montes sicut cera fluxérunt a fácie Dómini, *
 a fácie Dómini omnis terra.
Annuntiavérunt cæli iustítiam eius, *
 et vidérunt omnes pópuli glóriam eius.
Confundántur omnes qui adórant sculptília †
 et qui gloriántur in simulácris suis. *
 Adoráte eum, omnes ángeli eius.
Audívit et lætáta est Sion, †
 et exsultavérunt fíliæ Iudæ *
 propter iudícia tua, Dómine.
Quóniam tu Dóminus, Altíssimus super omnem terram, *
 nimis exaltátus es super omnes deos.
Qui dilígitis Dóminum, odíte malum; †
 custódit ipse ánimas sanctórum suórum, *
 de manu peccatóris liberábit eos.

Lux orta est iusto, *
et rectis corde lætítia.
Lætámini, iusti, in Dómino *
et confitémini memóriæ sanctitátis eius.

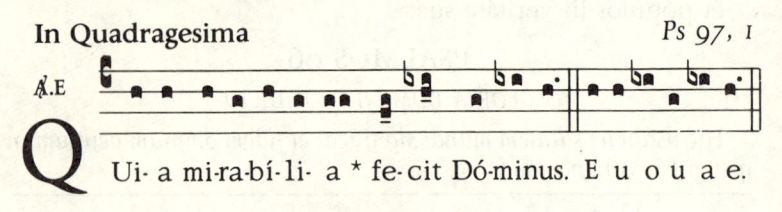

In Quadragesima *Ps 97, 1*

Ant.E

Quia mirabília * fecit Dóminus. E u o u a e.

PSALMUS 97

DOMINUS VICTOR IN IUDICIO

Hic psalmus priorem Domini adventum significat et fidem omnium gentium (S. Athanasius).

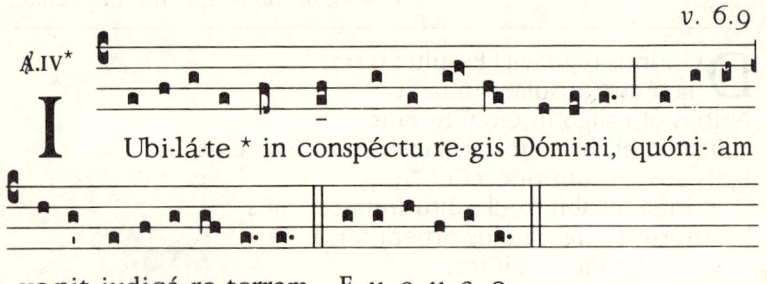

v. 6.9

Ant.IV*

Iubiláte * in conspéctu regis Dómini, quóniam venit iudicáre terram. E u o u a e.

Cantáte Dómino cánticum novum, *
quia mirabília fecit.
Salvávit sibi déxtera eius, *
et bráchium sanctum eius.
Notum fecit Dóminus salutáre suum, *
in conspéctu géntium revelávit iustítiam suam.
Recordátus est misericórdiæ suæ *
et veritátis suæ dómui Israel.
Vidérunt omnes términi terræ *
salutáre Dei nostri.
Iubiláte Deo, omnis terra, *
erúmpite, exsultáte et psállite.

Psállite Dómino in cíthara, *
 in cíthara et voce psalmi;
in tubis ductílibus et voce tubæ córneæ, *
 iubiláte in conspéctu regis Dómini.

Sonet mare et plenitúdo eius, *
 orbis terrárum et qui hábitant in eo.

Flúmina plaudent manu, †
 simul montes exsultábunt a conspéctu Dómini, *
 quóniam venit iudicáre terram.

Iudicábit orbem terrárum in iustítia *
 et pópulos in æquitáte.

PSALMUS 98
SANCTUS DOMINUS DEUS NOSTER

Tu es super cherubim, qui malum statum terrae commutasti, cum ad nostram similitudinem factus es (S. Athanasius).

Ant. VI f — v. 9

EX-al-tá-te * Dóminum De-um nostrum, et adoráte ad montem sanctum e-ius. E u o u a e.

DOminus regnávit! Commoveántur pópuli; *
 sedet super chérubim, moveátur terra.
Dóminus in Sion magnus *
 et excélsus super omnes pópulos.

Confiteántur nómini tuo magno et terríbili, *
 quóniam sanctum est.

Rex potens iudícium díligit: †
 tu statuísti quæ recta sunt, *
 iudícium et iustítiam in Iacob tu fecísti.

Exaltáte Dóminum Deum nostrum †
 et adoráte ad scabéllum pedum eius, *
 quóniam sanctus est. —

Móyses et Aaron in sacerdótibus eius *
  et Sámuel inter eos qui ínvocant nomen eius.
Invocábant Dóminum, et ipse exaudiébat eos, *
  in colúmna nubis loquebátur ad eos.
Custodiébant testimónia eius *
  et præcéptum quod dedit illis.
Dómine Deus noster, tu exaudiébas eos; †
  Deus, tu propítius fuísti eis, *
  ulcíscens autem adinventiónes eórum.
Exaltáte Dóminum Deum nostrum †
  et adoráte ad montem sanctum eius, *
  quóniam sanctus Dóminus Deus noster.

Sequentes antiphona et Ps 99 Iubiláte hic praetermittuntur quando Ps 99 dicitur ad Laudes matutinas, eiusque loco dicuntur antiphona et Ps 91 Bonum est confitéri, p. 224.

In Quadragesima   Ps 99, 2

Ant. IV*

Ubi-lá-te De-o, * omnis ter-ra. E u o u a e.

Et non repetitur in psalmo.

PSALMUS 99
GAUDIUM IN TEMPLUM INGREDIENTIUM

Redemptos iubet Dominus victoriae carmen canere (S. Athanasius).

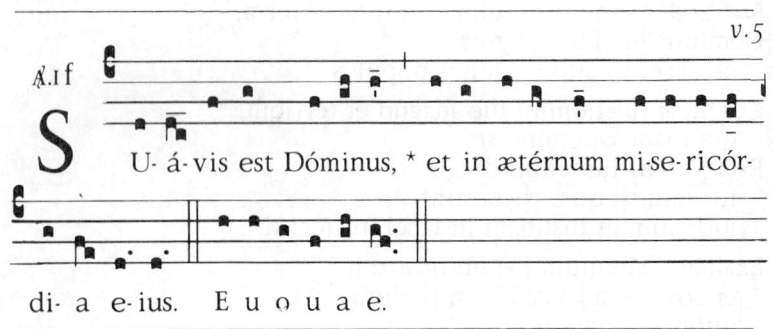

Ant. I f   v. 5

SU-á-vis est Dóminus, * et in ætérnum mi-se-ricór-di-a e-ius. E u o u a e.

Iubiláte Dómino, omnis terra, *
servíte Dómino in lætítia;
introíte in conspéctu eius *
   in exsultatióne.
Scitóte quóniam Dóminus ipse est Deus; †
   ipse fecit nos, et ipsíus sumus, *
   pópulus eius et oves páscuæ eius.
Introíte portas eius in confessióne, †
   átria eius in hymnis, *
   confitémini illi, benedícite nómini eius.
Quóniam suávis est Dóminus; †
   in ætérnum misericórdia eius, *
   et usque in generatiónem et generatiónem véritas eius.

PSALMUS 100

IUSTI PRINCIPIS CONFESSIO

Si diligitis me, mandata mea servabitis (Io 14, 15).

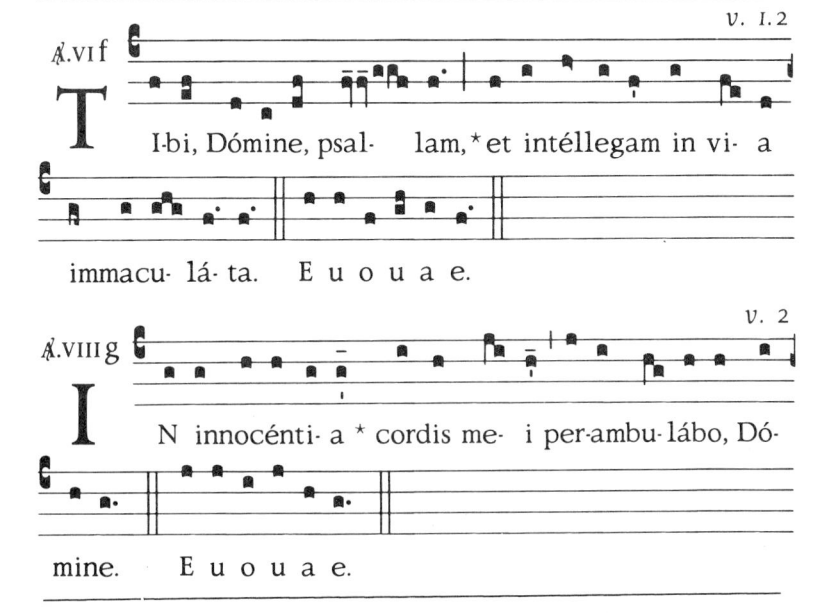

Ant. VI f — v. 1.2

Tibi, Dómine, psallam, * et intéllegam in via immaculáta. E u o u a e.

Ant. VIII g — v. 2

In innocéntia * cordis mei perambulábo, Dómine. E u o u a e.

Misericórdiam et iudícium cantábo; *
tibi, Dómine, psallam.

Intéllegam in via immaculáta; *
   quando vénies ad me?
Perambulábo in innocéntia cordis mei, *
   in médio domus meæ.
Non propónam ante óculos meos rem iniústam, †
   faciéntem prævaricatiónes ódio habébo, *
   non adhærébit mihi.
Cor pravum recédet a me, *
   malígnum non cognóscam.
Detrahéntem secréto próximo suo, *
   hunc cessáre fáciam;
supérbum óculo et inflátum corde, *
   hunc non sustinébo.
Oculi mei ad fidéles terræ, ut sédeant mecum; *
   qui ámbulat in via immaculáta, hic mihi ministrábit.
Non habitábit in médio domus meæ, qui facit supérbiam; *
   qui lóquitur iníqua
      non stabit in conspéctu oculórum meórum.
In matutíno cessáre fáciam omnes peccatóres terræ, *
   ut dispérdam de civitáte Dómini
      omnes operántes iniquitátem.

Lectio brevis per annum   2 Cor 12, 9-10

Libentíssime gloriábor in infirmitátibus meis, ut inhábitet in me virtus Christi. Propter quod pláceo mihi in infirmitátibus, in contuméliis, in necessitátibus, in persecutiónibus et in angústiis pro Christo: cum enim infírmor, tunc potens sum.

℣. Oculi mei defecérunt in desidério salutáris tui.
℟. Et elóquii iustítiæ tuæ.

In Adventu

℣. Véniat super me misericórdia tua, Dómine.
℟. Salutáre tuum, secúndum elóquium tuum.

In Quadragesima

℣. Convertímini ad Dóminum Deum vestrum.
℟. Quia benígnus et miséricors est.

Tempore paschali

℣. Surréxit Christus a mórtuis per glóriam Patris, allelúia.
℟. Ut et nos in novitáte vitæ ambulémus, allelúia.

Et reliqua sicut in feria II notatur.

AD LAUDES MATUTINAS

Per annum *Ps 50, 14*

Ant. 1 a

Spíritu principáli * confírma cor meum, Deus.

E u o u a e.

Tempore paschali

Ant. 1 a

Allelúia, * allelúia, allelúia. E u o u a e.

Ps 50. Miserére mei Deus, p. 67.

Ps 75, 2

Ant. VIII g

In Israel * magnum nomen eius. E u o u a e.

PSALMUS 75
GRATIARUM ACTIO PRO VICTORIA

Videbunt Filium hominis venientem in nubibus caeli (Mt 24, 30).

Notus in Iudǽa Deus, *
 in Israel magnum nomen eius.
Et est in Salem tabernáculum eius, *
 et habitátio eius in Sion.
Ibi confrégit coruscatiónes arcus, *
 scutum, gládium et bellum. —

Illúminans tu, Mirábilis, *
   a móntibus direptiónis.
Spoliáti sunt poténtes corde, †
   dormiérunt somnum suum, *
   et non invenérunt omnes viri fortes manus suas.
Ab increpatióne tua, Deus Iacob, *
   dormitavérunt auríga et equus.
Tu terríbilis es, et quis resístet tibi? *
   Ex tunc ira tua.
De cælo audítum fecísti iudícium; *
   terra trémuit et quiévit,
cum exsúrgeret in iudícium Deus, *
   ut salvos fáceret omnes mansuétos terræ.
Quóniam furor hóminis confitébitur tibi, *
   et relíquiæ furóris diem festum agent tibi.
Vovéte et réddite Dómino Deo vestro; *
   omnes in circúitu eius áfferant múnera Terríbili,
ei qui aufert spíritum príncipum, *
   terríbili apud reges terræ.

Ps 91, 2

Ant. VIII g

BOnum est * confitéri Dómino. E u o u a e.

Et non repetitur in psalmo.

PSALMUS 91
LAUS DOMINI CREATORIS

Laudes enuntiantur pro gestis Unigeniti (S. Athanasius).

v. 16

Ant. II d

REctus Dóminus * Deus noster, et non est iníquitas in eo. E u o u a e.

Psalmus 91

Bonum est confitéri Dómino *
et psállere nómini tuo, Altíssime,
annuntiáre mane misericórdiam tuam *
  et veritátem tuam per noctem,
in decachórdo et psaltério, *
  cum cántico in cíthara.

Quia delectásti me, Dómine, in factúra tua, *
  et in opéribus mánuum tuárum exsultábo.
Quam magnificáta sunt ópera tua, Dómine: *
  nimis profúndæ factæ sunt cogitatiónes tuæ.
Vir insípiens non cognóscet, *
  et stultus non intélleget hæc.
Cum germináverint peccatóres sicut fenum, *
  et florúerint omnes qui operántur iniquitátem,
hoc tamen erit ad intéritum in sǽculum sǽculi; *
  tu autem altíssimus in ætérnum, Dómine.

Quóniam ecce inimíci tui, Dómine, †
  quóniam ecce inimíci tui períbunt, *
  et dispergéntur omnes qui operántur iniquitátem.
Exaltábis sicut unicórnis cornu meum, *
  perfúsus sum óleo úberi.
Et despíciet óculus meus inimícos meos, *
  et in insurgéntibus in me malignántibus
    áudiet auris mea.

Iustus ut palma florébit, *
  sicut cedrus Líbani succréscet.
Plantáti in domo Dómini, *
  in átriis Dei nostri florébunt.
Adhuc fructus dabunt in senécta, *
  úberes et bene viréntes erunt,
ut annúntient quóniam rectus Dóminus,
    refúgium meum, *
  et non est iníquitas in eo.

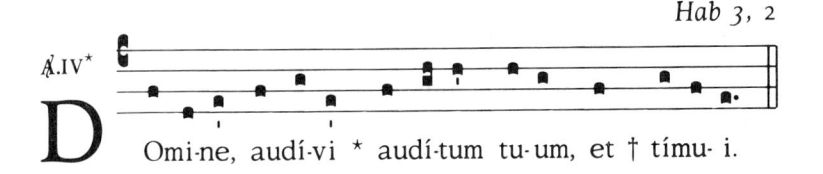

Hab 3, 2

Ā.IV*

Dómine, audívi * audítum tuum, et † tímui.

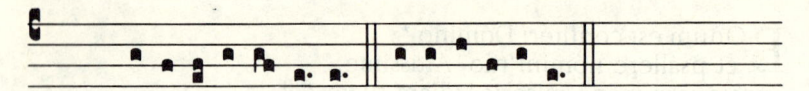

T. P. † tímu- i, alle-lú- ia. E u o u a e.

Et non repetitur in cantico

CANTICUM *Hab 3, 2-4.13a.15-19*
DEUS APPARET AD IUDICANDUM

Levate capita vestra, quoniam appropinquat redemptio vestra *(Lc 21, 28)*.

DOmine, audívi auditiónem tuam *
 et tímui, Dómine, opus tuum.
In médio annórum vivífica illud, †
 in médio annórum notum fácies. *
 Cum irátus fúeris, misericórdiæ recordáberis.
Deus a Theman véniet, *
 et Sanctus de monte Pharan.

Operit cælos glória eius, *
 et laudis eius plena est terra.
Splendor eius ut lux erit, †
 rádii ex mánibus eius: *
 ibi abscóndita est fortitúdo eius.

Egréssus es in salútem pópuli tui, *
 in salútem cum christo tuo.
Viam fecísti in mari equis tuis, *
 in luto aquárum multárum.
Audívi, et conturbátus est venter meus, *
 ad vocem contremuérunt lábia mea.
Ingréditur putrédo in óssibus meis, *
 et subter me vacíllant gressus mei.
Conquiéscam in die tribulatiónis, *
 ut ascéndat super pópulum qui invádit nos.

Ficus enim non florébit, *
 et non erit fructus in víneis;
mentiétur opus olívæ, *
 et arva non ásserent cibum;
abscíssum est de ovíli pecus, *
 et non est arméntum in præsépibus. —

Cantica Habacuc et Isaiae 45

Ego autem in Dómino gaudébo *
 et exsultábo in Deo salvatóre meo.
Dóminus Deus fortitúdo mea, †
 et ponet pedes meos quasi cervórum *
 et super excélsa mea dedúcet me.

Vel ad libitum: Is 45, 26

℣. va

IN Dómino * iusti-ficá-bi-tur, et laudábi-tur omne semen Isra-el. E u o u a e.

CANTICUM   Is 45, 15-26
OMNES GENTES CONVERTANTUR AD DOMINUM

In nomine Iesu omne genu flectatur (Philp 2, 10).

VEre tu es Deus abscónditus, *
 Deus Israel salvátor.
Confúsi sunt et erubuérunt omnes, *
 simul abiérunt in confusiónem fabricatóres idolórum.
Israel salvátus est in Dómino salúte ætérna; *
 non confundémini et non erubescétis
  usque in sæculum sæculi.
Quia hæc dicit Dóminus qui creávit cælos, †
 ipse Deus, qui formávit terram et fecit eam, *
 ipse fundávit eam;
non ut vácua esset, creávit eam, †
 ut habitarétur, formávit eam: *
 «Ego Dóminus, et non est álius.
Non in abscóndito locútus sum, *
 in loco terræ tenebróso;
non dixi sémini Iacob: «Frustra quærite me»; *
 Ego Dóminus loquens iustítiam, annúntians recta.
Congregámini et veníte et accédite simul, *
 qui salváti estis ex géntibus.

Nesciérunt, qui levant lignum sculptúræ suæ *
 et rogant deum non salvántem.
Annuntiáte et veníte et consiliámini simul. *
 Quis audítum fecit hoc ab inítio, ex tunc prædíxit illud?
Numquid non ego Dóminus, †
 et non est ultra Deus absque me? *
 Deus iustus et salvans non est præter me.

Convertímini ad me et salvi éritis, omnes fines terræ, *
 quia ego Deus, et non est álius.

In memetípso iurávi: †
 Egréssa est de ore meo iustítia, *
 verbum, quod non revertétur;
quia mihi curvábitur omne genu, *
 et iurábit omnis lingua.»

«Tantum in Dómino, dicent, sunt iustítiæ et robur!» *
 Ad eum vénient et confundéntur
  omnes qui repúgnant ei:
in Dómino iustificábitur et laudábitur *
 omne semen Israel.

Ps 150, 4

Ant. I f   **I**N týmpano et choro, * in chordis et órgano laudáte Deum. E u o u a e.

Tempore paschali

Ant. I f   **A**Lle-lú-ia, * alle-lú-ia, allelú-ia. E u o u a e.

Psalmus Laudáte Dóminum de cælis *cum reliquis, p. 76.*

Feria VI ad Laudes

Lectio brevis per annum *Eph 4, 29-32*

Omnis sermo malus ex ore vestro non procédat, sed si quis bonus ad ædificatiónem opportunitátis, ut det grátiam audiéntibus. Et nolíte contristáre Spíritum Sanctum Dei, in quo signáti estis in diem redemptiónis. Omnis amaritúdo et ira et indignátio et clamor et blasphémia tollátur a vobis cum omni malítia. Estóte autem ínvicem benígni, misericórdes, donántes ínvicem, sicut et Deus in Christo donávit vobis.

℟.br.VI *Ps 142, 8*

Audítam fac mihi mane * Misericórdiam tuam. ℣. Notam fac mihi viam in qua ámbulem. ℣. Glória Patri, et Fílio, et Spirítui Sancto.

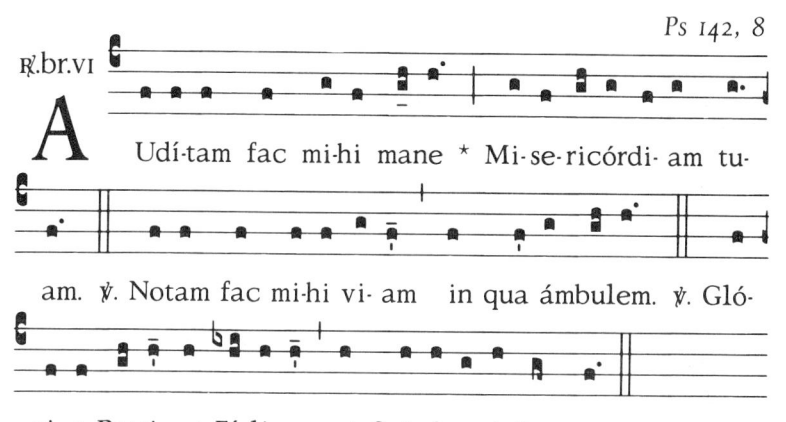

vel:

℟.br.VI *Ps 56, 3-4*

Clamábo ad Dóminum altíssimum,* Qui benefécit mihi. ℣. Mittet de cælo, et liberávit me. ℣. Glória Patri, et Fílio, et Spirítui Sancto.

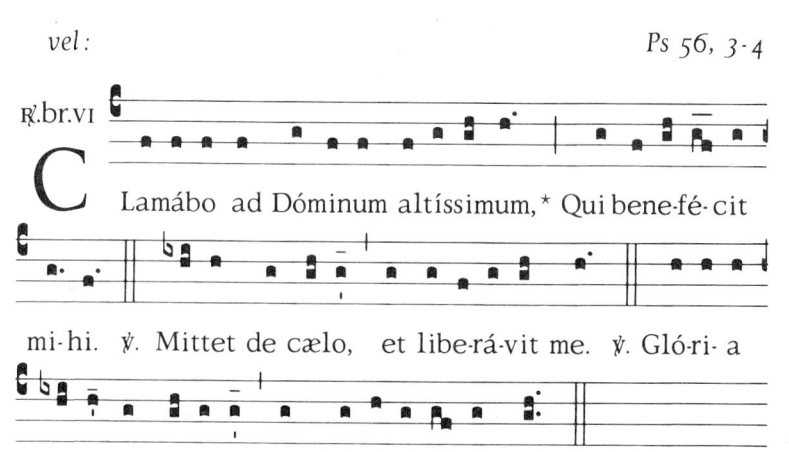

HYMNUS

Æterna cæli glória,
beáta spes mortálium,
celsi Paréntis Unice
castǽque proles Vírginis,

Da déxteram surgéntibus,
exsúrgat et mens sóbria
flagrans et in laudem Dei
grates repéndat débitas.

Ortus refúlget lúcifer
ipsámque lucem núntiat,
cadit calígo nóctium,
lux sancta nos illúminet,

Manénsque nostris sénsibus
noctem repéllat sǽculi
omníque fine témporis
purgáta servet péctora.

Quæsíta iam primum fides
radícet altis sénsibus,
secúnda spes congáudeat;
tunc maior exstat cáritas.

Sit, Christe, rex piíssime,
tibi Patríque glória
cum Spíritu Paráclito,
in sempitérna sǽcula. Amen.

℣. Repléti sumus mane misericórdia tua.
℟. Exsultávimus et delectáti sumus.

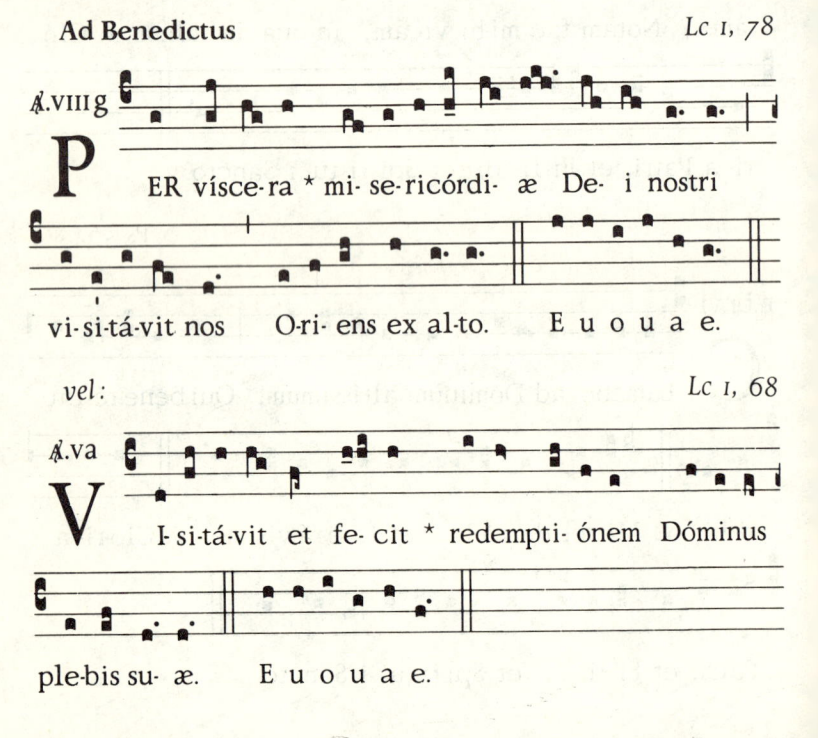

Ad Benedictus Lc 1, 78

Ant. VIII g

PER víscera * mi·se·ricórdi· æ De· i nostri vi·si·tá·vit nos O·ri· ens ex al·to. E u o u a e.

vel: Lc 1, 68

Ant. v a

VI·si·tá·vit et fe· cit * redempti· ónem Dóminus plebis su· æ. E u o u a e.

Oratio per annum

Deus, qui ténebras ignorántiæ Verbi tui luce depéllis, † auge in córdibus nostris virtútem fídei quam dedísti, * ut ignis, quem grátia tua fecit accéndi, nullis tentatiónibus exstinguátur. Per Dóminum.

Benedictio

Cælo nos iungat
 qui mundi crímina purgat. ℟. Amen.

SABBATO AD VIGILIAS

Psalmus 3, p. 29,
¶A1 *vel psalmus 19, p. 25.*

Ad invitatorium
℟. Pópulus Dómini et oves páscuæ eius, veníte adorémus eum.

HYMNUS

I. *Quando Vigiliae dicuntur noctu vel summo mane:*

Summæ Deus cleméntiæ
mundíque factor máchinæ,
qui trinus almo númine
unúsque firmas ómnia,

Nostros piis cum cánticis
fletus benígne súscipe,
quo corde puro sórdibus
te perfruámur lárgius.

Lumbos adúre cóngruis
tu caritátis ígnibus,
accíncti ut adsint pérpetim
tuísque prompti advéntibus,

Ut, quique horas nóctium
nunc concinéndo rúmpimus,
donis beátæ pátriæ
ditémur omnes áffatim.

Præsta, Pater piíssime,
Patríque compar Unice,
cum Spíritu Paráclito
regnans per omne sæculum. Amen.

II. *Quando Vigiliae dicuntur diurno tempore:*

Auctor perénnis glóriæ,
qui septifórmis grátiæ
das Spíritum credéntibus,
assíste mitis ómnibus.

Expélle morbos córporum,
mentis repélle scándalum,
exscínde vires críminum,
fuga dolóres córdium.

Serénas mentes éffice,
opus honéstum pérfice,
preces orántum áccipe,
vitam perénnem tríbue.

Septem diérum cúrsibus
nunc tempus omne dúcitur;
octávus ille últimus
dies erit iudícii,

In quo, Redémptor,
quæsumus,
ne nos in ira árguas,
sed a sinístra líbera,
ad déxteram nos cólloca,

Ut, cum preces suscéperis
clemens tuárum plébium,
reddámus omnes glóriam
trino Deo per sæcula. Amen.

IN I NOCTURNO

Per annum — Ps 101, 2

Ā.E C-Lamor me-us * ad te vé-ni- at, De-us. E u o u a e.

Tempore paschali

Ā.v a A L-le-lú- ia, * alle-lú-ia, alle-lú- ia. E u o u a e.

PSALMUS 101

EXSULIS VOTA ET PRECES

Consolatur nos Deus in omni tribulatione nostra (2 Cor 1, 4).

Dómine, exáudi oratiónem meam, *
et clamor meus ad te véniat.
Non abscóndas fáciem tuam a me; †
in quacúmque die tríbulor, *
inclína ad me aurem tuam.
In quacúmque die invocávero te, *
velóciter exáudi me.

Quia defecérunt sicut fumus dies mei, *
et ossa mea sicut crémium aruérunt.
Percússum est ut fenum et áruit cor meum, *
étenim oblítus sum comédere panem meum.
A voce gémitus mei *
adhǽsit os meum carni meæ.

Símilis factus sum pellicáno solitúdinis, *
factus sum sicut nyctícorax in ruínis.
Vigilávi *
et factus sum sicut passer solitárius in tecto.
Tota die exprobrábant mihi inimíci mei, *
exardescéntes in me per me iurábant.

Quia cínerem tamquam panem manducábam *
et potum meum cum fletu miscébam,

a fácie iræ et increpatiónis tuæ, *
 quia élevans allisísti me.
Dies mei sicut umbra declinavérunt, *
 et ego sicut fenum árui.
Tu autem, Dómine, in ætérnum pérmanes, *
 et memoriále tuum in generatiónem et generatiónem.
Tu exsúrgens miseréberis Sion, †
 quia tempus miseréndi eius, *
 quia venit tempus,
quóniam placuérunt servis tuis lápides eius *
 et púlveris eius miseréntur.
Et timébunt gentes nomen tuum, Dómine, *
 et omnes reges terræ glóriam tuam,
quia ædificávit Dóminus Sion *
 et appáruit in glória sua.
Respéxit in oratiónem ínopum *
 et non sprevit precem eórum.
Scribántur hæc pro generatióne áltera, *
 et pópulus qui creábitur, laudábit Dóminum.
Quia prospéxit de excélso sanctuário suo, *
 Dóminus de cælo in terram aspéxit,
ut audíret gémitus compeditórum, *
 ut sólveret fílios mortis;
ut annúntient in Sion nomen Dómini *
 et laudem eius in Ierúsalem,
cum congregáti fúerint pópuli in unum *
 et regna, ut sérviant Dómino.
Humiliávit in via virtútem meam, *
 abbreviávit dies meos.
Dicam: «Deus meus, †
 ne áuferas me in dimídio diérum meórum; *
 in generatiónem et generatiónem sunt anni tui.
Inítio terram fundásti; *
 et ópera mánuum tuárum sunt cæli.
Ipsi períbunt, tu autem pérmanes; †
 et omnes sicut vestiméntum veteráscent, *
 et sicut opertórium mutábis eos, et mutabúntur.
Tu autem idem ipse es, *
 et anni tui non defícient.
Fílii servórum tuórum habitábunt, *
 et semen eórum in conspéctu tuo firmábitur.»

PSALMUS 102

LAUS MISERENTIS DOMINI

Per viscera misericordiae Dei visitavit nos Oriens ex alto (cf. Lc 1, 78).

℣. Bénedic, ánima mea, Dómino, *ut infra, p. 236.*

Bénedic, ánima mea, Dómino, *
et ómnia quæ intra me sunt, nómini sancto eius.
Bénedic, ánima mea, Dómino, *
et noli oblivísci omnes retributiónes eius.

Qui propitiátur ómnibus iniquitátibus tuis, *
qui sanat omnes infirmitátes tuas;
qui rédimit de intéritu vitam tuam, *
qui corónat te in misericórdia et miseratiónibus;
qui replet in bonis ætátem tuam: *
renovábitur ut áquilæ iuvéntus tua.

Fáciens iustítias Dóminus *
et iudícium ómnibus iniúriam patiéntibus.
Notas fecit vias suas Móysi, *
fíliis Israel adinventiónes suas.

Miserátor et miséricors Dóminus, *
longánimis et multæ misericórdiæ.
Non in perpétuum conténdet, *
neque in ætérnum irascétur.
Non secúndum peccáta nostra fecit nobis, *
neque secúndum iniquitátes nostras retríbuit nobis.

Quóniam, quantum exaltátur cælum a terra, *
præváluit misericórdia eius super timéntes eum;
quantum distat ortus ab occidénte, *
longe fecit a nobis iniquitátes nostras.
Quómodo miserétur pater filiórum, *
misértus est Dóminus timéntibus se.

Quóniam ipse cognóvit figméntum nostrum, *
recordátus est quóniam pulvis sumus.
Homo sicut fenum dies eius, *
tamquam flos agri sic efflorébit.
Spirat ventus in illum, et non subsístet, *
et non cognóscet eum ámplius locus eius.

Misericórdia autem Dómini ab ætérno †
  et usque in ætérnum super timéntes eum; *
  et iustítia illíus in fílios filiórum,
in eos, qui servant testaméntum eius *
  et mémores sunt mandatórum ipsíus ad faciéndum ea.
Dóminus in cælo parávit sedem suam, *
  et regnum ipsíus ómnibus dominábitur.

Benedícite Dómino, omnes ángeli eius, †
  poténtes virtúte, faciéntes verbum illíus *
  in audiéndo vocem sermónum eius.
Benedícite Dómino, omnes virtútes eius, *
  minístri eius, qui fácitis voluntátem eius.
Benedícite Dómino, ómnia ópera eius, †
  in omni loco dominatiónis eius. *
  Bénedic, ánima mea, Dómino.

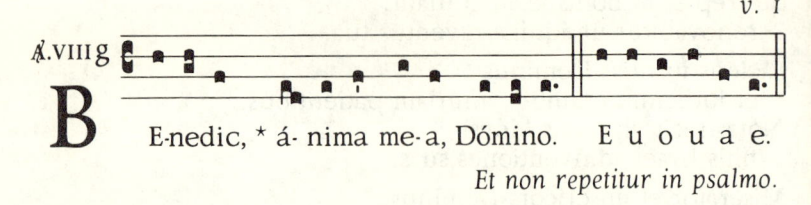

Ant. VIII g

B E-nedic, * á- nima me-a, Dómino. E u o u a e.

Et non repetitur in psalmo.

PSALMUS 103

HYMNUS AD DOMINUM CREATOREM

Si quis ergo in Christo nova creatura; vetera transierunt, ecce, facta sunt nova (2 Cor 5, 17).

Ant. VIII g

D Omi-ne De-us me-us, * magni-fi-cá-tus es vehe-ménter. E u o u a e.

Psalmus 103

Benedic, ánima mea, Dómino. *
Dómine Deus meus, magnificátus es veheménter!
Maiestátem et decórem induísti, *
amíctus lúmine sicut vestiménto.

Exténdens cælum sicut velum, *
qui éxstruis in aquis cenácula tua.
Qui ponis nubem ascénsum tuum, *
qui ámbulas super pennas ventórum.
Qui facis ángelos tuos spíritus *
et minístros tuos ignem uréntem.

Qui fundásti terram super stabilitátem suam, *
non inclinábitur in sǽculum sǽculi.
Abýssus sicut vestiméntum opéruit eam, *
super montes stabant aquæ.
Ab increpatióne tua fúgiunt, *
a voce tonítrui tui formídant.
Ascéndunt in montes et descéndunt in valles, *
in locum quem statuísti eis.
Términum posuísti, quem non transgrediéntur, *
neque converténtur operíre terram.

Qui emíttis fontes in torréntes; *
inter médium móntium pertransíbunt,
potábunt omnes béstias agri, *
exstínguent ónagri sitim suam.
Super ea vólucres cæli habitábunt, *
de médio ramórum dabunt voces.

Rigas montes de cenáculis tuis, *
de fructu óperum tuórum sátias terram.
Prodúcis fenum iuméntis *
et herbam servitúti hóminum,
edúcens panem de terra *
et vinum, quod lætíficat cor hóminis;
exhílarans fáciem in óleo, *
panis autem cor hóminis confírmat.

Saturabúntur ligna Dómini *
et cedri Líbani, quas plantávit.
Illic pásseres nidificábunt, *
eródii domus in vértice eárum.
Montes excélsi cervis, *
petræ refúgium hyrácibus. —

Fecit lunam ad témpora signánda, *
 sol cognóvit occásum suum.
Posuísti ténebras, et facta est nox: *
 in ipsa reptábunt omnes béstiæ silvæ,
cátuli leónum rugiéntes, ut rápiant *
 et quærant a Deo escam sibi.
Oritur sol, et congregántur, *
 et in cubílibus suis recúmbunt.
Exit homo ad opus suum *
 et ad operatiónem suam usque ad vésperum. ¶D

DIVISIO

v. 24

℟.VII a

Quam magni-fi-cá-ta sunt * ó-pe-ra tu-a, Dómi-ne.

E u o u a e. Et non repetitur in psalmo.

Quam multiplicáta sunt ópera tua, Dómine! †
 Omnia in sapiéntia fecísti, *
 impléta est terra creatúra tua.
Hoc mare magnum et spatiósum et latum: †
 illic reptília, quorum non est númerus, *
 animália pusílla cum magnis;
illic naves pertransíbunt, *
 Levíathan, quem formásti ad ludéndum cum eo.
Omnia a te exspéctant, *
 ut des illis escam in témpore suo.
Dante te illis, cólligent, *
 aperiénte te manum tuam, implebúntur bonis.
Averténte autem te fáciem, turbabúntur; †
 áuferes spíritum eórum, et defícient *
 et in púlverem suum reverténtur.
Emíttes spíritum tuum, et creabúntur, *
 et renovábis fáciem terræ. —

Sit glória Dómini in sǽculum; *
 lætétur Dóminus in opéribus suis.
Qui réspicit terram et facit eam trémere, *
 qui tangit montes, et fúmigant.
Cantábo Dómino in vita mea, *
 psallam Deo meo quámdiu sum.
Iucúndum sit ei elóquium meum, *
 ego vero delectábor in Dómino.

Defíciant peccatóres a terra †
 et iníqui, ita ut non sint. *
 Bénedic, ánima mea, Dómino.

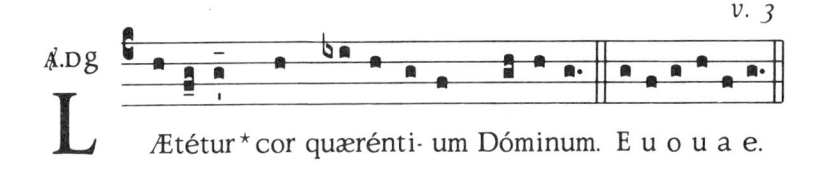

Ant. Dg — Lætétur * cor quæréntium Dóminum. E u o u a e. *v. 3*

PSALMUS 104
DOMINUS PROMISSIONIBUS FIDELIS

Apostoli gentibus manifestant mirabilia Dei in adventu eius (S. Athanasius).

Confitémini Dómino et invocáte nomen eius, *
 annuntiáte inter gentes ópera eius.
Cantáte ei et psállite ei, *
 meditámini in ómnibus mirabílibus eius.
Laudámini in nómine sancto eius, *
 lætétur cor quæréntium Dóminum.

Quǽrite Dóminum et poténtiam eius, *
 quǽrite fáciem eius semper.
Mementóte mirabílium eius, quæ fecit, *
 prodígia eius et iudícia oris eius:
semen Abraham, servi eius, *
 fílii Iacob, elécti eius.

Ipse Dóminus Deus noster; *
 in univérsa terra iudícia eius.
Memor fuit in sǽculum testaménti sui, *
 verbi, quod mandávit in mille generatiónes,

quod dispósuit cum Abraham, *
  et iuraménti sui ad Isaac.

Et státuit illud Iacob in præcéptum *
  et Israel in testaméntum ætérnum
dicens: «Tibi dabo terram Chánaan *
  funículum hereditátis vestræ».
Cum essent número brevi, *
  paucíssimi et peregríni in ea
et pertransírent de gente in gentem *
  et de regno ad pópulum álterum,
non permísit hóminem nocére eis *
  et corrípuit pro eis reges:
«Nolíte tángere christos meos *
  et in prophétis meis nolíte malignári.»

Et vocávit famem super terram *
  et omne báculum panis contrívit.
Misit ante eos virum, *
  in servum venúmdatus est Ioseph.
Strinxérunt in compédibus pedes eius, *
  in ferrum intrávit collum eius,
donec veníret verbum eius, *
  elóquium Dómini purgáret eum.
Misit rex et solvit eum, *
  princeps populórum, et dimísit eum;
constítuit eum dóminum domus suæ *
  et príncipem omnis possessiónis suæ,
ut erudíret príncipes eius sicut semetípsum *
  et senes eius prudéntiam docéret.   ℟D

DIVISIO

Ant. IV e

E- dú-xit De-us * pópu-lum su-um in exsulta-ti-ó-ne, et e-léctos su-os in læ-tí-ti-a. E u o u a e.

v. 43

Psalmus 104

ET intrávit Israel in Ægýptum, *
et Iacob peregrínus fuit in terra Cham.
Et auxit pópulum suum veheménter *
et confortávit eum super inimícos eius.
Convértit cor eórum, ut odírent pópulum eius *
et dolum fácerent in servos eius.
Misit Móysen servum suum, *
Aaron, quem elégit.
Pósuit in eis verba signórum suórum *
et prodigiórum in terra Cham.

Misit ténebras et obscurávit, *
et restitérunt sermónibus eius.
Convértit aquas eórum in sánguinem *
et occídit pisces eórum.
Edidit terra eórum ranas *
in penetrálibus regum ipsórum.
Dixit, et venit cœnomyía *
et scínifes in ómnibus fínibus eórum.
Pósuit plúvias eórum grándinem, *
ignem comburéntem in terra ipsórum.
Et percússit víneas eórum et ficúlneas eórum *
et contrívit lignum fínium eórum.
Dixit, et venit locústa *
et bruchus, cuius non erat númerus,
et comédit omne fenum in terra eórum *
et comédit fructum terræ eórum.
Et percússit omne primogénitum in terra eórum, *
primítias omnis róboris eórum.

Et edúxit eos cum argénto et auro; *
et non erat in tríbubus eórum infírmus.
Lætáta est Ægýptus in profectióne eórum, *
quia incúbuit timor eórum super eos.
Expándit nubem in protectiónem *
et ignem, ut lucéret eis per noctem.

Petiérunt, et venit cotúrnix, *
et pane cæli saturávit eos.
Dirúpit petram, et fluxérunt aquæ, *
abiérunt in sicco flúmina.
Quóniam memor fuit verbi sancti sui *
ad Abraham púerum suum.

Et edúxit pópulum suum in exsultatióne, *
  eléctos suos in lætítia.
Et dedit illis regiónes géntium, *
  et labóres populórum possedérunt,
ut custódiant iustificatiónes eius *
  et leges eius servent.

Per annum
℣. Veníte et vidéte ópera Dómini.
℟. Qui pósuit prodígia super terram.

In Adventu
℣. Audíte verbum Dómini, gentes.
℟. Et annuntiáte illud in fínibus terræ.

In Quadragesima
℣. Ambuláte dum lucem habétis.
℟. Ut non vos ténebræ comprehéndant.

Tempore paschali
℣. Pascha nostrum immolátus est Christus, allelúia.
℟. Itaque epulémur in Dómino, allelúia.

Postea benedicat abbas:
Ad societátem cívium supernórum
perdúcat nos rex angelórum. ℟. Amen.

Lectio biblica cum ℟..

¶ *Vel dici potest in æstate, scilicet a feria II post octavam Paschæ usque ad dominicam I novembris, lectio brevis cum ℟. brevi. Tempore paschali, lectio brevis et ℟. breve in ordinario.*

Lectio brevis per annum
Eccli 12, 2-3

Bénefac iusto et invénies retributiónem magnam et, si non ab ipso, certe a Dómino. Non est enim ei bene qui assíduus est in malis et eleemósynas non dat, quóniam et Altíssimus ódio habet peccatóres et misértus est pæniténtibus.

Ps 101, 2

℟.br.VI

DOmine, exáudi * o-ra-ti-ónem me-am. ℣. Et clamor me-us ad te véni-at. ℣. Gló-ri-a Patri, et Fí-li-o,

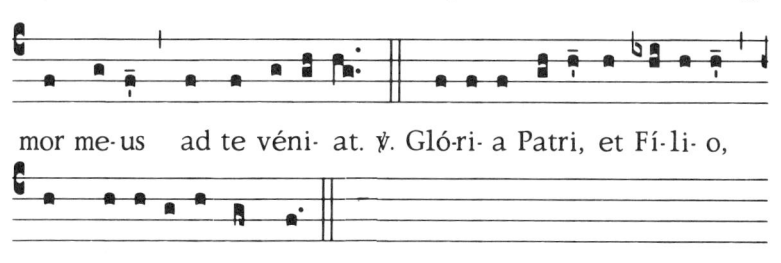

et Spi-rí-tu-i Sancto.

IN II NOCTURNO

Ant. VIII g

A Lle-lú-ia, * alle-lú-ia, alle-lú-ia.   E u o u a e.

In Quadragesima   Ps 105, 4

Ant. E

V I-si-ta nos, Dómine, * in salu-tá-ri tu-o.

E u o u a e.

PSALMUS 105
BONITAS DOMINI ET POPULI INFIDELITAS

Haec scripta sunt ad correptionem nostram, in quos fines saeculorum devenerunt (1 Cor 10, 11).

Confitémini Dómino, quóniam bonus, *
 quóniam in sǽculum misericórdia eius.
Quis loquétur poténtias Dómini, *
 audítas fáciet omnes laudes eius?
Beáti qui custódiunt iudícium *
 et fáciunt iustítiam in omni témpore. —

Meménto nostri, Dómine, in beneplácito pópuli tui, *
 vísita nos in salutári tuo,
ut videámus bona electórum tuórum, †
 ut lætémur in lætítia gentis tuæ, *
 ut gloriémur cum hereditáte tua.
Peccávimus cum pátribus nostris, *
 iniúste égimus, iniquitátem fécimus.
Patres nostri in Ægýpto non intellexérunt mirabília tua, †
 non fuérunt mémores
 multitúdinis misericordiárum tuárum *
 et irritavérunt ascendéntes in mare, mare Rubrum.
Et salvávit eos propter nomen suum, *
 ut notam fáceret poténtiam suam.
Et incrépuit mare Rubrum et exsiccátum est, *
 et dedúxit eos in abýssis sicut in desérto.
Et salvávit eos de manu odiéntis *
 et redémit eos de manu inimíci.
Et opéruit aqua tribulántes eos: *
 unus ex eis non remánsit.
Et credidérunt verbis eius *
 et cantavérunt laudem eius.
Cito oblíti sunt óperum eius *
 et non sustinuérunt consílium eius;
et concupiérunt concupiscéntiam in desérto *
 et tentavérunt Deum in inaquóso.
Et dedit eis petitiónem ipsórum *
 et misit saturitátem in ánimas eórum.
Et zeláti sunt Móysen in castris, *
 Aaron sanctum Dómini.
Apérta est terra et deglutívit Dathan *
 et opéruit super congregatiónem Abíram.
Et exársit ignis in synagóga eórum, *
 flamma combússit peccatóres.
Et fecérunt vítulum in Horeb *
 et adoravérunt scúlptile;
et mutavérunt glóriam suam *
 in similitúdinem tauri comedéntis fenum.
Oblíti sunt Deum, qui salvávit eos, *
 qui fecit magnália in Ægýpto,
mirabília in terra Cham, *
 terribília in mari Rubro.

Et dixit quia dispérderet eos, *
 nisi affuísset Móyses eléctus eius:
stetit in confractióne in conspéctu eius, *
 ut avérteret iram eius, ne destrúeret eos.
Et pro níhilo habuérunt terram desiderábilem, *
 non credidérunt verbo eius.
Et murmuravérunt in tabernáculis suis, *
 non exaudiérunt vocem Dómini.
Et elevávit manum suam super eos, *
 ut prostérneret eos in desérto
et ut deíceret semen eórum in natiónibus *
 et dispérgeret eos in regiónibus.
Et adhæsérunt Baálphegor *
 et comedérunt sacrifícia mortuórum;
et irritavérunt eum in adinventiónibus suis, *
 et irrúpit in eos ruína.
Et stetit Phínees et fecit iudícium, *
 et cessávit quassátio,
et reputátum est ei in iustítiam, *
 in generatiónem et generatiónem usque in sempitérnum.
                                                                        ¶D

DIVISIO

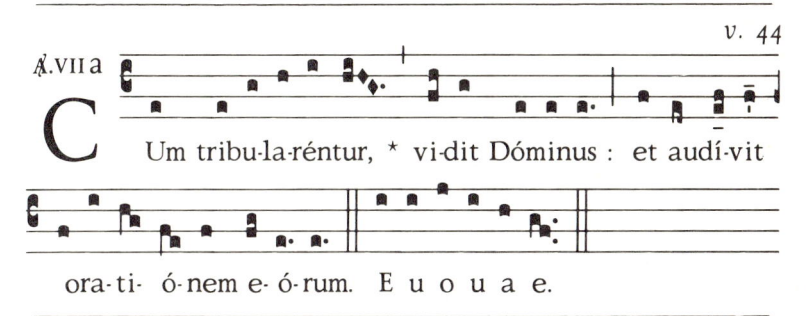

v. 44

Ant. VII a

Cum tribu-la-réntur, * vi-dit Dóminus: et audí-vit ora-ti- ó-nem e- ó-rum. E u o u a e.

ET irritavérunt eum ad aquas Meríba, *
 et vexátus est Móyses propter eos,
quia exacerbavérunt spíritum eius, *
 et témere locútus est in lábiis suis.
Non disperdidérunt gentes, *
 quas dixit Dóminus illis.

Et commíxti sunt inter gentes *
  et didicérunt ópera eórum.
Et serviérunt sculptílibus eórum, *
  et factum est illis in scándalum.
Et immolavérunt fílios suos *
  et fílias suas dæmóniis.
Et effudérunt sánguinem innocéntem, †
  sánguinem filiórum suórum et filiárum suárum, *
  quas sacrificavérunt sculptílibus Chánaan.
Et infécta est terra in sanguínibus, †
  et contamináti sunt in opéribus suis *
  et fornicáti sunt in adinventiónibus suis.
Et exársit ira Dóminus in pópulum suum *
  et abominátus est hereditátem suam
et trádidit eos in manus géntium, *
  et domináti sunt eórum qui odérunt eos.
Et tribulavérunt eos inimíci eórum, *
  et humiliáti sunt sub mánibus eórum.
Sæpe liberávit eos; †
  ipsi autem exacerbavérunt eum in consílio suo *
  et corruérunt in iniquitátibus suis.
Et vidit tribulatiónem eórum, *
  cum audívit clamórem eórum.
Et memor fuit testaménti sui *
  et pænítuit eum
    secúndum multitúdinem misericórdiæ suæ.
Et dedit eos in miseratiónes *
  in conspéctu ómnium qui captívos dúxerant eos.
Salvos nos fac, Dómine Deus noster, *
  et cóngrega nos de natiónibus,
ut confiteámur nómini sancto tuo *
  et gloriémur in laude tua.
Benedíctus Dóminus Deus Israel †
  a sǽculo et usque in sǽculum. *
  Et dicet omnis pópulus: «Fiat, fiat».

In Quadragesima Ps 24, 17

℟.va

DE necessi-tá-ti-bus me- is * é-ripe me, Dómine.

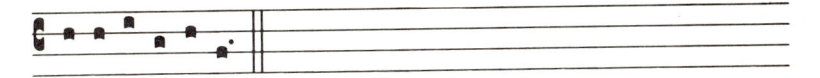

E u o u a e.

PSALMUS 106

PRO LIBERATIONE GRATIARUM ACTIO

Verbum misit Deus filiis Israel, annuntians pacem per Iesum Christum (Act 10, 36).

Ã.E Confiteántur Dómino * misericórdiæ eius.

E u o u a e.

Confitémini Dómino, quóniam bonus, *
  quóniam in sǽculum misericórdia eius.
Dicant, qui redémpti sunt a Dómino, *
  quos redémit de manu adversárii,
et de regiónibus congregávit eos, †
  a solis ortu et occásu, *
  ab aquilóne et mari.

Erravérunt in solitúdine, in inaquóso, *
  viam civitátis habitatiónis non invenérunt.
Esuriéntes et sitiéntes, *
  ánima eórum in ipsis defécit.
Et clamavérunt ad Dóminum, cum tribularéntur, *
  et de necessitátibus eórum erípuit eos.
Et dedúxit eos in viam rectam, *
  ut irent in civitátem habitatiónis.
Confiteántur Dómino propter misericórdiam eius *
  et mirabília eius in fílios hóminum,
quia satiávit ánimam sitiéntem *
  et ánimam esuriéntem replévit bonis. —

Sedéntes in ténebris et umbra mortis, *
  vincti in mendicitáte et ferro,
quia exacerbavérunt elóquia Dei *
  et consílium Altíssimi sprevérunt.
Et humiliávit in labóribus cor eórum, *
  infirmáti sunt, nec fuit qui adiuváret.
Et clamavérunt ad Dóminum, cum tribularéntur, *
  et de necessitátibus eórum liberávit eos.
Et edúxit eos de ténebris et umbra mortis *
  et víncula eórum dirúpit.
Confiteántur Dómino propter misericórdiam eius *
  et mirabília eius in fílios hóminum,
quia contrívit portas ǽreas *
  et vectes férreos confrégit.
Stulti facti sunt in via iniquitátis suæ *
  et propter iniustítias suas afflícti sunt;
omnem escam abomináta est ánima eórum, *
  et appropinquavérunt usque ad portas mortis.
Et clamavérunt ad Dóminum, cum tribularéntur, *
  et de necessitátibus eórum liberávit eos.
Misit verbum suum et sanávit eos *
  et erípuit eos de interitiónibus eórum.
Confiteántur Dómino propter misericórdiam eius *
  et mirabília eius in fílios hóminum,
et sacríficent sacrifícium laudis *
  et annúntient ópera eius in exsultatióne.   ¶D

DIVISIO

Ā.III a 2   v. 24

I-psi vidérunt * ópera Dei, et mirabília eius Euouae.

QUI descéndunt mare in návibus, *
  faciéntes operatiónem in aquis multis,

ipsi vidérunt ópera Dómini *
 et mirabília eius in profúndo.
Dixit et excitávit spíritum procéllæ, *
 et exaltáti sunt fluctus eius.
Ascéndunt usque ad cælos †
 et descéndunt usque ad abýssos; *
 ánima eórum in malis tabescébat.
Turbáti sunt et moti sunt sicut ébrius, *
 et omnis sapiéntia eórum devoráta est.
Et clamavérunt ad Dóminum, cum tribularéntur, *
 et de necessitátibus eórum edúxit eos.
Et státuit procéllam eius in auram, *
 et tacuérunt fluctus eius.
Et lætáti sunt quia siluérunt, *
 et dedúxit eos in portum voluntátis eórum.
Confiteántur Dómino propter misericórdiam eius *
 et mirabília eius in fílios hóminum,
et exáltent eum in ecclésia plebis *
 et in convéntu seniórum laudent eum.
Pósuit flúmina in desértum *
 et éxitus aquárum in sitim,
terram fructíferam in salsúginem *
 a malítia inhabitántium in ea.
Pósuit desértum in stagna aquárum *
 et terram sine aqua in éxitus aquárum.

Et collocávit illic esuriéntes, *
 et constituérunt civitátem habitatiónis.
Et seminavérunt agros et plantavérunt víneas *
 et fecérunt fructum in provéntum suum.
Et benedíxit eis, et multiplicáti sunt nimis, *
 et iuménta eórum non minorávit.
Et pauci facti sunt et vexáti sunt *
 a tribulatióne malórum et dolóre.

Effúdit contemptiónem super príncipes *
 et erráre fecit eos in desérto ínvio.
Et suscépit páuperem de inópia *
 et pósuit sicut oves famílias.
Vidébunt recti et lætabúntur *
 et omnis iníquitas oppilábit os suum.
Quis sápiens, et custódiet hæc *
 et intélleget misericórdias Dómini?

In Quadragesima

Ps 108, 30

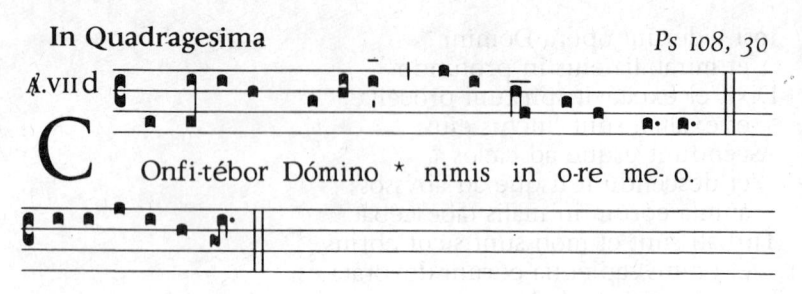

Ant. VII d

Confitébor Dómino * nimis in ore meo.

E u o u a e.

PSALMUS 107

LAUS DOMINI ET IMPLORATIO AUXILII

Quia exaltatus est super caelos Dei Filius, super omnem terram eius gloria praedicatur (Arnobius).

v. 4.5

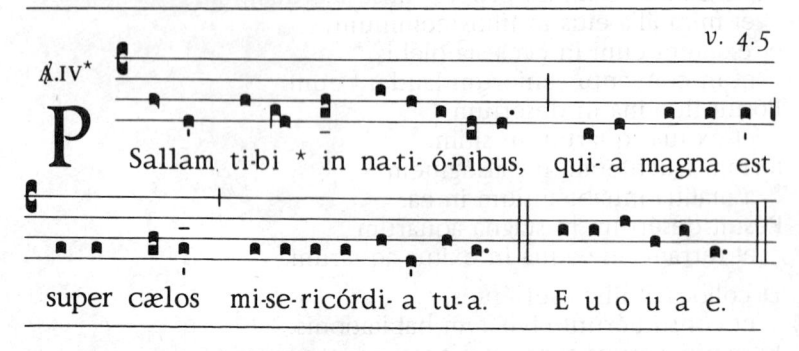

Ant. IV *

PSallam tibi * in natiónibus, quia magna est super cælos misericórdia tua. E u o u a e.

Arátum cor meum, Deus, †
  parátum cor meum, *
cantábo et psallam. Euge, glória mea!
Exsúrge, psaltérium et cíthara, *
  excitábo auróram.

Confitébor tibi in pópulis, Dómine, *
  et psallam tibi in natiónibus,
quia magna est usque ad cælos misericórdia tua *
  et usque ad nubes véritas tua.
Exaltáre super cælos, Deus, *
  et super omnem terram glória tua.
Ut liberéntur dilécti tui, *
  salvum fac déxtera tua et exáudi me.—

Deus locútus est in sancto suo: †
 «Exsultábo et dívidam Síchimam *
 et convállem Succoth dimétiar;
meus est Gálaad et meus est Manásses †
 et Ephraim fortitúdo cápitis mei, *
 Iuda sceptrum meum.
Moab lebes lavácri mei; †
 super Idumǽam exténdam calceaméntum meum, *
 super Philistǽam vociferábor.»
Quis dedúcet me in civitátem munítam? *
 Quis dedúcet me usque in Idumǽam?
Nonne, Deus, qui reppulísti nos? *
 Et non exíbis, Deus, in virtútibus nostris?
Da nobis auxílium de tribulatióne, *
 quia vana salus hóminis.
In Deo faciémus virtútem, *
 et ipse conculcábit inimícos nostros.

PSALMUS 108

CONTRA PERFIDOS INIMICOS

Ego autem dico vobis: Diligite inimicos vestros... et orate pro persequentibus vos (Mt 5, 44).

Ant. 1 g — NE tacú-e-ris, De-us,* qui-a sermónibus ó-di-i circumdedé-runt me. E u o u a e.

℟. Confitébor Dómino, *ut supra, p. 250.*

DEus laudis meæ, ne tacúeris, *
 quia os peccatóris et os dolósi super me apértum est.
Locúti sunt advérsum me lingua dolósa †
 et sermónibus ódii circumdedérunt me *
 et expugnavérunt me gratis.

Pro dilectióne mea adversabántur mihi; *
    ego autem orábam.
Et posuérunt advérsum me mala pro bonis *
    et ódium pro dilectióne mea.

Constítue super eum peccatórem, *
    et adversárius stet a dextris eius.
Cum iudicátur, éxeat condemnátus, *
    et orátio eius fiat in peccátum.
Fiant dies eius pauci, *
    et ministérium eius accípiat alter.
Fiant fílii eius órphani, *
    et uxor eius vídua.
Instábiles vagéntur fílii eius et mendícent *
    et eiciántur de ruínis suis.

Scrutétur fenerátor omnem substántiam eius, *
    et dirípiant aliéni labóres eius.
Non sit qui præbeat illi misericórdiam, *
    nec sit qui misereátur pupíllis eius.
Fiant nati eius in intéritum, *
    in generatióne una deleátur nomen eórum.
In memóriam rédeat iníquitas patrum eius
        in conspéctu Dómini, *
    et peccátum matris eius non deleátur.
Fiant contra Dóminum semper, *
    et dispérdat de terra memóriam eórum.

Pro eo quod non est recordátus fácere misericórdiam, †
    et persecútus est hóminem ínopem et mendícum *
    et compúnctum corde, ut mortificáret.
Et diléxit maledictiónem: et véniat ei; *
    et nóluit benedictiónem: et elongétur ab eo.
Et índuit maledictiónem sicut vestiméntum: †
    et intret sicut aqua in interióra eius *
    et sicut óleum in ossa eius.
Fiat ei sicut induméntum, quo operítur, *
    et sicut zona, qua semper præcíngitur.
Hæc retribútio eórum
        qui adversántur mihi apud Dóminum, *
    et qui loquúntur mala advérsus ánimam meam. ¶D

Et tu, Dómine, Dómine, fac mecum propter nomen tuum, *
    quia suávis est misericórdia tua;

líbera me, quia egénus et pauper ego sum, *
et cor meum vulnerátum est intra me.
Sicut umbra, cum declínat, pertránsii, *
excússus sum sicut locústæ.
Génua mea infirmáta sunt ieiúnio, *
et caro mea contábuit absque óleo.
Et ego factus sum oppróbrium illis: *
vidérunt me et movérunt cápita sua.
Adiuva me, Dómine Deus meus, *
salvum me fac secúndum misericórdiam tuam.
Et sciant quia manus tua hæc: *
tu, Dómine, hoc fecísti.
Maledícant illi, et tu benedícas; †
qui insúrgunt in me, confundántur, *
servus autem tuus lætábitur.
Induántur, qui détrahunt mihi, pudóre *
et operiántur sicut diplóide confusióne sua.
Confitébor Dómino nimis in ore meo *
et in médio multórum laudábo eum,
quia ástitit a dextris páuperis, *
ut salvam fáceret a iudicántibus ánimam eius.

Lectio brevis per annum 2 Pe 3, 13-14

Novos cælos et terram novam secúndum promíssum Dómini exspectámus, in quibus iustítia hábitat. Propter quod, caríssimi, hæc exspectántes satágite immaculáti et invioláti ei inveníri in pace et Dómini nostri longanimitátem salútem arbitrámini.

℣. Vias tuas, Dómine, demónstra mihi.
℟. Et sémitas tuas édoce me.

In Adventu
℣. Annúntiat Dóminus verbum suum Iacob.
℟. Iustítias et iudícia sua Israel.

In Quadragesima
℣. Qui facit veritátem, venit ad lucem.
℟. Ut manifesténtur ópera eius.

Tempore paschali
℣. Expurgáte vetus ferméntum, allelúia.
℟. Ut sitis nova conspársio, allelúia.

Et reliqua sicut in feria II notatur.

AD LAUDES MATUTINAS

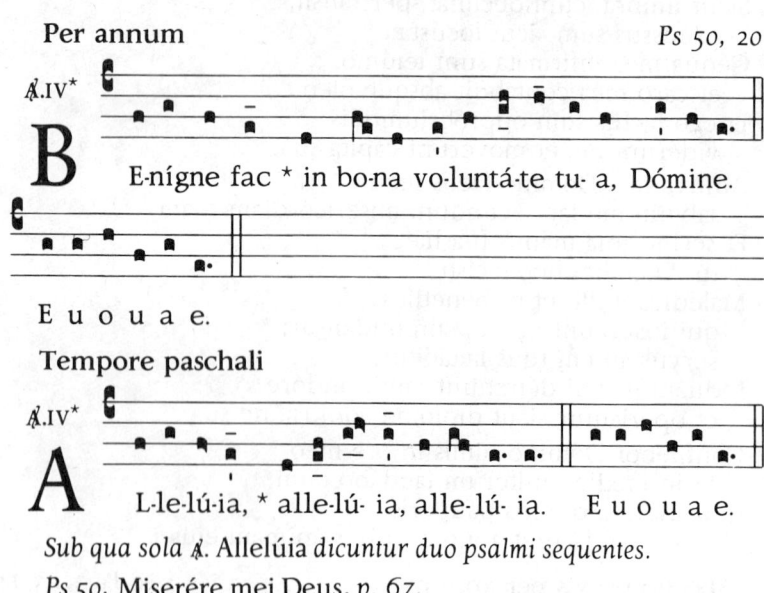

Per annum *Ps 50, 20*

Ant. IV*

Benígne fac * in bona voluntáte tua, Dómine.

E u o u a e.

Tempore paschali

Ant. IV*

Allelúia, * allelúia, allelúia.   E u o u a e.

Sub qua sola Ant. Allelúia dicuntur duo psalmi sequentes.

Ps 50, Miserére mei Deus, p. 67.

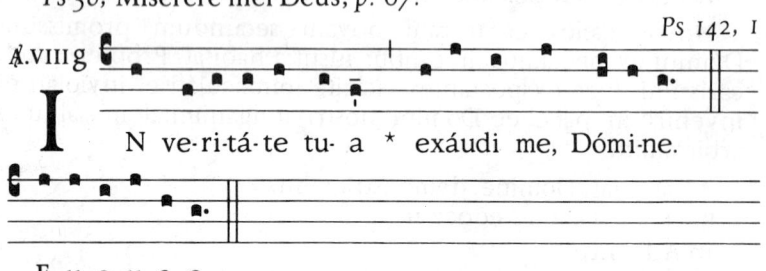

Ant. VIII g *Ps 142, 1*

In veritáte tua * exáudi me, Dómine.

E u o u a e.

PSALMUS 142
IN ANGUSTIIS ORATIO

Non iustificatur homo ex operibus legis nisi per fidem Iesu Christi (Gal 2, 16).

Dómine, exáudi oratiónem meam, †
  áuribus pércipe obsecratiónem meam in veritáte tua; *
exáudi me in tua iustítia.

Et non intres in iudícium cum servo tuo, *
 quia non iustificábitur in conspéctu tuo omnis vivens.

Quia persecútus est inimícus ánimam meam, †
 contrívit in terra vitam meam, *
 collocávit me in obscúris sicut mórtuos a sǽculo.
Et anxiátus est in me spíritus meus, *
 in médio mei obríguit cor meum.
Memor fui diérum antiquórum, †
 meditátus sum in ómnibus opéribus tuis, *
 in factis mánuum tuárum recogitábam.
Expándi manus meas ad te, *
 ánima mea sicut terra sine aqua tibi.

Velóciter exáudi me, Dómine; *
 defécit spíritus meus.
Non abscóndas fáciem tuam a me, *
 ne símilis fiam descendéntibus in lacum.
Audítam fac mihi mane misericórdiam tuam, *
 quia in te sperávi.
Notam fac mihi viam in qua ámbulem, *
 quia ad te levávi ánimam meam.
Eripe me de inimícis meis, *
 Dómine, ad te confúgi.
Doce me fácere voluntátem tuam, *
 quia Deus meus es tu.

Spíritus tuus bonus dedúcet me in terram rectam; *
 propter nomen tuum, Dómine, vivificábis me.
In iustítia tua edúces de tribulatióne ánimam meam *
 et in misericórdia tua dispérdes inimícos meos;
et perdes omnes qui tríbulant ánimam meam, *
 quóniam ego servus tuus sum.

Ant. vi f   Dt 32, 3
Date magnitúdinem * Deo nostro. E u o u a e.

Tempore paschali omittitur allelúia.

CANTICUM
Dt 32, 1-12

DEI BENEFICIA IN POPULUM

Quotiens volui congregare filios tuos, quemadmodum gallina congregat pullos suos sub alas (Mt 23, 37).

Audíte, cæli, quæ loquor, *
áudiat terra verba oris mei!
Stillet ut plúvia doctrína mea, *
fluat ut ros elóquium meum
quasi imber super herbam *
et quasi stillæ super grámina.
Quia nomen Dómini invocábo: *
date magnificéntiam Deo nostro!

Petra, perfécta sunt ópera eius, *
quia omnes viæ eius iustítia.
Deus fidélis et absque ulla iniquitáte, *
iustus et rectus.

Peccavérunt ei, non fílii eius in sórdibus suis, *
generátio prava atque pervérsa.
Hǽccine rédditis Dómino, *
pópule stulte et insípiens?
Numquid non ipse est pater tuus, qui possédit te, *
ipse fecit et stabilívit te?

DIVISIO

Eménto diérum antiquórum, *
cógita generatiónes síngulas;
intérroga patrem tuum, et annuntiábit tibi, *
maióres tuos, et dicent tibi.

Quando dividébat Altíssimus gentes, *
quando separábat fílios Adam,
constítuit términos populórum *
iuxta númerum filiórum Israel;
pars autem Dómini pópulus eius, *
Iacob funículus hereditátis eius.

Invénit eum in terra desérta, *
in loco horróris et ululátu solitúdinis;
circúmdedit eum et atténdit *
et custodívit quasi pupíllam óculi sui.

Sicut áquila próvocans ad volándum pullos suos *
 et super eos vólitans
expándit alas suas et assúmpsit eum *
 atque portávit super pennas suas.
Dóminus solus dux eius fuit, *
 et non erat cum eo deus aliénus.

Vel ad libitum: Eccli 36, 1

O -sténde * nobis, Dómi-ne, lu-cem mi-se-ra-ti- ó-num tu- á-rum. E u o u a e.

CANTICUM Eccli 36, 1-7.13-16
SUPPLICATIO PRO SANCTA CIVITATE IERUSALEM

Haec est vita aeterna, ut cognoscant te, solum Deum verum, et quem misisti Iesum Christum (Io 17, 3).

Miserére nostri, Deus ómnium, et réspice nos *
 et osténde nobis lucem miseratiónum tuárum;
et immítte timórem tuum super gentes, *
 quæ non exquisiérunt te,
ut cognóscant quia non est Deus nisi tu, *
 et enárrent magnália tua.

Alleva manum tuam super gentes aliénas, *
 ut vídeant poténtiam tuam.
Sicut enim in conspéctu eórum sanctificátus es in nobis, *
 sic in conspéctu nostro magnificáberis in eis,
ut cognóscant, sicut et nos cognóvimus, *
 quóniam non est Deus præter te, Dómine.

DIVISIO

Innova signa et ítera mirabília, *
 glorífica manum et firma bráchium dextrum. —

Cóngrega omnes tribus Iacob, *
 et hereditábis eos sicut ab inítio.
Miserére plebi tuæ,
 super quam invocátum est nomen tuum, *
 et Israel, quem coæquásti primogénito tuo.
Miserére civitáti sanctificatiónis tuæ, *
 Ierúsalem, loco requiéi tuæ.
Reple Sion maiestáte tua *
 et glória tua templum tuum.

Ps 150, 5

Ant. E

IN cýmba-lis * bene-sonántibus laudá-te Dóminum.

E u o u a e.

Tempore paschali

Ant. E

ALle-lú-ia, * alle-lú-ia, alle-lú-ia.   E u o u a e.

Psalmus Laudáte Dóminum de cælis *cum reliquis, p. 76.*

Lectio brevis per annum   2 Pe 1, 10-11

Fratres, magis satágite, ut firmam vestram vocatiónem et electiónem faciátis. Hæc enim faciéntes non offendétis aliquándo; sic enim abundánter ministrábitur vobis intróitus in ætérnum regnum Dómini nostri et salvatóris Iesu Christi.

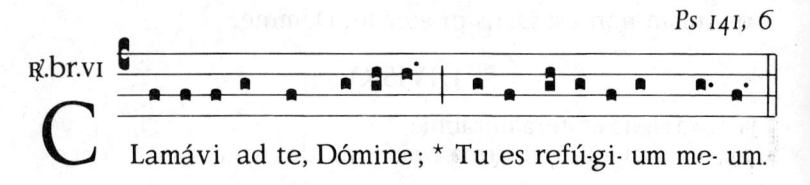

Ps 141, 6

R̃.br.VI

CLamávi ad te, Dómine; * Tu es refú-gi-um me-um.

℣. Pórtio mea in terra vivéntium. ℣. Glória Patri, et Fílio, et Spirítui Sancto.

vel:

Ps 70, 23-24

℟.br.VI

Exsultábunt lábia mea, * Cum cantávero tibi.

℣. Lingua mea meditábitur iustítiam tuam. ℣. Glória Patri, et Fílio, et Spirítui Sancto.

HYMNUS

Auróra iam spargit polum,
terris dies illábitur,
lucis resúltat spículum :
discédat omne lúbricum.

Iam vana noctis décidant,
mentis reátus súbruat,
quicquid tenébris hórridum
nox áttulit culpæ, cadat,

Ut mane illud último,
quod præstolámur cérnui,
in lucem nobis éffluat,
dum hoc canóre cóncrepat.

Deo Patri sit glória
eiúsque soli Fílio
cum Spíritu Paráclito,
in sempitérna sǽcula. Amen.

℣. Repléti sumus mane misericórdia tua.
℟. Exsultávimus, et delectáti sumus.

Ad Benedictus Lc 1, 79

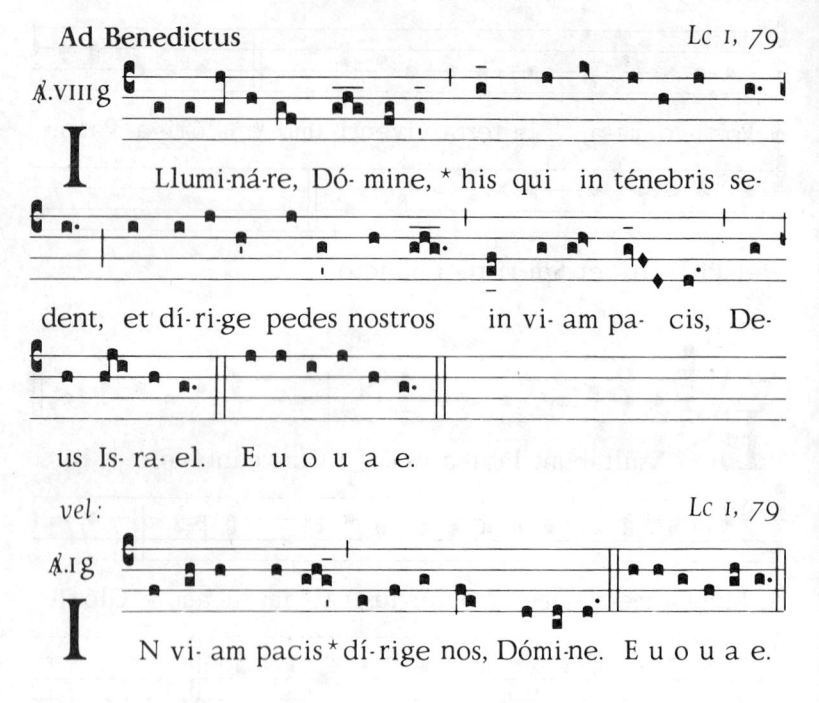

Ant. VIII g

I Llumináre, Dómine, * his qui in ténebris sedent, et dírige pedes nostros in viam pacis, Deus Israel. E u o u a e.

vel: Lc 1, 79

Ant. I g

IN viam pacis * dírige nos, Dómine. E u o u a e.

Oratio per annum

Corda nostra, quæsumus, Dómine, resurrectiónis splendor illústret, † quo mortis ténebris carére valeámus, * et ad claritátem perveniámus ætérnam. Per Dóminum.

Benedictio

Nostra Deus celsus
  benedícat córpora sensus. ℟. Amen.

PSALMUS 118

MEDITATIO VERBI DOMINI IN LEGE
Haec est caritas Dei, ut mandata eius servemus (1 Io 5, 3).

I ALEPH v. 1-8

v. 1

Ā. VIII g

Be- á-ti qui ámbu-lant * in le-ge tu- a, Dómi-ne.

E u o u a e.

Beáti immaculáti in via, *
    qui ámbulant in lege Dómini.
Beáti qui servant testimónia eius, *
    in toto corde exquírunt eum.

Non enim operáti sunt iniquitátem, *
    in viis eius ambulavérunt.
Tu mandásti *
    mandáta tua custodíri nimis.

Utinam dirigántur viæ meæ *
    ad custodiéndas iustificatiónes tuas!
Tunc non confúndar, *
    cum perspéxero in ómnibus præcéptis tuis.

Confitébor tibi in directióne cordis, *
    in eo quod dídici iudícia iustítiæ tuæ.
Iustificatiónes tuas custódiam, *
    non me derelínquas usquequáque.

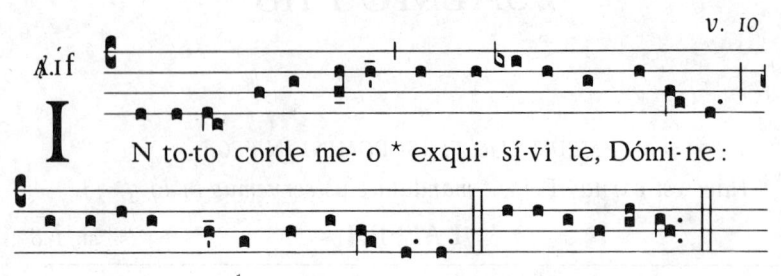

II BETH
v. 9-16

In toto corde me- o * exquisívi te, Dómine: ne repéllas me a mandátis tu- is. E u o u a e.

IN quo mundábit adulescéntior viam suam? *
  In custodiéndo sermónes tuos.
In toto corde meo exquisívi te, *
  ne erráre me fácias a præcéptis tuis.

In corde meo abscóndi elóquia tua, *
  ut non peccem tibi.
Benedíctus es, Dómine; *
  doce me iustificatiónes tuas.

In lábiis meis *
  numerávi ómnia iudícia oris tui.
In via testimoniórum tuórum delectátus sum *
  sicut in ómnibus divítiis.

In mandátis tuis exercébor *
  et considerábo vias tuas.
In iustificatiónibus tuis delectábor, *
  non oblivíscar sermónem tuum.

III GHIMEL
v. 17-24

Vivam, * et custó- di- am sermónes tu- os, Dómine.

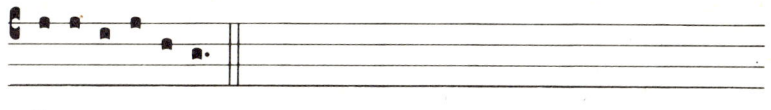

E u o u a e.

BEnefac servo tuo, et vivam *
et custódiam sermónem tuum.
Revéla óculos meos, *
et considerábo mirabília de lege tua.

Incola ego sum in terra, *
non abscóndas a me præcépta tua.
Defécit ánima mea in desiderándo iudícia tua *
in omni témpore.

Increpásti supérbos; *
maledícti qui errant a præcéptis tuis.
Aufer a me oppróbrium et contémptum, *
quia testimónia tua servávi.

Etsi príncipes sedent et advérsum me loquúntur, *
servus tamen tuus exercétur in iustificatiónibus tuis.
Nam et testimónia tua delectátio mea, *
et consílium meum iustificatiónes tuæ.

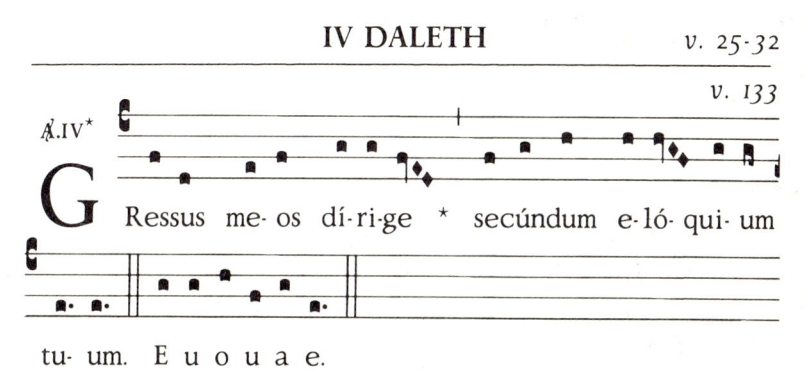

IV DALETH v. 25-32

v. 133

GRessus me os dí-ri-ge * secúndum e-ló- qui- um tu- um. E u o u a e.

ADhǽsit púlveri ánima mea; *
vivífica me secúndum verbum tuum.
Vias meas enuntiávi, et exaudísti me; *
doce me iustificatiónes tuas. —

Viam mandatórum tuórum fac me intellégere, *
 et exercébor in mirabílibus tuis.
Lacrimáta est ánima mea præ mæróre; *
 érige me secúndum verbum tuum.
Viam mendácii avérte a me *
 et legem tuam da mihi benígne.
Viam veritátis elégi, *
 iudícia tua propósui mihi.
Adhǽsi testimóniis tuis, Dómine; *
 noli me confúndere.
Viam mandatórum tuórum curram, *
 quia dilatásti cor meum.

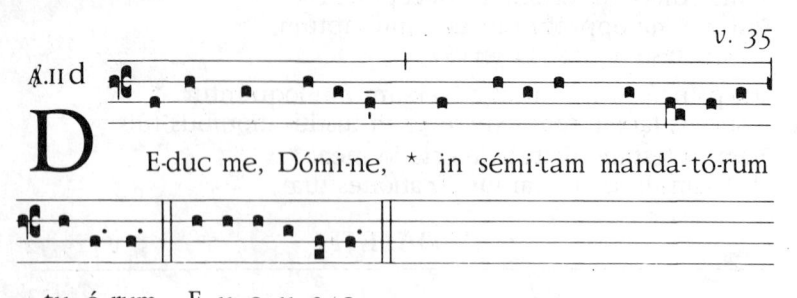

V HE
v. 33-40

v. 35

Ant. II d

E-duc me, Dómi-ne, * in sémi-tam manda-tó-rum tu-ó-rum. E u o u a e.

Legem pone mihi, Dómine, viam iustificatiónum tuárum, *
 et servábo eam semper.
Da mihi intelléctum, et servábo legem tuam *
 et custódiam illam in toto corde meo.
Deduc me in sémitam præceptórum tuórum, *
 quia ipsam vólui.
Inclína cor meum in testimónia tua *
 et non in avarítiam.
Avérte óculos meos, ne vídeant vanitátem; *
 in via tua vivífica me.
Súscita servo tuo elóquium tuum, *
 quod est ad timórem tuum. —

Amove oppróbrium meum, quod suspicátus sum, *
 quia iudícia tua iucúnda.
Ecce concupívi mandáta tua; *
 in iustítia tua vivífica me.

VI VAU *v. 41-48*

v. 4

Ant. VII a

TU mandásti, Dómine, * mandáta tu- a custodíri ni-mis. E u o u a e.

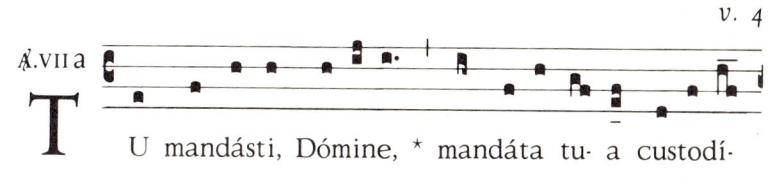

ET véniat super me misericórdia tua, Dómine, *
 salutáre tuum secúndum elóquium tuum.
Et respondébo exprobrántibus mihi verbum, *
 quia sperávi in sermónibus tuis.
Et ne áuferas de ore meo verbum veritátis usquequáque, *
 quia in iudíciis tuis supersperávi.
Et custódiam legem tuam semper, *
 in sǽculum et in sǽculum sǽculi.
Et ambulábo in latitúdine, *
 quia mandáta tua exquisívi.
Et loquar de testimóniis tuis in conspéctu regum *
 et non confúndar.
Et delectábor in præcéptis tuis, *
 quæ diléxi.
Et levábo manus meas ad præcépta tua, quæ diléxi; *
 et exercébor in iustificatiónibus tuis.

VII ZAIN *v. 49-56*

v. 49

♣.VIII g

MEmor esto * verbi tu-i servo tu-o in quo mi-hi spem dedí-sti. E u o u a e. *Et non repetitur in psalmo.*

Memor esto verbi tui servo tuo, *
 in quo mihi spem dedísti.
Hoc me consolátum est in humiliatióne mea, *
 quia elóquium tuum vivificávit me.

Supérbi derisérunt me veheménter; *
 a lege autem tua non declinávi.
Memor fui iudiciórum tuórum a sǽculo, Dómine, *
 et consolátus sum.

Indignátio ténuit me *
 propter peccatóres derelinquéntes legem tuam.
Cántica factæ sunt mihi iustificatiónes tuæ *
 in loco peregrinatiónis meæ.

Memor fui nocte nóminis tui, Dómine, *
 et custódiam legem tuam.
Hoc factum est mihi, *
 quia mandáta tua servávi.

VIII HETH *v. 57-64*

v. 66

♣.VIII g

TU-am disciplínam * doce me, Dómine, in lege

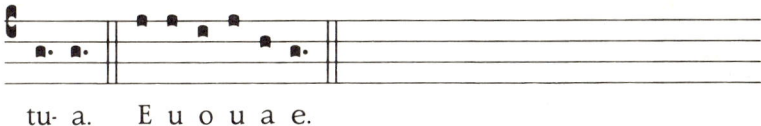

tu- a.   E u o u a e.

Portio mea Dóminus: *
 dixi custodíre verba tua.
Deprecátus sum fáciem tuam in toto corde meo; *
 miserére mei secúndum elóquium tuum.

Cogitávi vias meas *
 et convérti pedes meos in testimónia tua.
Festinávi et non sum morátus, *
 ut custódiam præcépta tua.

Funes peccatórum circumpléxi sunt me, *
 et legem tuam non sum oblítus.
Média nocte surgébam ad confiténdum tibi *
 super iudícia iustítiæ tuæ.

Párticeps ego sum ómnium timéntium te *
 et custodiéntium mandáta tua.
Misericórdia tua, Dómine, plena est terra; *
 iustificatiónes tuas doce me.

IX TETH   v. 65-72

v. 65

Ant. VI f

Bonitátem fecísti * cum servo tu-o, Dómi-ne.

E u o u a e.   *Et non repetitur in psalmo.*

Bonitátem fecísti cum servo tuo, Dómine, *
 secúndum verbum tuum.
Bonitátem et prudéntiam et sciéntiam doce me, *
 quia præcéptis tuis crédidi. —

Priúsquam humiliárer ego errávi; *
 nunc autem elóquium tuum custódiam.
Bonus es tu et benefáciens, *
 doce me iustificatiónes tuas.

Excogitavérunt contra me dolósa supérbi, *
 ego autem in toto corde meo servábo mandáta tua.
Incrassátum est sicut adeps cor eórum, *
 ego vero in lege tua delectátus sum.

Bonum mihi quia humiliátus sum, *
 ut discam iustificatiónes tuas.
Bonum mihi lex oris tui, *
 super mília auri et argénti.

X IOD v. 73-80

Ant. 1 a v. 77

Véniant mihi, Dómine, * miseratiónes tuæ et vivam. E u o u a e.

Manus tuæ fecérunt me et plasmavérunt me; *
 da mihi intelléctum, et discam præcépta tua.
Qui timent te, vidébunt me et lætabúntur, *
 quia in verba tua superperávi.

Cognóvi, Dómine, quia æquitas iudícia tua, *
 et in veritáte humiliásti me.
Fiat misericórdia tua, ut consolétur me, *
 secúndum elóquium tuum servo tuo.

Véniant mihi miseratiónes tuæ, et vivam, *
 quia lex tua delectátio mea est.
Confundántur supérbi, quóniam dolóse incurvavérunt me, *
 ego autem exercébor in mandátis tuis. —

Convertántur mihi timéntes te *
 et qui novérunt testimónia tua.
Fiat cor meum immaculátum in iustificatiónibus tuis, *
 ut non confúndar.

XI CAPH v. 81-88

Ą. VII a

IN verbum tuum * supersperávi, Dómine.

E u o u a e.

Efécit in salutáre tuum ánima mea, *
 et in verbum tuum superserávi.
Defecérunt óculi mei in elóquium tuum, *
 dicéntes: «Quando consoláberis me?»
Quia factus sum sicut uter in fumo; *
 iustificatiónes tuas non sum oblítus.
Quot sunt dies servi tui? *
 Quando fácies de persequéntibus me iudícium?
Fodérunt mihi fóveas supérbi, *
 qui non sunt secúndum legem tuam.
Omnia præcépta tua véritas; *
 dolóse persecúti sunt me: ádiuva me.

Paulo minus consummavérunt me in terra, *
 ego autem non derelíqui mandáta tua.
Secúndum misericórdiam tuam vivífica me, *
 et custódiam testimónia oris tui.

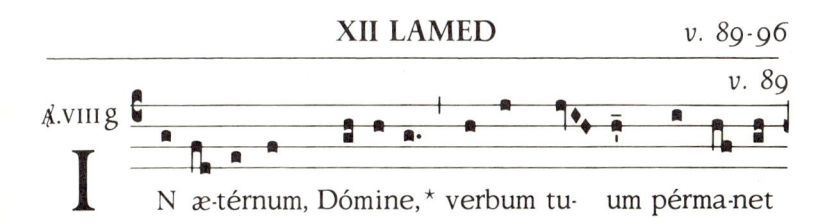

XII LAMED v. 89-96

Ą. VIII g

IN ætérnum, Dómine,* verbum tuum pérmanet

in cæ-lo.   E u o u a e.   *Et non repetitur in psalmo.*

IN ætérnum, Dómine, *
 verbum tuum constitútum est in cælo.
In generatiónem et generatiónem véritas tua; *
 firmásti terram, et pérmanet.

Secúndum iudícia tua pérmanent hódie, *
 quóniam ómnia sérviunt tibi.
Nisi quod lex tua delectátio mea est, *
 tunc forte periíssem in humiliatióne mea.

In ætérnum non oblivíscar mandáta tua, *
 quia in ipsis vivificásti me.
Tuus sum ego: salvum me fac, *
 quóniam mandáta tua exquisívi.

Me exspectavérunt peccatóres, ut pérderent me; *
 testimónia tua intelléxi.
Omni consummatióni vidi finem, *
 latum præcéptum tuum nimis.

XIII MEM

v. 97-104

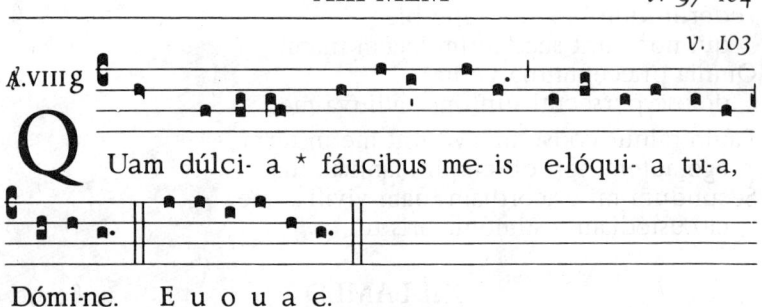

v. 103

Ã.VIII g

Quam dúlci- a * fáucibus me- is e-lóqui- a tu-a,

Dómi-ne.   E u o u a e.

QUómodo diléxi legem tuam, Dómine; *
 tota die meditátio mea est.
Super inimícos meos sapiéntem me fecit præcéptum tuum, *
 quia in ætérnum mihi est.—

Super omnes docéntes me prudens factus sum, *
 quia testimónia tua meditátio mea est.
Super senes intelléxi, *
 quia mandáta tua servávi.

Ab omni via mala prohíbui pedes meos, *
 ut custódiam verba tua.
A iudíciis tuis non declinávi, *
 quia tu legem posuísti mihi.

Quam dúlcia fáucibus meis elóquia tua, *
 super mel ori meo.
A mandátis tuis intelléxi; *
 proptérea odívi omnem viam mendácii.

XIV NUN
v. 105-112

Ant. VII a — Iuxta elóqui-um tu-um * da mi-hi intelléctum, Dómine. E u o u a e.

v. 169

Lucérna pédibus meis verbum tuum *
 et lumen sémitis meis.
Iurávi et státui *
 custodíre iudícia iustítiæ tuæ.

Humiliátus sum usquequáque, Dómine; *
 vivífica me secúndum verbum tuum.
Voluntária oris mei beneplácita sint, Dómine, *
 et iudícia tua doce me.

Anima mea in mánibus meis semper, *
 et legem tuam non sum oblítus.
Posuérunt peccatóres láqueum mihi, *
 et de mandátis tuis non errávi.

Heréditas mea testimónia tua in ætérnum, *
 quia exsultátio cordis mei sunt.

Inclinávi cor meum ad faciéndas iustificatiónes tuas *
 in ætérnum, in finem.

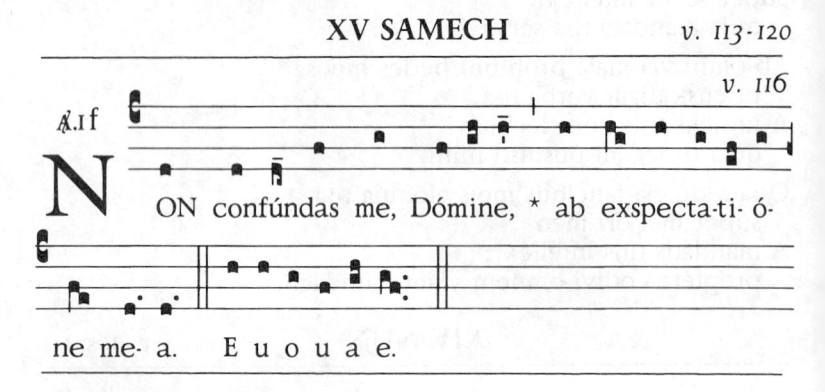

XV SAMECH v. 113-120

Ā.1 f   v. 116

NON confúndas me, Dómine, * ab exspecta-ti- ó-ne me- a.   E u o u a e.

Duplices corde ódio hábui *
 et legem tuam diléxi.
Tegmen et scutum meum es tu, *
 et in verbum tuum supersperávi.

Declináte a me, malígni, *
 et servábo præcépta Dei mei.
Súscipe me secúndum elóquium tuum, et vivam; *
 et non confúndas me ab exspectatióne mea.

Susténta me, et salvus ero *
 et delectábor in iustificatiónibus tuis semper.
Sprevísti omnes discedéntes a iustificatiónibus tuis, *
 quia mendácium cogitátio eórum.

Quasi scóriam delésti omnes peccatóres terræ; *
 ídeo diléxi testimónia tua.
Hórruit a timóre tuo caro mea; *
 a iudíciis enim tuis tímui.

XVI AIN v. 121-128

Ā.1 g   v. 34

DA mi-hi intelléctum * et scrutábor, Dómine, legem tu- am. E u o u a e.

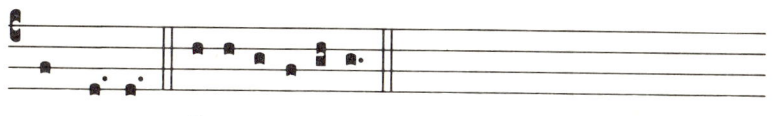

FEci iudícium et iustítiam; *
 non tradas me calumniántibus me.
Sponde pro servo tuo in bonum; *
 non calumniéntur me supérbi.

Oculi mei defecérunt in desidério salutáris tui *
 et elóquii iustítiæ tuæ.
Fac cum servo tuo secúndum misericórdiam tuam *
 et iustificatiónes tuas doce me.

Servus tuus sum ego; *
 da mihi intelléctum, ut sciam testimónia tua.
Tempus faciéndi Dómino; *
 dissipavérunt legem tuam.

Ideo diléxi præcépta tua *
 super aurum et obrýzum.
Proptérea ad ómnia mandáta tua dirigébar, *
 omnem viam mendácii ódio hábui.

XVII PHE

v. 129-136

v. 132

Ã. VIII g

ADspice in me, * et mi-se-ré-re me- i, Dómi-ne.

E u o u a e.

MIrabília testimónia tua, *
 ídeo servávit ea ánima mea.
Declarátio sermónum tuórum illúminat *
 et intelléctum dat párvulis. —

Os meum apérui et attráxi spíritum, *
 quia præcépta tua desiderábam.
Convértere in me et miserére mei *
 secúndum iudícium tuum
  cum diligéntibus nomen tuum.

Gressus meos dírige secúndum elóquium tuum, *
 et non dominétur mei omnis iníquitas.
Rédime me a calúmniis hóminum, *
 ut custódiam mandáta tua.

Fáciem tuam illúmina super servum tuum *
 et doce me iustificatiónes tuas.
Rívulos aquárum deduxérunt óculi mei, *
 quia non custodiérunt legem tuam.

XVIII SADE v. 137-144

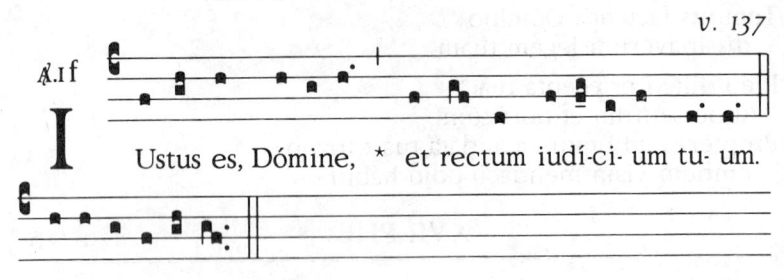

Ant. 1 f

Iustus es, Dómine, * et rectum iudícium tuum.

E u o u a e.   *Et non repetitur in psalmo.*

IUstus es, Dómine, *
 et rectum iudícium tuum.
Mandásti in iustítia testimónia tua *
 et in veritáte nimis.

Consúmpsit me zelus meus, *
 quia oblíti sunt verba tua inimíci mei.
Ignítum elóquium tuum veheménter, *
 et servus tuus diléxit illud.

Adulescéntulus sum ego et contémptus; *
 mandáta tua non sum oblítus.
Iustítia tua iustítia in ætérnum, *
 et lex tua véritas. —

Tribulátio et angústia invenérunt me; *
 præcépta tua delectátio mea est.
Iustítia testimónia tua in ætérnum; *
 intelléctum da mihi, et vivam.

XIX COPH v. 145-152

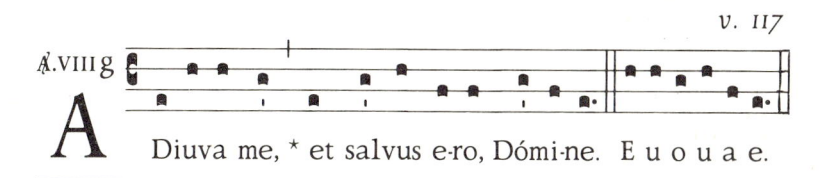

Ā.VIII g   v. 117

A Diuva me, * et salvus e-ro, Dómi-ne. E u o u a e.

Clamávi in toto corde, exáudi me, Dómine; *
 iustificatiónes tuas servábo.
Clamávi ad te, salvum me fac, *
 ut custódiam testimónia tua.

Prævéni dilúculo et clamávi, *
 in verba tua supersperávi.
Prævenérunt óculi mei vigílias, *
 ut meditárer elóquia tua.

Vocem meam audi
     secúndum misericórdiam tuam, Dómine, *
 secúndum iudícium tuum vivífica me.
Appropinquavérunt persequéntes me in malítia, *
 a lege autem tua longe facti sunt.

Prope es tu, Dómine, *
 et ómnia præcépta tua véritas.
Ab inítio cognóvi de testimóniis tuis, *
 quia in ætérnum fundásti ea.

XX RES v. 153-160

*Ā.IV**   v. 153

VI- de * humi-li-tá-tem me- am, Dómi-ne, et é- ripe me.   E u o u a e.   *Et non repetitur in psalmo.*

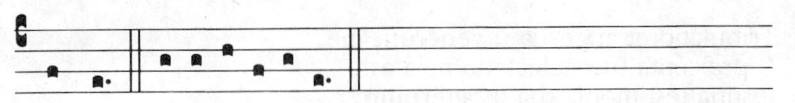

Vide humiliatiónem meam et éripe me, *
  quia legem tuam non sum oblítus.
Iúdica causam meam et rédime me; *
  propter elóquium tuum vivífica me.

Longe a peccatóribus salus, *
  quia iustificatiónes tuas non exquisiérunt.
Misericórdiæ tuæ multæ, Dómine; *
  secúndum iudícia tua vivífica me.

Multi, qui persequúntur me et tríbulant me; *
  a testimóniis tuis non declinávi.
Vidi prævaricántes, et tæduit me, *
  quia elóquia tua non custodiérunt.

Vide quóniam mandáta tua diléxi, Dómine; *
  secúndum misericórdiam tuam vivífica me.
Princípium verbórum tuórum véritas, *
  in ætérnum ómnia iudícia iustítiæ tuæ.

XXI SIN
v. 161-168

v. 36

Inclína cor meum, Deus, * in testimónia tua.

E u o u a e.

Príncipes persecúti sunt me gratis, *
  et a verbis tuis formidávit cor meum.
Lætábor ego super elóquia tua, *
  sicut qui invénit spólia multa. —

Mendácium ódio hábui et abominátus sum; *
 legem autem tuam diléxi.
Sépties in die laudem dixi tibi *
 super iudícia iustítiæ tuæ.
Pax multa diligéntibus legem tuam, *
 et non est illis scándalum.
Exspectábam salutáre tuum, Dómine, *
 et præcépta tua feci.
Custodívit ánima mea testimónia tua *
 et diléxi ea veheménter.
Servávi mandáta tua et testimónia tua, *
 quia omnes viæ meæ in conspéctu tuo.

XXII TAU v. 169-176

Ant. 1 a

v. 173

FI-at manus tu-a, Dómine, * ut salvum me fáci-as, qui- a mandáta tu- a concu-pí-vi. E u o u a e.

Appropínquet deprecátio mea
 in conspéctu tuo, Dómine; *
 iuxta verbum tuum da mihi intelléctum.
Intret postulátio mea in conspéctu tuo, *
 secúndum elóquium tuum líbera me.
Eructábunt lábia mea hymnum, *
 cum docúeris me iustificatiónes tuas.
Cantet lingua mea elóquium tuum, *
 quia ómnia præcépta tua iustítia.
Fiat manus tua, ut ádiuvet me, *
 quóniam mandáta tua elégi.
Concupívi salutáre tuum, Dómine, *
 et lex tua delectátio mea est.
Vivet ánima mea et laudábit te, *
 et iudícia tua adiuvábunt me.

Errávi sicut ovis, quæ périit; *
　quære servum tuum, quia præcépta tua non sum oblítus.

DOMINICA AD PRIMAM

Hymnus Iam lucis orto sídere, *p. 1.*

Per annum

Ą.VII C2

A Llelú-ia, * al-le-lú-ia, alle- lú- ia.　E u o u a e.

In Quadragesima　　　　　　　　　　　　　　　*Iob 17, 3*

Ą.I a

L Ibera me, Dómi-ne, * et pone me iuxta te　et cu-iúsvis ma-nus　pugnet contra me.　E u o u a e.

Tempore paschali

Ą.VII d

A Llelú-ia, * allelú-ia,　alle-lú- ia, allelú- ia.　E u o u a e.

Psalmus 118, I-IV, p. 261.
Lectio brevis et reliqua ut notantur feria II, p. 6.

DOMINICA AD TERTIAM

HYMNUS

Nunc, Sancte, nobis, Spíritus,
unum Patri cum Fílio,
dignáre promptus íngeri
nostro refúsus péctori.

Os, lingua, mens, sensus, vigor
confessiónem pérsonent,
flamméscat igne cáritas,
accéndat ardor próximos.

Per te sciámus da Patrem,
noscámus atque Fílium,
te utriúsque Spíritum
credámus omni témpore. Amen.

Per annum

Ant. D g

A Lle-lú-ia, * al-le-lú-ia, alle-lú-ia.   E u o u a e.

Ps 118, V-VII, p. 264.
¶ A1 & 2 Ps 118, I-IV, p. 261.

Lectio brevis per annum   1 Io 4, 16

Nos qui credídimus, cognóvimus caritátem, quam habet Deus in nobis. Deus cáritas est, et qui manet in caritáte, in Deo manet et Deus in eo manet.

℣. Inclína cor meum, Deus, in testimónia tua.
℟. In via tua vivífica me.

In Adventu *antiphona propria*

In Quadragesima Ant. Advenérunt nobis, p. 286.

Tempore paschali

Ant. VIII g

A Lle-lú-ia, * alle-lú-ia,   alle-lú-ia, alle-lú-ia.

E u o u a e.

Kýrie eléison. Christe eléison. Kýrie eléison.
Pater noster *secreto usque ad*
℣. Et ne nos indúcas in tentatiónem.
℟. Sed líbera nos a Malo.
Oratio de dominica cum conclusione breviori.
℣. Benedicámus Dómino. ℟. Deo grátias.
℣. Divínum auxílium máneat semper nobíscum.
℟. Et cum frátribus nostris abséntibus. Amen.

DOMINICA AD SEXTAM

HYMNUS

Rector potens, verax Deus,
qui témperas rerum vices,
splendóre mane ínstruis
et ígnibus merídiem.

Exstíngue flammas lítium,
aufer calórem nóxium,
confer salútem córporum
verámque pacem córdium.

Præsta, Pater piíssime,
Patríque compar Unice,
cum Spíritu Paráclito
regnans per omne sæculum. Amen.

Per annum

Ant. 1 a

Alle-lú-ia, * alle-lú-ia, alle-lú-ia. E u o u a e.

Ps 118, VIII-X, p. 266.
¶A1 Ps 118, V-VIII, p. 264. ¶A2 Ps 118, V-VII, p. 264.

Lectio brevis per annum *Gal 6, 7-8*

Quæ semináverit homo, hæc et metet; quóniam qui séminat in carne sua, de carne metet corruptiónem, qui autem séminat in spíritu, de spíritu metet vitam ætérnam.

℣. In ætérnum, Dómine, verbum tuum.
℟. In generatiónem et generatiónem véritas tua.

In Adventu *antiphona propria*

In Quadragesima ℣. Vivo ego, dicit Dóminus, *p. 292.*

Tempore paschali

Ant. VI f

ALle-lúia, * alle-lú-ia, alle-lú-ia, alle-lú-ia.

E u o u a e. *Et reliqua sicut notatur ad Tertiam, p. 280.*

DOMINICA AD NONAM

HYMNUS

Rerum, Deus, tenax vigor,
immótus in te pérmanens,
lucis diúrnæ témpora
succéssibus detérminans,

Largíre clarum véspere,
quo vita numquam décidat,
sed præmium mortis sacræ
perénnis instet glória.

Præsta, Pater piíssime,
Patríque compar Unice,
cum Spíritu Paráclito
regnans per omne sæculum. Amen.

Per annum

Ant. III a

ALle-lú- ia, * alle-lú- ia, alle-lú- ia. E u o u a e.

Ps 118, XI-XIII, p. 269.
¶A1 Ps 118, IX-XII, p. 267. ¶A2 Ps 118, VIII-X, p. 266.

Lectio brevis per annum — Gal 6, 9-10

Bonum faciéntes infatigábiles, témpore enim suo metémus non deficiéntes. Ergo dum tempus habémus, operémur bonum ad omnes, máxime autem ad domésticos fídei.

℣. Clamávi in toto corde, exáudi me, Dómine.
℟. Iustificatiónes tuas servábo.

In Adventu *antiphona propria.*

In Quadragesima ₳. Per arma iustítiæ, p. 297.

Tempore paschali

₳.II*a

A Lle-lú-ia, * alle-lú-ia, alle-lú-ia, alle-lú-ia.

E u o u a e.

Et reliqua sicut notatur ad Tertiam, p. 280.

FERIA SECUNDA AD TERTIAM

Hymnus Nunc, Sancte, nobis, Spíritus, p. 279.

Per annum in feriali Officio ₳. Adiúva me, p. 275, cum Ps 118, XIV-XVI, p. 271.

¶A1 Ps 118, XIII-XVI, p. 270, ¶A2 Ps 118, XI-XIII, p. 269, *cum una ex antiphonis ibi assignatis.*

Lectio brevis per annum — Rom 13, 8.10

Némini quidquam debeátis nisi ut ínvicem diligátis: qui enim díligit próximum, legem implévit. Diléctio próximo malum non operátur; plenitúdo ergo legis est diléctio.

℣. Adiútor meus es tu, ne me reícias.
℟. Neque derelínquas me, Deus salútis meæ.

In Quadragesima ℣. Advenérunt nobis, p. 286.

Tempore paschali

Ant. VIII g

Alle-lú-ia, * allelú-ia, allelú-ia, allelú- ia.

E u o u a e.

Kýrie eléison. Christe eléison. Kýrie eléison.
Pater noster *secreto usque ad*
℣. Et ne nos indúcas in tentatiónem.
℟. Sed líbera nos a Malo.

In feriali Officio per annum, oratio de dominica praecedenti cum conclusione brevi, vel:

Deus, Pater óptime, qui labórem homínibus ita dedísti, ut mútua semper arte ad altióra profícerent, † præsta, quǽsumus, sic nos iúgiter operári, * ut filiórum in te spíritu et fratérna in omnes caritáte vivámus. Per Christum.

Aliis temporibus, oratio propria.

℣. Benedicámus Dómino. ℟. Deo grátias.
℣. Divínum auxílium máneat semper nobíscum.
℟. Et cum frátribus nostris abséntibus. Amen.

FERIA SECUNDA AD SEXTAM

Hymnus Rector potens verax Deus, *p. 280.*

In feriali Officio per annum ℣. Aspice in me, *p. 273, cum Ps 118, XVII-XIX, p. 273.*

¶A2 *Ps 118, XIV-XVI, cum una ex antiphonis assignatis, p. 271.*

Lectio brevis per annum Iac 1, 19-20.26

Sit omnis homo velox ad audiéndum, tardus autem ad loquéndum et tardus ad iram; ira enim viri iustítiam Dei non operátur. Si quis putat se religiósum esse non freno circumdúcens linguam suam sed sedúcens cor suum, huius vana est relígio.

℣. Benedícam Dóminum in omni témpore.
℟. Semper laus eius in ore meo.

Oratio

Deus, qui messis ac víneæ dóminus es et custos, quique offícia tríbuis et iusta stipéndia meritórum, † fac nos diéi pondus ita portáre, * ut nihil umquam de tuis plácitis conquerámur. Per Christum.

In Quadragesima ℣. Vivo ego, dicit Dóminus, p. 292.

Tempore paschali

℣. VIII g

ALle-lú-ia, * allelú-ia, alle-lú-ia, alle-lú-ia.

E u o u a e.

FERIA SECUNDA AD NONAM

Hymnus Rerum Deus tenax vigor, p. 281.

In feriali Officio per annum ℣. Fiat manus tua, p. 277, cum Ps 118, XX-XXII, p. 275.

¶A2 Ps 118, XVII-XIX cum una ex antiphonis assignatis, p. 273.

Lectio brevis per annum 1 Pe 1, 17-19

In timóre incolátus vestri témpore conversámini, sciéntes quod non corruptibílibus argénto vel auro redémpti estis, sed pretióso sánguine quasi Agni incontamináti et immaculáti Christi.

℣. Rédime me, Dómine, et miserére mei.
℟. In ecclésiis benedícam Dómino.

Oratio

Deus, qui nos ádvocas illa hora, qua ad templum ascendébant Apóstoli, † præsta, ut orátio, quam in nómine Iesu sincéra tibi mente persólvimus, * ómnibus nomen illud invocántibus salútem eius váleat impetráre. Per Christum.

In Quadragesima ℣. Per arma iustítiæ, p. 297.

Tempore paschali

Ant. 1 a

ALlelú-ia, * alle-lú- ia, al-le-lú- ia, alle-lú- ia.

E u o u a e.

PER HEBDOMADAM AD TERTIAM

Hymnus Nunc, Sancte, nobis, Spíritus, p. 279.

In feriali Officio per annum Ps 119, 1

Ant. E

CLamá-vi, * et ex-audí-vit me. E u o u a e.

Per hebdomadam ad Tertiam

In Quadragesima

Ant. VIII g

A Dvenérunt nobis * di- es pæniténti- æ ad redi-
ménda peccáta, ad salvándas ánimas. E u o u a e.

Tempore paschali

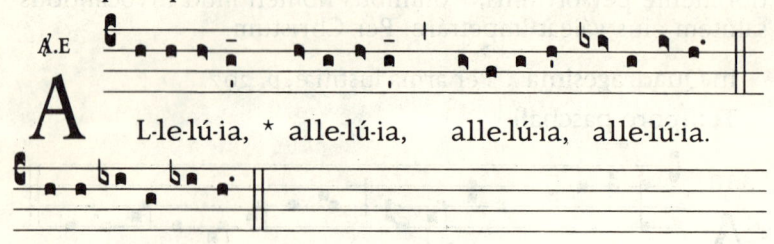

Ant. E

A Llelú-ia, * alle-lú-ia, alle-lú-ia, alle-lú-ia.

E u o u a e.

PSALMUS 119

DESIDERIUM PACIS

In tribulatione patientes, orationi instantes (Rom 12, 12).

AD Dóminum, cum tribulárer, clamávi, *
et exaudívit me.

Dómine, líbera ánimam meam a lábiis mendácii, *
a lingua dolósa.
Quid detur tibi aut quid apponátur tibi, *
lingua dolósa?
Sagíttæ poténtis acútæ *
cum carbónibus iuniperórum.

Heu mihi, quia peregrinátus sum in Mosoch, *
habitávi ad tabernácula Cedar!
Multum íncola fuit ánima mea *
cum his, qui odérunt pacem.
Ego eram pacíficus; *
cum loquébar, illi impugnábant me.

PSALMUS 120

CUSTOS POPULI

Non esurient neque sitient amplius, nec cadet super illos sol neque ullus aestus (Apc 7, 16).

Ā.E Unde véni- et * auxí- li- um mi-hi. E u o u a e.

Ā.1f Auxí- li- um me- um a Dómi-no, * qui fecit cælum et terram. E u o u a e.

Levábo óculos meos in montes : *
  unde véniet auxílium mihi?
Auxílium meum a Dómino, *
  qui fecit cælum et terram.

Non dabit in commotiónem pedem tuum, *
  neque dormitábit, qui custódit te.
Ecce non dormitábit neque dórmiet, *
  qui custódit Israel.

Dóminus custódit te, †
  Dóminus umbráculum tuum, *
  ad manum déxteram tuam.
Per diem sol non percútiet te, *
  neque luna per noctem.
Dóminus custódiet te ab omni malo; *
  custódiet ánimam tuam Dóminus.
Dóminus custódiet intróitum tuum et éxitum tuum *
  ex hoc nunc et usque in sæculum.

PSALMUS 121
CIVITAS SANCTA IERUSALEM

Accessistis ad Sion montem et civitatem Dei viventis, Ierusalem caelestem (Heb 12, 22).

Ant. VIII g — v. 1

Lætátus sum * in his quæ dicta sunt mi-hi.

E u o u a e.   *Et non repetitur in psalmo.*

Ant. IV e — v. 1

IN domum Dómi-ni * lætántes í-bimus. E u o u a e.

Lætátus sum in eo quod dixérunt mihi : *
  «In domum Dómini íbimus.»
Stantes iam sunt pedes nostri *
  in portis tuis, Ierúsalem.

Ierúsalem, quæ ædificáta est ut cívitas, *
  sibi compácta in idípsum.
Illuc enim ascendérunt tribus, tribus Dómini, *
  testimónium Israel, ad confiténdum nómini Dómini.
Quia illic sedérunt sedes ad iudícium, *
  sedes domus David.

Rogáte, quæ ad pacem sunt Ierúsalem : *
  «Secúri sint diligéntes te!
Fiat pax in muris tuis, *
  et secúritas in túrribus tuis!»

Propter fratres meos et próximos meos *
  loquar: «Pax in te!»
Propter domum Dómini Dei nostri *
  exquíram bona tibi.

FERIA TERTIA

¶A2 *Ps 118, XX-XXII, p. 275, cum una ex antiphonis ibi assignatis.*

Lectio brevis per annum   Ier 17, 7-8

Benedíctus vir, qui confídit in Dómino, et erit Dóminus fidúcia eius; et erit quasi lignum, quod transplantátur super aquas, quod ad humórem mittit radíces suas et non timébit, cum vénerit æstus: et erit fólium eius víride, et in anno siccitátis non erit sollícitum, nec aliquándo désinet fácere fructum.

℣. Dóminus non privábit bonis eos qui ámbulant in innocéntia.
℟. Dómine virtútum, beátus homo qui sperat in te.
Et reliqua ut notatur p. 283.

Oratio

Omnípotens sempitérne Deus, qui Paráclitum Sanctum tuum hora tértia in Apóstolos effudísti, † in nos quoque eúndem Spíritum caritátis emítte, * ut fidéle tibi coram ómnibus homínibus testimónium præbeámus. Per Christum.

FERIA QUARTA

¶A2 ℟. Quam admirábile est, *Ps 8, p. 8, et duae primae divisiones psalmi 9:*
Confitébor tibi, Dómine, in toto corde meo, *p. 10.*
Dóminus autem in ætérnum sedébit, *p. 10.*

Lectio brevis per annum   1 Pe 1, 13-14

Succíncti lumbos mentis vestræ, sóbrii, perfécte speráte in eam, quæ offértur vobis, grátiam in revelatióne Iesu Christi. Quasi fílii obœdiéntiæ, non configuráti prióribus in ignorántia vestra desidériis.

℣. Vias tuas, Dómine, demónstra mihi.
℟. Et sémitas tuas édoce me.

Oratio

Dómine, Pater sancte, Deus fidélis, qui promíssum Spíritum misísti, ut hómines per peccátum dispérsos congregáres, * fac nos in mundo unitátis pacísque múnera confovére. Per Christum.

FERIA QUINTA

¶A2 ℣. Consérva me, *p. 17, cum Ps 14, et Ps 15 in duabus divisiónibus, pp. 16 et 17.*

Lectio brevis per annum
Am 4, 13

Ecce formans montes et creans ventum et annúntians hómini cogitatiónem eius, fáciens auróram et ténebras et grádiens super excélsa terræ; Dóminus Deus exercítuum nomen eius.

℣. Benedícite, ómnia ópera Dómini, Dómino.
℟. Laudáte et superexaltáte eum in sǽcula.

Oratio

Te, Dómine, supplíciter exorámus, † ut qui hora tértia Spíritum Sanctum orántibus Apóstolis tribuísti, * nobis eiúsdem grátiæ participatiónem concédas benígnus. Per Christum.

FERIA SEXTA

¶A2 ℣. Díligam te, *p. 20, et tres primae divisiones Ps 17:*
Díligam te, Dómine, fortitúdo mea, *p. 20.*
Circumdedérunt me fluctus mortis, *p. 20.*
Inclinávit cælos et descéndit, *p. 21.*

Lectio brevis per annum
Philp 2, 2-4

Idem sápite, eándem caritátem habéntes, unánimes, idípsum sapiéntes; nihil per contentiónem neque per inánem glóriam, sed in humilitáte superióres sibi ínvicem arbitrántes, non, quæ sua sunt, sínguli considerántes, sed et ea quæ aliórum.

℣. Univérsæ viæ Dómini misericórdia et véritas.
℟. Custodiéntibus testaméntum eius et testimónia eius.

Oratio
Dómine Iesu Christe, qui hora tértia ad crucis pœnam ductus es pro mundi salúte, † te súpplices exorámus, ut et de prætéritis malis semper apud te véniam impetrémus, * et de futúris iúgiter habeámus custódiam. Qui vivis.

SABBATO

¶A2 *Ut supra* ℣. Clamávi *cum Ps 119, 120 et 121, p. 285.*

Lectio brevis per annum   1 Reg 8, 60-61

Sciant omnes pópuli terræ quia Dóminus ipse est Deus et non est ultra absque eo. Sit quoque cor vestrum perféctum cum Dómino Deo nostro, ut ambulétis in decrétis eius et custodiátis mandáta eius.

℣. Deus meus, sémitas tuas édoce me.
℟. Dírige me in veritáte tua.

Oratio

Dómine Deus, Pater omnípotens, nobis maiestáti tuæ subiéctis Sancti Spíritus lumen infúnde, † ut ab omni hoste secúri, * in tua iúgiter laude lætémur. Per Christum.

PER HEBDOMADAM AD SEXTAM

Hymnus Rector potens verax Deus, *p. 280.*

In feriali Officio per annum   Ps 122, 1.3

Ant. VIII g

QUI hábi-tas * in cæ-lis, mi-se-ré-re no-bis. E u o u a e.

Per hebdomadam ad Sextam

In Quadragesima — Ez 33, 11

Ant. III b

Vivo ego,* dicit Dóminus: nolo mortem peccatóris, sed ut magis convertátur et vivat. E u o u a e.

Tempore paschali

Ant. VIII g

Allelúia, * allelúia, allelúia, allelúia.

E u o u a e.

PSALMUS 122
DOMINUS FIDUCIA POPULI

Duo caeci... clamaverunt: «Domine, miserere nostri, Fili David» (Mt 20, 30).

AD te levávi óculos meos, *
qui hábitas in cælis.

Ecce sicut óculi servórum ad manus dominórum suórum, *
sicut óculi ancíllæ ad manus dóminæ suæ,
ita óculi nostri ad Dóminum Deum nostrum, *
donec misereátur nostri.

Miserére nostri, Dómine, miserére nostri, *
quia multum repléti sumus despectióne;
quia multum repléta est ánima nostra *
derisióne abundántium et despectióne superbórum.

PSALMUS 123

ADIUTORIUM NOSTRUM IN NOMINE DOMINI
Dixit Dominus Paulo: «Noli timere... quia ego sum tecum» (Act 18, 9-10).

v. 8

Ā.1 g

A Diutórium nostrum * in nómine Dómini.

E u o u a e.

Nisi quia Dóminus erat in nobis, dicat nunc Israel, †
  nisi quia Dóminus erat in nobis, *
cum exsúrgerent hómines in nos:
forte vivos deglutíssent nos, *
  cum irascerétur furor eórum in nos.
Fórsitan aqua absorbuísset nos, †
  torrens pertransísset ánimam nostram; *
  fórsitan pertransíssent ánimam nostram
    aquæ intumescéntes.

Benedíctus Dóminus, *
  qui non dedit nos in direptiónem déntibus eórum.
Anima nostra sicut passer erépta est *
  de láqueo venántium:
láqueus contrítus est, *
  et nos erépti sumus.

Adiutórium nostrum in nómine Dómini, *
  qui fecit cælum et terram.

PSALMUS 124
DOMINUS CUSTOS POPULI SUI
Pax super Israel Dei (Gal 6, 16).

℣.va *v. 4*

Bene-fac, Dómi-ne, * bo-nis et rectis cor-de.

E u o u a e.

Qui confídunt in Dómino, sicut mons Sion : *
non commovébitur, in ætérnum manet.
Ierúsalem, montes in circúitu eius, †
et Dóminus in circúitu pópuli sui *
ex hoc nunc et usque in sǽculum.
Quia non requiéscet virga iniquitátis
super sortem iustórum, *
ut non exténdant iusti ad iniquitátem manus suas.
Bénefac, Dómine, bonis *
et rectis corde.
Declinántes autem per vias pravas †
addúcet Dóminus cum operántibus iniquitátem. *
Pax super Israel!

FERIA TERTIA

¶A2 ℣. Servíte Dómino, *p. 1, cum Ps 1, 2 et 6.*

Lectio brevis per annum *Prv 3, 13-15*

Beátus homo qui invénit sapiéntiam et qui áffluit prudéntia : mélior est acquisítio eius negotiatióne argénti, et auro primo fructus eius. Pretiósior est cunctis gemmis, et ómnia pretiósa tua huic non valent comparári.

℣. Dómine, veritátem in corde dilexísti.
℞. Et in occúlto sapiéntiam manifestásti mihi.

Oratio

Deus, qui Petro salvíficum tuum super gentes consílium revelásti, † éffice benígnus, ut ópera nostra tibi grata reddántur * ac tuo dilectiónis salutísque propósito te donánte desérviant. Per Christum.

FERIA QUARTA

¶A2 ℣. Ut quid, Dómine, *p. 11, cum ultima divisione Ps 9 A, p. 10 :* Miserére mei, Dómine, †
vide afflictiónem meam de inimícis meis.

et Ps 9 B in duabus divisionibus :
Ut quid, Dómine, stas a longe, *p. 11.*
Exsúrge, Dómine Deus, exálta manum tuam, *p. 12.*

Lectio brevis per annum 1 Pe 1, 15-16

Secúndum eum, qui vocávit vos, sanctum, et ipsi sancti in omni conversatióne sitis, quóniam scriptum est: «Sancti éritis, quia ego sanctus sum.»

℣. Sacerdótes tui induántur iustítiam.
℟. Et sancti tui exsúltent.

Oratio

Omnípotens et miséricors Deus, qui nos die média respiráre concédis, † quos cœpimus propítius intuére labóres * et, sanans quæ delíquimus, fac eos ad finem tibi plácitum perveníre. Per Christum.

FERIA QUINTA

¶A2 ℣. Inclína, Dómine, *p. 18, cum Ps 16 in tribus divisionibus :*
Exaúdi, Dómine, iustítiam meam.
Ego ad te clamávi, quóniam exáudis me, Deus.
Exsúrge, Dómine, præveni eum, supplánta eum.

Lectio brevis per annum Am 5, 8

Qui facit stellas Plíadis et Oriónem, et convértit in mane ténebras, et diem in noctem obscúrat; qui vocat aquas maris et effúndit eas super fáciem terræ, Dóminus nomen eius.

℣. Magnificéntia et pulchritúdo in conspéctu eius.
℟. Poténtia et decor in sanctuário eius.

Oratio

Omnípotens sempitérne Deus, apud quem nihil est tenebrósum, nihil obscúrum, † lucis tuæ in nos emítte splendórem, * ut mandatórum tuórum lege percépta, in via tua dilatáto corde fidéliter ambulémus. Per Christum.

FERIA SEXTA

¶A2 ℣. Retríbuet mihi Dóminus, p. 20, cum tribus divisiónibus Ps 17, scilicet:
Misit de summo et accépit me, p. 21.
Et retríbuet mihi Dóminus secúndum iustítiam meam, p. 21.
Cum sancto sanctus eris, p. 22.

Lectio brevis per annum   2 Cor 13, 4

Etsi crucifíxus est Christus ex infirmitáte, sed vivit ex virtúte Dei. Nam et nos infírmi sumus in illo, sed vivémus cum eo ex virtúte Dei.

℣. Adhǽsit púlveri ánima mea.
℟. Vivífica me secúndum verbum tuum, Dómine.

Oratio

Dómine Iesu Christe, qui hora sexta, univérso mundo in ténebris constitúto, pro redemptióne nostra crucis lignum ínnocens ascendísti, † illam nobis lucem semper concéde, * per quam ad ætérnam vitam perveníre mereámur. Qui vivis.

SABBATO

¶A2 Ut supra ℣. Qui hábitas cum Ps 122, 123 et 124, p. 291.

Lectio brevis per annum   Ier 17, 9-10

Dolósum est cor super ómnia et insanábile; quis cognóscet illud? Ego Dóminus scrutans cor et probans renes, qui do unicuíque iuxta viam suam et iuxta fructum óperum suórum.

℣. Ab occúltis munda me, Dómine.
℟. Et a supérbia custódi servum tuum.

Oratio

Concéde nobis, Dómine, lux ardens caritátis ætérnæ, † ut tua semper caritáte fervéntes, * te super ómnia et fratres propter te uno diligámus amóre. Per Christum.

PER HEBDOMADAM AD NONAM

Hymnus Rerum Deus tenax vigor, *p. 281.*

In feriali Officio per annum Ps 127, 1

Ant. II d

BE- á-ti omnes * qui timent Dóminum. E u o u a e.

In Quadragesima cf. 2 Cor 4, 2 et 6, 7.4

Ant. I f

PER arma iustí-ti- æ * virtú-tis De- i commen-démus nosmet-ípsos in multa pa-ti- énti- a. E u o u a e.

Tempore paschali

Ant. II d

AL-lelú-ia, * alle-lú-ia, alle-lú-ia, alle-lú-ia.

E u o u a e.

PSALMUS 125
GAUDIUM ET SPES IN DEO
Sicut socii passionum estis, sic eritis et consolationis (2 Cor 1, 7).

v. 3

Ant. VII a

MAgni-ficá-vit Dóminus * fácere nobíscum: facti

sumus lætántes. E u o u a e.

I N converténdo Dóminus captivitátem Sion, *
facti sumus quasi somniántes.
Tunc replétum est gáudio os nostrum, *
et lingua nostra exsultatióne.
Tunc dicébant inter gentes: *
«Magnificávit Dóminus fácere cum eis.»
Magnificávit Dóminus fácere nobíscum; *
facti sumus lætántes.
Convérte, Dómine, captivitátem nostram, *
sicut torréntes in austro.
Qui séminant in lácrimis, *
in exsultatióne metent.
Eúntes ibant et flebant *
semen spargéndum portántes;
veniéntes autem vénient in exsultatióne *
portántes manípulos suos.

PSALMUS 126
VANUS LABOR SINE DOMINO

Dei aedificatio estis (1 Cor 3, 9).

℟. v a

D Ominus * ædíficet nobis do- mum, et custódi- at

ci-vi-tá-tem. E u o u a e.

N Isi Dóminus ædificáverit domum, *
in vanum labórant, qui ædíficant eam.
Nisi Dóminus custodíerit civitátem, *
frustra vígilat, qui custódit eam.

Vanum est vobis ante lucem súrgere et sero quiéscere, †
    qui manducátis panem labóris, *
    quia dabit diléctis suis somnum.

Ecce heréditas Dómini fílii, *
    merces fructus ventris.
Sicut sagíttæ in manu poténtis, *
    ita fílii iuventútis.
Beátus vir, qui implévit pháretram suam ex ipsis: *
    non confundétur, cum loquétur inimícis suis in porta.

PSALMUS 127

PAX DOMESTICA IN DOMINO

«Benedicat te Dominus ex Sion», id est: ex Ecclesia sua (Arnobius).

℣. Beáti omnes qui timent Dóminum, p. 297.

Beátus omnis, qui timet Dóminum, *
    qui ámbulat in viis eius.

Labóres mánuum tuárum manducábis, *
    beátus es, et bene tibi erit.
Uxor tua sicut vitis fructífera *
    in latéribus domus tuæ;
fílii tui sicut novéllæ olivárum *
    in circúitu mensæ tuæ.

Ecce sic benedicétur homo *
    qui timet Dóminum.
Benedícat tibi Dóminus ex Sion, *
    et vídeas bona Ierúsalem ómnibus diébus vitæ tuæ;
et vídeas fílios filiórum tuórum. *
    Pax super Israel!

FERIA TERTIA

¶A2 ℣. Exsúrge, Dómine, p. 6, cum Ps 7 in tribus divisionibus.
Dómine Deus meus, in te sperávi, p. 7.
Exsúrge, Dómine, in ira tua, p. 8.
Adiutórium meum apud Deum, p. 8.

Lectio brevis per annum   Iob 5, 17-18

Beátus homo qui corrípitur a Deo; increpatiónem ergo Omnipoténtis ne réprobes. Quia ipse vúlnerat et medétur, pércutit, et manus eius sanábunt.

℣. Fac cum servo tuo secúndum misericórdiam tuam, Dómine.
℟. Iustificatiónes tuas doce me.

Oratio

Deus, qui Cornélio centurióni ángelum tuum misísti, ut viam ei salútis osténderet, † da nobis, quǽsumus, in salvatiónem ómnium libéntius operári, * ut una cum eis, in Ecclésia tua, ad te perveníre possímus. Per Christum.

FERIA QUARTA

¶A2 ⱥ. Iustus Dóminus, *p. 13, cum Ps 10, 11 et 12.*

Lectio brevis per annum   Iac 4, 7-8.10

Subicímini ígitur Deo; resístite autem Diábolo, et fúgiet a vobis. Appropiáte Deo, et appropinquábit vobis. Humiliámini in conspéctu Dómini, et exaltábit vos.

℣. Ecce óculi Dómini super metuéntes eum.
℟. Et in eos qui sperant super misericórdia eius.

Oratio

Dómine Iesu Christe, qui manus tuas in cruce ad salvándos hómines extendísti, † concéde, ut actus nostri tibi reddántur accépti, * et opus tuæ redemptiónis in mundo váleant declaráre. Qui vivis.

FERIA QUINTA

¶A2 ⱥ. Cæli enárrant, *p. 24, cum Ps 18 in duabus divisionibus et Ps 19.*

Lectio brevis per annum   Am 9,6

Qui ædíficat in cælo ascénsus suos et cámeram suam super terram fundat, qui vocat aquas maris et effúndit eas super fáciem terræ; Dóminus nomen eius.

℣. Cæli enárrant glóriam Dei.
℟. Et ópera mánuum eius annúntiat firmaméntum.

Oratio

Da nobis orántibus, quæsumus, Dómine, † ut patiéntiæ Unigéniti tui sequámur exémpla, * et advérsa patiéndi constántiam habeámus. Per Christum.

FERIA SEXTA

¶A2 ℣. Vivit Dóminus, *p. 22 cum tribus ultimis divisionibus Ps 17, scilicet:*

Quóniam quis Deus præter Dóminum? *p. 22.*
Et præcinxísti me virtúte ad bellum, *p. 23.*
Vivit Dóminus, et benedíctus Adiútor meus, *p. 23.*

Lectio brevis per annum   Col 3, 12-13

Indúite vos sicut elécti Dei, sancti et dilécti, víscera misericórdiæ, benignitátem, humilitátem, mansuetúdinem, patiéntiam, supportántes ínvicem et donántes vobis ipsis si quis advérsus áliquem habet querélam; sicut et Dóminus donávit vobis, ita et vos.

℣. Miserátor et miséricors Dóminus.
℟. Longánimis et multæ misericórdiæ.

Oratio

Dómine Iesu Christe, qui pæniténtem latrónem de patíbulo crucis in regnum tuum transíre fecísti, † peccáta nostra confiténtes te cum fidúcia deprecámur, * ut post mortem nos fácias paradísi portas introíre gaudéntes. Qui vivis.

SABBATO

¶A2 *Ut supra* ℣. Beáti omnes, *cum Ps 125, 126 et 127, p. 297.*

Lectio brevis per annum   Sap 7, 27; 8, 1

Sapiéntia Dei, cum sit una, ómnia potest; et in se pérmanens ómnia ínnovat. Attíngit a fine usque ad finem fórtiter, et dispónit ómnia suáviter.

℣. Quam magnificáta sunt ópera tua, Dómine.
℟. Nimis profúndæ factæ sunt cogitatiónes tuæ.

Oratio

Exáudi nos, Dómine, et præsta pacem, quam pétimus, consummátam, † ut cunctis diébus vitæ nostræ tibi cum iucunditáte vacántes, * beáta María Vírgine intercedénte, ad te secúri perveníre mereámur. Per Christum.

DOMINICA AD VESPERAS

Ps 109, 1

Ant. VII c 2

DIxit Dóminus * Dómino me- o: Se-de a dextris me- is. E u o u a e.   *Et non repetitur in psalmo.*

Tempore paschali. *Sub hac sola antiphona dicuntur omnes psalmi.*

Ant. VII c 2

ALle-lú-ia,*al-le-lú-ia, al-le- lú-ia. E u o u a e

PSALMUS 109

MESSIAS REX ET SACERDOS

Oportet illum regnare, donec ponat omnes inimicos sub pedibus eius (1 Cor 15, 25).

v. 1

Ant. I g

SE- de a dextris me- is, * di-xit Dóminus Dómi-no me- o. E u o u a e.   *Et non repetitur in psalmo.*

Dixit Dóminus Dómino meo: *
 «Sede a dextris meis,
donec ponam inimícos tuos *
 scabéllum pedum tuórum.»

Virgam poténtiæ tuæ emíttet Dóminus ex Sion: *
 domináre in médio inimicórum tuórum.
Tecum principátus in die virtútis tuæ, †
 in splendóribus sanctis, *
 ex útero ante lucíferum génui te.

Iurávit Dóminus et non pænitébit eum: *
 «Tu es sacérdos in ætérnum
  secúndum órdinem Melchísedech.»
Dóminus a dextris tuis, *
 conquassábit in die iræ suæ reges.
Iudicábit in natiónibus: cumulántur cadávera, *
 conquassábit cápita in terra spatiósa.

De torrénte in via bibet, *
 proptérea exaltábit caput.

Ps 110, 8

Ant. IV* Fidélia * ómnia mandáta eius: confirmáta in sǽculum sǽculi. E u o u a e.

PSALMUS 110

MAGNA OPERA DOMINI

Magna et mirabilia opera tua, Domine Deus omnipotens (Apc 15, 3).

v. 2

Ant. III a Magna ópera Dómini, omnes voluntátes eius. E u o u a e.

Confitébor Dómino in toto corde meo, *
  in consílio iustórum et congregatióne.
Magna ópera Dómini, *
  exquirénda ómnibus qui cúpiunt ea.
Decor et magnificéntia opus eius, *
  et iustítia eius manet in sǽculum sǽculi.
Memóriam fecit mirabílium suórum, *
  miséricors et miserátor Dóminus.
Escam dedit timéntibus se; *
  memor erit in sǽculum testaménti sui.

Virtútem óperum suórum annuntiávit pópulo suo, †
  ut det illis hereditátem géntium; *
  ópera mánuum eius véritas et iudícium.
Fidélia ómnia mandáta eius, †
  confirmáta in sǽculum sǽculi, *
  facta in veritáte et æquitáte.
Redemptiónem misit pópulo suo, *
  mandávit in ætérnum testaméntum suum.

Sanctum et terríbile nomen eius. *
  Inítium sapiéntiæ timor Dómini,
intelléctus bonus ómnibus faciéntibus ea; *
  laudátio eius manet in sǽculum sǽculi.

Ant. IV*   Ps III, 1

IN mandátis * eius cu-pit ni-mis.   E u o u a e.

PSALMUS III

VIRI IUSTI BEATITUDO

Ut filii lucis ambulate; fructus lucis est in omni bonitate et iustitia et veritate (Eph 5, 8-9).

Beátus vir, qui timet Dóminum, *
  in mandátis eius cupit nimis.
Potens in terra erit semen eius, *
  generátio rectórum benedicétur.
Glória et divítiæ in domo eius, *
  et iustítia eius manet in sǽculum sǽculi. —

Exórtum est in ténebris lumen rectis, *
 miséricors et miserátor et iustus.
Iucúndus homo, qui miserétur et cómmodat, †
 dispónet res suas in iudício, *
 quia in ætérnum non commovébitur.

In memória ætérna erit iustus, *
 ab auditióne mala non timébit.
Parátum cor eius, sperans in Dómino, †
 confirmátum est cor eius, non timébit, *
 donec despíciat inimícos suos.
Distríbuit, dedit paupéribus; †
 iustítia eius manet in sǽculum sǽculi, *
 cornu eius exaltábitur in glória.

Peccátor vidébit et irascétur, †
 déntibus suis fremet et tabéscet. *
 Desidérium peccatórum períbit.

Ps 112, 2

Ā. VII C

S IT nomen Dómi-ni * be-ne-díctum in sǽcu-la.

E u o u a e.

PSALMUS 112

LAUDABILE NOMEN DOMINI

Deposuit potentes de sede, et exaltavit humiles (Lc 1, 52).

v. 3

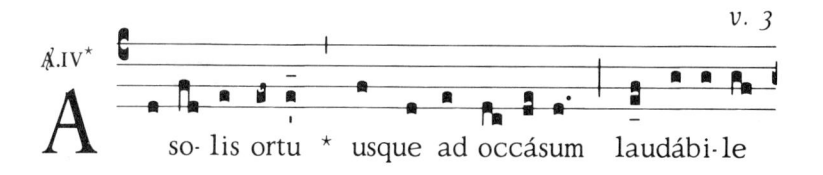

Ā. IV*

A so- lis ortu * usque ad occásum laudábi-le

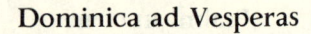

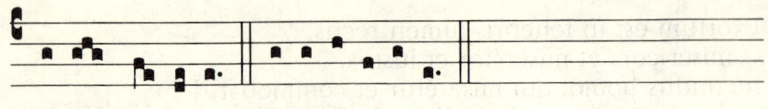

nomen Dómini. E u o u a e.

Laudáte, púeri Dómini, *
  laudáte nomen Dómini.
Sit nomen Dómini benedíctum *
  ex hoc nunc et usque in sǽculum.
A solis ortu usque ad occásum *
  laudábile nomen Dómini.

Excélsus super omnes gentes Dóminus, *
  super cælos glória eius.
Quis sicut Dóminus Deus noster, qui in altis hábitat *
  et se inclínat, ut respíciat in cælum et in terram?

Súscitans de terra ínopem, *
  de stércore érigens páuperem,
ut cóllocet eum cum princípibus, *
  cum princípibus pópuli sui.

Qui habitáre facit stérilem in domo, *
  matrem filiórum lætántem.

Lectio brevis per annum   2 Cor 1, 3-4

Benedíctus Deus et Pater Dómini nostri Iesu Christi, Pater misericordiárum et Deus totíus consolatiónis, qui consolátur nos in omni tribulatióne nostra, ut possímus et ipsi consolári eos, qui in omni pressúra sunt, per exhortatiónem, qua exhortámur et ipsi a Deo.

℟ *Ad Vesperas quotidie lectio longior eligi potest.*

Ps 103, 24

℟.br.VI Quam magni-fi-cá-ta sunt * Opera tu- a, Dómine.

℣. Omnia in sapiéntia fecísti. ℣. Glória Patri, et Fílio, et Spirítui Sancto.

vel: Dn 3, 56

℟.br.VI **B**enedíctus es, Dómine, * In firmaménto cæli.

℣. Et laudábilis et gloriósus in sǽcula. ℣. Glória Patri, et Fílio, et Spirítui Sancto.

HYMNUS

Lucis creátor óptime,
lucem diérum próferens,
primórdiis lucis novæ
mundi parans oríginem;

Qui mane iunctum vésperi
diem vocári præcipis:
tætrum chaos illábitur;
audi preces cum flétibus.

Ne mens graváta crímine
vitæ sit exsul múnere,
dum nil perénne cógitat
seséque culpis ílligat.

Cælórum pulset íntimum,
vitále tollat præmium;
vitémus omne nóxium,
purgémus omne péssimum.

Præsta, Pater piíssime,
Patríque compar Unice,
cum Spíritu Paráclito
regnans per omne sǽculum. Amen.

℣. Dirigátur, Dómine, orátio mea.
℟. Sicut incénsum in conspéctu tuo.

Tempore Adventus, Quadragesimae ac tempore paschali, ℟. *br., hymnus et* ℣. *inveniuntur in Ordinariis.*

Ad Magnificat, antiphona propria.

CANTICUM EVANGELICUM Lc 1, 46-55
EXSULTATIO ANIMAE IN DOMINO

Magníficat *
 ánima mea Dóminum,
et exsultávit spíritus meus *
 in Deo salvatóre meo,
quia respéxit humilitátem ancíllæ suæ. *
 Ecce enim ex hoc beátam me dicent omnes generatiónes,
quia fecit mihi magna, qui potens est, *
 et sanctum nomen eius,
et misericórdia eius in progénies et progénies *
 timéntibus eum.

Fecit poténtiam in bráchio suo, *
 dispérsit supérbos mente cordis sui;
depósuit poténtes de sede *
 et exaltávit húmiles;
esuriéntes implévit bonis *
 et dívites dimísit ináns.

Suscépit Israel púerum suum, *
 recordátus misericórdiæ,
sicut locútus est ad patres nostros, *
 Abraham et sémini eius in sǽcula.

Litania *et conclusio sicut indicatur ad Laudes matutinas, p. 82.*

Benedictio

Ille nos benedícat per témpora,
 qui dixit «lux fiat» ante sǽcula. ℟. Amen.

FERIA SECUNDA AD VESPERAS

In memoriis, exceptis iis quae habent antiphonas proprias, dicuntur psalmi de feria cum suis antiphonis.

Ps 113, 18

Ant. per.

NOS qui vívimus, * benedícimus Dómino.

E u o u a e.

Tempore paschali

Ant. DD

ALlelúia, * allelúia, allelúia.   E u o u a e.

Sub hac unica antiphona dicuntur omnes psalmi

PSALMUS 113 A

ISRAEL EX AEGYPTO LIBERATUR

Cognoscite etiam vos exiisse ab Aegypto, qui huic saeculo renuntiastis (S. Augustinus).

v. 2

Ant. VIII g

FActa est * Iudǽa sanctificátio eius.

E u o u a e.

IN éxitu Israel de Ægýpto, *
  domus Iacob de pópulo bárbaro,
factus est Iuda sanctuárium eius, *
  Israel potéstas eius.

Mare vidit et fugit, *
  Iordánis convérsus est retrórsum;
montes saltavérunt ut aríetes, *
  et colles sicut agni óvium.

Quid est tibi, mare, quod fugísti? *
  Et tu, Iordánis, quia convérsus es retrórsum?
Montes, quod saltástis sicut aríetes, *
  et colles, sicut agni óvium?

A fácie Dómini contremísce, terra, *
  a fácie Dei Iacob,
qui convértit petram in stagna aquárum *
  et sílicem in fontes aquárum.

Hic non dicitur Glória sed statim additur Ps 113 B

PSALMUS 113 B

LAUS VERI DEI

Conversi estis ad Deum a simulacris, servire Deo vivo et vero (1 Thess 1, 9).

Ant. VIII g — NOmini tuo, * Dómine, da glóriam. E u o u a e.

Ant. per. — DEus autem noster in cælo: * ómnia quæcúmque vóluit, fecit. E u o u a e.

℣. Nos qui vívimus, *ut supra, p. 309.*

Psalmus 113

NOn nobis, Dómine, non nobis, †
 sed nómini tuo da glóriam *
 super misericórdia tua et veritáte tua.
Quare dicent gentes: *
 «Ubi est Deus eórum?»
Deus autem noster in cælo, *
 ómnia quæcúmque vóluit, fecit.
Simulácra géntium argéntum et aurum, *
 ópera mánuum hóminum.
Os habent et non loquéntur, *
 óculos habent et non vidébunt.
Aures habent et non áudient, *
 nares habent et non odorábunt.
Manus habent et non palpábunt, †
 pedes habent et non ambulábunt; *
 non clamábunt in gútture suo.
Símiles illis erunt, qui fáciunt ea, *
 et omnes, qui confídunt in eis.

Domus Israel sperávit in Dómino: *
 adiutórium eórum et scutum eórum est.
Domus Aaron sperávit in Dómino: *
 adiutórium eórum et scutum eórum est.
Qui timent Dóminum, speravérunt in Dómino: *
 adiutórium eórum et scutum eórum est.

Dóminus memor fuit nostri *
 et benedícet nobis:
benedícet dómui Israel, *
 benedícet dómui Aaron,
benedícet ómnibus, qui timent Dóminum, *
 pusíllis cum maióribus.

Adíciat Dóminus super vos, *
 super vos et super fílios vestros.
Benedícti vos a Dómino, *
 qui fecit cælum et terram.
Cæli, cæli sunt Dómino, *
 terram autem dedit fíliis hóminum.
Non mórtui laudábunt te, Dómine, *
 neque omnes, qui descéndunt in siléntium,
sed nos qui vívimus, benedícimus Dómino *
 ex hoc nunc et usque in sǽculum.

Ps 114, 2

Ant. 1 g I Nclinávit * Dóminus aurem su-am mi-hi.

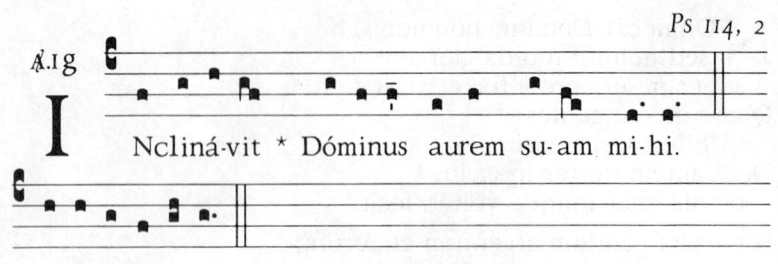

E u o u a e.

PSALMUS 114
GRATIARUM ACTIO

Per multas tribulationes oportet nos intrare in regnum Dei (Act 14, 22).

Iléxi, quóniam exáudit Dóminus *
 vocem deprecatiónis meæ.
Quia inclinávit aurem suam mihi, *
 cum in diébus meis invocábam.
Circumdedérunt me funes mortis, *
 et angústiæ inférni invenérunt me.
Tribulatiónem et dolórem invéni †
 et nomen Dómini invocábam: *
 «O Dómine, líbera ánimam meam».
Miséricors Dóminus et iustus, *
 et Deus noster miserétur.
Custódiens párvulos Dóminus; *
 humiliátus sum, et salvum me fáciet.
Convértere, ánima mea, in réquiem tuam, *
 quia Dóminus benefécit tibi;
quia erípuit ánimam meam de morte, †
 óculos meos a lácrimis, *
 pedes meos a lapsu.
Ambulábo coram Dómino *
 in regióne vivórum.

Ps 115, 1

Ant. VIII g C Rédi-di, * propter quod locútus sum. E u o u a e.

Et non repetitur in psalmo.

PSALMUS 115

GRATIARUM ACTIO IN TEMPLO

Per ipsum (Christum) offeramus hostiam laudis semper Deo (Heb 13, 15).

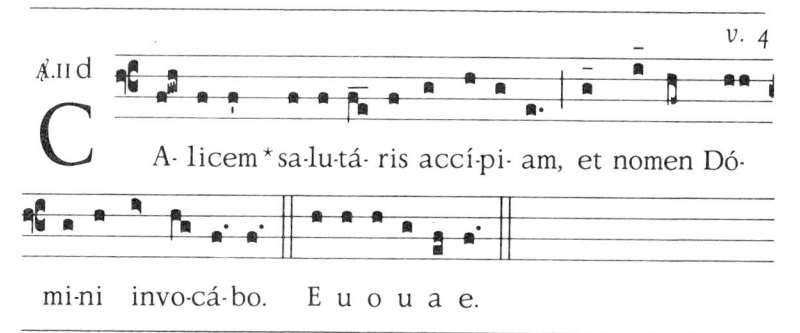

Ant. II d

CA-licem * sa-lu-tá-ris accí-pi-am, et nomen Dómini invo-cá-bo. E u o u a e.

CRédidi, étiam cum locútus sum: *
  «Ego humiliátus sum nimis.»
Ego dixi in trepidatióne mea: *
  «Omnis homo mendax.»

Quid retríbuam Dómino *
  pro ómnibus, quæ retríbuit mihi?
Cálicem salutáris accípiam *
  et nomen Dómini invocábo.

Vota mea Dómino reddam *
  coram omni pópulo eius.
Pretiósa in conspéctu Dómini *
  mors sanctórum eius.

O Dómine, ego servus tuus, *
  ego servus tuus et fílius ancíllæ tuæ.
Dirupísti víncula mea: †
  tibi sacrificábo hóstiam laudis *
  et nomen Dómini invocábo.

Vota mea Dómino reddam *
  coram omni pópulo eius,
in átriis domus Dómini, *
  in médio tui, Ierúsalem.

Hic non dicitur Glória, *sed statim additur psalmus sequens.*

PSALMUS 116

LAUS MISERENTIS DOMINI

Dico... gentes super misericordia honorare Deum (Rom 15, 8. 9).

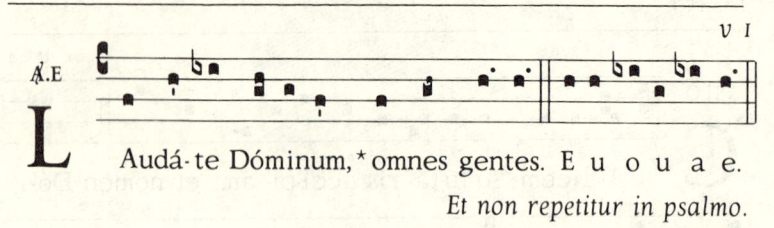

Ant. E — v I

L Audá-te Dóminum,* omnes gentes. E u o u a e.

Et non repetitur in psalmo.

L Audáte Dóminum, omnes gentes, *
collaudáte eum, omnes pópuli.
Quóniam confirmáta est super nos misericórdia eius, *
et véritas Dómini manet in ætérnum.

Ant. II*d — Ps 128, 1

S Æ-pe * expugnavérunt me a iuventú-te me- a.

E u o u a e. *Et non repetitur in psalmo.*

PSALMUS 128

POPULI AFFLICTI RENOVATA FIDUCIA

Ecclesia loquitur de iis quae tolerat (S. Augustinus).

S Æpe expugnavérunt me a iuventúte mea, *
dicat nunc Israel,
sæpe expugnavérunt me a iuventúte mea, *
étenim non potuérunt advérsum me.
Supra dorsum meum aravérunt aratóres, *
prolongavérunt sulcos suos.
Dóminus autem iustus *
concídit cervíces peccatórum. —

Confundántur et convertántur retrórsum *
 omnes, qui odérunt Sion.
Fiant sicut fenum tectórum, *
 quod, priúsquam evellátur, exáruit;
de quo non implévit manum suam, qui metit, *
 et sinum suum, qui manípulos cólligit.
Et non dixérunt, qui præteríbant: †
 «Benedíctio Dómini super vos, *
 benedícimus vobis in nómine Dómini.»

Lectio brevis per annum *Col 1, 9-11*

Impleámini agnitióne voluntátis Dei, in omni sapiéntia et intelléctu spiritáli, ut ambulétis digne Dómino per ómnia placéntes, in omni ópere bono fructificántes et crescéntes in sciéntia Dei, in omni virtúte confortáti secúndum poténtiam claritátis eius in omnem patiéntiam et longanimitátem cum gáudio.

Ps 40, 5

℟.br.VI S Ana ánimam meam, * Quia peccávi tibi.

℣. Ego dixi: Dómine, miserére mei. ℣. Glória Patri, et Fílio, et Spirítui Sancto.

vel: *Ps 22, 1-2*

℟.br.VI D Ominus pascit me, * Et nihil mihi déerit. ℣. In

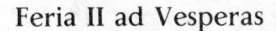

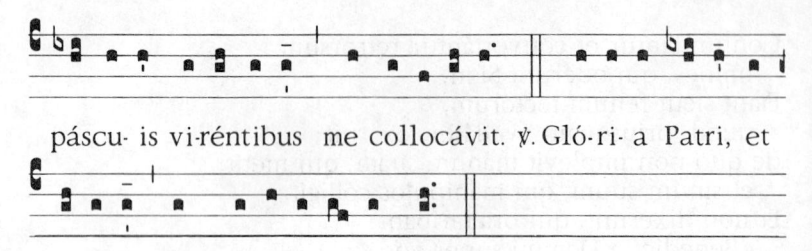

páscu- is vi-réntibus me collocávit. ℣. Gló-ri- a Patri, et Fí-li- o, et Spi-rí-tu- i Sancto.

HYMNUS

Imménse cæli cónditor,
qui, mixta ne confúnderent,
aquæ fluénta dívidens,
cælum dedísti límitem,

 Firmans locum cæléstibus
simúlque terræ rívulis,
ut unda flammas témperet,
terræ solum ne díssipet:

 Infúnde nunc, piíssime,
donum perénnis grátiæ,
fraudis novæ ne cásibus
nos error átterat vetus.

 Lucem fides invéniat,
sic lúminis iubar ferat;
hæc vana cuncta térreat,
hanc falsa nulla cómprimant.

 Præsta, Pater piíssime,
Patríque compar Unice,
cum Spíritu Paráclito
regnans per omne sæculum. Amen.

℣. Dirigátur, Dómine, orátio mea.
℟. Sicut incénsum in conspéctu tuo.

Ad Magnificat *in feriali Officio per annum.* Lc 1, 46

Ā.IV*

Magní- ficat * ánima me- a Dómi- num. E u o u a e.

vel: *Et non repetitur in cantico*

Ā.IV*

Magní- ficet te semper * á-nima me- a, De- us me- us.

Feria II ad Vesperas

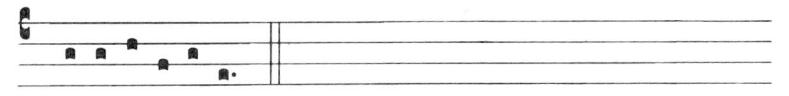

E u o u a e.

Tempore Adventus, Quadragesimae ac tempore paschali, in omnibus feriis, ℟. br., hymnus, versus inveniuntur in Ordinariis.

Litania et conclusio sicut notatur in dominica, cum oratione sequenti vel de dominica praecedenti in feriis per annum, vel de die in feriis aliorum temporum et memoriis.

Oratio per annum

Magníficet te, Dómine, hæc nostræ servitútis proféssio, † ut qui propter nostram salútem humilitátem Maríæ Vírginis respexísti, * ad plenitúdinem redemptiónis nos fácias exaltári. Per Dóminum.

Benedictio

Ineffábilis Déitas
   ad amórem sui érigat mentes nostras. ℟. Amen.

FERIA TERTIA AD VESPERAS

Ps 129, 1

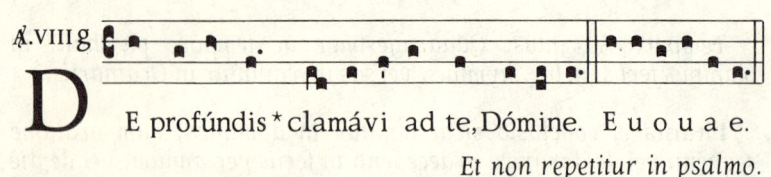

Ant. VIII g

DE profúndis * clamávi ad te, Dómine. E u o u a e.

Et non repetitur in psalmo.

Tempore paschali

Ant. VIII g

ALle-lú-ia, * allelú-ia, alle-lú-ia. E u o u a e.

PSALMUS 129
DE PROFUNDIS CLAMAVI

Ipse salvum faciet populum suum a peccatis eorum (Mt 1, 21).

DE profúndis clamávi ad te, Dómine; *
 Dómine exáudi vocem meam.
Fiant aures tuæ intendéntes *
 in vocem deprecatiónis meæ.

Si iniquitátes observáveris, Dómine, *
 Dómine, quis sustinébit?
Quia apud te propitiátio est, *
 ut timeámus te.
Sustínui te, Dómine, *
 sustínuit ánima mea in verbo eius;
sperávit ánima mea in Dómino *
 magis quam custódes auróram.

Magis quam custódes auróram *
 speret Israel in Dómino,
quia apud Dóminum misericórdia, *
 et copiósa apud eum redémptio.
Et ipse rédimet Israel *
 ex ómnibus iniquitátibus eius.

Ant.E S Peret * Isra-el in Dó-mi-no. E u o u a e.

PSALMUS 130
QUASI PARVULI FIDUCIA IN DOMINO COLLOCATA
Discite a me, quia mitis sum et humilis corde (Mt 11, 29).

Ant.1g D Omi-ne, * non est exaltátum cor me- um.

E u o u a e.   *Et non repetitur in psalmo.*

DOmine, non est exaltátum cor meum, *
 neque eláti sunt óculi mei,
neque ambulávi in magnis *
 neque in mirabílibus super me.

Vere pacátam et quiétam *
 feci ánimam meam;
sicut ablactátus in sinu matris suæ, *
 sicut ablactátus, ita in me est ánima mea.

Speret Israel in Dómino *
 ex hoc nunc et usque in sǽculum.

Ant.E E T omnis * mansu- e-tú-di-nis e-ius. E u o u a e.

PSALMUS 131
DIVINA PROMISSA DOMUI DAVID DATA
Dabit illi Dominus Deus sedem David patris eius (Lc 1, 32).

Ant. III b — v. 13

E-légit Dóminus Si-on * in habi-ta-ti-ónem si-bi.

E u o u a e.

Eménto, Dómine, David *
et omnis mansuetúdinis eius,
quia iurávit Dómino, *
votum vovit Poténti Iacob:

«Non introíbo in tabernáculum domus meæ, *
non ascéndam in lectum stráti mei,
non dabo somnum óculis meis *
et pálpebris meis dormitatiónem,
donec invéniam locum Dómino, *
tabernáculum Poténti Iacob.»

Ecce audívimus eam esse in Ephrata, *
invénimus eam in campis Iaar.
Ingrediámur in tabernáculum eius, *
adorémus ad scabéllum pedum eius.

Surge, Dómine, in réquiem tuam, *
tu et arca fortitúdinis tuæ.
Sacerdótes tui induántur iustítiam, *
et sancti tui exsúltent.
Propter David servum tuum *
non avértas fáciem christi tui.

¶D

Iurávit Dóminus David veritátem *
et non recédet ab ea:
«De fructu ventris tui *
ponam super sedem tuam.

Si custodíerint fílii tui testaméntum meum *
    et testimónia mea quæ docébo eos,
fílii eórum usque in sǽculum *
    sedébunt super sedem tuam.»
Quóniam elégit Dóminus Sion, *
    desiderávit eam in habitatiónem sibi:
«Hæc réquies mea in sǽculum sǽculi; *
    hic habitábo, quóniam desiderávi eam.
Cibária eius benedícens benedícam, *
    páuperes eius saturábo pánibus.
Sacerdótes eius índuam salutári, *
    et sancti eius exsultatióne exsultábunt.
Illic germináre fáciam cornu David, *
    parábo lucérnam christo meo.
Inimícos eius índuam confusióne, *
    super ipsum autem efflorébit diadéma eius.»

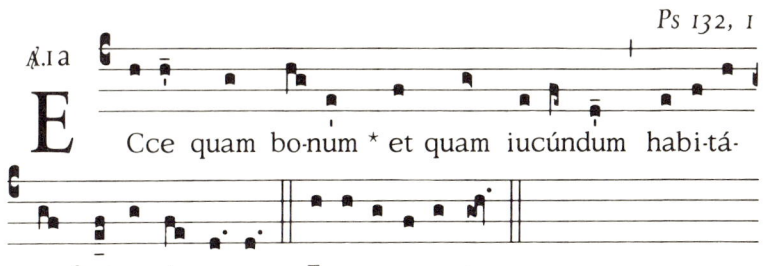

Ps 132, 1

Ant. 1 a

ECce quam bonum * et quam iucúndum habitáre fratres in unum. E u o u a e.

Et non repetitur in psalmo.

PSALMUS 132

FRATERNAE CONCORDIAE IUCUNDITAS

Diligamus nos invicem, quia caritas ex Deo est (1 Io 4, 7).

ECce quam bonum et quam iucúndum *
    habitáre fratres in unum:
sicut unguéntum óptimum in cápite, †
    quod descéndit in barbam, barbam Aaron, *
    quod descéndit in oram vestiménti eius;
sicut ros Hermon, qui descéndit in montes Sion, †
    quóniam illic mandávit Dóminus benedictiónem, *
    vitam usque in sǽculum.

Lectio brevis per annum
1 Io 3, 1.2

Vidéte qualem caritátem dedit nobis Pater, ut fílii Dei nominémur, et sumus! Caríssimi, nunc fílii Dei sumus, et nondum manifestátum est quid érimus; scimus quóniam, cum ipse apparúerit, símiles ei érimus, quóniam vidébimus eum, sícuti est.

Ps 118, 89-90

℟.br.VI

IN ætérnum, Dómine, * Pérmanet verbum tu·um.

℣. In sæculum sæcu·li vé·ri·tas tu·a. ℣. Gló·ri·a Patri, et Fí·li·o, et Spi·rí·tu·i Sancto.

vel:

Ps 15, 11

℟.br.VI

AD· implébis me læ·tí·ti·a * Cum vultu tu·o, Dómine. ℣. Delecta·ti· ónes in déxtera tu·a usque in finem.

℣. Gló·ri·a Patri, et Fí·li·o, et Spi·rí·tu·i Sancto.

Feria III ad Vesperas

HYMNUS

Tellúris ingens cónditor,
 mundi solum qui éruens,
pulsis aquæ moléstiis,
terram dedísti immóbilem,

 Ut germen aptum próferens,
fulvis decóra flóribus,
fecúnda fructu sísteret
pastúmque gratum rédderet:

Mentis perústæ vúlnera
munda viróre grátiæ,
ut facta fletu díluat
motúsque pravos átterat,

 Iussis tuis obtémperet,
nullis malis appróximet,
bonis repléri gáudeat
et mortis actum nésciat.

 Præsta, Pater piíssime,
 Patríque compar Unice,
 cum Spíritu Paráclito
 regnans per omne sæculum. Amen.

℣. Dirigátur, Dómine, orátio mea.
℟. Sicut incénsum in conspéctu tuo.

Ad Magnificat Lc 1, 47

Ant. V a

Exsúltet * spíritus meus in Dómino Deo salutári meo. E u o u a e.

vel: Lc 1, 46.48

Ant. VIII g

Magníficat * ánima mea Dóminum, quia respéxit Deus humilitátem meam. E u o u a e.

Oratio per annum

Grátias tibi ágimus, Dómine Deus omnípotens, qui nos ad hanc horam vespertínam perveníre tribuísti, † te supplíciter deprecántes, * ut elevátio mánuum nostrárum sit in conspéctu tuo acceptábile sacrifícium. Per Dóminum.

Benedictio

Ad gáudia ætérna
 perdúcat nos omnípotens et miséricors Dóminus.
 ℟. Amen.

FERIA QUARTA AD VESPERAS

Ps 134, 6

Ant. III g

OMnia * quæcúmque vóluit, Dóminus fecit.

E u o u a e.

Tempore paschali

Ant. III g

ALlelúia, * allelúia, allelúia. E u o u a e.

PSALMUS 134
LAUS DOMINI MIRABILIA OPERANTIS

Populus acquisitionis... annuntiate virtutes eius, qui de tenebris vos vocavit in admirabile lumen suum (cf. 1 Pe 2, 9).

Laudáte * nomen Dó-mi-ni, qui sta-tis in domo Dómi-ni. E u o u a e.

Laudáte nomen Dómini, *
  laudáte, servi Dómini,
qui statis in domo Dómini, *
  in átriis domus Dei nostri.

Laudáte Dóminum, quia bonus Dóminus; *
  psállite nómini eius, quóniam suáve.
Quóniam Iacob elégit sibi Dóminus, *
  Israel in pecúlium sibi.

Quia ego cognóvi quod magnus est Dóminus *
  et Deus noster præ ómnibus diis.
Omnia quæcúmque vóluit, †
  Dóminus fecit in cælo et in terra, *
  in mari et in ómnibus abýssis.
Addúcens nubes ab extrémo terræ, †
  fúlgura in plúviam facit, *
  prodúcit ventos de thesáuris suis.

Qui percússit primogénita Ægýpti *
  ab hómine usque ad pecus.
Misit signa et prodígia in médio tui, Ægýpte, *
  in pharaónem et in omnes servos eius.
Qui percússit gentes multas *
  et occídit reges fortes:
Sehon regem Amorræórum et Og regem Basan *
  et ómnia regna Chánaan.

Et dedit terram eórum hereditátem, *
 hereditátem Israel pópulo suo.
Dómine, nomen tuum in ætérnum; *
 Dómine, memoriále tuum
 in generatiónem et generatiónem.
Quia iudicábit Dóminus pópulum suum *
 et servórum suórum miserébitur.
Simulácra géntium argéntum et aurum, *
 ópera mánuum hóminum:
os habent et non loquéntur; *
 óculos habent et non vidébunt;
aures habent et non áudient; *
 neque enim est spíritus in ore ipsórum.
Símiles illis erunt, qui fáciunt ea, *
 et omnes qui confídunt in eis.
Domus Israel, benedícite Dómino; *
 domus Aaron, benedícite Dómino;
domus Levi, benedícite Dómino; *
 qui timétis Dóminum, benedícite Dómino.
Benedíctus Dóminus ex Sion, *
 qui hábitat in Ierúsalem.

Ps 135, 1

Ant. III g   Uóniam * in ætérnum misericórdia eius.

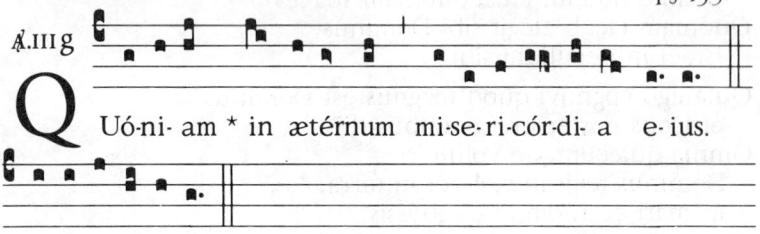

E u o u a e.

PSALMUS 135

HYMNUS PASCHALIS

Domini res gestas narrare laudare est (Cassiodorus).

Confitémini Dómino, quóniam bonus, *
 quóniam in ætérnum misericórdia eius.
Confitémini Deo deórum, *
 quóniam in ætérnum misericórdia eius.

Psalmus 135

Confitémini Dómino dominórum, *
 quóniam in ætérnum misericórdia eius.

Qui facit mirabília magna solus, *
 quóniam in ætérnum misericórdia eius.
Qui fecit cælos in intelléctu, *
 quóniam in ætérnum misericórdia eius.
Qui expándit terram super aquas, *
 quóniam in ætérnum misericórdia eius.
Qui fecit luminária magna, *
 quóniam in ætérnum misericórdia eius;
solem, ut præésset diéi, *
 quóniam in ætérnum misericórdia eius;
lunam et stellas, ut præéssent nocti, *
 quóniam in ætérnum misericórdia eius.

Qui percússit Ægýptum in primogénitis eórum, *
 quóniam in ætérnum misericórdia eius.
Qui edúxit Israel de médio eórum, *
 quóniam in ætérnum misericórdia eius;
in manu poténti et bráchio exténto, *
 quóniam in ætérnum misericórdia eius.

Qui divísit mare Rubrum in divisiónes, *
 quóniam in ætérnum misericórdia eius.
Et tradúxit Israel per médium eius, *
 quóniam in ætérnum misericórdia eius.
Et excússit pharaónem et virtútem eius in mari Rubro, *
 quóniam in ætérnum misericórdia eius.

Qui tradúxit pópulum suum per desértum, *
 quóniam in ætérnum misericórdia eius.
Qui percússit reges magnos, *
 quóniam in ætérnum misericórdia eius;
et occídit reges poténtes, *
 quóniam in ætérnum misericórdia eius:
Sehon regem Amorræórum, *
 quóniam in ætérnum misericórdia eius;
et Og regem Basan, *
 quóniam in ætérnum misericórdia eius.
Et dedit terram eórum hereditátem, *
 quóniam in ætérnum misericórdia eius;
hereditátem Israel servo suo, *
 quóniam in ætérnum misericórdia eius. —

Qui in humilitáte nostra memor fuit nostri, *
 quóniam in ætérnum misericórdia eius;
et redémit nos ab inimícis nostris, *
 quóniam in ætérnum misericórdia eius.
Qui dat escam omni carni, *
 quóniam in ætérnum misericórdia eius.

Confitémini Deo cæli, *
 quóniam in ætérnum misericórdia eius.

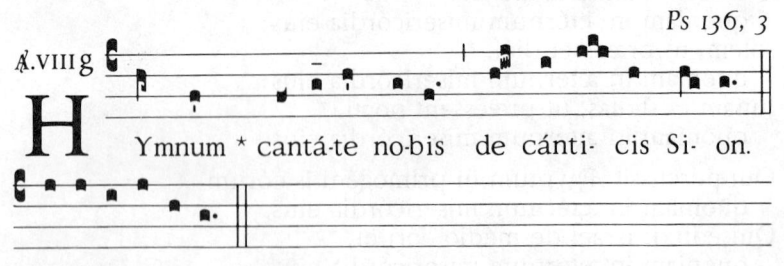

Ps 136, 3

Ant. VIII g

Hymnum * cantáte nobis de cánticis Sion.

E u o u a e.

PSALMUS 136
SUPER FLUMINA BABYLONIS

Hanc corporalem populi captivitatem referre in exemplum spiritalis captivitatis oportet (S. Hilarius).

Super flúmina Babylónis, illic sédimus et flévimus, *
 cum recordarémur Sion.
In salícibus in médio eius *
 suspéndimus cítharas nostras.

Quia illic rogavérunt nos, qui captívos duxérunt nos, *
 verba cantiónum
et, qui affligébant nos, lætítiam: *
 «Cantáte nobis de cánticis Sion».

Quómodo cantábimus cánticum Dómini *
 in terra aliéna?
Si oblítus fúero tui, Ierúsalem, *
 oblivióni detur déxtera mea;
adhǽreat lingua mea fáucibus meis, *
 si non memínero tui,
si non præposúero Ierúsalem *
 in cápite lætítiæ meæ. —

Memor esto, Dómine, advérsus fílios Edom *
   diéi Ierúsalem;
qui dicébant: «Exinaníte, exinaníte *
   usque ad fundaméntum in ea».
Fília Babylónis devástans, †
   beátus, qui retríbuet tibi retributiónem tuam, *
   quam retribuísti nobis;
beátus, qui tenébit *
   et allídet párvulos tuos ad petram.

Ps 137, 1

Ant. va

IN conspéctu * ange-ló-rum psallam ti-bi, De- us me- us. E u o u a e.

PSALMUS 137

GRATIARUM ACTIO

Reges terrae afferent gloriam suam et honorem in civitatem sanctam (Cf. Apc 21, 24).

Ant. va — v. 2

COnfi-té-bor * nómi-ni tu- o, Dómine, super mi-se-ri-córdi- a et veri- tá-te tu- a. E u o u a e.

COnfitébor tibi, Dómine, in toto corde meo, *
   quóniam audísti verba oris mei.
In conspéctu angelórum psallam tibi, *
   adorábo ad templum sanctum tuum;

et confitébor nómini tuo †
  propter misericórdiam tuam et veritátem tuam, *
  quóniam magnificásti super omne nomen elóquium tuum.

In quacúmque die invocávero te, exáudi me; *
  multiplicábis in ánima mea virtútem.
Confitebúntur tibi, Dómine, omnes reges terræ, *
  quia audiérunt elóquia oris tui.
Et cantábunt vias Dómini, *
  quóniam magna est glória Dómini;
quóniam excélsus Dóminus †
  et húmilem réspicit, *
  et supérbum a longe cognóscit.

Si ambulávero in médio tribulatiónis, vivificábis me; †
  et contra iram inimicórum meórum
      exténdes manum tuam, *
  et salvum me fáciet déxtera tua.
Dóminus perfíciet pro me; †
  Dómine, misericórdia tua in sǽculum: *
  ópera mánuum tuárum ne despícias.

Lectio brevis per annum *Iac 1, 22. 25*

Estóte factóres verbi et non auditóres tantum falléntes vosmetípsos. Qui autem perspéxerit in lege perfécta libertátis et permánserit, non audítor obliviósus factus sed factor óperis, hic beátus in facto suo erit.

Ps 25, 11.9

℟.br.VI

R Edime me, Dómine, * Et mi·se·ré·re me· i.

℣. Ne perdas cum ímpi· is á·nimam me·am. ℣. Gló·ri· a

Patri, et Fí·li· o, et Spi·rí·tu· i Sancto.

Feria IV ad Vesperas

vel: Ps 16, 8

℟.br.VI Custódi nos, Dómine, * Ut pupíllam óculi. ℣. Sub umbra alárum tuárum prótege nos. ℣. Glória Patri, et Fílio, et Spirítui Sancto.

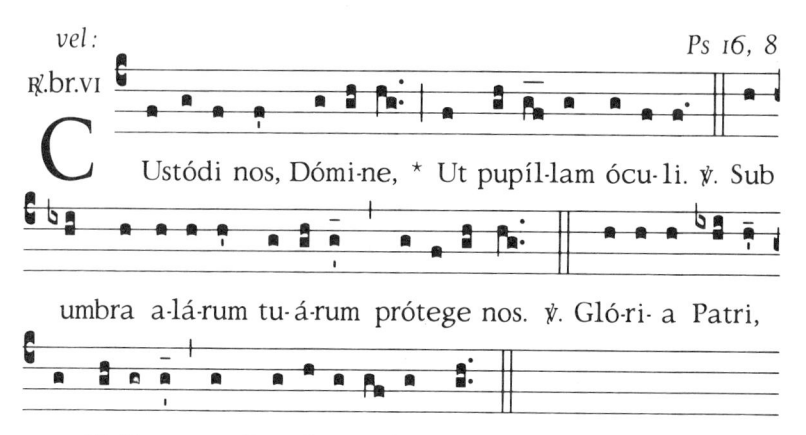

HYMNUS

Cæli Deus sanctíssime,
qui lúcidum centrum poli
candóre pingis ígneo
augens decóri lúmina,

Quarto die qui flámmeam
solis rotam constítuens,
lunæ minístras órdini
vagos recúrsus síderum,

Ut nóctibus vel lúmini
direptiónis términum,
primórdiis et ménsium
signum dares notíssimum:

Illúmina cor hóminum,
abstérge sordes méntium,
resólve culpæ vínculum,
evérte moles críminum.

Præsta, Pater piíssime,
Patríque compar Unice,
cum Spíritu Paráclito
regnans per omne sǽculum. Amen.

℣. Dirigátur, Dómine, orátio mea.
℟. Sicut incénsum in conspéctu tuo.

Ad Magnificat
Lc 1, 48. 49

A.VIII g Respéxit Dóminus * humilitátem meam, et fecit in me magna qui pot-ens est. E u o u a e.

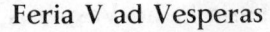

vel: Lc 1, 49

Ant. VIII g

Fecit * mi-hi magna qui potens est, et sanctum nomen e-ius E u o u a e.

Oratio per annum

Adésto, Dómine, précibus nostris, et die noctúque nos prótege, † ut vícibus témporum tua gubernatióne subiécti, * tua semper incommutabilitáte firmémur. Per Dóminum.

Benedictio

Sit Dómini cleméntia
    dux nobis hinc ad æthra. ℟. Amen.

FERIA QUINTA AD VESPERAS

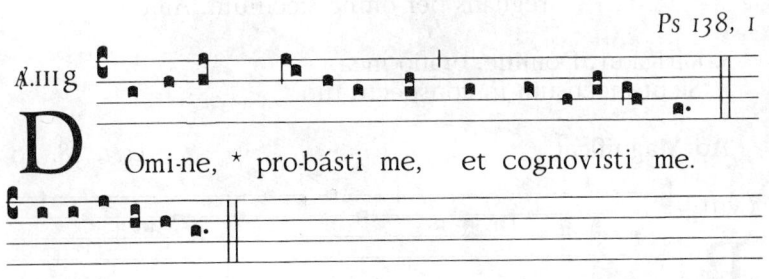

Ps 138, 1

Ant. III g

DOmi-ne, * pro-básti me, et cognovísti me.

E u o u a e. *Et non repetitur in psalmo.*

Tempore paschali

Ā.III g

Alle-lú-ia, * allelú-ia, alle-lú-ia. E u o u a e.

PSALMUS 138

DOMINUS INTUENS OMNIA

Quis cognovit sensum Domini ? Aut quis consiliarius eius fuit ?
(Rom 11, 34).

DOmine, scrutátus es et cognovísti me, *
 tu cognovísti sessiónem meam et resurrectiónem meam.
Intellexísti cogitatiónes meas de longe, *
 sémitam meam et accúbitum meum investigásti.
Et omnes vias meas perspexísti, †
 quia nondum est sermo in lingua mea, *
 et ecce, Dómine, tu novísti ómnia.

A tergo et a fronte coartásti me *
 et posuísti super me manum tuam.
Mirábilis nimis facta est sciéntia tua super me, *
 sublímis, et non attíngam eam.

Quo ibo a spíritu tuo *
 et quo a fácie tua fúgiam?
Si ascéndero in cælum, tu illic es; *
 si descéndero in inférnum, ades.
Si súmpsero pennas auróræ *
 et habitávero in extrémis maris,
étiam illuc manus tua dedúcet me, *
 et tenébit me déxtera tua.
Si díxero: «Fórsitan ténebræ cómpriment me, *
 et nox illuminátio erit circa me»,
étiam ténebræ non obscurabúntur a te, †
 et nox sicut dies illuminábitur *
 sicut ténebræ eius ita et lumen eius. ¶D

DIVISIO

Ant. VI f   *v. 14*

MIrabí-li- a * ó-pe-ra tu-a, Dómi- ne, et á-nima me-a cognóscit ni-mis. E u o u a e.

Quia tu formásti renes meos, *
 contexuísti me in útero matris meæ.
Confitébor tibi, quia mirabíliter plasmátus sum; †
 mirabília ópera tua, *
 et ánima mea cognóscit nimis.

Non sunt abscóndita ossa mea a te, †
 cum factus sum in occúlto, *
 contéxtus in inferióribus terræ.
Imperféctum adhuc me vidérunt óculi tui, †
 et in libro tuo scripti erant omnes dies: *
 ficti erant, et nondum erat unus ex eis.
Mihi autem nimis pretiósæ cogitatiónes tuæ, Deus; *
 nimis gravis summa eárum.
Si dinumerábo eas, super arénam multiplicabúntur; *
 si ad finem pervénerim, adhuc sum tecum.

Utinam occídas, Deus, peccatóres; *
 viri sánguinum, declináte a me.
Qui loquúntur contra te malígne: *
 exaltántur in vanum contra te.
Nonne, qui odérunt te, Dómine, óderam *
 et insurgéntes in te abhorrébam?
Perfécto ódio óderam illos, *
 et inimíci facti sunt mihi.

Scrutáre me, Deus, et scito cor meum; *
 proba me et cognósce sémitas meas
et vide, si via vanitátis in me est, *
 et deduc me in via ætérna.

Ā.IV g

A viro iníquo * líbera me, Dómine. E u o u a e.

PSALMUS 139
TU ES REFUGIUM MEUM

Filius hominis tradetur in manus peccatorum (Mt 26, 45).

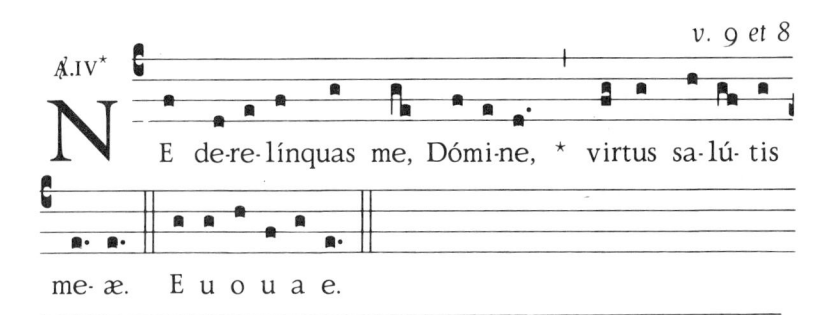

*Ā.IV** v. 9 et 8

NE derelínquas me, Dómine, * virtus salútis meæ. E u o u a e.

Ripe me, Dómine, ab hómine malo, *
 a viro violéntiæ serva me.
Qui cogitavérunt mala in corde, *
 tota die constituébant prœlia.
Acuérunt linguas suas sicut serpéntis, *
 venénum áspidum sub lábiis eórum.

Custódi me, Dómine, de manu peccatóris †
 et a viro violéntiæ serva me, *
 qui cogitavérunt supplantáre gressus meos.
Abscondérunt supérbi láqueum mihi †
 et funes extendérunt in rete, *
 iuxta iter offendícula posuérunt mihi.

Dixi Dómino: «Deus meus es tu ; *
 áuribus pércipe, Dómine, vocem deprecatiónis meæ».
Dómine, Dómine, virtus salútis meæ, *
 obumbrásti caput meum in die belli.

Ne concédas, Dómine, desidéria ímpii ; *
 consília eius ne perfícias.

Exáltant caput, qui circúmdant me; *
    malítia labiórum ipsórum opériat eos.
Cadant super eos carbónes ignis, *
    in fóveas deícias eos, et non exsúrgant.
Vir linguósus non firmábitur in terra, *
    virum violéntiæ mala cápient in intéritu.
Cognóvi quia fáciet Dóminus iudícium ínopis *
    et vindíctam páuperum.
Verúmtamen iusti confitebúntur nómini tuo, *
    et habitábunt recti in conspéctu tuo.

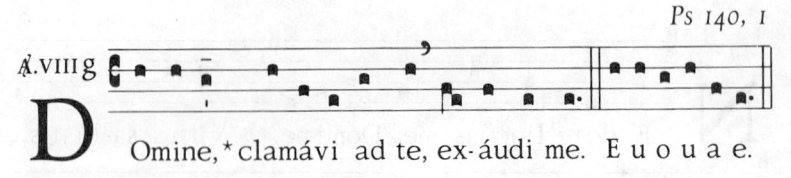

Ps 140, 1

Ą.VIII g

DOmine,* clamávi ad te, ex-áudi me. E u o u a e.

Et non repetitur in psalmo.

PSALMUS 140

IN PERICULIS ORATIO

Et ascendit fumus incensorum de orationibus sanctorum de manu angeli coram Deo (Apc 8, 4).

DOmine, clamávi ad te, ad me festína; *
    inténde voci meæ, cum clamo ad te.
Dirigátur orátio mea sicut incénsum in conspéctu tuo, *
    elevátio mánuum meárum ut sacrifícium vespertínum.
Pone, Dómine, custódiam ori meo *
    et vigíliam ad óstium labiórum meórum.
Non declínes cor meum in verbum malítiæ *
    ad machinándas machinatiónes in impietáte
cum homínibus operántibus iniquitátem; *
    et non cómedam ex delíciis eórum.
Percútiat me iustus in misericórdia et íncrepet me; †
    óleum autem peccatóris non impínguet caput meum, *
    quóniam adhuc et orátio mea in malítiis eórum.
Deiécti in manus duras iúdicum eórum, *
    áudient verba mea, quóniam suávia erant.

Sicut frusta dolántis et dirumpéntis in terra, *
dissipáta sunt ossa eórum ad fauces inférni.
Quia ad te, Dómine, Dómine, óculi mei; *
ad te confúgi, non effúndas ánimam meam.
Custódi me a láqueo quem statuérunt mihi, *
et a scándalis operántium iniquitátem.
Cadent in retiácula sua peccatóres simul, *
ego autem ultra pertránseam.

Lectio brevis per annum 1 Pe 1, 6-9

Exsultátis, módicum nunc si opórtet constristári in váriis tentatiónibus, ut probátio vestræ fídei multo pretiósior auro quod perit, per ignem quidem probáto, inveniátur in laudem et glóriam et honórem in revelatióne Iesu Christi. Quem cum non vidéritis dilígitis, in quem nunc non vidéntes, credéntes autem, exsultátis lætítia inenarrábili et glorificáta, reportántes finem fídei vestræ salútem animárum.

Ps 80, 17

℟.br.VI Cibávit nos Dóminus * Ex ádipe fruménti.

℣. Et de petra melle saturávit nos. ℣. Glória Patri, et Fílio, et Spirítui Sancto.

vel:

Ps 140, 2

℟.br.VI Dirigátur, Dómine, * Ad te orátio mea. ℣. Sicut incénsum in conspéctu tu- o. ℣. Gló-ri- a Patri, et Fí-li- o, et Spi-rí-tu- i Sancto.

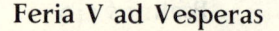

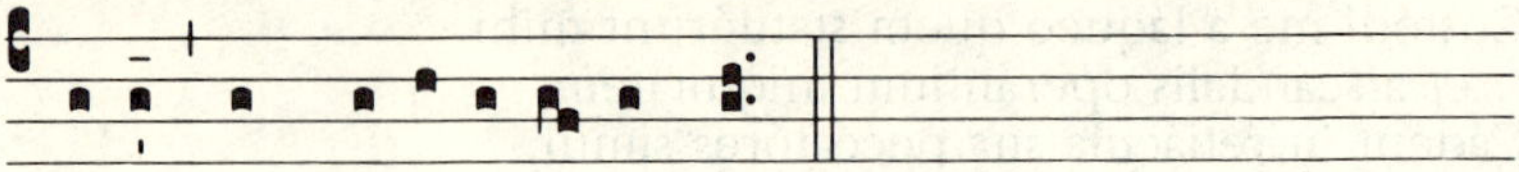

HYMNUS

Magnæ Deus poténtiæ,
qui ex aquis ortum genus
partim remíttis gúrgiti,
partim levas in áera,

Demérsa lymphis ímprimens,
subvécta cælis írrogans,
ut, stirpe una pródita,
divérsa répleant loca:

Largíre cunctis sérvulis,
quos mundat unda sánguinis,
nescíre lapsus críminum
nec ferre mortis tædium,

Ut culpa nullum déprimat,
nullum levet iactántia,
elísa mens ne cóncidat,
eláta mens ne córruat.

Præsta, Pater piíssime,
Patríque compar Unice,
cum Spíritu Paráclito
regnans per omne sǽculum. Amen.

℣. Dirigátur, Dómine, orátio mea.
℟. Sicut incénsum in conspéctu tuo.

Ad Magnificat Lc 1, 51.52

Ā. VII C

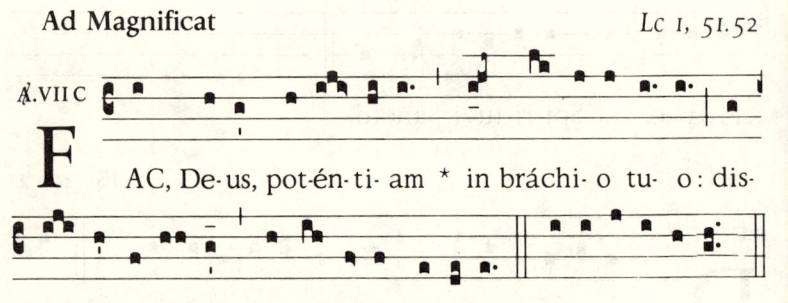

FAC, De- us, pot-én-ti- am * in bráchi- o tu- o: dis-pér-de supérbos, et ex-álta húmi-les. E u o u a e.

vel:

Ant. VII a **M**agnificémus * Christum regem Dóminum qui supérbos humíliat et exáltat húmiles. E u o u a e.

Oratio per annum

Deus, qui illúminas noctem et lumen facis post ténebras radiáre, † concéde nobis, ut hanc noctem sine impediménto Sátanæ transeámus, * atque matutínis horis ante conspéctum tuum tibi grátias referámus. Per Dóminum.

Benedictio

Nos Dóminus pacis,
    consérvet rex pietátis. ℟. Amen.

FERIA SEXTA AD VESPERAS

Ps 141, 6

Ant. VIII g **P**órtio mea, Dómine, * sit in terra vivéntium.

E u o u a e.

Tempore paschali

Ant. VIII g

A L·le·lú·ia, * alle·lú·ia, alle·lú·ia.   E u o u a e.

PSALMUS 141
TU ES REFUGIUM MEUM

Haec omnia in Domino tempore passionis impleta sunt (S. Hilarius).

VOce mea ad Dóminum clamo, *
  voce mea ad Dóminum déprecor;
effúndo in conspéctu eius lamentatiónem meam, *
  et tribulatiónem meam ante ipsum pronúntio.
Cum déficit in me spíritus meus, *
  tu nosti sémitas meas.
In via, qua ambulábam, *
  abscondérunt láqueum mihi.
Considerábam ad déxteram et vidébam, *
  et non erat qui cognósceret me.
Périit fuga a me, *
  et non est qui requírat ánimam meam.
Clamávi ad te, Dómine; †
  dixi: «Tu es refúgium meum, *
  pórtio mea in terra vivéntium.
Intende ad deprecatiónem meam, *
  quia humiliátus sum nimis.
Líbera me a persequéntibus me, *
  quia confortáti sunt super me.
Educ de custódia ánimam meam *
  ad confiténdum nómini tuo;
me circúmdabunt iusti, *
  cum retribúeris mihi.»

Ps 143, 1

Ant. VI f

B E·nedíctus * Dómi·nus De·us me·us.   E u o u a e.

Et non repetitur in psalmo.

PSALMUS 143
PRO VICTORIA ET PACE

Manus eius edoctae sunt ad bellum, cum saeculum vincit: «Ego enim, ait, vici mundum» (S. Hilarius).

Ā.VIII g

Be- á- tus pópu-lus * cu-ius Dómi-nus De-us e- ius.

E u o u a e.

Benedíctus Dóminus, adiútor meus, †
 qui docet manus meas ad prœlium *
 et dígitos meos ad bellum.
Misericórdia mea et fortitúdo mea, *
 refúgium meum et liberátor meus;
scutum meum, et in ipso sperávi, *
 qui subdit pópulum meum sub me.

Dómine, quid est homo, quod agnóscis eum, *
 aut fílius hóminis, quod réputas eum?
Homo vanitáti símilis factus est, *
 dies eius sicut umbra prætériens.

Dómine, inclína cælos tuos et descénde; *
 tange montes, et fumigábunt.
Fúlgura coruscatiónem et díssipa eos; *
 emítte sagíttas tuas et contúrba eos.
Emítte manum tuam de alto; *
 éripe me et líbera me de aquis multis,
de manu filiórum alienigenárum, †
 quorum os locútum est vanitátem, *
 et déxtera eórum déxtera mendácii.

DIVISIO

Deus, cánticum novum cantábo tibi, *
 in psaltério decachórdo psallam tibi,
qui das salútem régibus, *
 qui rédimis David servum tuum de gládio malígno.
Eripe me et líbera me *
 de manu filiórum alienigenárum,
quorum os locútum est vanitátem, *
 et déxtera eórum déxtera mendácii.

Fílii nostri sicut novéllæ crescéntes *
 in iuventúte sua;
fíliæ nostræ sicut colúmnæ anguláres, *
 sculptæ ut structúra templi.
Promptuária nostra plena, *
 redundántia ómnibus bonis;
oves nostræ in mílibus †
 innumerábiles in campis nostris, *
 boves nostræ crassæ.
Non est ruína macériæ neque egréssus, *
 neque clamor in platéis nostris.
Beátus pópulus, cui hæc sunt; *
 beátus pópulus, cuius Dóminus Deus eius.

Ps 144, 2

Ant. VIII g

PER síngulos dí·es * bene-dícam te, Dómi·ne.

E u o u a e.

PSALMUS 144 (1-9)
LAUS DIVINAE MAIESTATIS

Iustus es, Domine, qui es et qui eras (Apc 16, 5).

Exaltábo te, Deus meus rex, †
 et benedícam nómini tuo *
 in sǽculum et in sǽculum sǽculi.

Per síngulos dies benedícam tibi †
 et laudábo nomen tuum *.
 in sǽculum et in sǽculum sǽculi.

Magnus Dóminus et laudábilis nimis, *
 et magnitúdinis eius non est investigátio.

Generátio generatióni laudábit ópera tua, *
 et poténtiam tuam pronuntiábunt.

Magnificéntiam glóriæ maiestátis tuæ loquéntur *
 et mirabília tua enarrábunt.

Et virtútem terribílium tuórum dicent *
 et magnitúdinem tuam narrábunt.

Memóriam abundántiæ suavitátis tuæ eructábunt *
 et iustítia tua exsultábunt.

Miserátor et miséricors Dóminus, *
 longánimis et multæ misericórdiæ.

Suávis Dóminus univérsis, *
 et miseratiónes eius super ómnia ópera eius.

Lectio brevis per annum *Rom 15, 1-3*

Debémus nos firmióres imbecillitátes infirmórum sustinére, et non nobis placére. Unusquísque nostrum próximo pláceat in bonum ad ædificatiónem; étenim Christus non sibi plácuit, sed sicut scriptum est: «Impropéria improperántium tibi cecidérunt super me.»

cf. Apc 1, 5 et 5, 10

℟.br.VI CHristus dilé-xit nos et lavit nos * In sánguine su- o. ℣. Et fecit nos De- o regnum et sacerdó-ti- um.

℣. Gló-ri- a Patri, et Fí-li- o, et Spi-rí-tu- i Sancto.

vel: *cf.* 1 Pe 3, 18

℟.br.VI Mórtuus est Christus pro peccátis nostris, * Ut nos offérret Deo. ℣. Mortificátus quidem carne, vivificátus autem spíritu. ℣. Glória Patri, et Fílio, et Spirítui Sancto.

HYMNUS

Plasmátor hóminis, Deus,
qui, cuncta solus órdinans,
humum iubes prodúcere
reptántis et feræ genus;

Qui magna rerum córpora,
dictu iubéntis vívida,
ut sérviant per órdinem
subdens dedísti hómini:

Repélle a servis tuis
quicquid per immundítiam
aut móribus se súggerit,
aut áctibus se intérserit.

Da gaudiórum præmia,
da gratiárum múnera;
dissólve litis víncula,
astrínge pacis fœdera.

Præsta, Pater piíssime,
Patríque compar Unice,
cum Spíritu Paráclito
regnans per omne sæculum. Amen.

℣. Dirigátur, Dómine, orátio mea.
℟. Sicut incénsum in conspéctu tuo.

Feria VI ad Vesperas

Ad Magnificat *cf. Lc 1, 52*

Ant. 1 f

Depósuit poténtes, * sanctos persequéntes, et exaltávit húmiles, Christum confiténtes.

E u o u a e.

vel: *cf. Lc 1, 55. 52*

Ant. VII a

Suscépit Deus * Israel púerum suum, sicut locútus est ad Abraham, et semen eius: exaltáre húmiles usque in sǽculum. E u o u a e.

Oratio per annum

Concéde nobis, fámulis tuis, quǽsumus, Dómine, † ut exémplis Fílii tui passiónis instrúcti * ad iugum eius suáve portándum simus semper idónei. Qui tecum vivit.

Benedictio

In terra nos vivéntium
  ducat Salvátor géntium. ℟. Amen.

DOMINICA AD I VESPERAS

Ps 144, 13

♫.VIII C

REgnum tu- um, * Dó-mine, regnum ómni- um sæ-cu-ló-rum. E u o u a e.

In Adventu *Antiphonae e Laudibus dominicae.*

Tempore paschali

♫.VIII C

ALle-lú- ia, al-le-lú- ia, al-le- lú- ia.

E u o u a e.

DIVISIO PSALMI 144 (10-21)
LAUS DIVINAE MAIESTATIS

Venite, benedicti Patris mei; possidete paratum vobis regnum a constitutione mundi (Mt 25, 34).

COnfiteántur tibi, Dómine, ómnia ópera tua ; *
et sancti tui benedícant tibi.
Glóriam regni tui dicant *
　et poténtiam tuam loquántur,
ut notas fáciant fíliis hóminum poténtias tuas *
　et glóriam magnificéntiæ regni tui.
Regnum tuum regnum ómnium sæculórum, *
　　et dominátio tua
　　　in omnem generatiónem et generatiónem. —

Fidélis Dóminus in ómnibus verbis suis *
  et sanctus in ómnibus opéribus suis.
Allevat Dóminus omnes qui córruunt *
  et érigit omnes depréssos.
Oculi ómnium in te sperant, *
  et tu das illis escam in témpore opportúno.
Aperis tu manum tuam *
  et imples omne ánimal in beneplácito.
Iustus Dóminus in ómnibus viis suis *
  et sanctus in ómnibus opéribus suis.
Prope est Dóminus ómnibus invocántibus eum, *
  ómnibus invocántibus eum in veritáte.
Voluntátem timéntium se fáciet †
  et deprecatiónem eórum exáudiet *
  et salvos fáciet eos.
Custódit Dóminus omnes diligéntes se *
  et omnes peccatóres dispérdet.
Laudatiónem Dómini loquétur os meum, †
  et benedícat omnis caro nómini sancto eius *
  in sǽculum et in sǽculum sǽculi.

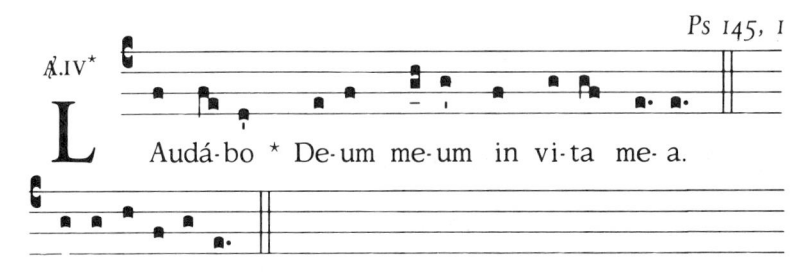

Ps 145, 1

L Audábo * Deum meum in vita mea.

E u o u a e.

PSALMUS 145

SPERANTIUM IN DOMINUM BEATITUDO

Laudamus Dominum in vita nostra, id est in moribus nostris (Arnobius).

L Auda, ánima mea, Dóminum; †
  laudábo Dóminum in vita mea, *
  psallam Deo meo, quámdiu fúero. —

Nolíte confídere in princípibus, *
   in fíliis hóminum, in quibus non est salus.
Exíbit spíritus eius et revertétur in terram suam; *
   in illa die períbunt cogitatiónes eórum.

Beátus, cuius Deus Iacob est adiútor, *
   cuius spes in Dómino Deo suo,
qui fecit cælum et terram, *
   mare et ómnia quæ in eis sunt;
qui custódit veritátem in sǽculum, †
   facit iudícium oppréssis, *
   dat escam esuriéntibus.

Dóminus solvit compedítos, *
   Dóminus illúminat cæcos,
Dóminus érigit depréssos, *
   Dóminus díligit iustos,
Dóminus custódit ádvenas, †
   pupíllum et víduam susténtat *
   et viam peccatórum dispérdit.

Regnábit Dóminus in sǽcula, *
   Deus tuus, Sion, in generatiónem et generatiónem.

Ps 146, 1

℟.VIII g

DE- o nostro * iu-cúnda sit laudá-ti- o. E u o u a e.

PSALMUS 146

DOMINI POTENTIA ET BONITAS

Te Deum laudamus, te Dominum confitemur.

Laudáte Dóminum,
   quóniam bonum est psállere Deo nostro, *
   quóniam iucúndum est celebráre laudem.

Ædíficans Ierúsalem Dóminus, *
   dispérsos Israélis congregábit.
Qui sanat contrítos corde *
   et álligat plagas eórum;
qui númerat multitúdinem stellárum *
   et ómnibus eis nómina vocat.

Magnus Dóminus noster et magnus virtúte, *
 sapiéntiæ eius non est númerus.
Susténtat mansuétos Dóminus, *
 humílians autem peccatóres usque ad terram.
Præcínite Dómino in confessióne, *
 psállite Deo nostro in cíthara.
Qui óperit cælum núbibus *
 et parat terræ plúviam.
Qui prodúcit in móntibus fenum *
 et herbam servitúti hóminum.
Qui dat iuméntis escam ipsórum *
 et pullis corvórum invocántibus eum.
Non in fortitúdine equi delectátur, *
 nec in tíbiis viri beneplácitum est ei.
Beneplácitum est Dómino super timéntes eum *
 et in eis, qui sperant super misericórdia eius.

Ps 147, 1

L Auda, * Ierú-sa-lem, Dó-minum. E u o u a e.

Et non repetitur in psalmo.

PSALMUS 147

INSTAURATIO IERUSALEM

Veni, et ostendam tibi sponsam, uxorem Agni (Apc 21, 9).

L Auda, Ierúsalem, Dóminum; *
 colláuda Deum tuum, Sion.
Quóniam confortávit seras portárum tuárum, *
 benedíxit fíliis tuis in te.
Qui ponit fines tuos pacem *
 et ádipe friménti sátiat te.
Qui emíttit elóquium suum terræ, *
 velóciter currit verbum eius.
Qui dat nivem sicut lanam, *
 pruínam sicut cínerem spargit.
Mittit crystállum suam sicut buccéllas; *
 ante fáciem frígoris eius quis sustinébit?

Emíttet verbum suum et liquefáciet ea, *
 flabit spíritus eius, et fluent aquæ.
Qui annúntiat verbum suum Iacob, *
 iustítias et iudícia sua Israel.
Non fecit táliter omni natióni, *
 et iudícia sua non manifestávit eis.

Lectio brevis per annum *Rom 11, 33-36*

O altitúdo divitiárum et sapiéntiæ et sciéntiæ Dei! Quam incomprehensibília sunt iudícia eius et investigábiles viæ eius! Quis enim cognóvit sensum Dómini? Aut quis consiliárius eius fuit? Aut quis prior dedit illi, et retribuétur ei? Quóniam ex ipso et per ipsum et in ipsum ómnia. Ipsi glória in sǽcula. Amen.

Ps 146, 5

℟.br.VI

Magnus Dóminus noster, * Et magna virtus eius. ℣. Et sapiéntiæ eius non est númerus. ℣. Glória Patri, et Fílio, et Spirítui Sancto.

Ps 112, 3-4

℟.br.VI

A solis ortu usque ad occásum, * Laudábile nomen Dómini. ℣. Super cælos glória eius. ℣. Glória

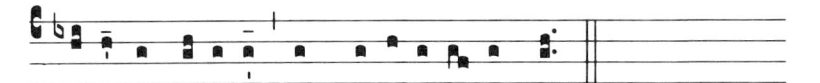

Patri, et Fí-li-o, et Spi-rí-tu-i Sancto.

HYMNUS

Deus, creátor ómnium
políque rector, véstiens
diem decóro lúmine,
noctem sopóris grátia,

Artus solútos ut quies
reddat labóris úsui
mentésque fessas állevet
luctúsque solvat ánxios,

Grates perácto iam die
et noctis exórtu preces,
voti reos ut ádiuves,
hymnum canéntes sólvimus.

Te cordis ima cóncinant,
te vox canóra cóncrepet,
te díligat castus amor,
te mens adóret sóbria,

Ut cum profúnda cláuserit
diem calígo nóctium,
fides tenébras nésciat
et nox fide relúceat.

Christum rogámus et Patrem,
Christi Patrísque Spíritum ;
unum potens per ómnia,
fove precántes, Trínitas.
Amen.

℣. Vespertína orátio ascéndat ad te, Dómine.
℟. Et descéndat super nos misericórdia tua.

Ad Magnificat *antiphona propria.*

Litania *et conclusio sicut notatur p 160, cum oratione propria.*

Benedictio

Nobis ætérnum
det Christus scándere cælum. ℟. Amen.

AD COMPLETORIUM

℣. Deus, in adiutórium, etc.

Lectio spiritualis ad libitum.

Conscientiae discussio, quam sequi potest actus poenitentialis ut in Missa.

PSALMUS 4
GRATIARUM ACTIO

Admirabilem fecit Dominus, quem suscitavit a mortuis (S. Augustinus).

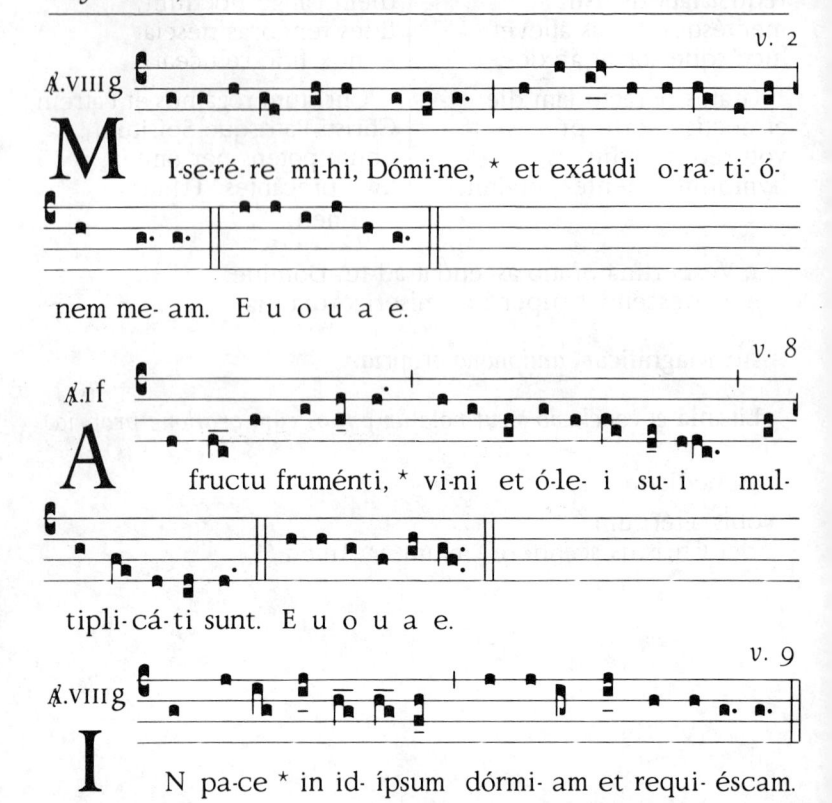

v. 2
Ant. VIII g

MIserére mihi, Dómine, * et exáudi oratiónem meam. Euouae.

v. 8
Ant. I f

A fructu fruménti, * vini et ólei sui multiplicáti sunt. Euouae.

v. 9
Ant. VIII g

IN pace * in id ípsum dórmiam et requiéscam.

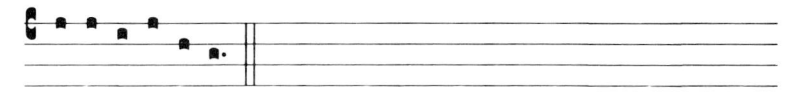

E u o u a e.

Cum invocárem, exaudívit me Deus iustítiæ meæ. *
 In tribulatióne dilatásti mihi;
miserére mei *
 et exáudi oratiónem meam.
Fílii hóminum, úsquequo gravi corde? *
 Ut quid dilígitis vanitátem et quǽritis mendácium?
Et scitóte quóniam mirificávit Dóminus sanctum suum; *
 Dóminus exáudiet, cum clamávero ad eum.
Irascímini et nolíte peccáre; †
 loquímini in córdibus vestris, *
 in cubílibus vestris et conquiéscite.
Sacrificáte sacrifícium iustítiæ *
 et speráte in Dómino.
Multi dicunt: «Quis osténdit nobis bona?» *
 Leva in signum super nos lumen vultus tui, Dómine!
Maiórem dedísti lætítiam in corde meo, *
 quam cum multiplicántur fruméntum et vinum eórum.
In pace in idípsum dórmiam et requiéscam, *
 quóniam tu, Dómine, singuláriter in spe constituísti me.

PSALMUS 90

IN PROTECTIONE ALTISSIMI

Ecce dedi vobis potestatem calcandi supra serpentes et scorpiones (Lc 10, 19).

v. 1

Ą. VIII g

QUI hábi-tat * in adiu-tó-ri- o Altíssimi, in protec-

... ti-ó-ne De- i cæ- li commorá-bi-tur. E u o u a e.

Et non repetitur in psalmo.

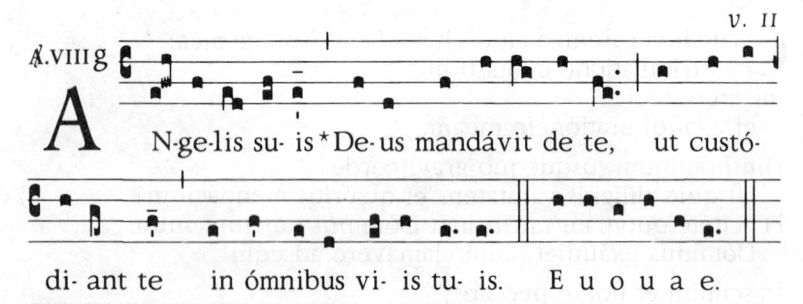

v. II

Ant. VIII g

ANge-lis su- is * De- us mandávit de te, ut custó-di-ant te in ómnibus vi- is tu- is. E u o u a e.

QUI hábitat in protectióne Altíssimi, *
    sub umbra Omnipoténtis commorábitur.
Dicet Dómino: †
    «Refúgium meum et fortitúdo mea, *
    Deus meus, sperábo in eum».

Quóniam ipse liberábit te de láqueo venántium *
    et a verbo malígno.
Alis suis obumbrábit tibi, †
    et sub pennas eius confúgies; *
    scutum et loríca véritas eius.
Non timébis a timóre noctúrno, a sagítta volánte in die, †
    a peste perambulánte in ténebris, *
    ab extermínio vastánte in merídie.

Cadent a látere tuo mille †
    et decem mília a dextris tuis; *
    ad te autem non appropinquábit.
Verúmtamen óculis tuis considerábis, *
    et retributiónem peccatórum vidébis.
Quóniam tu es, Dómine, refúgium meum. *
    Altíssimum posuísti habitáculum tuum.

Non accédet ad te malum, *
    et flagéllum non appropinquábit tabernáculo tuo,
quóniam ángelis suis mandábit de te, *
    ut custódiant te in ómnibus viis tuis.

In mánibus portábunt te, *
 ne forte offéndas ad lápidem pedem tuum.
Super áspidem et basilíscum ambulábis *
 et conculcábis leónem et dracónem.
Quóniam mihi adhǽsit, liberábo eum; *
 suscípiam eum, quóniam cognóvit nomen meum.
Clamábit ad me, et ego exáudiam eum; †
 cum ipso sum in tribulatióne, *
 erípiam eum et glorificábo eum.
Longitúdine diérum replébo eum *
 et osténdam illi salutáre meum.

PSALMUS 133

VESPERTINA ORATIO IN TEMPLO

Laudem dicite Deo nostro, omnes servi eius, et qui timetis eum, pusilli et magni (Apc 19, 5).

Ant. Dd   v. 2

IN nóctibus * be-nedí-ci-te Dóminum. E u o u a e.

Ecce benedícite Dóminum,
 omnes servi Dómini, *
 qui statis in domo Dómini per noctes.
Extóllite manus vestras ad sanctuárium *
 et benedícite Dóminum.

Benedícat te Dóminus ex Sion, *
 qui fecit cælum et terram.

HYMNUS

TE lucis ante términum,
 rerum creátor, póscimus,
ut sólita cleméntia
sis præsul ad custódiam.

Te corda nostra sómnient,
te per sopórem séntiant,
tuámque semper glóriam
vicína luce cóncinant.

Vitam salúbrem tríbue,
nostrum calórem réfice,
tætram noctis calíginem
tua collústret cláritas.

Præsta, Pater omnípotens,
per Iesum Christum Dóminum,
qui tecum in perpétuum
regnat cum Sancto Spíritu.
 Amen.

Vel:

Christe, qui, splendor et dies,
noctis tenébras détegis,
lucísque lumen créderis,
lumen beátis prædicans,

Precámur, sancte Dómine,
hac nocte nos custódias;
sit nobis in te réquies,
quiétas horas tríbue.

Somno si dantur óculi,
cor semper ad te vígilet;
tuáque dextra prótegas
fidéles, qui te díligunt.

Defénsor noster, áspice,
insidiántes réprime,
gubérna tuos fámulos,
quos sánguine mercátus es.

Sit, Christe, rex piíssime,
tibi Patríque glória,
cum Spíritu Paráclito,
in sempitérna sæcula. Amen.

Lectio brevis

Dominica   Apc 22, 4-5

Vidébunt fáciem Dómini, et nomen eius in fróntibus eórum. Et nox ultra non erit, et non egent lúmine lucérnæ neque lúmine solis, quóniam Dóminus Deus illuminábit super illos, et regnábunt in sǽcula sæculórum.

Feria II   1 Thess 5, 9-10

Pósuit nos Deus in acquisitiónem salútis per Dóminum nostrum Iesum Christum, qui mórtuus est pro nobis, ut sive vigilémus sive dormiámus, simul cum illo vivámus.

Feria III   1 Pe 5, 8-9

Sóbrii estóte, vigiláte. Adversárius vester Diábolus tamquam leo rúgiens círcuit quærens quem dévoret. Cui resístite fortes fide.

Feria IV   Eph 4, 26-27

Nolíte peccáre; sol non óccidat super iracúndiam vestram, et nolíte locum dare Diábolo.

Feria V   1 Thess 5, 23

Ipse Deus pacis sanctíficet vos per ómnia, et ínteger spíritus vester et ánima et corpus sine queréla in advéntu Dómini nostri Iesu Christi servétur.

Ad Completorium

Feria VI   Ier 14, 9

Tu autem in médio nostri es, Dómine, et nomen tuum invocátum est super nos; ne derelínquas nos, Dómine Deus noster.

Sabbato   Dt 6, 4-7

Audi, Israel: Dóminus Deus noster Dóminus unus est. Díliges Dóminum Deum tuum ex toto corde tuo et ex tota ánima tua et ex tota fortitúdine tua. Erúntque verba hæc, quæ ego præcípio tibi hódie, in corde tuo, et inculcábis ea fíliis tuis et loquéris ea sedens in domo tua et ámbulans in itínere, decúmbens atque consúrgens.

℟.br.VI   Ps 30, 6

IN manus tu-as, Dó-mine, * Comméndo spí-ri-tum me-um. ℣. Rede-místi nos, Dómine, De-us veri-tá-tis.

℣. Gló-ri- a Patri, et Fí-li- o, et Spi-rí-tu- i Sancto.

Tempore paschali

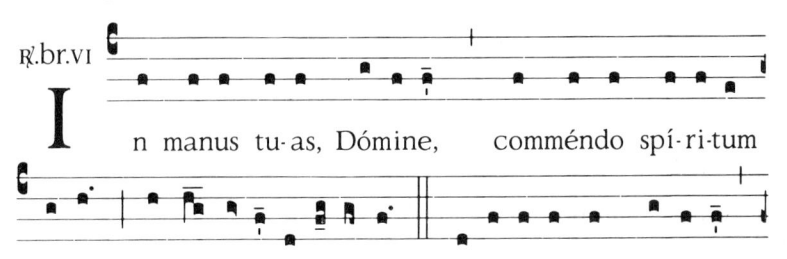

℟.br.VI

In manus tu-as, Dómine, comméndo spí-ri-tum me-um, * Alle-lú-ia, allelú-ia. ℣. Redemísti nos, Dómine,

De- us ve-ri-tá-tis. ℣. Gló-ri- a Patri, et Fí-li- o, et Spi-rí-tu- i Sancto.

Canticum Nunc dimíttis cantatur sine antiphona, vel, pro opportunitate, cum antiphona sequenti.

Ant. III a

SAlva nos, * Dómine, vi-gi-lántes, custódi nos dor- mi- éntes, ut vi-gi-lémus cum Christo et requi- escámus † in pace. T. P. † in pace, alle- lú- ia. E u o u a e.

CANTICUM EVANGELICUM Lc 2, 29-32
CHRISTUS LUMEN GENTIUM ET GLORIA ISRAEL

NUnc dimíttis servum tuum, Dómine, *
    secúndum verbum tuum in pace,
quia vidérunt óculi mei *
    salutáre tuum,
quod parásti *
    ante fáciem ómnium populórum,
lumen ad revelatiónem géntium *
    et glóriam plebis tuæ Israel.

Ad Completorium

Kýrie eléison. Christe eléison. Kýrie eléison.
Pater noster *secreto usque ad*
℣. Et ne nos indúcas in tentatiónem.
℟. Sed líbera nos a Malo.

Oratio conclusiva, *cum conclusione breviori.*

Dominica

Vox nostra te, Dómine, humíliter deprecétur, † ut, domínicæ resurrectiónis hac die mystério celebráto, * in pace tua secúri a malis ómnibus quiescámus, et in tua resurgámus laude gaudéntes. Per Christum.

Vel, in sollemnitatibus extra dominicam occurrentibus:

Vísita, quǽsumus, Dómine, habitatiónem istam, et omnes insídias inimíci ab ea longe repélle; † ángeli tui sancti hábitent in ea, qui nos in pace custódiant, * et benedíctio tua sit super nos semper. Per Christum.

Feria II

Quiétem, Dómine, corpóribus nostris tríbue salutárem, † et quæ fúdimus hódie sémina per labórem, * fac ut messem gérminent sempitérnam. Per Christum.

Feria III

Noctem istam, quǽsumus, Dómine, benígnus illúmina, † et ita fac in pace nos tuos fámulos obdormíre, * ut læti ad novi diéi claritátem in tuo nómine suscitémur. Per Christum.

Feria IV

Dómine Iesu Christe, qui iugum suáve te sequéntibus onúsque leve pérhibes mitis et húmilis, † dignáre huius diéi vota et ópera nostra suscípere, et quiétem tribúere, * qua tuo nos fácias servítio promptióres. Qui vivis.

Feria V

Dómine Deus noster, diúrno labóre fatigátos, quiéto sopóre nos réfove, † ut, tuo semper auxílio recreáti, * tibi córpore simus et mente devóti. Per Christum.

Ad Completorium

Feria VI

Concéde nos, omnípotens Deus, † ita sepúlto Unigénito tuo fidéliter inhærére, * ut cum ipso in novitáte vitæ resúrgere mereámur. Qui vivit.

Sabbato

Vísita nos, quǽsumus, Dómine, hac nocte præsénti, † ut, dilúculo tua virtúte surgéntes, * de resurrectióne Christi tui gaudére valeámus. Qui vivit.

Benedictio

Benedícat et custódiat nos omnípotens et miséricors Dóminus, Pater, et Fílius, et Spíritus Sanctus. ℟. Amen.

Vel:

Noctem quiétam et finem perféctum
 concédat nobis Dóminus omnípotens. ℟. Amen.

℣. Divínum auxílium máneat semper nobíscum.
℟. Et cum frátribus nostris abséntibus. Amen.

Deinde dicitur una ex antiphonis de B. Maria Virgine:

Alma Redemptóris Mater, quæ pérvia cæli
 porta manes, et stella maris, succúrre cadénti,
súrgere qui curat, pópulo: tu quæ genuísti,
 natúra miránte, tuum sanctum Genitórem,
Virgo prius ac postérius, Gabriélis ab ore
 sumens illud Ave, peccatórum miserére.

Alia

Ave, Regína cælórum,
ave, Dómina angelórum,
salve, radix, salve, porta,
ex qua mundo lux est orta.
 Gaude, Virgo gloriósa,
super omnes speciósa;
vale, o valde decóra,
et pro nobis Christum exóra.

Ad Completorium

Alia

Salve, Regína, mater misericórdiæ;
  vita, dulcédo et spes nostra, salve.
Ad te clamámus, éxsules fílii Evæ.
Ad te suspirámus, geméntes et flentes
  in hac lacrimárum valle.
Eia ergo, advocáta nostra,
  illos tuos misericórdes óculos
  ad nos convérte.
Et Iesum, benedíctum fructum ventris tui,
  nobis post hoc exsílium osténde.
O clemens, o pia, o dulcis Virgo María.

Alia

Sub tuum præsídium confúgimus,
  sancta Dei Génetrix;
nostras deprecatiónes ne despícias in necessitátibus;
sed a perículis cunctis líbera nos semper,
  Virgo gloriósa et benedícta.

Tempore paschali

Regína cæli, lætáre, allelúia,
  quia quem meruísti portáre, allelúia,
resurréxit sicut dixit, allelúia;
  ora pro nobis Deum, allelúia.

Et sic concluditur totum Officium diei.

SCHEMA B

Omnia sicut in schemate A, praeter psalmodiam, quae disponitur ut infra. Antiphonae sumi debent ex iis quae assignantur unicuique psalmo vel cantico.

DOMINICA AD I VESPERAS

Tempore paschali, ℣. Allelúia, p. 110.
Ps 65, p. 148; Ps 19, p. 25; Ps 20, p. 31; Ps 137, p. 329.

Lc 24, 26

℣.VIII g

NOnne sic * opórtu-it pa-ti Christum, et intrá-re in gló-ri-am su-am? † alle-lú-ia. (In Quadr.) † di-cit Dóminus. E u o u a e.

CANTICUM   Philp 2, 6-11
DE CHRISTO, SERVO DEI

CHristus Iesus, cum in forma Dei esset, *
   non rapínam arbitrátus est esse se æquálem Deo,
sed semetípsum exinanívit formam servi accípiens, *
   in similitúdinem hóminum factus;
et hábitu invéntus ut homo, †
   humiliávit semetípsum factus obœdiens usque ad mortem, *
   mortem autem crucis.
Propter quod et Deus illum exaltávit †
   et donávit illi nomen, *
   quod est super omne nomen,

ut in nómine Iesu omne genu flectátur *
  cæléstium et terréstrium et infernórum
et omnis lingua confiteátur: *
  «Dóminus Iesus Christus!» in glóriam Dei Patris.

Lectio brevis et reliqua, p. 350.

SABBATO AD COMPLETORIUM

Ps 14, p. 16; Ps 16, p. 18; Ps 15, p. 17.
Hymnus et reliqua, p. 355.

DOMINICA AD INVITATORIUM

Ps 94, p. 27.

DOMINICA AD VIGILIAS

IN I NOCTURNO

Ps 109, p. 302; Ps 17, pp. 20 et 22; Ps 2, p. 3.
℣. p. 41.

IN II NOCTURNO

Ps 44, p. 105; Ps 9, pp. 10 et 11; Ps 71, p. 160.
℣. p. 51.

IN III NOCTURNO

Sicut in schemate A, p. 56.

DOMINICA AD LAUDES MATUTINAS

Tempore paschali, ℟. Allelúia, p. 67.
Ps 92, p. 211; Ps 3, p. 29; Ps 29, p. 46. Canticum sicut in schemate A, p. 75. Ps 146-147, pp. 348 et 349, tempore paschali cum ℟. Allelúia, p. 284.
Lectio brevis et reliqua, p. 79.

DOMINICA AD TERTIAM

Ps 118, I-IV, cum ℟. Allelúia, p. 279, extra Quadragesima.
Lectio brevis et reliqua, p. 279.

DOMINICA AD SEXTAM

Ps 117, p. 69, cum ℣. Allelúia, p. 280 vel 281, extra Quadragesima.
Lectio brevis et reliqua, p. 281.

DOMINICA AD NONAM

Ps 135, p. 326, cum ℣. Allelúia, p. 281 vel 282, extra Quadragesima.
Lectio brevis et reliqua, p. 282.

DOMINICA AD II VESPERAS

Tempore paschali, ℣. Allelúia, p. 302.
Ps 112, p. 305; Ps 113 A, p. 309; Ps 113 B, p. 310; Ps 114-115, pp. 312 et 313.

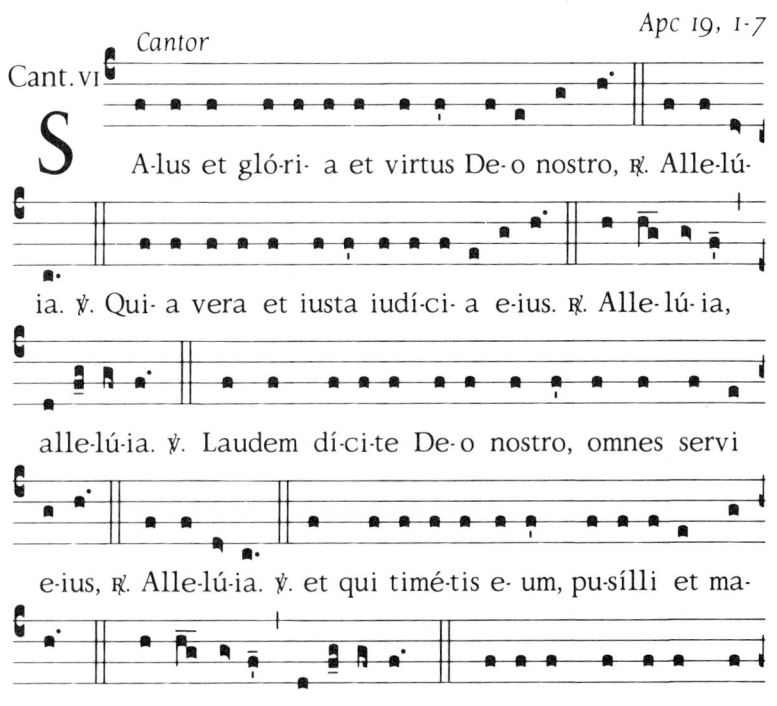

Apc 19, 1-7

Cant. VI

Cantor Sa-lus et glóri-a et virtus De-o nostro, ℟. Alle-lú-ia. ℣. Qui-a vera et iusta iudí-ci-a e-ius. ℟. Alle-lú-ia, alle-lú-ia. ℣. Laudem dí-ci-te De-o nostro, omnes servi e-ius, ℟. Alle-lú-ia. ℣. et qui timé-tis e-um, pu-sílli et magni! ℟. Alle-lú-ia, alle-lú-ia. ℣. Quóni-am regnávit Dóminus, De-us noster omní-potens. ℟. Alle-lú-ia. ℣. Gaude-á-mus et exsultémus et demus gló-ri- am e- i, ℟. Alle-lú-ia, alle-lú-ia. ℣. qui- a venérunt núpti- æ Agni. ℟. Alle-lú-ia.

℣. et u-xor e-ius præpará-vit se. ℟. Alle-lú-ia, alle-lú-ia.

In Quadragesima

Lc 18, 31,32,33

Ã.IV e

Ecce ascéndimus * Iero-só-lymam, et consumma-búntur ómni- a quæ scripta sunt de Fí-li- o hó-mi-nis: tradétur e-nim génti-bus, et illudé- tur, et flagellábi-tur, et conspu- é-tur: et postquam fla-gelláve-rint, oc- cídent e- um, et di- e térti- a re-súr-get. E u o u a e.

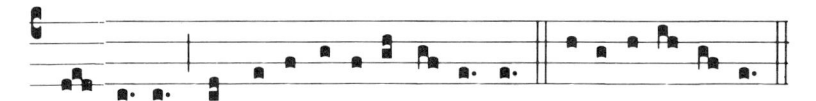

CANTICUM

1 Pe 2, 21-24

DE PASSIONE VOLUNTARIA SERVI DEI, CHRISTI

CHristus passus est pro vobis †
vobis relínquens exémplum, *
ut sequámini vestígia eius:

qui peccátum non fecit, *
nec invéntus est dolus in ore ipsíus;
qui cum maledicerétur, non remaledicébat, †
cum paterétur, non comminabátur, *
commendábat autem iuste iudicánti;

qui peccáta nostra ipse pértulit *
in córpore suo super lignum,
ut peccátis mórtui iustítiæ viverémus; *
cuius livóre sanáti estis.

Lectio brevis et reliqua, p. 306.

DOMINICA AD COMPLETORIUM

Omnia ut in schemate A, p. 352.

FERIA II AD INVITATORIUM

Ps 28, p. 45.

FERIA II AD VIGILIAS

IN I NOCTURNO

Ps 1, p. 2; Ps 103, p. 236; Ps 70, p. 158.
℣. *p. 95.*

IN II NOCTURNO

Ps 93, p. 212; Ps 104, p. 239; Ps 111, p. 304.
℣. *et reliqua, p. 107.*

FERIA II AD LAUDES MATUTINAS

Tempore paschali, ℟. Allelúia, p. *174.*
Ps 99, p. *220;* Ps 62, p. *72;* Ps 100, p. *221;* Canticum 1 Par 29, p. *114, vel Eccli 36,* p. *257;* Ps 134, p. *325. Tempore paschali* ℟. Allelúia, p. *170.*
Lectio brevis et reliqua, p. *115.*

FERIA II AD TERTIAM

Tempore paschali, ℟. Allelúia, p. *297.*
Ps 118, V-VII, p. *266.*
Lectio brevis et reliqua, p. *282.*

FERIA II AD SEXTAM

Tempore paschali, ℟. Allelúia, p. *85.*
Ps 24, p. *38.*
Lectio brevis et reliqua, p. *284.*

FERIA II AD NONAM

Psalmodia et antiphonae sicut ad Horam Tertiam per hebdomadam in schemate A, p. *285.*
Lectio brevis et reliqua, p. *285.*

FERIA II AD VESPERAS

Tempore paschali, ℟. Allelúia, p. *283.*
Ps 32, p. *85;* Ps 60, p. *146;* Ps 27, p. *44;* Ps 47, p. *121.*

Apc 22, 14

℟. VIII g

B E- á·ti * qui lavant sto·las su· as in sángui·ne Agni, alle·lú·ia.   E u o u a e.

CANTICUM
DE DEO SALVATORE

Eph 1, 3-10

B Enedíctus Deus et Pater Dómini nostri Iesu Christi, *
qui benedíxit nos in omni benedictióne spiritáli
  in cæléstibus in Christo,

sicut elégit nos in ipso ante mundi constitutiónem, †
  ut essémus sancti et immaculáti *
  in conspéctu eius in caritáte,

qui prædestinávit nos in adoptiónem filiórum †
  per Iesum Christum in ipsum, *
  secúndum beneplácitum voluntátis suæ,

in laudem glóriæ grátiæ suæ, *
  in qua gratificávit nos in Dilécto,

in quo habémus redemptiónem per sánguinem eius, *
  remissiónem peccatórum,

secúndum divítias grátiæ eius, †
  qua superabundávit in nobis *
  in omni sapiéntia et prudéntia

notum fáciens nobis mystérium voluntátis suæ, *
  secúndum beneplácitum eius,

quod propósuit in eo, *
  in dispensatiónem plenitúdinis témporum:
recapituláre ómnia in Christo, *
  quæ in cælis et quæ in terra.

Lectio brevis et reliqua, p. 315.

FERIA II AD COMPLETORIUM

Ps 33, p. 87.
Hymnus et reliqua, p. 355.

FERIA III AD INVITATORIUM

Ps 66, p. 66.

FERIA III AD VIGILIAS
IN I NOCTURNO

Ps 6, p. 5; Ps 106, p. 247; Ps 7, p. 7.
℣. *p. 126.*

Schema B

IN II NOCTURNO

Ps 73, p. 174; Ps 72, p. 162; Ps 76, p. 177.
℣. et reliqua, p. 134.

FERIA III AD LAUDES MATUTINAS

Tempore paschali, ℟. Allelúia, p. 174.
Ps 97, p. 218; Ps 89, p. 197; Ps 64, p. 166. *Canticum sicut in schemate A*, p. 138 *vel* 140; Ps 116, p. 314. *Tempore paschali* ℟. Allelúia, p. 258.
Lectio brevis et reliqua, p. 141.

FERIA III AD TERTIAM

Tempore paschali, ℟. Allelúia, p. 285.
Ps 118, VIII-X, p. 266.
Lectio brevis et reliqua, p. 289.

FERIA III AD SEXTAM

Tempore paschali, ℟. Allelúia, p. 297.
Ps 41 et 42, p. 101 et 136.
Lectio brevis et reliqua, p. 294.

FERIA III AD NONAM

Psalmodia sicut in schemate A per hebdomadam ad Sextam, p. 291.
Lectio brevis et reliqua, p. 299.

FERIA III AD VESPERAS

Tempore paschali, ℟. Allelúia, p. 243.
Ps 74, p. 176; Ps 139, p. 335; Ps 25, p. 40; Ps 144, pp. 342 et 346.

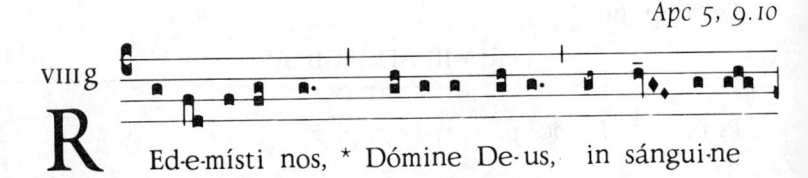

Apc 5, 9.10

℟ Ed-e-místi nos, * Dómine De-us, in sángui-ne

tu-o,   ex om-ni tri-bu, et lingua   et pópu-lo, et na-ti-

ó-ne :   et fecísti nos De-o nostro regnum. E u o u a e.

CANTICUM *Apc 4, 11; 5, 9.10.12*
HYMNUS REDEMPTORUM

Dignus es, Dómine et Deus noster, *
  accípere glóriam et honórem et virtútem,
quia tu creásti ómnia, *
  et propter voluntátem tuam erant et creáta sunt.

Dignus es accípere librum *
  et aperíre signácula eius,
quóniam occísus es †
  et redemísti Deo in sánguine tuo *
    ex omni tribu et lingua et pópulo et natióne
et fecísti eos Deo nostro regnum et sacerdótes, *
  et regnábunt super terram.

Dignus est Agnus, qui occísus est, †
  accípere virtútem et divítias et sapiéntiam *
  et fortitúdinem et honórem et glóriam et benedictiónem.

Lectio brevis et reliqua p. 322

FERIA III AD COMPLETORIUM

Ps 138, p. 333.
Hymnus et reliqua, p. 355.

FERIA IV AD INVITATORIUM

Ps 45, p. 119.

FERIA IV AD VIGILIAS

IN I NOCTURNO

Ps 77, p. 179; Ps 131, p. 320.
℣. p. 153.

IN II NOCTURNO

Ps 18, p. 23; Ps 57, p. 132; Ps 48, p. 122; Ps 81, p. 189.
℣. et reliqua, p. 164.

FERIA IV AD LAUDES MATUTINAS

Tempore paschali, ℟. Allelúia, p. 324.
Ps 96, p. 217; Ps 35, p. 112; Ps 56, p. 137. Canticum Idt 16, p. 169, vel 1 Sam 2, p. 168. Ps 149, p. 78. *Tempore paschali*, ℟. Allelúia, p. 346.
Lectio brevis et reliqua, p. 170.

FERIA IV AD TERTIAM

Tempore paschali, ℟. Allelúia, p. 292.
Ps 118, XI-XIII, p. 269.
Lectio brevis et reliqua, p. 289.

FERIA IV AD SEXTAM

Tempore paschali, ℟. Allelúia, p. 297.
Ps 43, p. 103.
Lectio brevis et reliqua, p. 295.

FERIA IV AD NONAM

Tempore paschali, ℟. Allelúia, p. 279.
Ps 125, p. 297.
Lectio brevis et reliqua, p. 300.

FERIA IV AD VESPERAS

Tempore paschali, ℟. Allelúia, p. 195.
Ps 102, p. 235; Ps 85, p. 205; Ps 84, p. 192; Ps 86, p. 206.

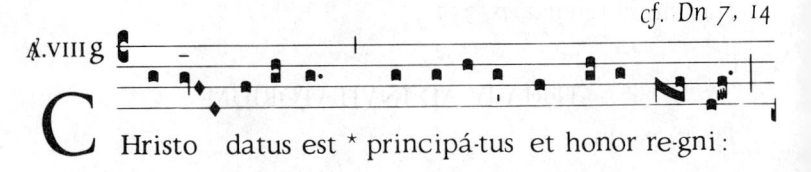

cf. Dn 7, 14

℟. VIII g

CHristo datus est * principá-tus et honor re-gni :

omnis pópulus, tribus et linguæ sérvient ei in ætérnum. E u o u a e.

CANTICUM Col 1, 12-20

CHRISTUS PRIMOGENITUS OMNIS CREATURAE ET PRIMOGENITUS EX MORTUIS

GRátias agámus Deo Patri, *
 qui idóneos nos fecit
  in partem sortis sanctórum in lúmine;
qui erípuit nos de potestáte tenebrárum *
  et tránstulit in regnum Fílii dilectiónis suæ,
in quo habémus redemptiónem, *
  remissiónem peccatórum;
qui est imágo Dei invisíbilis, *
  primogénitus omnis creatúræ,
quia in ipso cóndita sunt univérsa †
  in cælis et in terra, *
  visibília et invisibília,
sive throni sive dominatiónes *
  sive principátus sive potestátes.

Omnia per ipsum et in ipsum creáta sunt, †
  et ipse est ante ómnia, *
  et ómnia in ipso constant.

Et ipse est caput córporis ecclésiæ †
  qui est princípium, primogénitus ex mórtuis, *
  ut sit in ómnibus ipse primátum tenens,

quia in ipso complácuit omnem plenitúdinem habitáre *
  et per eum reconciliáre ómnia in ipsum,
pacíficans per sánguinem crucis eius, *
  sive quæ in terris sive quæ in cælis sunt.

Lectio brevis et reliqua, p. 330.

FERIA IV AD COMPLETORIUM

Ps *31*, p. *50*; Ps *61*, p. *147*; Ps *132*, p. *321*.
Hymnus et reliqua, p. *355*.

FERIA V AD INVITATORIUM

Ps *23*, p. *36*.

FERIA V AD VIGILIAS
IN I NOCTURNO

Ps *38*, p. *97*; Ps *36*, p. *91*; Ps *40*, p. *101*.
℣. p. *185*.

IN II NOCTURNO

Ps *49*, p. *124*; Ps *67*, p. *150*; Ps *82*, p. *190*.
℣. et reliqua, p. *193*.

FERIA V AD LAUDES MATUTINAS

Tempore paschali, ℟. Allelúia, p. *254*.
Ps *46*, p. *120*; Ps *75*, p. *223*; Ps *5*, p. *110*. Canticum Is 12, p. *113*, vel Ier *31*, p. *200*. Ps *148*, p. *76*. Tempore paschali, ℟. Allelúia, p. *280*.
Lectio brevis et reliqua, p. *201*.

FERIA V AD TERTIAM

Tempore paschali, ℟. Allelúia, p. *284*.
Ps *118*, XIV-XVI, p. *271*.
Lectio brevis et reliqua, p. *290*.

FERIA V AD SEXTAM

Tempore paschali, ℟. Allelúia, p. *141*.
Ps *54*, p. *129*.
Lectio brevis et reliqua, p. *295*.

FERIA V AD NONAM

Tempore paschali, ℟. Allelúia, p. *297*.
Ps *128*, p. *314*; Ps *129*, p. *318*; Ps *130*, p. *319*.
Lectio brevis et reliqua, p. *300*.

FERIA V AD VESPERAS

Tempore paschali, ℟. Allelúia, p. 174.
Ps 110, p. 303; Ps 22, p. 35; Ps 83, p. 191; Ps 39, p. 98.

Ant. 1 f — Dn 7, 14

DEdit e- i Dóminus * pot-está-tem et honó-rem et regnum; et omnes pópu-li, tribus et linguæ ipsi sérvi- ent.

E u o u a e.

CANTICUM   Apc 11,17-18; 12,10b-12a
DE IUDICIO DEI

GRátias ágimus tibi, *
 Dómine Deus omnípotens,
qui es et qui eras, *
 quia accepísti virtútem tuam magnam et regnásti.
Et irátæ sunt gentes, *
 et advénit ira tua, et tempus mortuórum iudicári,
et réddere mercédem servis tuis prophétis et sanctis *
 et timéntibus nomen tuum, pusíllis et magnis.
Nunc facta est salus et virtus et regnum Dei nostri *
 et potéstas Christi eius,
quia proiéctus est accusátor fratrum nostrórum, *
 qui accusábat illos ante conspéctum Dei nostri die ac nocte.
Et ipsi vicérunt illum propter sánguinem Agni *
 et propter verbum testimónii sui;
et non dilexérunt ánimam suam *
 usque ad mortem.
Proptérea lætámini, cæli, *
 et qui habitátis in eis.

Lectio brevis et reliqua, p. 337.

FERIA V AD COMPLETORIUM

Ps 101, p. 233.
Hymnus et reliqua, p. 355.

FERIA VI AD INVITATORIUM

Ps 8, cum prima antiphona eius, p. 8.

FERIA VI AD VIGILIAS

IN I NOCTURNO

Ps 87, p. 195; Ps 68, p. 154; Ps 37, p. 94.
℣. p. 214.

IN II NOCTURNO

Ps 59, p. 145; Ps 105, p. 243; Ps 78, p. 184.
℣. et reliqua, p. 222.

FERIA VI AD LAUDES MATUTINAS

Tempore paschali, ℟. Allelúia, p. 165.
Ps 95, p. 216; Ps 142, p. 254; Ps 63, p. 165. Canticum Hab 3, p. 226, vel Is 45, p. 227. Ps 145, p. 347. Tempore paschali, ℟. Allelúia, p. 254.
Lectio brevis et reliqua, p. 229.

FERIA VI AD TERTIAM

Tempore paschali, ℟. Allelúia, p. 284.
Ps 118, XVII-XIX, p. 273.
Lectio brevis et reliqua, p. 290.

FERIA VI AD SEXTAM

Tempore paschali, ℟. Allelúia, p. 297.
Ps 21, p. 32.
Lectio brevis et reliqua, p. 296.

FERIA VI AD NONAM

Tempore paschali, ℟. Allelúia, p. 282.
Ps 10, p. 13; Ps 11, p. 13; Ps 12, p. 15.
Lectio brevis et reliqua, p. 301.

FERIA VI AD VESPERAS

Tempore paschali, ℣. Allelúia, p. 201.
Ps 143, p. 341; Ps 140, p. 336; Ps 141, p. 340; Ps 26, p. 42.

Ant. IV*   Ps 85, 9

OMnes gentes, * quascúmque fecísti, vénient et adorábunt coram te, Dómine. E u o u a e.

CANTICUM
Apc 15, 3-4

HYMNUS ADORATIONIS

Magna et mirabília ópera tua, *
  Dómine Deus omnípotens;
iustæ et veræ viæ tuæ, *
  Rex géntium!
Quis non timébit, Dómine, *
  et glorificábit nomen tuum?
Quia solus Sanctus, †
  quóniam omnes gentes vénient
    et adorábunt in conspéctu tuo, *
  quóniam iudícia tua manifestáta sunt.

Lectio brevis et reliqua, p. 343.

FERIA VI AD COMPLETORIUM

Ps 30, p. 48.
Hymnus et reliqua, p. 355.

SABBATO AD INVITATORIUM

Ps 80, p. 188.

SABBATO AD VIGILIAS

IN I NOCTURNO

Ps 58, p. 133; Ps 108, p. 251; Ps 55, p. 131.
℣. p. 242.

IN II NOCTURNO

Ps 136, p. 328; Ps 88, p. 208; Ps 79, p. 186.
℣. et reliqua, p. 253.

SABBATO AD LAUDES MATUTINAS

Tempore paschali, ℟. Allelúia, p. 201.
Ps 98, p. 219; Ps 50, p. 67; Ps 91, p. 224. Canticum Ex 15, p. 198, vel Dt 32, p. 256. Ps 150, p. 79. Tempore paschali, ℟. Allelúia, p. 228.
Lectio brevis et reliqua, p. 258.

SABBATO AD TERTIAM

Tempore paschali, ℟. Allelúia, p. 285.
Ps 118, XX-XXII, p. 275.
Lectio brevis et reliqua, p. 291.

SABBATO AD SEXTAM

Tempore paschali, ℟. Allelúia, p. 297.
Ps 34, p. 89.
Lectio brevis et reliqua, p. 296.

SABBATO AD NONAM

Tempore paschali, ℟. Allelúia, p. 292.
Ps 51, p. 125; Ps 13, p. 15; Ps 53, p. 128.
Lectio brevis et reliqua, p. 301.

SCHEMA C

Omnia sicut in schemate A, praeter psalmodiam, quae disponitur ut infra. Antiphonae sumi debent ex iis quae assignantur unicuique psalmo vel cantico. Tempore paschali vero, eae antiphonae Allelúia *sumuntur quae in schemate A proponuntur.*

DOMINICA AD I VESPERAS

Hebdomada I: Ps 113 A, p. 309; Ps 102, p. 235; Ps 135, p. 326; canticum Apc 4, p. 371.
Hebdomada II: Ps 113 A, p. 309; Ps 137, p. 329; Ps 135, p. 326; canticum Apc 11, p. 375.
Lectio brevis et reliqua, p. 350.

SABBATO AD COMPLETORIUM

Ps 132, p. 321; Ps 130, p. 319; Ps 133, p. 355.
Hymnus et reliqua, p. 355.

DOMINICA AD INVITATORIUM

Ps 24, p. 38.

DOMINICA AD VIGILIAS
IN I NOCTURNO

Hebdomada I: Ps 2, p. 3; Ps 67, p. 150; Ps 71, p. 160.
Hebdomada II: Ps 109, p. 302; Ps 44, p. 105; Ps 88, p. 208.
℣. p. 41.

Semper deest II Nocturnum.

IN III NOCTURNO

Hebdomada I: Canticum Tob 13, p. 140.
Hebdomada II: Canticum Ex 15, p. 198.
℣. et reliqua, p. 61.
In Quadragesima, canticum ut infra:

CANTICUM
Is 5, 1-7
CANTICUM VINEAE

Auferetur a vobis regnum Dei et dabitur genti facienti fructus eius (Mt 21, 43).

CAntábo dilécto meo *
cánticum amíci mei de vínea sua:
Vínea facta est dilécto meo *
in colle pingui;
et sæpívit eam et lápides elégit ex illa *
et plantávit in ea vites eléctas
et ædificávit turrim in médio eius *
et tórcular exstrúxit in ea;
et expectávit, ut fáceret uvas, *
et fecit labrúscas.

Nunc ergo, habitátor Ierúsalem et vir Iudæ, *
iudicáte inter me et víneam meam.
Quid est quod débui ultra fácere víneæ meæ, *
et non feci ei?
Cur exspectávi, ut fáceret uvas, *
et fecit labrúscas?

Et nunc osténdam vobis *
quid ego fáciam víneæ meæ:
áuferam sæpem eius, *
et erit in direptiónem;
díruam macériam eius, *
et erit in conculcatiónem.
Et ponam eam desértam: *
non putábitur et non fodiétur,
et ascéndent vepres et spinæ; *
et núbibus mandábo, ne pluant super eam imbrem.

Vínea enim Dómini exercítuum domus Israel est, *
et vir Iudæ germen eius delectábile;
et expectávi, ut fáceret iudícium, et ecce iníquitas, *
et iustítiam, et ecce nequítia.

AD LAUDES MATUTINAS

Hebdomada I: Ps 92, p. 211; Ps 18, p. 23; canticum Dn 3, 52-57, p. 75.

Hebdomada II: Ps 92, p. 211; Ps 62, p. 72; canticum Dn 3, 57-88.56, p. 75; Ps 150, p. 79.
Lectio brevis et reliqua, p. 79.

DOMINICA AD TERTIAM

Ps 118, I-IV, p. 261.
Lectio brevis et reliqua, p. 279.

DOMINICA AD SEXTAM

Ps 19, p. 25.
Lectio brevis et reliqua, p. 281.

DOMINICA AD NONAM

Ps 1, p. 2; Ps 127, p. 299.
Lectio brevis et reliqua, p. 282.

DOMINICA AD II VESPERAS

Ps 112, p. 305; Ps 117, p. 69; Ps 116, p. 314.
Hebdomada I: Canticum Apc 19, p. 365.
Hebdomada II: Canticum ut infra:

Io 1, 14.16

Ꞁ.VIIIg

Verbum caro factum est, * et habitávit in nobis, plenum grátiæ et veritátis. E u o u a e.

CANTICUM Io 1, 1.3.4.9.10.11.14.16
IN PRINCIPIO ERAT VERBUM

IN princípio erat Verbum, †
   et Verbum erat apud Deum, *
   et Deus erat Verbum.

Omnia per ipsum facta sunt, *
  et sine ipso factum est nihil quod factum est;
in ipso vita erat, *
  et vita erat lux hóminum.
Erat lux vera, †
  quæ illúminat omnem hóminem, *
  véniens in mundum.
In mundo erat, †
  et mundus per ipsum factus est, *
  et mundus eum non cognóvit.
In própria venit, *
  et sui eum non recepérunt.
Et Verbum caro factum est *
  et habitávit in nobis,
et vídimus glóriam eius, †
  glóriam quasi Unigéniti a Patre, *
  plenum grátiæ et veritátis.
Et de plenitúdine eius †
  nos omnes accépimus, *
  et grátiam pro grátia.

Lectio brevis et reliqua, p. 306.

DOMINICA AD COMPLETORIUM

Hebdomada I: Ps 90, p. 353.
Hebdomada II: Ps 138, p. 333.
Hymnus et reliqua, p. 355.

FERIA II AD INVITATORIUM

Ps 66, p. 66.

FERIA II AD VIGILIAS

Hebdomada I: Ps 48, p. 122; Ps 13, p. 15; Ps 34, p. 89.
Hebdomada II: Ps 59, p. 145; Ps 106, p. 247.
℣. et reliqua, p. 107.

FERIA II AD LAUDES MATUTINAS

Hebdomada I: Ps 95, p. 216; Ps 5, p. 110; canticum ut infra:

Canticum Am

Am 4, 12

Ant. II d

Parátus esto, Israel, * in occúrsum Dómini, quóniam venit. E u o u a e.

CANTICUM Am 4,12c.13;5,8;9,5-6
ADVENTUS DOMINI CREATORIS

Et vidi caelum novum et terram novam (Apc 21, 1).

Præparáre in occúrsum Dei tui, Israel, †
  quia ecce formans montes et creans ventum *
  et annúntians hómini cogitatiónem eius,
fáciens auróram et ténebras †
  et grádiens super excélsa terræ; *
  Dóminus Deus exercítuum nomen eius.

Qui facit stellas Plíadis et Oriónem, †
  et convértit in mane ténebras, *
  et diem in noctem obscúrat;
qui vocat aquas maris †
  et effúndit eas super fáciem terræ, *
  Dóminus nomen eius.

Et Dóminus Deus exercítuum, *
  qui tangit terram, et tabéscet.
Et lugébunt omnes habitántes in ea, †
  et ascéndet sicut flúvius ea omnis, *
  et decréscet sicut flumen Ægýpti.
Qui ædíficat in cælo ascénsus suos *
  et cámeram suam super terram fundat,
qui vocat aquas maris †
  et effúndit eas super fáciem terræ; *
  Dóminus nomen eius.

Ps 134, p. 325. *Lectio brevis et reliqua*, p. 115.
Hebdomada II: Ps 95, p. 216; Ps 35, p. 112; canticum ut infra:

Dn 3, 39.40

Ant. II d

IN spíritu * humilitátis et in ánimo contríto suscipiámur, Dómine, a te: et sic fiat sacrifícium nostrum, ut a te suscipiátur hódie, et pláceat tibi, Dómine Deus. E u o u a e.

CANTICUM Dn 3, 26.27.29. 34-41
ORATIO AZARIAE IN FORNACE

Paenitemini et convertimini, ut deleantur peccata vestra (Ac 3, 19).

Benedíctus es, Dómine Deus patrum nostrórum, *
 et laudábilis et gloriósum nomen tuum in sǽcula,
quia iustus es in ómnibus quæ fecísti nobis, †
 et univérsa ópera tua vera, et viæ tuæ rectæ, *
 et ómnia iudícia tua véritas.

Peccávimus enim et iníque égimus recedéntes a te *
 et delíquimus in ómnibus.

Ne, quǽsumus, tradas nos in perpétuum
 propter nomen tuum *
 et ne díssipes testaméntum tuum,

neque aúferas misericórdiam tuam a nobis †
  propter Abraham diléctum tuum *
  et Isaac servum tuum et Israel sanctum tuum,
quibus dixísti quod multiplicáres semen eórum *
  sicut stellas cæli et sicut arénam, quæ est in lítore maris;
quia, Dómine, imminúti sumus plus quam omnes gentes *
  sumúsque húmiles in univérsa terra hódie
    propter peccáta nostra;
et non est in témpore hoc princeps et prophéta et dux, †
  neque holocáustum neque sacrifícium, *
  neque oblátio neque incénsum,
neque locus primitiárum coram te, *
  ut possímus inveníre misericórdiam;
sed in ánima contríta et spíritu humilitátis suscipiámur *
  sicut in holocáusto aríetum et taurórum
et sicut in mílibus agnórum pínguium, *
  sic fiat sacrifícium nostrum in conspéctu tuo hódie,
et pérfice subsequéntes te, *
  quóniam non est confúsio confidéntibus in te.
Et nunc séquimur te in toto corde *
  et timémus te et quǽrimus fáciem tuam.

Ps 134, p. 325. Lectio brevis et reliqua, p. 115.

FERA II AD TERTIAM

Ps 118, V-VII, p. 264.
Lectio brevis et reliqua, p. 282.

FERIA II AD SEXTAM

Hebdomada I: Ps 139, p. 335.
Hebdomada II: Ps 54, p. 129.
Lectio brevis et reliqua, p. 284.

FERIA II AD NONAM

Ps 85, p. 205.
Lectio brevis et reliqua, p. 285.

FERIA II AD VESPERAS

Hebdomada I: Ps 111, p. 304; Ps 8, p. 8; Ps 144, pp. 342 et 346; canticum ut infra:

Ant. 1 a

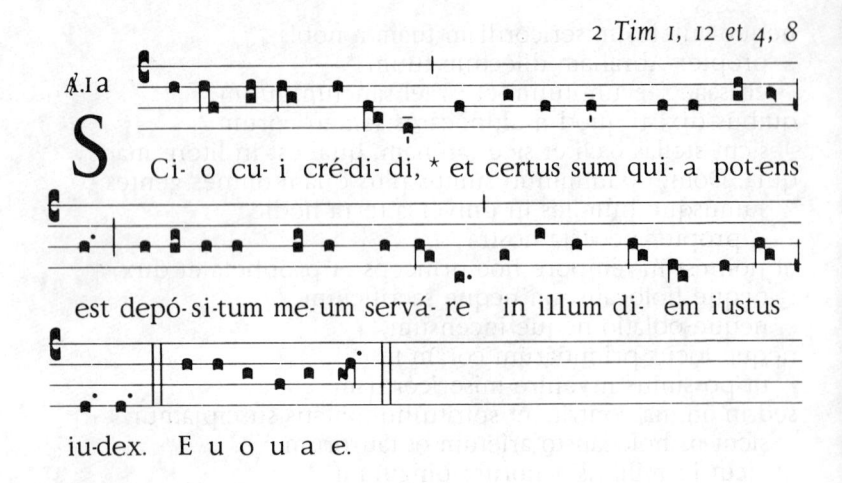

Scio cui crédidi, * et certus sum quia potens est depósitum meum serváre in illum diem iustus iudex. E u o u a e.

2 Tim 1, 12 et 4, 8

CANTICUM
1 Tim 2, 5-6; 3, 16; 6, 15-16

DE MYSTERIO ET GLORIA CHRISTI

Unus enim Deus, †
  unus et mediátor Dei et hóminum, *
  homo Christus Iesus,
qui dedit redemptiónem semetípsum pro ómnibus, *
  testimónium tempóribus suis;

qui manifestátus est in carne, *
  iustificátus est in Spíritu.
appáruit ángelis, *
  prædicátus est in géntibus,
créditus est in mundo, *
  assúmptus est in glória,

quem suis tempóribus osténdet †
  beátus et solus potens, *
  Rex regnántium et Dóminus dominántium,
qui solus habet immortalitátem *
  lucem hábitans inaccessíbilem,
quem vidit nullus hóminum, †
  nec vidére potest, *
  cui honor et impérium sempitérnum. Amen.

Hebdomada II: Ps 111, p. 304; Ps 22, p. 35; Ps 33, p. 87; canticum ut infra:

Tit 2, 12.13

Ant. II d

Iuste et pie vivámus, * exspectántes beátam spem, et advéntum Dómini.   E u o u a e.

CANTICUM

Tit 3, 4-7

MISERICORDIA SALVATORIS

Cum autem benígnitas et humánitas appáruit
    salvatóris nostri Dei, *
  non ex opéribus iustítiæ quæ fécimus nos,
sed secúndum suam misericórdiam †
    salvos nos fecit per lavácrum regeneratiónis *
    et renovatiónis Spíritus Sancti,
quem effúdit super nos abúnde *
    per Iesum Christum salvatórem nostrum,
ut iustificáti grátia ipsíus *
    herédes simus secúndum spem vitæ ætérnæ.

Lectio brevis et reliqua, p. 315.

FERIA II AD COMPLETORIUM

Hebdómada I: Ps 16, p. 18.
Hebdomada II: Ps 4, p. 352; Ps 120, p. 287.
Hymnus et reliqua, p. 355.

FERIA III AD INVITATORIUM

Ps 99, p. 220.

FERIA III AD VIGILIAS

Hebdomada I: Ps 93, p. 212; Ps 63, p. 165; Ps 108, p. 251.
Hebdomada II: Ps 49, p. 124; Ps 100, p. 221; Ps 143, p. 341.
℣. et reliqua, p. 134.

FERIA III AD LAUDES MATUTINAS

Hebdomada I: Ps 96, p. 217; Ps 41-42, pp. 101 et 136; canticum 1 Par 29, p. 114; Ps 145, p. 347.
Hebdomada II: Ps 96, p. 217; Ps 56, p. 137; canticum Is 38, p. 139. Ps 145, p. 347.
Lectio brevis et reliqua, p. 141.

FERIA III AD TERTIAM

Ps 118, VIII-X, p. 266.
Lectio brevis et reliqua, p. 289.

FERIA III AD SEXTAM

Hebdomada I: Ps 55, p. 131.
Hebdomada II: Ps 7, p. 7.
Lectio brevis et reliqua, p. 294.

FERIA III AD NONAM

Ps 40, p. 101.
Lectio brevis et reliqua, p. 299.

FERIA III AD VESPERAS

Hebdomada I: Ps 113 B, p. 310; Ps 26, p. 42; Ps 45, p. 119; canticum ut infra:

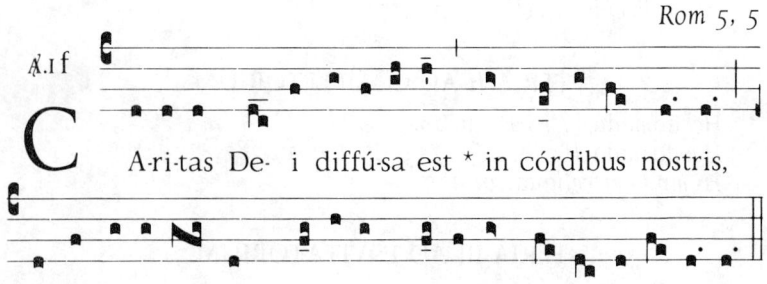

Rom 5, 5

℣. I f

Cáritas Déi diffúsa est * in córdibus nostris, per inhabitántem Spíritum † eius in nobis, allelúia.

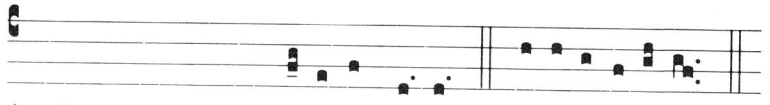

(in Quadragesima) † e-ius in no-bis.   E u o u a e.

CANTICUM
CONDITIO FILIORUM DEI

Rom 8, 14-17

Quicúmque Spíritu Dei agúntur, *
  hi fílii Dei sunt.
Non enim accepístis spíritum servitútis íterum in timórem †
  sed accepístis Spíritum adoptiónis filiórum, *
  in quo clamámus: «Abba, Pater!»
Ipse Spíritus testimónium reddit †
  una cum spíritu nostro *
  quod sumus fílii Dei.
Si autem fílii et herédes: †
  herédes quidem Dei coherédes autem Christi, *
  si tamen compátimur, ut et conglorificémur.
Exístimo enim †
  quod non sunt condígnæ passiónes huius témporis *
  ad futúram glóriam, quæ revelánda est in nobis.

Hebdomada II: Ps 113 B, p. 310; Ps 83, p. 191; Ps 131, p. 320; canticum ut infra:

Rom 11, 36

Ā. va

EX quo ómni-a, * per quem ómni-a, in quo ómni-a.   Ipsi gló-ri-a in sǽcu-la.

E u o u a e.

CANTICUM
Rom 11, 33-36

LAUS SAPIENTIAE DEI

O altitúdo divitiárum et sapiéntiæ et sciéntiæ Dei! †
Quam incomprehensibília sunt iudícia eius *
et investigábiles viæ eius!
Quis enim cognóvit sensum Dómini? †
Aut quis consiliárius eius fuit? *
Aut quis prior dedit illi, et retribuétur ei?
Quóniam ex ipso et per ipsum et in ipsum ómnia. *
Ipsi glória in sǽcula. Amen.

Lectio brevis et reliqua, p. 322.

FERIA III AD COMPLETORIUM

Hebdomada I: Ps 70, p. 158.
Hebdomada II: Ps 10, p. 13; Ps 15, p. 17.
Hymnus et reliqua, p. 355.

FERIA IV AD INVITATORIUM

Ps 28, p. 45.

FERIA IV AD VIGILIAS

Ps 36, p. 91; Ps 14, p. 16; Ps 77, p. 179.
℣. *et reliqua, p. 164.*

FERIA IV AD LAUDES MATUTINAS

Hebdomada I: Ps 97, p. 218; Ps 79, p. 186; canticum 1 Sam 2, p. 168; Ps 147, p. 349.
Hebdomada II: Ps 97, p. 218; Ps 24, p. 38; canticum Idt 16, p. 169; Ps 147, p. 349.
Lectio brevis et reliqua, p. 170.

FERIA IV AD TERTIAM

Ps 118, XI-XIII, p. 269.
Lectio brevis et reliqua, p. 289.

FERIA IV AD SEXTAM

Hebdomada I: Ps 81, p. 189; Ps 128, p. 314.
Hebdomada II: Ps 136, p. 328; Ps 27, p. 44.

Lectio brevis et reliqua, p. 295.

FERIA IV AD NONAM
Ps 39, p. 98.
Lectio brevis et reliqua, p. 300.

FERIA IV AD VESPERAS
Ps 103, p. 236; Ps 64, p. 166.
Hebdomada I:

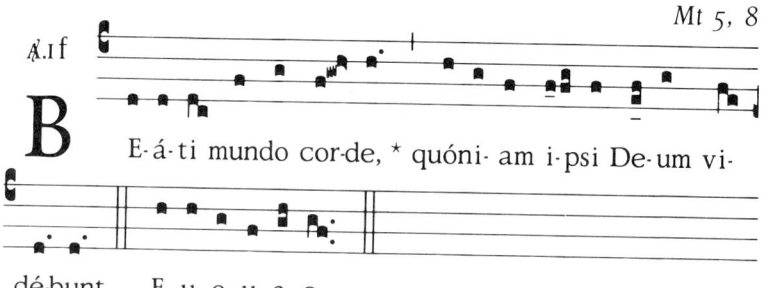

Ant. 1 f — Mt 5, 8

B Eáti mundo corde, * quóniam ipsi Deum vidébunt. E u o u a e.

CANTICUM
Mt 5, 3-10
BEATITUDINES

B Eáti páuperes spíritu, *
 quóniam ipsórum est regnum cælórum.
Beáti qui lugent, *
 quóniam ipsi consolabúntur.
Beáti mites, *
 quóniam ipsi possidébunt terram.
Beáti qui esúriunt et sítiunt iustítiam, *
 quóniam ipsi saturabúntur.
Beáti misericórdes, *
 quóniam ipsi misericórdiam consequéntur.
Beáti mundo corde, *
 quóniam ipsi Deum vidébunt.
Beáti pacífici, *
 quóniam fílii Dei vocabúntur.
Beáti qui persecutiónem patiúntur propter iustítiam, *
 quóniam ipsórum est regnum cælórum.

Hebdomada II: canticum Col 1, p. 373.
Lectio brevis et reliqua, p. 330.

FERIA IV AD COMPLETORIUM

Hebdomada I: Ps 101, p. 233.
Hebdomada II: Ps 6, p. 5; Ps 31, p. 50.

FERIA V AD INVITATORIUM

Ps 121, p. 288.

FERIA V AD VIGILIAS

Hebdomada I: Ps 74, p. 176; Ps 11, p. 13; Ps 43, p. 103.
Hebdomada II: Ps 58, p. 133; Ps 76, p. 177; Ps 29, p. 46.
℣. et reliqua, p. 193.

FERIA V AD LAUDES MATUTINAS

Hebdomada I: Ps 98, p. 219; Ps 25, p. 40; canticum Is 12, p. 113; Ps 148, p. 76.

Hebdomada II: Ps 98, p. 219; Ps 89, p. 197; canticum ut infra:

Sap 7, 7

Ǎ. VII d

O ptá- vi * et da-tus est mi- hi sensus: invocávi et ve-nit in me spí-ri-tus sapi- énti- æ. E u o u a e.

CANTICUM Sap 9, 1-6. 9-11
DOMINE, DA MIHI SAPIENTIAM

Dabo vobis os et sapientiam, cui non poterunt resistere... adversarii vestri (Lc 21, 15).

Deus patrum meórum et Dómine misericórdiæ, *
 qui fecísti ómnia verbo tuo
et sapiéntia tua constituísti hóminem, *

Canticum Sap 9

ut dominarétur creatúris quæ a te factæ sunt,
et dispóneret orbem terrárum in sanctitáte et iustítia *
   et in directióne cordis iudícium iudicáret,
da mihi sédium tuárum assistrícem sapiéntiam *
   et noli me reprobáre a púeris tuis,
quóniam servus tuus sum ego et fílius ancíllæ tuæ, †
   homo infírmus et exígui témporis *
   et minor ad intelléctum iudícii et legum.
Nam, et si quis erit consummátus inter fílios hóminum, †
   si ab illo abfúerit sapiéntia tua, *
   in níhilum computábitur.

Et tecum sapiéntia, quæ novit ópera tua, *
   quæ et áffuit tunc, cum orbem terrárum fáceres,
et sciébat quid esset plácitum in óculis tuis *
   et quid diréctum in præcéptis tuis.
Emítte illam de cælis sanctis tuis *
   et a sede magnitúdinis tuæ mitte illam,
ut mecum sit et mecum labóret, *
   ut sciam quid accéptum sit apud te.
Scit enim illa ómnia et intéllegit †
   et dedúcet me in opéribus meis sóbrie *
   et custódiet me in sua glória.

Ps 148, p. 76.
Lectio brevis et reliqua, p. 201.

FERIA V AD TERTIAM

Ps 118, XIV-XVI, p. 271.
Lectio brevis et reliqua, p. 290.

FERIA V AD SEXTAM

Hebdomada I: Ps 51, p. 125; Ps 126, p. 298.
Hebdomada II: Ps 82, p. 190.
Lectio brevis et reliqua, p. 295.

FERIA V AD NONAM

Ps 72, p. 162.
Lectio brevis et reliqua, p. 300.

Schema C

FERIA V AD VESPERAS

Hebdomada I: Ps 110, p. 303; Ps 86, p. 206; Ps 47, p. 121; canticum Eph 1, p. 369.
Hebdomada II: Ps 110, p. 303; Ps 124, p. 294; Ps 65, p. 148; canticum Philp 2, p. 363.
Lectio brevis et reliqua, p. 337.

FERIA V AD COMPLETORIUM

Hebdomada I: Ps 61, p. 147.
Hebdomada II: Ps 12, p. 15; Ps 60, p. 146.
Hymnus et reliqua, p. 355.

FERIA VI AD INVITATORIUM

Ps 94, p. 27.

FERIA VI AD VIGILIAS

Hebdomada I: Ps 53, p. 128; Ps 37, p. 94; Ps 78, p. 184.
Hebdomada II: Ps 87, p. 195; Ps 2, p. 3; Ps 73, p. 174.
℣. *et reliqua, p. 222.*

FERIA VI AD LAUDES MATUTINAS

Hebdomada I: Ps 75, p. 223; Ps 50, p. 67; canticum Ez 36, p. 59; Ps 149, p. 78.
Hebdomada II: Ps 75, p. 223; Ps 50, p. 67; canticum Hab 3, p. 226; Ps 149, p. 78.
Lectio brevis et reliqua, p. 229.

FERIA VI AD TERTIAM

Ps 118, XVII-XIX, p. 273.
Lectio brevis et reliqua, p. 290.

FERIA VI AD SEXTAM

Hebdomada I: Ps 21, p. 32.
Hebdomada II: Ps 68, p. 154.
Lectio brevis et reliqua, p. 296.

FERIA VI AD NONAM

Ps 141, p. 340; Ps 123, p. 293.
Lectio brevis et reliqua, p. 301.

Canticum Rom 8

FERIA VI AD VESPERAS

Hebdomada I: Ps 114-115, pp. 312 et 313; Ps 125, p. 297; canticum ut infra:

Ant. VII C transp.   Rom 8, 32

PRóprio * Fílio suo non pepércit Deus, sed pro nobis ómnibus trádidit illum. Cant: Quid ergo dicémus ad hæc? E u o u a e.

CANTICUM Rom 8, 31-35.37-39

FIDUCIA REDEMPTORUM

Quid ergo dicémus ad hæc? *
  Si Deus pro nobis, quis contra nos?
Qui Fílio suo non pepércit, †
  sed pro nobis ómnibus trádidit illum, *
  quómodo non étiam cum illo ómnia nobis donábit?
Quis accusábit advérsus eléctos Dei? *
  Deus, qui iustíficat? Quis est qui condémnet?
Christus Iesus, qui mórtuus est, immo qui suscitátus est, †
  qui et est ad déxteram Dei, *
  qui étiam interpéllat pro nobis?
Quis nos separábit a caritáte Christi? †
  Tribulátio an angústia an persecútio an fames *
  an núditas an perículum an gládius?

Sed in his ómnibus *
  supervíncimus per eum qui diléxit nos.
Certus sum enim quia neque mors neque vita †
  neque ángeli neque principátus *
  neque instántia neque futúra neque virtútes

neque altitúdo neque profúndum
  neque ália quælibet creatúra †
  póterit nos separáre a caritáte Dei, *
  quæ est in Christo Iesu Dómino nostro.

Hebdomada II: Ps 114-115, pp. 312 et 313; Ps 140, p. 336; Ps 32, p. 85; canticum ut infra:

Idt 16, 15

Ҟ.VIII g

HYmnum dicámus * Dó-mi- no De- o nostro.

E u o u a e.

CANTICUM   1 Pe 1, 3-9
GAUDIUM SALUTIS

Benedíctus Deus et Pater Dómini nostri Iesu Christi, †
  qui secúndum magnam misericórdiam suam
    regenerávit nos in spem vivam *
  per resurrectiónem Iesu Christi ex mórtuis,
in hereditátem incorruptíbilem †
  et incontaminátam et immarcescíbilem, *
  conservátam in cælis propter vos,
qui in virtúte Dei custodímini per fidem *
  in salútem parátam reveléri in témpore novíssimo.

In quo exsultátis, †
  módicum nunc si opórtet contristári *
  in váriis tentatiónibus,
ut probátio vestræ fídei multo pretiósior auro, quod perit, †
  per ignem quidem probáto, *
  inveniátur in laudem et glóriam et honórem
    in revelatióne Iesu Christi.
Quem cum non vidéritis dilígitis, †
  in quem nunc non vidéntes, credéntes autem, *
  exsultátis lætítia inenarrábili et glorificáta,
reportántes finem fídei vestræ *
  salútem animárum.

Lectio brevis et reliqua, p. 343.

FERIA VI AD COMPLETORIUM

Hebdomada I: Ps 30, p. 48.
Hebdomada II: Ps 38, p. 97; Ps 129, p. 318.
Hymnus et reliqua, p. 355.

SABBATO AD INVITATORIUM

Ps 80, p. 188.

SABBATO AD VIGILIAS

Hebdomada I: Ps 104, p. 239.
Hebdomada II: Ps 105, p. 243.
℣. et reliqua, p. 253.

SABBATO AD LAUDES MATUTINAS

Hebdomada I: Ps 46, p. 120; Ps 91, p. 224; canticum ut infra:

Ion 2, 3

℣. VII a

DUM tri-bu-lá-rer, * clamávi ad Dóminum de ventre ínfe-ri, et exaudí-vit me. E u o u a e.

CANTICUM Ion 2, 3-10

ORATIO IONAE

Sic erit Filius hominis in corde terrae tribus diebus et tribus noctibus (Mt 12, 40).

Clamávi de tribulatióne mea ad Dóminum, *
  et respóndit mihi;
de ventre ínferi clamávi, *
  et exaudísti vocem meam.

Et proiecísti me in profúndum in corde maris, *
  et flumen circúmdedit me;

omnes gúrgites tui et fluctus tui *
  super me transiérunt.
Et ego dixi: «Abiéctus sum *
  a conspéctu oculórum tuórum;
verúmtamen rursus vidébo *
  templum sanctum tuum.»
Circumdedérunt me aquæ usque ad guttur, †
  abýssus vallávit me, *
  iuncus alligátus est cápiti meo.
Ad extréma móntium descéndi, *
  terræ vectes conclusérunt me in ætérnum,
sed eduxísti de fóvea vitam meam, *
  Dómine Deus meus.
Cum angustiarétur in me ánima mea, *
  Dómini recordátus sum,
et venit ad te orátio mea, *
  ad templum sanctum tuum.
Qui colunt idóla vana, *
  pietátem suam derelínquunt;
ego autem in voce laudis immolábo tibi, †
  quæcúmque vovi reddam; *
  salus Dómini est.

Ps 146, p. 348.
Hebdomada II: Ps 46, p. 120; Ps 142, p. 254; canticum Dt 32, p. 256; Ps 146, p. 348.
Lectio brevis et reliqua, p. 258.

SABBATO AD TERTIAM

Ps 118, XX-XXII, p. 275.
Lectio brevis et reliqua, p. 291.

SABBATO AD SEXTAM

Hebdomada I: Ps 9, pp. 10 et 11.
Hebdomada II: Ps 17, pp. 20 et 22.
Lectio brevis et reliqua, p. 296.

SABBATO AD NONAM

Ps 119, p. 286; Ps 122, p. 292.
Lectio brevis et reliqua, p. 301.

SCHEMA D

Omnia sicut in schemate A, praeter psalmodiam, quae disponitur ut infra. Antiphonae sumi debent ex iis quae assignantur unicuique psalmo vel cantico. Tempore paschali vero, eae antiphonae Allelúia *sumuntur quae in schemate A proponuntur. Divisiones psalmorum indicantur signo ¶ D.*

DOMINICA AD I VESPERAS

Hebdomada I: Ps 22, p. 35; Ps 71, p. 160; canticum Philp 2, p. 363; Ps 23, p. 36.
Hebdomada II: Ps 44, p. 105; Ps 137, p. 329; canticum Philp 2, p. 363; Ps 23, p. 36.
Lectio brevis et reliqua, p. 350.

AD COMPLETORIUM

Ps 4, p. 352; Ps 90, p. 353.
Sic per totam hebdomadam I et II dicitur.

DOMINICA AD INVITATORIUM

Ps 94, p. 27.

DOMINICA AD VIGILIAS

IN I NOCTURNO

Hebdomada I: Ps 17, pp. 20 et 22, in tribus divisionibus.
Hebdomada II: Ps 28, p. 45; Ps 29, p. 46; Ps 30, p. 48.
℣. p. 41.

IN II NOCTURNO

Hebdomada I: Ps 24, p. 38; Ps 26, p. 42; Ps 27, p. 44.
Hebdomada II: Ps 33, p. 87; Ps 65, p. 148, in duabus divisionibus.
℣. p. 51.

IN III NOCTURNO

Antiphonae, cantica et versus sicut in schemate A, p. 52.

DOMINICA AD LAUDES MATUTINAS

Ps 66 sine antiphona, p. 66.
Ps 30, p. 48; Ps 117, p. 69; cantica Danielis p. 75, prior in hebdomada I, alter in hebdomada II; Ps 150, p. 79.
Lectio brevis et reliqua, p. 79.

DOMINICA AD TERTIAM

Hebdomada I: Ps 118, I-IV, p. 261.
Hebdomada II: Ps 118, XII-XV, p. 269.
Lectio brevis et reliqua, p. 279.

DOMINICA AD SEXTAM

Hebdomada I: Ps 118, V-VII, p. 264.
Hebdomada II: Ps 118, XVI-XVIII, p. 273.
Lectio brevis et reliqua, p.281.

DOMINICA AD NONAM

Hebdomada I: Ps 118, VIII-XI, p. 266.
Hebdomada II: Ps 118, XIX-XXII, p. 275.
Lectio brevis et reliqua, p. 282.

DOMINICA AD II VESPERAS

Ps 109, p. 302; Ps 2, p. 3; canticum Apc 19, p. 365; Ps 46, p. 120.
Lectio brevis et reliqua, p. 306.

FERIA II AD INVITATORIUM

Ps 133, p. 355.
Sic per totam hebdomadam I et II dicitur.

FERIA II AD VIGILIAS
IN I NOCTURNO

Hebdomada I: Ps 13, p. 15; Ps 34, p. 89; Ps 53, p. 128.
Hebdomada II: Ps 36, p. 91, in duabus divisionibus; Ps 51, p. 125.
℣. p. 95.

Schema D

IN II NOCTURNO

Hebdomada I: Ps 14, p. 16; Ps 105, p. 243, in duabus divisionibus.
Hebdomada II: Ps 10, p. 13; Ps 104, p. 239, in duabus divisionibus.
℣. et reliqua, p. 107.

FERIA II AD LAUDES MATUTINAS

Ps 116, sine antiphona, p. 314.
Hebdomada I: Ps 49, p. 124; Ps 5, p. 110; canticum 1 Par 29, p. 114; Ps 110, p. 303.
Hebdomada II: Ps 102, p. 235; Ps 35, p. 112; canticum Eccli 36, p. 257; Ps 115, p. 313.
Lectio brevis et reliqua, p. 115.

FERIA II AD TERTIAM

Ps 119, p. 286; Ps 120, p. 287; Ps 121, p. 288.
Sic per totam hebdomadam I et II dicitur.
Lectio brevis et reliqua, p. 282.

FERIA II AD SEXTAM

Ps 125, p. 297; Ps 126, p. 298; Ps 127, p. 299.
Sic dicitur et feria IV et VI hebdomadae I et II.
Lectio brevis et reliqua, p. 284.

FERIA II AD NONAM

Ps 122, p. 292; Ps 123, p. 293; Ps 124, p. 294.
Sic dicitur et feria IV et VI hebdomadae I et II.
Lectio brevis et reliqua, p. 285.

FERIA II AD VESPERAS

Hebdomada I: Ps 18, p. 23; Ps 47, p. 121; canticum Eph 1, p. 369; Ps 95, p. 216.
Hebdomada II: Ps 19, p. 25; Ps 20, p. 31; canticum Eph 1, 369; Ps 95, p. 216.
Lectio brevis et reliqua, p. 315.

Schema D

FERIA III AD VIGILIAS
IN I NOCTURNO

Hebdomada I: Ps 43, p. 103, in duabus divisionibus; Ps 61, p. 147.
Hebdomada II: Ps 55, p. 131; Ps 69, p. 157; Ps 70, p. 158.
℣. p. 126.

IN II NOCTURNO

Hebdomada I: Ps 76, p. 177; Ps 138, p. 333, in duabus divisionibus.
Hebdomada II: Ps 74, p. 176; Ps 81, p. 189; Ps 93, p. 212.
℣. et reliqua, p. 134.

FERIA III AD LAUDES MATUTINAS

Ps 116, sine antiphona, p. 314.
Hebdomada I: Ps 72, p. 162; Ps 88, p. 208; canticum Tob 13, p. 140; Ps 111, p. 304.
Hebdomada II: Ps 38, p. 97; Ps 56, p. 137; canticum Is 38, p. 139; Ps 145, p. 347.
Lectio brevis et reliqua, p. 141.

FERIA III AD SEXTAM

Ps 128, p. 314; Ps 129, p. 318; Ps 130, p. 319.
Sic dicitur et feria V et sabbato hebdomadae I et II.
Lectio brevis et reliqua, p. 294.

FERIA III AD NONAM

Ps 131, p. 320; Ps 132, p. 321.
Sic dicitur et feria V et sabbato hebdomadae I et II.
Lectio brevis et reliqua, p. 299.

FERIA III AD VESPERAS

Hebdomada I: Ps 67, p. 150; canticum Apc 4, p. 371; Ps 96, p. 217.
Hebdomada II: Ps 103, p. 236; canticum Apc 4, p. 371; Ps 96, p. 217.
Lectio brevis et reliqua, p. 322.

FERIA IV AD VIGILIAS
IN I NOCTURNO

Hebdomada I: Ps 77, p. 179, in tribus divisionibus.
Hebdomada II: Ps 106, p. 247, in duabus divisionibus; Ps 60, p. 146.
℣. p. 153.

IN II NOCTURNO

Hebdomada I: Ps 11, p. 13; Ps 41-42, pp. 101 et 136; Ps 83, p. 191.
Hebdomada II: Ps 73, p. 174, in duabus divisionibus; Ps 80, p. 188.
℣. et reliqua, p. 164.

FERIA IV AD LAUDES MATUTINAS

Ps 116, sine antiphona, p. 314.
Hebdomada I: Ps 101, p. 233; Ps 63, p. 165; canticum Idt 16, p. 169; Ps 114, p. 312.
Hebdomada II: Ps 85, p. 205; Ps 64, p. 166; canticum 1 Sam 2, p. 168; Ps 146, p. 348.
Lectio brevis et reliqua, p. 170.

FERIA IV AD VESPERAS

Hebdomada I: Ps 45, p. 119; Ps 135, p. 326; canticum Col 1, p. 373; Ps 97, p. 218.
Hebdomada II: Ps 134, p. 325; Ps 143, p. 341; canticum Col 1, p. 373; Ps 97, p. 218.
Lectio brevis et reliqua, p. 330.

FERIA V AD VIGILIAS
IN I NOCTURNO

Hebdomada I: Ps 57, p. 132; Ps 58, p. 133; Ps 59, p. 145.
Hebdomada II: Ps 25, p. 40; Ps 48, p. 122; Ps 78, p. 184.
℣. p. 185.

IN II NOCTURNO

Hebdomada I: Ps 9, in duabus divisionibus, pp. 10 et 11; Ps 143, p. 341.
Hebdomada II: Ps 82, p. 190; Ps 141, p. 340; Ps 144, pp. 342 et 346.
℣. et reliqua, p. 193.

FERIA V AD LAUDES MATUTINAS

Ps 116, sine antiphona, p. 314.
Hebdomada I: Ps 100, p. 221; Ps 87, p. 195; canticum Ier 31, p. 200; Ps 113 A, p. 309.
Hebdomada II: Ps 31, p. 50; Ps 89, p. 197; canticum Is 12, p. 113; Ps 147, p. 349.
Lectio brevis et reliqua, p. 201.

FERIA V AD VESPERAS

Hebdomada I: Ps 136, p. 328; Ps 140, p. 336; canticum Apc 11, p. 375; Ps 98, p. 219.
Hebdomada II: Ps 32, p. 85; Ps 40, p. 101; canticum Apc 11, p. 375; Ps 98, p. 219.
Lectio brevis et reliqua, p. 337.

FERIA VI AD VIGILIAS

IN I NOCTURNO

Hebdomada I: Ps 3, p. 29; Ps 7, p. 7; Ps 15, p. 17.
Hebdomada II: Ps 12, p. 15; Ps 16, p. 18; Ps 54, p. 129.
℣. p. 214.

IN II NOCTURNO

Hebdomada I: Ps 88, p. 208, in tribus divisionibus.
Hebdomada II: Ps 108, p. 251, in duabus divisionibus; Ps 139, p. 335.
℣. et reliqua, p. 222.

FERIA VI AD LAUDES MATUTINAS

Ps 116, sine antiphona, p. 314.
Hebdomada I: Ps 6, p. 5; Ps 75, p. 223; canticum Is 45, p. 227; Ps 113 B, p. 310.
Hebdomada II: Ps 62, p. 72; Ps 91, p. 224; canticum Hab 3, p. 226; Ps 148, p. 76.
Lectio brevis et reliqua, p. 229.

FERIA VI AD VESPERAS

Hebdomada I: Ps 21, p. 32; canticum Apc 15, p. 377; Ps 92, p. 211.

Schema D

Hebdomada II: Ps 68, p. 154; canticum Apc 15, p. 377; Ps 99, p. 220.
Lectio brevis et reliqua, p. 343.

SABBATO AD VIGILIAS
IN I NOCTURNO

Hebdomada I: Ps 1, p. 2; Ps 71, p. 160; Ps 79, p. 186.
Hebdomada II: Ps 8, p. 8; Ps 18, p. 23; Ps 44, p. 105.
℣. p. 242.

IN II NOCTURNO

Hebdomada I: Ps 84, p. 192; Ps 86, p. 206; Ps 102, p. 235.
Hebdomada II: Ps 45, p. 119; Ps 47, p. 121; Ps 48, p. 122.
℣. et reliqua, p. 253.

SABBATO AD LAUDES MATUTINAS

Ps 116, sine antiphona, p. 314.
Hebdomada I: Ps 37, p. 94; Ps 142, p. 254; canticum Ex 15, p. 198; Ps 112, p. 305.
Hebdomada II: Ps 39, p. 98; Ps 142, p. 254; canticum Dt 32, p. 256; Ps 149, p. 78.
Lectio brevis et reliqua, p. 258.

ORDINARIA
DE DIVERSIS
TEMPORIBUS

Lectiones breves quae infra inveniuntur exempli gratia proponuntur, ex iis selectae quae in Thesauro liturgiæ horarum monasticæ *reperiuntur.*

IN ADVENTU

AD INVITATORIUM

Ante diem 17 decembris
℟. Regem ventúrum Dóminum, veníte, adorémus.
A die 17 decembris
℟. Prope est iam Dóminus, veníte, adorémus.

AD VIGILIAS
HYMNUS

Ante diem 17 decembris

Verbum supérnum pródiens,
a Patre lumen éxiens,
qui natus orbi súbvenis
cursu declívi témporis:

Illúmina nunc péctora
tuóque amóre cóncrema;
audíta per præcónia
sint pulsa tandem lúbrica.

Iudéxque cum post áderis
rimári facta péctoris,
reddens vicem pro ábditis
iustísque regnum pro bonis,

Non demum artémur malis
pro qualitáte críminis,
sed cum beátis cómpotes
simus perénnes cælites.

Sit, Christe, rex piíssime,
tibi Patríque glória
cum Spíritu Paráclito,
in sempitérna sǽcula. Amen.

A die 17 decembris

Veni, redémptor géntium,
osténde partum Vírginis;
mirétur omne sǽculum:
talis decet partus Deum.

Non ex viríli sémine,
sed mýstico spirámine
Verbum Dei *factum* est caro
fructúsque ventris flóruit.

Alvus tuméscit Vírginis,
claustrum pudóris pérmanet,
vexílla virtútum micant,
versátur in templo Deus.

Procédat e thálamo suo,
pudóris aula régia,
gémini gigas substántiæ
álacris ut currat viam.

Æquális ætérno Patri,
carnis tropǽo cíngere,
infírma nostri córporis
virtúte firmans pérpeti.

Præsépe iam fulget tuum
luménque nox spirat novum,
quod nulla nox intérpolet
fidéque iugi lúceat.

In Adventu

Sit, Christe, rex piíssime,
tibi Patríque glória
cum Spíritu Paráclito,
in sempitérna sǽcula. Amen.

Lectio brevis *Is 7, 14-15*

Ecce, virgo concípiet et páriet fílium et vocábit nomen eius Emmánuel; butýrum et mel cómedet, ut ipse sciat reprobáre malum et elígere bonum.

AD LAUDES MATUTINAS

Lectio brevis *Rom 13, 11-12*

Hora est iam vos de somno súrgere, nunc enim própior est nobis salus quam cum credídimus. Nox procéssit, dies autem appropiávit. Abiciámus ergo ópera tenebrárum et induámur arma lucis.

Dominica
℟. br. Christe, Fili Dei vivi, * Miserére nobis.
℣. Qui ventúrus es in mundum. ℣. Glória Patri.

Per hebdomadam
℟. br. Super te, Ierúsalem, * Oriétur Dóminus.
℣. Et glória eius in te vidébitur. ℣. Glória.

HYMNUS

Ante diem 17 decembris

Vox clara ecce íntonat,
obscúra quæque íncrepat:
procul fugéntur sómnia;
ab æthre Christus prómicat.

Mens iam resúrgat tórpida
quæ sorde exstat sáucia:
sidus refúlget iam novum,
ut tollat omne nóxium.

E sursum Agnus míttitur
laxáre gratis débitum;
omnes pro indulgéntia
vocem demus cum lácrimis,

Secúndo ut cum fúlserit
mundúmque horror cínxerit,
non pro reátu púniat,
sed nos pius tunc prótegat.

Summo Parénti glória
Natóque sit victória,
et Flámini laus débita
per sæculórum sǽcula. Amen.

A die 17 decembris

Magnis prophétæ vócibus
venire Christum núntiant,
lætæ salútis prǽvia,
qua nos redémit, grátia.

Hinc mane nostrum prómicat
et corda læta exǽstuant,
cum vox fidélis pérsonat
prænuntiátrix glóriæ.

Advéntus hic primus fuit,
puníre quo non sǽculum
venit, sed ulcus térgere,
salvándo quod períerat.

At nos secúndus prǽmonet
adésse Christum iánuis,
sanctis corónas réddere
cælíque regna pándere.

Ætérna lux promíttitur
sidúsque salvans prómitur;
iam nos iubar præfúlgidum
ad ius vocat cæléstium.

Te, Christe, solum quǽrimus
vidére, sicut es Deus,
ut perpes hæc sit vísio
perénne laudis cánticum.
Amen.

℣. Vox clamántis in desérto: Paráte viam Dómini.
℟. Rectas fácite sémitas eius.

AD TERTIAM

Antiphona e laudibus dominicae praecedentis, vel propria.

Lectio brevis *Ier 23, 5*

Ecce dies véniunt, dicit Dóminus, et suscitábo David germen iustum; et regnábit rex et sápiens erit et fáciet iudícium et iustítiam in terra.

℣. Timébunt gentes nomen tuum, Dómine.
℟. Et omnes reges terræ glóriam tuam.

AD SEXTAM

Antiphona e laudibus dominicae praecedentis, vel propria.

Lectio brevis *Is 4, 3*

Omnis qui relíctus fúerit in Sion et resíduus in Ierúsalem, sanctus vocábitur, omnis, qui scriptus est ad vitam in Ierúsalem.

℣. Meménto nostri, Dómine, in beneplácito pópuli tui.
℟. Vísita nos in salutári tuo.

In Adventu

AD NONAM

Antiphona e laudibus dominicae praecedentis, vel propria.

Lectio brevis *Is 13, 22 · 14, 1*

Prope est ut véniat tempus eius, et dies eius non elongabúntur. Miserébitur enim Dóminus Iacob et éliget adhuc de Israel.

℣. Veni, Dómine, et noli tardáre.
℟. Reláxa facínora plebi tuæ.

AD VESPERAS

Lectio brevis *Philp 3, 20-21*

Salvatórem exspectámus Dóminum Iesum Christum, qui transfigurábit corpus humilitátis nostræ confórme fíeri córpori glóriæ suæ secúndum operatiónem, qua possit étiam subícere sibi ómnia.

Dominica
℟. br. Osténde nobis, Dómine, * Misericórdiam tuam.
℣. Et salutáre tuum da nobis. ℣. Glória.

Per hebdomadam
℟. br. Veni ad liberándum nos * Dómine Deus virtútum.
℣. Illústra fáciem tuam, et salvi érimus. ℣. Glória.

HYMNUS

Ante diem 17 decembris

Cónditor alme síderum,
ætérna lux credéntium,
Christe, redémptor ómnium,
exáudi preces súpplicum.

Qui cóndolens intéritu
mortis períre sæculum,
salvásti mundum lánguidum,
donans reis remédium,

Vergénte mundi véspere,
uti sponsus de thálamo,
egréssus honestíssima
Vírginis matris cláusula.

Cuius forti poténtiæ
genu curvántur ómnia;
cæléstia, terréstria
nutu faténtur súbdita.

Te, Sancte, fide quæsumus,
ventúre iudex sæculi,
consérva nos in témpore
hostis a telo pérfidi.

Sit, Christe, rex piíssime,
tibi Patríque glória
cum Spíritu Paráclito,
in sempitérna sæcula. Amen.

A die 17 decembris

Verbum salútis ómnium,
　Patris ab ore pródiens,
Virgo beáta, súscipe
casto, María, víscere.

　Te nunc illústrat cǽlitus
umbra fecúndi Spíritus,
gestes ut Christum Dóminum,
æquálem Patri Fílium.

　Hæc est sacráti iánua
templi seráta iúgiter,
soli suprémo Príncipi
pandens beáta límina.

　Olim promíssus vátibus,
natus ante lucíferum,
quem Gábriel annúntiat,
terris descéndit Dóminus.

　Læténtur simul ángeli,
omnes exsúltent pópuli:
excélsus venit húmilis
salváre quod períerat.

　Sit, Christe, rex piíssime,
tibi Patríque glória
cum Spíritu Paráclito,
in sempitérna sǽcula. Amen.

℣. Roráte, cæli, désuper, et nubes pluant iustum.
℟. Aperiátur terra et gérminet Salvatórem.

TEMPORE NATIVITATIS

AD INVITATORIUM

℣. Christus natus est nobis: veníte, adorémus.

AD VIGILIAS

HYMNUS

Candor ætérnæ Deitátis alme,
　Christe, tu lumen, venia atque vita
ádvenis, morbis hóminum medéla,
　　porta salútis.

　Intonat terræ chorus angelórum
cǽlicum carmen, nova sæcla dicens,
glóriam Patri, generíque nostro
　　gáudia pacis.

Qui iaces parvus dóminans et orbi,
Vírginis fructus sine labe sanctæ,
Christe, iam mundo potiáris omni,
   semper amándus.

Násceris cælos pátriam datúrus,
unus e nobis, caro nostra factus;
ínnova mentes, trahe caritátis
   péctora vinclis.

Cœtus exsúltans canit ecce noster
ángelis læto scciátus ore,
et Patri tecum parilíque Amóri
   cántica laudis. Amen.

IN I NOCTURNO

A. unica. In princípio * et ante sæcula Deus erat Verbum; ipse natus est nobis Salvátor mundi. *Psalmi de feria occurrente.*

Vel ut infra ad libitum:

A. 1. Attóllite portas, * príncipes, vestras et introíbit rex glóriæ. *Ps 23, p. 36.*
A. 2. Sedes tua, * Deus, in sæculum sæculi: virga directiónis virga regni tui. *Ps 44, p. 105.*
A. 3. Dóminus * virtútum nobíscum: suscéptor noster Deus Iacob. *Ps 45, p. 119.*
A. 4. Hic est Deus, * Deus noster in ætérnum: ipse reget nos in sæcula. *Ps 47, p. 121.*
A. 5. Oriétur * in diébus Dómini abundántia pacis et dominábitur. *Ps 71, p. 160, usque ad signum ¶.*
A. 6. Animas páuperum suórum salvas fáciet Dóminus. *Ps 71, a signo ¶, p. 162.*

Die 29 decembris
℣. Egrediétur Dóminus de loco sancto suo.
℟. Véniet ut salvet pópulum suum.

Die 30 decembris
℣. Vídimus glóriam eius, allelúia.
℟. Glóriam quasi Unigéniti a Patre, allelúia.

Die 31 decembris
℣. Portans ómnia verbo virtútis suæ, allelúia.
℟. Cónsedit ad déxteram maiestátis in excélsis, allelúia.

Ordinaria

Die 2 ianuarii
℣. Speciósus forma es præ fíliis hóminum.
℟. Diffúsa est grátia in lábiis tuis.
Die 3 ianuarii
℣. Fílius Dei venit, et dedit nobis sensum.
℟. Ut cognóscamus verum Deum.
Die 4 ianuarii
℣. In ipso vita erat.
℟. Et vita erat lux hóminum.
Die 5 ianuarii
℣. Benedíctus qui venit in nómine Dómini.
℟. Deus Dóminus et illúxit nobis.

In regionibus ubi sollemnitas Epiphaniae celebratur in dominica
Die 6 ianuarii
℣. Dies sanctificátus illúxit nobis.
℟. Veníte, gentes, et adoráte Dóminum.
Die 7 ianuarii
℣. Novíssime Deus locútus est nobis in Fílio.
℟. Per quem fecit et sǽcula.

IN II NOCTURNO

𝒜. unica. Natus est nobis * hódie Salvátor, qui est Christus Dóminus in civitáte David. *Psalmi de feria occurrente.*

Vel ut infra ad libitum
𝒜. 1. Véritas * de terra orta est, et iustítia de cælo prospéxit. *Ps 84, p. 192.*
𝒜. 2. Misericórdia et véritas * præcédent fáciem tuam, Dómine. *Ps 88, p. 208, usque ad divisionem.*
𝒜. 3. Ipse*invocábit me: Pater meus es tu, allelúia.*Ps 88 a divisione usque ad versum:*
Et ponam in sǽculum sǽculi semen eius *
et thronum eius sicut dies cæli.
𝒜. 4. Læténtur cæli * et exsúltet terra ante fáciem Dómini, quóniam venit. *Ps 95, p. 216.*
𝒜. 5. Lux orta est iusto, * rectis corde lætítia, allelúia. *Ps 96, p. 217.*
𝒜. 6. Notum fecit Dóminus * salutáre suum, allelúia. *Ps 97, p. 218.*

Lectio brevis *Heb 1, 1-2*
Multifáriam et multis modis olim Deus locútus pátribus in prophétis, in novíssimis his diébus locútus est nobis in Fílio,

quem constítuit herédem universórum, per quem fecit et sǽcula.

Die 29 decembris
℣. Vidéntes pastóres cognovérunt de Verbo, allelúia.
℟. Quod dictum erat illis de púero, allelúia.

Die 30 decembris
℣. Notum fecit Dóminus, allelúia.
℟. Salutáre suum, allelúia.

Die 31 decembris
℣. Novíssime Deus locútus est nobis in Fílio, allelúia.
℟. Per quem fecit et sǽcula, allelúia.

Die 2 ianuarii
℣. Cantáte Dómino et benedícite nómini eius.
℟. Annuntiáte de die in diem salutáre eius.

Die 3 ianuarii
℣. Dedit potestátem fílios Dei fíeri.
℟. His qui credunt in nómine eius.

Die 4 ianuarii
℣. Erat lux vera.
℟. Quæ illúminat omnes hómines.

Die 5 ianuarii
℣. Qui séquitur me non ambulábit in ténebris.
℟. Sed habébit lumen vitæ.

In regionibus ubi sollemnitas Epiphaniae celebratur in dominica
Die 6 ianuarii
℣. Cantáte Dómino, et benedícite nómini eius.
℟. Annuntiáte de die in diem salutáre eius.

Die 7 ianuarii
℣. Splendor glóriæ et figúra substántiæ Dei.
℟. Fílius portat ómnia verbo virtútis suæ.

AD LAUDES MATUTINAS

Lectio brevis   Is 9, 5

Párvulus natus est nobis, fílius datus est nobis; et factus est principátus super úmerum eius; et vocábitur nomen eius admirábilis Consiliárius, Deus fortis, Pater æternitátis, Princeps pacis.

℟. br. Notum fecit Dóminus, * Allelúia, allelúia.
℣. Salutáre suum. ℣. Glória.

HYMNUS

A solis ortus cárdine
adúsque terræ límitem
Christum canámus príncipem,
natum María Vírgine.

Beátus auctor sæculi
servíle corpus índuit,
ut carne carnem líberans
non pérderet quod cóndidit.

Clausæ paréntis víscera
cæléstis intrat grátia;
venter puéllæ báiulat
secréta quæ non nóverat.

Domus pudíci péctoris
templum repénte fit Dei;
intácta násciens virum
verbo concépit Fílium.

Eníxa est puérpera
quem Gábriel prædíxerat,
quem matris alvo géstiens
clausus Ioánnes sénserat.

Feno iacére pértulit,
præsépe non abhórruit,
parvóque lacte pastus est
per quem nec ales ésurit.

Gaudet chorus cæléstium
et ángeli canunt Deum,
palámque fit pastóribus
pastor, creátor ómnium.

Iesu, tibi sit glória,
qui natus es de Vírgine,
cum Patre et almo Spíritu,
in sempitérna sæcula.
Amen.

℣. Verbum caro factum est, allelúia.
℟. Et habitávit in nobis, allelúia.

AD TERTIAM

Antiphona ut in Nativitate.

Lectio brevis *Tit* 2, 11-12

Appáruit grátia Dei salutáris ómnibus homínibus erúdiens nos, ut abnegántes impietátem et sæculária desidéria sóbrie et iuste et pie vivámus in hoc sæculo.

℣. Recordátus est Dóminus misericórdiæ suæ, allelúia.
℟. Et veritátis suæ dómui Israel, allelúia.

AD SEXTAM

Antiphona ut in Nativitate.

Lectio brevis *1 Io* 4, 9

In hoc appáruit cáritas Dei in nobis quóniam Fílium suum unigénitum misit Deus in mundum, ut vivámus per eum.

℣. Vidérunt omnes términi terræ, allelúia.
℟. Salutáre Dei nostri, allelúia.

Tempore Nativitatis

AD NONAM

Antiphona ut in Nativitate.

Lectio brevis   Is 49, 6

Parum est ut sis mihi servus ad suscitándas tribus Iacob et relíquias Israel reducéndas: dabo te in lucem géntium, ut sis salus mea usque ad extrémum terræ.

℣. Misericórdia et véritas obviavérunt sibi, allelúia.
℟. Iustítia et pax osculátæ sunt, allelúia.

AD VESPERAS

Lectio brevis   Col 1, 13-15

Erípuit nos de potestáte tenebrárum et tránstulit in regnum Fílii dilectiónis suæ, in quo habémus redemptiónem, remissiónem peccatórum; qui est ímago Dei invisíbilis, primogénitus omnis creatúræ.

℟. br. Verbum caro factum est, * Allelúia, allelúia.
℣. Et habitávit in nobis. ℣. Glória.

HYMNUS

CHriste, redémptor ómnium,
ex Patre, Patris Unice,
solus ante princípium
natus ineffabíliter,

  Tu lumen, tu splendor Patris,
tu spes perénnis ómnium,
inténde quas fundunt preces
tui per orbem sérvuli.

  Salútis auctor, récole
quod nostri quondam córporis,
ex illibáta Vírgine
nascéndo, formam súmpseris.

  Hic præsens testátur dies,
currens per anni círculum,
quod solus a sede Patris
mundi salus advéneris;

  Hunc cælum, terra, hunc mare,
hunc omne quod in eis est,
auctórem advéntus tui
laudat exsúltans cántico.

  Nos quoque, qui sancto tuo
redémpti sumus sánguine,
ob diem natális tui
hymnum novum concínimus.

    Iesu, tibi sit glória,
    qui natus es de Vírgine,
    cum Patre et almo Spíritu,
    in sempitérna sǽcula. Amen.

℣. Notum fecit Dóminus, allelúia.
℟. Salutáre suum, allelúia.

TEMPORE EPIPHANIÆ

AD INVITATORIUM
℣. Christus appáruit nobis, veníte adorémus.

AD VIGILIAS
HYMNUS

Magi vidéntes párvulum
eóa promunt múnera,
stratíque votis ófferunt
tus, myrrham et aurum régium.

Agnósce clara insígnia
virtútis ac regni tui,
Puer, cui trinam Pater
prædestinávit índolem:

Regem Deúmque annúntiant
thesáurus et fragrans odor
turis Sabǽi, at mýrrheus
pulvis sepúlcrum prædocet.

O sola magnárum úrbium
maior Bethlem, cui cóntigit
ducem salútis cǽlitus
incorporátum gígnere!

Hunc et prophétis téstibus
isdémque signatóribus
testátor et sator iubet
adíre regnum et cérnere:

Regnum quod ambit ómnia
dia et marína et térrea
a solis ortu ad éxitum
et tártara et cælum supra.

Iesu, tibi sit glória,
qui te revélas géntibus,
cum Patre et almo Spíritu,
in sempitérna sǽcula. Amen.

IN I NOCTURNO

Antiphona et Ps de feria occurente.

Die 7 ianuarii vel feria II post dominicam Epiphaniae
℣. Adoráte Dóminum.
℟. In aula sancta eius.

Die 8 ianuarii vel feria III post dominicam Epiphaniae
℣. Omnis terra adóret te et psallat tibi.
℟. Psalmum dicat nómini tuo, Dómine.

Die 9 ianuarii vel feria IV post dominicam Epiphaniae
℣. Ambulábunt gentes in lúmine tuo.
℟. Et reges in splendóre ortus tui.

Die 10 ianuarii vel feria V post dominicam Epiphaniae
℣. Veníte adorémus eum.
℟. Quia ipse est Dóminus Deus noster.

Die 11 ianuarii vel feria VI post dominicam Epiphaniae
℣. In ipso vita erat.
℟. Et vita erat lux hóminum.
Die 12 ianuarii vel sabbato post dominicam Epiphaniae
℣. Erat lux vera.
℟. Quæ illúminat omnem hóminem.

IN II NOCTURNO
Lectio brevis   Sap 7, 26-27

Candor est lucis ætérnæ et spéculum sine mácula Dei poténtiæ et ímago bonitátis illíus. Et, cum sit una, ómnia potest; et in se pérmanens ómnia ínnovat, et per generatiónes in ánimas sanctas se tránsferens amícos Dei et prophétas constítuit.

Die 7 ianuarii vel feria II post dominicam Epiphaniae
℣. Annuntiavérunt cæli iustítiam eius.
℟. Et vidérunt omnes pópuli glóriam eius.
Die 8 ianuarii vel feria III post dominicam Epiphaniae
℣. Lauda, Ierúsalem, Dóminum.
℟. Qui emíttit elóquium suum terræ.
Die 9 ianuarii vel feria IV post dominicam Epiphaniae
℣. Dóminus vias suas docébit nos.
℟. Et ambulábimus in sémitis eius.
Die 10 ianuarii vel feria V post dominicam Epiphaniae
℣. Fílius Dei venit et dedit nobis sensum.
℟. Ut cognoscámus verum Deum.
Die 11 ianuarii vel feria VI post dominicam Epiphaniae
℣. Erat lux vera.
℟. Quæ illúminat omnem hóminem.
Die 12 ianuarii vel sabbato post dominicam Epiphaniae
℣. Salvátor mundi appáruit.
℟. Quem prophétæ prædixérunt.

AD LAUDES MATUTINAS
Lectio brevis   Is 49, 8-9

Dedi te in fœdus pópuli, ut suscitáres terram et distribúeres hereditátes dissipátas; ut díceres his qui vincti sunt: «Exíte», et his qui in ténebris: «Revelámini».

℟. br. Adorábunt eum * Omnes reges terræ.
℣. Omnes gentes sérvient ei. ℣. Glória.

HYMNUS

Quicúmque Christum
  quǽritis,
óculos in altum tóllite:
illic licébit vísere
signum perénnis glóriæ.

  Hæc stella, quæ solis rotam
vincit decóre ac lúmine,
veníssé terris núntiat
cum carne terréstri Deum.

  En, Pérsici ex orbis sinu,
sol unde sumit iánuam,
cernunt períti intérpretes
regále vexíllum magi.

  «Quis iste tantus, ínquiunt,
regnátor astris ímperans,
quem sic tremunt cæléstia,
cui lux et æthra insérviunt?

  Illústre quiddam cérnimus
quod nésciat finem pati,
sublíme, celsum, intérminum,
antíquius cælo et chao.

  Hic ille rex est géntium
populíque rex Iudáici,
promíssus Abrahæ patri
eiúsque in ævum sémini.»

Iesu, tibi sit glória,
  qui te revélas géntibus,
cum Patre et almo Spíritu,
  in sempitérna sǽcula. Amen.

℣. Adoráte Deum, allelúia.
℟. Omnes ángeli eius, allelúia.

AD TERTIAM

Lectio brevis *Ez 20, 41-42*

In odórem suavitátis suscípiam vos, cum edúxero vos de pópulis et congregávero vos de terris, in quas dispérsi estis, et sanctificábor in vobis in óculis natiónum. Et sciétis quia ego Dóminus.

℣. In terris visus est.
℟. Et cum homínibus conversátus est.

AD SEXTAM

Lectio brevis *Apc 21, 23-24*

Cívitas non eget sole neque luna, ut lúceant ei, nam cláritas Dei illuminávit eam, et lucérna eius est Agnus. Et ambulábunt gentes per lumen eius, et reges terræ áfferunt glóriam suam in illam.

℣. Vidébunt gentes iustum tuum.
℟. Et cuncti reges ínclitum tuum.

AD NONAM

Lectio brevis   1 Io 1, 5

Hæc est annuntiátio, quam audívimus ab eo et annuntiámus vobis, quóniam Deus lux est et ténebræ in eo non sunt ullæ.

℣. Benedícite, gentes, Deum nostrum.
℟. Et audítam fácite vocem laudis eius.

AD VESPERAS

Lectio brevis   Eph 2, 3-5

Eramus natúra fílii iræ sicut et céteri. Deus autem, qui dives est in misericórdia, propter nímiam caritátem suam, qua diléxit nos, et cum essémus mórtui peccátis, convivificávit nos Christo; gratia estis salváti.

℟. br. Benedicéntur in ipso * Omnes tribus terræ.
℣. Omnes gentes magnificábunt eum. ℣. Glória.

HYMNUS

HOstis Heródes ímpie,
Christum veníre quid times?
Non éripit mortália
qui regna dat cæléstia.

Ibant magi, qua vénerant
stellam sequéntes præviam,
lumen requírunt lúmine,
Deum faténtur múnere.

Lavácra puri gúrgitis
cæléstis Agnus áttigit;
peccáta quæ non détulit
nos abluéndo sústulit.

Novum genus poténtiæ:
aquæ rubéscunt hýdriæ,
vinúmque iussa fúndere
mutávit unda oríginem.

    Iesu, tibi sit glória,
    qui te revélas géntibus,
    cum Patre et almo Spíritu,
    in sempitérna sǽcula. Amen.

℣. Reges Tharsis et ínsulæ múnera ófferent.
℟. Reges Arabum et Saba dona addúcent.

IN QUADRAGESIMA

AD INVITATORUM

℟. Christum Dóminum, pro nobis tentátum et passum, veníte adorémus.

Vel ℟. Hódie, si vocem Dómini audiéritis, nolíte obduráre corda vestra.

AD VIGILIAS

HYMNUS

In dominica

Ex more docti mýstico
servémus abstinéntiam,
deno diérum círculo
ducto quater notíssimo.

Lex et prophétæ prímitus
hanc prætulérunt, póstmodum
Christus sacrávit, ómnium
rex atque factor témporum.

Utámur ergo párcius
verbis, cibis et pótibus,
somno, iocis et árctius
perstémus in custódia.

Vitémus autem péssima
quæ súbruunt mentes vagas,
nullúmque demus cállido
hosti locum tyránnidis.

Præsta, beáta Trínitas,
concéde, simplex Unitas,
ut fructuósa sint tuis
hæc parcitátis múnera. Amen.

In feriis

Nunc tempus acceptábile
fulget datum divínitus,
ut sanet orbem lánguidum
medéla parsimóniæ.

Christi decóro lúmine
dies salútis émicat,
dum corda culpis sáucia
refórmat abstinéntia.

Hanc mente nos et córpore,
Deus, tenére pérfice,
ut appetámus próspero
perénne pascha tránsitu.

Te rerum univérsitas,
clemens, adóret, Trínitas,
et nos novi per véniam
novum canámus cánticum.
   Amen.

In Quadragesima

Lectio brevis II Nocturni *Il 2, 12-13*

Convertímini ad me in toto corde vestro, in ieiúnio et in fletu et in planctu; et scíndite corda vestra et non vestiménta vestra, et convertímini ad Dóminum Deum vestrum, quia benígnus et miséricors est, pátiens et multæ misericórdiæ, et placábilis super malítia.

AD LAUDES MATUTINAS

Lectio brevis *Ex 19, 4-6*

Vos ipsi vidístis quæ fécerim Ægýptiis, quómodo portáverim vos super alas aquilárum et addúxerim ad me. Si ergo audiéritis vocem meam et custodiéritis pactum meum, éritis mihi in pecúlium de cunctis pópulis; mea est enim omnis terra. Et vos éritis mihi regnum sacerdótum et gens sancta.

In dominica
℟. br. Christe, Fili Dei vivi, * Miserére nobis.
℣. Qui attrítus es propter scélera nostra. ℣. Glória.

In feriis
℟. br. Ipse liberábit me * De láqueo venántium.
℣. Et a verbo malígno. ℣. Glória.

HYMNUS

In dominica

P Recémur omnes cérnui,
clamémus atque sínguli,
plorémus ante iúdicem,
flectámus iram víndicem:

Nostris malis offéndimus
tuam, Deus, cleméntiam;
effúnde nobis désuper,
remíssor, indulgéntiam.

Meménto quod sumus tui,
licet cadúci, plásmatis;
ne des honórem nóminis
tui, precámur, álteri.

Laxa malum quod fécimus,
auge bonum quod póscimus,
placére quo tandem tibi
possímus hic et pérpetim.

Præsta, beáta Trínitas,
concéde, simplex Unitas,
ut fructuósa sint tuis
hæc parcitátis múnera. Amen.

In feriis

Iam, Christe, sol iustítiæ,
mentis dehíscant ténebræ,
virtútum ut lux rédeat,
terris diem cum réparas.

Dans tempus acceptábile
et pænitens cor tríbue,
convértat ut benígnitas
quos longa suffert píetas;

Quiddámque pæniténtiæ
da ferre, quo fit démptio,
maióre tuo múnere,
culpárum quamvis grándium.

Dies venit, dies tua,
per quam reflórent ómnia;
lætémur in hac ut tuæ
per hanc redúcti grátiæ.

Te rerum univérsitas,
clemens, adóret, Trínitas,
et nos novi per véniam
novum canámus cánticum. Amen.

℣. Angelis suis Deus mandábit de te.
℟. Ut custódiant te in ómnibus viis tuis.

AD TERTIAM

Lectio brevis   Is 55, 3

Inclináte aurem vestram et veníte ad me; audíte, ut vivat ánima vestra, et fériam vobíscum pactum sempitérnum, misericórdias David fidéles.

℣. Cor mundum crea in me, Deus.
℟. Et spíritum firmum ínnova in viscéribus meis.

AD SEXTAM

Lectio brevis   Ez 18, 23

Numquid voluntátis meæ est mors ímpii, dicit Dóminus Deus, et non ut convertátur a viis suis et vivat?

℣. Avérte fáciem tuam a peccátis meis.
℟. Et omnes iniquitátes meas dele.

AD NONAM

Lectio brevis   Iac 1, 27

Relígio munda et immaculáta apud Deum et Patrem hæc est: visitáre pupíllos et víduas in tribulatióne eórum, immaculátum se custodíre ab hoc sǽculo.

℣. Sacrifícium Deo spíritus contribulátus.
℟. Cor contrítum et humiliátum, Deus, non despícies.

In Quadragesima

AD VESPERAS

Lectio brevis *Rom* 12, 1-2

Obsecro vos, fratres, per misericórdiam Dei, ut exhibeátis córpora vestra hóstiam vivéntem, sanctam, Deo placéntem, rationábile obséquium vestrum; et nolíte conformári huic sǽculo, sed transformámini renovatióne mentis, ut probétis quid sit volúntas Dei, quid bonum et bene placens et perféctum.

In dominica
℟. br. Miserére nobis, Dómine, * Quia peccávimus tibi.
℣. Exáudi, Christe, supplicántum preces. ℣. Glória.

In feriis
℟. br. Ego dixi: Dómine, * Miserére mei.
℣. Sana ánimam meam, quia peccávi tibi. ℣. Glória.

HYMNUS

In dominica

Audi, benígne Cónditor,
nostras preces cum flétibus,
sacráta in abstinéntia
fusas quadragenária.

  Scrutátor alme córdium,
infírma tu scis vírium;
ad te revérsis éxhibe
remissiónis grátiam.

  Multum quidem peccávimus,
sed parce confiténtibus,
tuíque laude nóminis
confer medélam lánguidis.

  Sic corpus extra cónteri
dona per abstinéntiam,
ieiúnet ut mens sóbria
a labe prorsus críminum.

  Præsta, beáta Trínitas,
concéde, simplex Unitas,
ut fructuósa sint tuis
hæc parcitátis múnera. Amen.

In feriis

Iesu, quadragenáriæ
dicátor abstinéntiæ,
qui ob salútem méntium
præcéperas ieiúnium,

  Adésto nunc Ecclésiæ,
adésto pæniténtiæ,
qua supplicámus cérnui
peccáta nostra dílui.

  Tu retroácta crímina
tua remítte grátia
et a futúris ádhibe
custódiam mitíssime,

  Ut, expiáti ánnuis
compunctiónis áctibus,
tendámus ad paschália
digne colénda gáudia.

Te rerum univérsitas,
clemens, adóret, Trínitas
et nos novi per véniam
novum canámus cánticum. Amen.

℣. Alis suis obumbrábit tibi.
℟. Et sub pennas eius confúgies.

HEBDOMADA SANCTA

Sicut in Quadragesima, praeter sequentia

AD INVITATORIUM

℣. Christum Dóminum pro nobis tentátum et passum, veníte adorémus.

AD VIGILIAS
HYMNUS

PAnge, lingua, gloriósi
   prœlium certáminis,
et super crucis tropǽo
dic triúmphum nóbilem,
quáliter redémptor orbis
immolátus vícerit.

De paréntis protoplásti
fraude factor cóndolens,
quando pomi noxiális
morte morsu córruit,
ipse lignum tunc notávit,
damna ligni ut sólveret.

Hoc opus nostræ salútis
ordo depopóscerat,
multifórmis perditóris
arte ut artem fálleret,
et medélam ferret inde,
hostis unde læserat.

Quando venit ergo sacri
plenitúdo témporis,
missus est ab arce Patris
Natus, orbis cónditor,
atque ventre virgináli
carne factus pródiit.

Lustra sex qui iam perácta
tempus implens córporis,
se volénte, natus ad hoc,
passióni déditus,
agnus in crucis levátur
immolándus stípite.

Æqua Patri Filióque,
ínclito Paráclito,
sempitérna sit beátæ
Trinitáti glória,
cuius alma nos redémit
atque servat grátia. Amen.

Hebdomada sancta

IN I NOCTURNO
℣. Réspice in me et miserére mei.
℟. Quia únicus et pauper sum ego.

IN II NOCTURNO
℣. Cum exaltátus fúero a terra.
℟. Omnes traham ad meípsum.

AD LAUDES MATUTINAS
Antiphonae propriae.
℟. br. Redemísti nos, Dómine, * In sánguine tuo.
℣. Ex omni tribu et lingua et pópulo et natióne. ℣. Glória.

HYMNUS

EN acétum, fel, arúndo,
sputa, clavi, láncea;
mite corpus perforátur,
sanguis, unda prófluit;
terra, pontus, astra, mundus
quo lavántur flúmine!

   Crux fidélis, inter omnes
arbor una nóbilis!
Nulla talem silva profert
flore, fronde, gérmine.
Dulce lignum, dulci clavo
dulce pondus sústinens!

   Flecte ramos, arbor alta,
tensa laxa víscera,
et rigor lentéscat ille
quem dedit natívitas,
ut supérni membra regis
miti tendas stípite.

   Sola digna tu fuísti
ferre sæcli prétium,
atque portum præparáre
nauta mundo náufrago,
quem sacer cruor perúnxit
fusus Agni córpore.

   Æqua Patri Filióque,
ínclito Paráclito,
sempitérna sit beátæ
Trinitáti glória,
cuius alma nos redémit
atque servat grátia. Amen.

℣. Eripe me de inimícis meis, Deus meus.
℟. Et ab insurgéntibus in me prótege me.

AD HORAS MINORES

Antiphonae propriae

Ad Tertiam
℣. Oblátus est, quia ipse vóluit.
℟. Et non apéruit os suum.

Ad Sextam
℣. Vere languóres nostros ipse tulit.
℟. Et iniquitátes nostras ipse portávit.

Ad Nonam
℣. Adorémus crucis signáculum.
℟. Per quod salútis súmpsimus sacraméntum.

AD VESPERAS

℟. br. Adorámus te, Christe, * Et benedícimus tibi.
℣. Quia per crucem tuam redemísti mundum. ℣. Glória.

HYMNUS

Vexílla regis pródeunt,
fulget crucis mystérium,
quo carne carnis cónditor
suspénsus est patíbulo;

Quo, vulnerátus ínsuper
mucróne diro lánceæ,
ut nos laváret crímine,
manávit unda et sánguine

Arbor decóra et fúlgida
ornáta regis púrpura,
elécta digno stípite
tam sancta membra tángere!

Beáta, cuius bráchiis
sæcli pepéndit prétium;
statéra facta est córporis
prædam tulítque tártari.

Salve, ara, salve, víctima,
de passiónis glória,
qua vita mortem pértulit
et morte vitam réddidit!

O crux, ave, spes única!
hoc passiónis témpore
piis adáuge grátiam
reísque dele crímina.

Te, fons salútis, Trínitas,
colláudet omnis spíritus;
quos per crucis mystérium
salvas, fove per sǽcula. Amen.

℣. Eripe me, Dómine, ab hómine malo.
℟. A viro iníquo éripe me.

TEMPORE PASCHALI

I. USQUE AD ASCENSIONEM DOMINI

AD INVITATORIUM

℟. Surréxit Dóminus vere, allelúia.

AD VIGILIAS

HYMNUS

Hic est dies verus Dei,
sancto serénus lúmine,
quo díluit sanguis sacer
probrósa mundi crímina.

Fidem refúndit pérditis
cæcósque visu illúminat;
quem non gravi solvit metu
latrónis absolútio?

Opus stupent et ángeli,
pœnam vidéntes córporis
Christóque adhæréntem reum
vitam beátam cárpere.

Mystérium mirábile,
ut ábluat mundi luem,
peccáta tollat ómnium
carnis vitia mundans caro.

Quid hoc potest sublímius,
ut culpa quærat grátiam,
metúmque solvat cáritas
reddátque mors vitam novam?

Esto perénne méntibus
paschále, Iesu, gáudium,
et nos renátos grátiæ
tuis triúmphis ággrega.

Iesu, tibi sit glória,
qui morte victa prǽnites,
cum Patre et almo Spíritu,
in sempitérna sǽcula. Amen.

vel ad libitum pro feriis post octavam Paschae:

Lætáre, cælum, désuper,
appláude, tellus ac mare:
Christus resúrgens post crucem
vitam dedit mortálibus.

Iam tempus accéptum redit,
dies salútis cérnitur,
quo mundus Agni sánguine
refúlsit a calígine.

Mors illa, mortis pássio,
est críminis remíssio;
illǽsa virtus pérmanet,
victus dedit victóriam.

Nostræ fuit gustus spei
hic, ut fidéles créderent
se posse post resúrgere,
vitam beátam súmere.

Nunc ergo pascha cándidum
causa bonórum tálium
colámus omnes strénue
tanto repléti múnere.

Esto perénne méntibus
paschále, Iesu, gáudium,
et nos renátos grátiæ
tuis triúmphis ággrega.

Iesu, tibi sit glória,
qui morte victa prǽnites,
cum Patre et almo Spíritu,
in sempitérna sǽcula. Amen.

IN I NOCTURNO

Lectio brevis *Os 6, 1-3*

Veníte, et revertámur ad Dóminum, quia ipse lacerávit et sanábit nos, percússit et curábit nos. Vivificábit nos post duos dies, in die tértia suscitábit nos, et vivémus in conspéctu eius. Sciámus sequamúrque, ut cognoscámus Dóminum.

℟. br. Oportébat pati Christum, * Allelúia, allelúia.
℣. Et resúrgere a mórtuis. ℣. Glória.

IN II NOCTURNO

Lectio brevis *Rom 10, 8-10*

Prope te est verbum, in ore tuo et in corde tuo; hoc est verbum fídei, quod prædicámus. Quia si confiteáris in ore tuo: «Dóminum Iesum!» et in corde tuo credíderis quod Deus illum excitávit ex mórtuis, salvus eris. Corde enim créditur ad iustítiam, ore autem conféssio fit in salútem.

AD LAUDES MATUTINAS

Lectio brevis *Act 13, 30-33*

Deus suscitávit Iesum a mórtuis; qui visus est per dies multos his qui simul ascénderant cum eo de Galilǽa in Ierúsalem, qui nunc sunt testes eius ad plebem. Et nos vobis evangelizámus eam quæ ad patres promíssio facta est, quóniam hanc Deus adimplévit fíliis eórum, nobis resúscitans Iesum, sicut in psalmo secúndo scriptum est: «Fílius meus es tu; ego hódie génui te.»

In dominica
℟. br. Christe, Fili Dei vivi, miserére nobis, * Allelúia, allelúia.
℣. Qui surrexísti a mórtuis. ℣. Glória.

Tempore paschali

In feriis
℟. br. Surréxit Dóminus de sepúlcro, * Allelúia, allelúia.
℣. Qui pro nobis pepéndit in ligno. ℣. Glória.

HYMNUS

Auróra lucis rútilat,
cælum resúltat láudibus,
mundus exsúltans iúbilat,
gemens inférnus úlulat,

  Cum rex ille fortíssimus,
mortis confráctis víribus,
pede concúlcans tártara
solvit caténa míseros.

  Ille, quem clausum lápide
miles custódit ácriter,
triúmphans pompa nóbili,
victor surgit de fúnere.

Inférni iam gemítibus
solútis et dolóribus,
quia surréxit Dóminus
respléndens clamat ángelus.

  Esto perénne méntibus
paschále, Iesu, gáudium,
et nos renátos grátiæ
tuis triúmphis ággrega.

  Iesu, tibi sit glória,
qui morte victa prǽnites,
cum Patre et almo Spíritu,
in sempitérna sǽcula.
Amen.

Vel ad libitum in feriis post octavam Paschae:

CHorus novæ Ierúsalem
hymni novam dulcédinem
promat, colens cum sóbriis
paschále festum gáudiis,

  Quo Christus invíctus leo,
dracóne surgens óbruto,
dum voce viva pérsonat,
a morte functos éxcitat.

  Quam devorárat ímprobus,
prædam refúndit tártarus;
captivitáte líbera
Iesum sequúntur ágmina.

Triúmphat ille spléndide
et dignus amplitúdine,
soli políque pátriam
unam facit rem públicam.

  Ipsum canéndo súpplices
Regem precémur mílites,
ut in suo claríssimo
nos órdinet palátio.

  Esto perénne méntibus
paschále, Iesu, gáudium,
et nos renátos grátiæ
tuis triúmphis ággrega.

    Iesu, tibi sit glória,
    qui morte victa prǽnites,
    cum Patre et almo Spíritu,
    in sempitérna sǽcula. Amen.

℣. In resurrectióne tua, Christe, allelúia.
℟. Cæli et terra læténtur, allelúia.

AD TERTIAM

Lectio brevis *Apc 1, 17-18*

Ego sum primus et novíssimus, et vivens et fui mórtuus et ecce sum vivens in sǽcula sæculórum et hábeo claves mortis et inférni.

℣. Surréxit Dóminus vere, allelúia.
℟. Et appáruit Simóni, allelúia.

AD SEXTAM

Lectio brevis *1 Io 5, 5-6*

Quis est qui vincit mundum, nisi qui credit quóniam Iesus est Fílius Dei? Hic est qui venit per aquam et sánguinem, Iesus Christus; non in aqua solum, sed in aqua et in sánguine.

℣. Gavísi sunt discípuli, allelúia.
℟. Viso Dómino, allelúia.

AD NONAM

Lectio brevis *1 Cor 5, 7-8*

Expurgáte vetus ferméntum, ut sitis nova conspársio, sicut estis ázymi. Etenim Pascha nostrum immolátus est Christus! Itaque festa celebrémus, non in ferménto véteri neque in ferménto malítiæ et nequítiæ, sed in ázymis sinceritátis et veritátis.

℣. Mane nobíscum, Dómine, allelúia.
℟. Quóniam advesperáscit, allelúia.

AD VESPERAS

Lectio brevis *1 Pe 2, 9-10*

Vos autem genus eléctum, regále sacerdótium, gens sancta, pópulus in acquisitiónem, ut virtútes annuntiétis eius, qui de ténebris vos vocávit in admirábile lumen suum; qui aliquándo non pópulus, nunc autem pópulus Dei; qui non consecúti misericórdiam nunc autem misericórdiam consecúti.

℟. br. Gavísi sunt discípuli, * Allelúia, allelúia.
℣. Viso Dómino. ℣. Glória.

Tempore paschali

In dominicis III-VI ad II Vesperas:
℟. br. Surréxit Dóminus vere, * Allelúia, allelúia.
℣. Et appáruit Simóni. ℣. Glória.

HYMNUS

AD cenam Agni próvidi,
stolis salútis cándidi,
post tránsitum maris Rubri
Christo canámus príncipi.

Cuius corpus sanctíssimum
in ara crucis tórridum,
sed et cruórem róseum
gustándo, Deo vívimus.

Protécti paschæ véspero
a devastánte ángelo,
de Pharaónis áspero
sumus erépti império.

Iam pascha nostrum Christus est,
agnus occísus ínnocens;
sinceritátis ázyma
qui carnem suam óbtulit.

O vera, digna hóstia,
per quam frangúntur tártara,
captíva plebs redímitur,
reddúntur vitæ præmia!

Consúrgit Christus túmulo,
victor redit de bárathro,
tyránnum trudens vínculo
et paradísum réserans.

Esto perénne méntibus
paschále, Iesu, gáudium
et nos renátos grátiæ
tuis triúmphis ággrega.

Iesu, tibi sit glória,
qui morte victa prænites,
cum Patre et almo Spíritu,
in sempitérna sæcula.
Amen.

Vel ad libitum in feriis post octavam Paschae:

O rex ætérne, Dómine,
semper cum Patre Fílius,
iuxta tuam imáginem
Adam plasmásti hóminem.

Quem diábolus decéperat
hostis humáni géneris,
eius et formam córporis
sumpsísti tu de Vírgine,

Ut nos Deo coniúngeres
per carnis contubérnium,
datúrus in baptísmate,
Redémptor, indulgéntiam.

Tu crucem propter hóminem
suscípere dignátus es;
dedísti tuum sánguinem
nostræ salútis prétium.

Tu surrexísti, glóriam
a Patre sumens débitam;
per te et nos resúrgere
devóta mente crédimus.

Esto perénne méntibus
paschále, Iesu, gáudium,
et nos renátos grátiæ
tuis triúmphis ággrega.

Iesu, tibi sit glória,
qui morte victa prænites,
cum Patre et almo Spíritu,
in sempitérna sæcula. Amen.

℣. Surréxit Dóminus de sepúlcro, allelúia.
℟. Qui pro nobis pepéndit in ligno, allelúia.

II. POST ASCENSIONEM DOMINI

Omnia ut supra in T.P. praeter:

AD INVITATORIUM

𝐀. Christum Dóminum, qui Sanctum nobis promísit Spíritum, veníte adorémus, allelúia.

AD VIGILIAS

HYMNUS

Æ Térne rex, altíssime,
redémptor et fidélium,
quo mors solúta déperit,
datur triúmphus grátiæ,

Scandis tribúnal déxteræ
Patris, tibíque cǽlitus
fertur potéstas ómnium,
quæ non erat humánitus.

Ut trina rerum máchina
cæléstium, terréstrium
et inferórum cóndita,
flectat genu iam súbdita.

Tremunt vidéntes ángeli
versam vicem mortálium:
culpat caro, purgat caro,
regnat caro Verbum Dei.

Tu, Christe, nostrum gáudium,
manens perénne prǽmium,
mundi regis qui fábricam,
mundána vincens gáudia.

Hinc te precántes quǽsumus,
ignósce culpis ómnibus
et corda sursum súbleva
ad te supérna grátia,

Ut, cum rubénte cœperis
clarére nube iúdicis,
pœnas repéllas débitas,
reddas corónas pérditas.

Iesu, tibi sit glória,
qui scandis ad cæléstia
cum Patre et almo Spíritu
in sempitérna sǽcula. Amen.

Tempore paschali

AD LAUDES MATUTINAS

HYMNUS

O Ptátus votis ómnium
sacrátus illúxit dies,
quo Christus, mundi spes, Deus,
conscéndit cælos árduos.

Magni triúmphum prœlii,
mundi perémpto príncipe
Patris præséntans vúltibus
victrícis carnis glóriam.

In nube fertur lúcida
et spem facit credéntibus,
iam paradísum réserans,
quem protoplásti cláuserant.

O grande cunctis gáudium,
quod partus nostræ Vírginis,
post sputa, flagra, post crucem,
patérnæ sedi iúngitur.

Agámus ergo grátias
nostræ salútis víndici,
nostrum quod corpus véxerit
sublime ad cæli régiam.

Sit nobis cum cæléstibus
commúne manens gáudium:
illis, quod semet óbtulit,
nobis, quod se non ábstulit.

Nunc, Christe, scandens æthera
ad te cor nostrum súbleva,
tuum Patrísque Spíritum
emíttens nobis cælitus. Amen.

AD VESPERAS

℟. br. Spíritus Paráclitus, * Allelúia, allelúia.
℣. Docébit vos ómnia. ℣. Glória.

HYMNUS

V Eni, creátor Spíritus,
mentes tuórum vísita,
imple supérna grátia,
quæ tu creásti, péctora.

Qui díceris Paráclitus,
donum Dei altíssimi,
fons vivus, ignis, cáritas
et spirituális únctio.

Tu septifórmis múnere,
dextræ Dei tu dígitus,
tu rite promíssum Patris
sermóne ditans gúttura.

Accénde lumen sénsibus,
infúnde amórem córdibus,
infírma nostri córporis,
virtúte firmans pérpeti.

Hostem repéllas lóngius
pacémque dones prótinus;
ductóre sic te prævio
vitémus omne nóxium.

Per te sciámus da Patrem
noscámus atque Fílium,
te utriúsque Spíritum
credámus omni témpore.
Amen.

ANTIPHONÆ & VERSICULI VIGILIARUM
IN SOLLEMNITATIBUS ET FESTIS

Pro his qui utuntur schematis B, C et D, vel qui dividunt psalmos Vigiliarum schematis A in duas hebdomadas, in I et in II Nocturno tres psalmi cum antiphonis suis seligantur ad libitum.
Aliae antiphonae cum notis seligi possunt ad libitum ab iis qui Vigilias celebrant in cantu.

Benedictiones *ad libitum pro sollemnitatibus et festis:*

In I Nocturno

Ille nos benedícat, *
   qui sine fine vivit et regnat.

In II Nocturno

Divínum auxílium *
   máneat semper nobíscum.

In III Nocturno

Ad societátem cívium supernórum *
   perdúcat nos rex angelórum.

  vel:
Cuius festum cólimus *
   ipse intercédat pro nobis ad Dóminum.

PROPRIUM DE TEMPORE

Die 25 decembris
IN NATIVITATE DOMINI
Sollemnitas

In I NOCTURNO

Ą. 1. Dóminus * dixit ad me: Fílius meus es tu, ego hódie génui te. *Ps 2, p. 3.*

Ą. 2. Tamquam sponsus * Dóminus procédens de thálamo suo. *Ps 18 usque ad signum* ¶ *, p. 23.*

Ą. 3. Elevámini, * portæ æternáles, et introíbit rex glóriæ. *Ps 23, p. 36.*

Ą. 4. Diffúsa est grátia * in lábiis tuis, proptérea benedíxit te Deus in ætérnum. *Ps 44, p. 105.*

Ą. 5. Suscépimus, Deus, * misericórdiam tuam in médio templi tui. *Ps 47, p. 121.*

Ą. 6. Oriétur * in diébus Dómini abundántia pacis, et dominábitur. *Ps 71, p. 160.*

℣. Verbum caro factum est, allelúia.
℟. Et habitávit in nobis, allelúia.

IN II NOCTURNO

Ą. 1. Véritas * de terra orta est, et iustítia de cælo prospéxit. *Ps 84, p. 192.*

Ą. 2. Ipse invocábit me, * allelúia: «Pater meus es tu, allelúia.» *Ps 88 usque ad divisionem, p. 208.*

Ą. 3. Læténtur cæli, * et exsúltet terra ante fáciem Dómini, quóniam venit. *Ps 95, p. 216.*

Ą. 4. In princípio * et ante sǽcula Deus erat **Verbum**: ipse natus est nobis hódie Salvátor mundi. *Ps 96, p. 217.*

Ą. 5. Notum fecit Dóminus, * allelúia, salutáre suum, allelúia. *Ps 97, p. 218.*

Ą. 6. Nato Dómino * angelórum chorus canébat dicens: «Salus Deo nostro, allelúia.» *Ps 98, p. 219.*

℣. In ipso vita erat.
℟. Et vita erat lux hóminum.

In Nativitate Domini

IN III NOCTURNO

℣. Vocábitur nomen eius * Emmánuel, quod interpretátur «Nobíscum-Deus».

CANTICUM I Is 26, 1-4.7-9.12
HYMNUS POST VICTORIAM DE HOSTIBUS

Civitas sancta Ierusalem habebat murum magnum et altum, habentem portas duodecim (cf. Apc 21, 12).

URbs fortis nobis in salútem; *
 pósuit muros et antemurále.
Aperíte portas, et ingrediátur gens iusta, *
 quæ servat fidem.
Propósitum eius est firmum; *
 servábis pacem, quia in te sperávit.
Speráte in Dóminum in sǽculis ætérnis, *
 Dóminus est petra ætérna.
Sémita iusti recta est; *
 rectum callem iusti complánas.
Et in sémita iudiciórum tuórum, Dómine, sperávimus in te; *
 ad nomen tuum et ad memoriále tuum desidérium ánimæ.
Anima mea desíderat te in nocte, *
 sed et spíritu meo in præcórdiis meis te quæro.
Cum resplendúerint iudícia tua in terra, *
 iustítiam discent habitatóres orbis.

Dómine, dabis pacem nobis; *
 ómnia enim ópera nostra operátus es nobis.

CANTICUM II Is 40, 1-8
DE ADVENTU DOMINI

Verbum Domini manet in aeternum. Hoc est autem verbum quod evangelizatum est in vos (1 Pe 1, 25).

COnsolámini, consolámini pópulum meum, *
 dicit Deus vester.
Loquímini ad cor Ierúsalem et clamáte ad eam, †
 quóniam compléta est milítia eius, *
 expiáta est iníquitas illíus;
suscépit de manu Dómini duplícia *
 pro ómnibus peccátis suis. —

Vox clamántis: †
 «In desérto paráte viam Dómini, *
 rectas fácite in solitúdine sémitas Dei nostri.
Omnis vallis exaltétur *
 et omnis mons et collis humiliétur;
et fiant prava in dirécta, *
 et áspera in plana:
et revelábitur glória Dómini, *
 et vidébit omnis caro páriter quod os Dómini locútum est.»

Vox dicéntis: «Clama!» *
 Et dixi: «Quid clamábo?»
Omnis caro fenum, *
 et omnis glória eius quasi flos agri;
exsiccátum est fenum, et cécidit flos; *
 quia spíritus Dómini sufflávit in eo.
Vere fenum est pópulus. †
 Exsiccátum est fenum, et cécidit flos; *
 verbum autem Dei nostri manet in ætérnum.

CANTICUM III   Is 66, 10-14 a

CONSOLATIO ET GAUDIUM IN CIVITATE SANCTA

Illa, quae sursum est, Ierusalem libera est, quae est mater nostra (Gal 4, 26).

Lætámini cum Ierúsalem et exsultáte in ea, *
 omnes qui dilígitis eam;
gaudéte cum ea gáudio, †
 univérsi qui lugebátis super eam, *
 ut sugátis et repleámini ab úbere consolatiónis eius,
ut mulgeátis et delíciis affluátis *
 ex ubéribus glóriæ eius.

Quia hæc dicit Dóminus: †
 «Ecce ego dírigam ad eam *
 quasi flúvium pacem,
et quasi torréntem inundántem *
 glóriam géntium.
Sugétis, in ulnis portabímini, *
 et super génua blandiéntur vobis.
Quómodo si quem mater consolátur, †
 ita ego consolábor vos *
 et in Ierúsalem consolabímini.»

Vidébitis, et gaudébit cor vestrum, *
et ossa vestra quasi herba germinábunt.

¶C   **CANTICUM**   *Is 40, 9-11, 27-31*

SUper montem excélsum ascénde, *
  tu quæ evangelízas Sion;
exálta in fortitúdine vocem tuam, *
  quæ evangelízas Ierúsalem;
exálta, noli timére; *
  dic civitátibus Iudæ:
«Ecce Deus vester, †
  ecce Dóminus Deus in virtúte venit, *
  et bráchium eius dominátur:
ecce merces eius cum eo *
  et præmium illíus coram illo.
Sicut pastor gregem suum pascit, †
  in bráchio suo cóngregat agnos et in sinu suo levat; *
  fetas ipse portat.»

Quare dicis, Iacob, et lóqueris, Israel: †
  «Abscóndita est via mea a Dómino, *
  et a Deo meo iudícium transit»?
Numquid nescis? Aut non audísti? †
  Deus sempitérnus Dóminus, *
  qui creávit términos terræ;
non defíciet neque laborábit, *
  nec est investigátio sapiéntiæ eius.
Qui dat lasso virtútem *
  et inválido robur multíplicat.

Defícient púeri et laborábunt *
  et iúvenes lapsu labéntur;
qui autem sperant in Dómino, *
  mutábunt fortitúdinem,
assúment pennas sicut áquilæ, †
  current et non laborábunt, *
  ambulábunt et non defícient.

℣. Novíssime Deus locútus est nobis in Fílio.
℟. Per quem fecit et sǽcula.

Dominica infra octavam Nativitatis
SANCTAE FAMILIAE IESU, MARIAE ET IOSEPH

IN I NOCTURNO

Ꭺ. 1. Ioseph fili David, * noli timére accípere Maríam cóniugem tuam. Quod enim in ea natum est, de Spíritu Sancto est, allelúia. *Ps 8, p. 8.*

Ꭺ. 2. Exsúrgens Ioseph a somno * fecit, sicut præcépit ei ángelus Dómini, et accépit cóniugem suam. *Ps 18, p. 23.*

Ꭺ. 3. Génuit puérpera Regem, * cui nomen ætérnum, et gáudia Matris habens cum virginitátis honóre, nec primam símilem visa est, nec habére sequéntem, allelúia. *Ps 23, p. 36.*

Ꭺ. 4. Pastóres * venérunt festinántes et invenérunt Maríam et Ioseph et infántem pósitum in præsépio. *Ps 44, p. 105.*

Ꭺ. 5. Magi, * intrántes domum, invenérunt púerum cum María, Matre eius. *Ps 45, p. 119.*

Ꭺ. 6. Consúrgens Ioseph, * accépit púerum et matrem eius nocte, et secéssit in Ægýptum et erat ibi usque ad óbitum Heródis. *Ps 47, p. 121.*

℣. Ponam univérsos fílios tuos doctos a Dómino.
℟. Et multitúdinem pacis fíliis tuis.

IN II NOCTURNO

Ꭺ. 1. Cum indúcerent * púerum Iesum paréntes eius, accépit eum Símeon in ulnas suas et benedíxit Deum dicens: «Nunc dimíttis, Dómine, servum tuum in pace.» *Ps 84, p. 192.*

Ꭺ. 2. Ecce pósitus est hic * in ruínam et in resurrectiónem multórum in Israel et in signum cui contradicétur. *Ps 86, p. 206.*

Ꭺ. 3. Et ut perfecérunt * ómnia secúndum legem Dómini, revérsi sunt in Galilǽam in civitátem suam Názareth. *Ps 95, p. 216.*

Ꭺ. 4. Puer * autem crescébat et confortabátur plenus sapiéntia; et grátia Dei erat in illo. *Ps 96, p. 217.*

Ꭺ. 5. Post tríduum * invenérunt illum in templo sedéntem in médio doctórum, audiéntem illos et interrogántem eos. *Ps 97, p. 218.*

Ꭺ. 6. Erat pater eius * et mater mirántes super his quæ dicebántur de illo. *Ps 98, p. 219.*

℣. Audi, fili mi, et súscipe verba mea.
℟. Ut multiplicéntur tibi anni vitæ.

Sollemnitas S. Dei Genetricis

IN III NOCTURNO

A̸. Vere tu es Deus abscónditus, * Deus Israel Salvátor. *Cantica de Nativitate, p. 439.* ¶C *Canticum Is 61, p. 448.*

℣. Quanto magnus es, humília te in ómnibus.
℟. Et coram Deo invénies grátiam.

Die 1 ianuarii
IN OCTAVA NATIVITATIS DOMINI
SOLLEMNITAS SANCTAE DEI GENETRICIS MARIAE

AD INVITATORIUM

A̸. Maternitátem Vírginis Maríæ celebrémus: Christum eius Fílium adorémus Dóminum

IN I NOCTURNO

A̸. 1. Ecce, Virgo concípiet * et páriet Fílium et vocábit nomen eius Emmánuel. *Ps 8, p. 8.*

A̸. 2. Ave, María, * grátia plena, Dóminus tecum, benedícta tu in muliéribus et benedíctus fructus ventris tui. *Ps 18, p. 23.*

A̸. 3. Ne tímeas, María; * invenísti grátiam apud Dóminum, ecce concípies et páries, et vocábitur Altíssimi Fílius. *Ps 23, p. 36.*

A̸. 4. Spíritus Sanctus * in te descéndet María: ne tímeas, habébis in útero Fílium Dei. *Ps 44, p. 105.*

A̸. 5. Adiuvábit eam * Deus vultu suo: Deus in médio eius, non commovébitur. *Ps 45, p. 119.*

A̸. 6. Páries quidem Fílium * et virginitátis non patiéris detriméntum; et eris Mater semper intácta. *Ps 47, p. 121.*

℣. Ego quasi rosa plantáta super rivos aquárum fructificávi.
℟. Quasi vitis dedi suavitátem odóris.

IN II NOCTURNO

A̸. 1. Ego mater * pulchræ dilectiónis et timóris et agnitiónis: in me omnis spes vitæ et virtútis. *Ps 84, p. 192.*

A̸. 2. Cum essem párvula, * plácui Altíssimo et de meis viscéribus génui Deum et hóminem. *Ps 86, p. 206.*

A̸. 3. Beáta es, * Virgo María, quæ ómnium portásti Creatórem. *Ps 95, p. 216.*

A̸. 4. Genuísti * qui te fecit et in ætérnum pérmanes Virgo. *Ps 96, p. 217.*

A̸. 5. Sancta et immaculáta virgínitas, * quem cæli cápere non póterant, tuo grémio contulísti. *Ps 97, p. 218.*

Ant. 6. Benedícta fília, * tu, a Dómino, quia per te fructum vitæ communicávimus. Ps 98, p. 219.
℣. Mélior est fructus meus auro et lápide pretióso.
℟. Et genímina mea argénto elécto.

IN III NOCTURNO

Ant. O quam casta Mater, * et Virgo fecúnda María, quæ sine ulla contaminatióne concépit, et sine dolóre péperit Salvatórem. Cantica de Nativitate, p. 439.
℣. Verbum caro factum est, allelúia.
℟. Et habitávit in nobis, allelúia.

DOMINICA II POST NATIVITATEM

In I et II nocturno, Ant. et Ps de Psalterio, ℣. de die currente.
In III nocturno, Ant. Allelúia, allelúia, allelúia. Cantica de Nativitate, p. 439.
℣. Notum fecit Dóminus, allelúia.
℟. Salutáre suum, allelúia.

Die 6 ianuarii

Vel dominica a die 2 ad diem 8 ianuarii occurrente

IN EPIPHANIA DOMINI
Sollemnitas

AD INVITATORIUM

Ant. Christus appáruit nobis, veníte, adorémus.

IN I NOCTURNO

Ant. 1. Afférte Dómino, * fílii Dei, adoráte Dóminum in aula sancta eius. Ps 28, p. 45.
Ant. 2. Flúminis ímpetus * lætíficat, allelúia, civitátem Dei, allelúia. Ps 45, p. 119.
Ant. 3. Psállite Deo nostro, * psállite; psállite regi nostro, psállite sapiénter. Ps 46, p. 120.
Ant. 4. Suscépimus, Deus, * misericórdiam tuam in médio templi tui. Ps 47, p. 121.
Ant. 5. Omnis terra * adóret te, et psallat tibi, psalmum dicat nómini tuo, Dómine. Ps 65, p. 148.
Ant. 6. Reges Tharsis * et ínsulæ múnera ófferent regi Dómino. Ps 71, p. 160.

In Epiphania Domini

℣. Annuntiavérunt cæli iustítiam eius.
℟. Et vidérunt omnes pópuli glóriam eius.

IN II NOCTURNO

A. 1. Omnes gentes, * quascúmque fecísti, vénient, et adorábunt coram te, Dómine. *Ps 85, p. 205.*
A. 2. Homo * natus est in ea: et ipse fundávit eam Altíssimus. *Ps 86, p. 206.*
A. 3. Adoráte Dóminum,* allelúia, in aula sancta eius, allelúia. *Ps 95, p. 216.*
A. 4. Adoráte Deum,* allelúia, omnes ángeli eius, allelúia. *Ps 96, p. 217.*
A. 5. Notum fecit Dóminus,* allelúia, salutáre suum, allelúia. *Ps 97, p. 218.*
A. 6. Tria sunt múnera, * quæ obtulérunt Magi Dómino, aurum, thus et myrrham: Fílio Dei, Regi magno, allelúia. *Ps 98, p. 219.*

℣. Dóminus vias suas docébit nos.
℟. Et ambulábimus in sémitis eius.

IN III NOCTURNO

A. Hódie in mundum * nobis génuit puérpera Deum cæli, quem adórant magi, cui munus ófferunt; omnes genu incurvémur ei qui redémit nos. *Cantica de Nativitate, p. 439.*

¶C   **CANTICUM**   Is 62, 1-12

PRopter Sion non tacébo *
  et propter Ierúsalem non quiéscam,
donec egrediátur ut splendor iustítia eius, *
  et salus eius ut lampas accendátur.
Et vidébunt gentes iustítiam tuam *
  et cuncti reges glóriam tuam;
et vocáberis nómine novo, *
  quod os Dómini nominábit.
Et eris coróna glóriæ in manu Dómini *
  et diadéma regni in manu Dei tui. —

Non vocáberis ultra Derelícta, *
  et terra tua non vocábitur ámplius Desoláta;

sed vocáberis Beneplácitum meum in ea, *
 et terra tua Nupta,
quia complácuit Dómino in te, *
 et terra tua erit nupta.
Nam ut iúvenis uxórem ducit vírginem, *
 ita ducent te fílii tui;
ut gaudet sponsus super sponsam, *
 ita gaudébit super te Deus tuus.

Super muros tuos Ierúsalem constítui custódes; *
 tota die et tota nocte, in perpétuo non tacébunt.
Qui commonétis Dóminum, ne taceátis *
 et ne detis siléntium ei,
donec stabíliat et donec ponat Ierúsalem *
 laudem in terra.

Iurávit Dóminus in déxtera sua *
 et in bráchio fortitúdinis suæ:
«Non dabo tríticum tuum ultra *
 cibum inimícis tuis,
neque bibent fílii aliéni vinum tuum, *
 in quo laborásti.
Quia, qui collígerint illud, cómedent *
 et laudábunt Dóminum;
et qui vindémiam fécerint, *
 illud bibent in átriis sanctuárii mei.

Transíte, transíte per portas, *
 paráte viam pópulo.
Stérnite, stérnite sémitam, elígite lápides, *
 eleváte signum ad pópulos.»

Ecce Dóminus audítum fecit in extrémis terræ: †
 «Dícite fíliæ Sion: *
 Ecce salus tua venit,
ecce merces eius cum eo *
 et præmium eius coram illo.
Et vocábunt eos Pópulus sanctus, *
 Redémpti a Dómino;
tu autem vocáberis Quæsita, *
 Cívitas non derelícta.»

℣. Hic est dies præclárus.
℟. In quo Salvátor mundi appáruit.

Dominica post diem 6 ianuarii occurrente
IN BAPTISMATE DOMINI
Festum

AD INVITATORIUM

℟. Christum, Fílium diléctum, in quo Pater sibi complácuit, veníte adorémus.

IN I NOCTURNO

А. 1. Vox Dómini * super aquas, Deus maiestátis intónuit, Dóminus virtútem pópulo suo dabit. *Ps 28, p. 45.*
А. 2. Exíbunt aquæ vivæ * de Ierúsalem; et erit Dóminus rex super omnem terram. *Ps 45, p. 119.*
А. 3. Aqua * combúrit peccátum hódie, appárens liberátor, et rorat omnem mundum divinitátis ope. *Ps 46, p. 120.*
А. 4. Aquæ istæ * descéndunt ad plana desérti et omnis ánima vivens quæ serpit, quocúmque vénerit torrens, vivet. *Ps 47, p. 121.*
А. 5. Hauríte aquas * de fóntibus Salvatóris; sanctificávit enim nunc omnem creatúram Christus Deus noster. *Ps 65, p. 148.*
А. 6. Caput dracónis * Salvátor contéruit in Iordáne flúmine, ab eius potestáte omnes erípuit. *Ps 71, p. 160.*

℣. Vidi aquam egrediéntem de templo a látere dextro.
℟. Et omnes ad quos pervénit aqua ista salvi facti sunt.

IN II NOCTURNO

А. 1. Fuit Ioánnes * in desérto baptízans et prædicans baptísmum pæniténtiæ in remissiónem peccatórum. *Ps 85, p. 205.*
А. 2. Ego quidem * aqua baptízo vos. Ipse vos baptizábit Spíritu Sancto et igne. *Ps 86, p. 206.*
А. 3. Baptízat miles regem, * servus Dóminum, Ioánnes Salvatórem; aqua Iordánis stúpuit, colúmba protestátur, patérna vox audíta est. *Ps 95, p. 216.*
А. 4. Baptizátus Iesus, * conféstim ascéndit de aqua; et ecce apérti sunt ei cæli. *Ps 96, p. 217.*
А. 5. Te, qui in spíritu et igne * puríficas humána contágia, Deum et Redemptórem, omnes glorificámus. *Ps 97, p. 218.*

Ant. 6. Magnum mystérium * declarátur hódie, quia creátor ómnium in Iordáne expúrgat nostra facínora. Ps 98, p. 219.

℣. Fontes aquárum sanctificáti sunt.
℟. Christo apparénte in glória orbi terrárum.

IN III NOCTURNO

Ant. Iordánis flúvius * se retínuit, intránte Dómino, aqua contrémuit, nova creátio surgit de flúmine, quæ illúminat omne sǽculum. *Cantica de Nativitate, p. 439.*

¶C CANTICUM Is 61, 1-11

Spíritus Dómini Dei super me, *
  eo quod únxerit Dóminus me;
ad annuntiándum læta mansuétis misit me, *
  ut medérer contrítis corde
et prædicárem captívis liberatiónem *
  et clausis apertiónem;
ut prædicárem annum placábilem Dómino *
  et diem ultiónis Deo nostro;
ut consolárer omnes lugéntes, *
  ut pónerem lugéntibus Sion
et darem eis corónam pro cínere, †
  óleum gáudii pro luctu, *
  pállium laudis pro spíritu mæróris.
Et vocabúntur Terebínthi iustítiæ, *
  plantátio Dómini ad glorificándum.
Et ædificábunt desérta a sǽculo *
  et ruínas antíquas érigent,
et instaurábunt civitátes desértas, *
  dissipátas in generatióne et generatióne.

Et stabunt aliéni et pascent pécora vestra, †
  et fílii peregrinórum agrícolæ *
  et vinitóres vestri erunt;
vos autem Sacerdótes Dómini vocabímini, *
  Minístri Dei nostri dicétur vobis;
fortitúdinem géntium comedétis *
  et in glória eárum superbiétis.
Pro confusióne eórum dúplici et ignomínia *
  laudábunt partem suam;

proptérea in terra sua duplícia possidébunt, *
   lætítia sempitérna erit eis.
Quia, ego Dóminus díligens iudícium, *
   ódio habens rapínam et iniquitátem;
et dabo opus eórum in veritáte *
   et fœdus perpétuum fériam eis.
Et sciétur in géntibus semen eórum *
   et germen eórum in médio populórum;
omnes qui víderint eos cognóscent illos, *
   quia isti sunt semen cui benedíxit Dóminus.
Gaudens gaudébo in Dómino, *
   et exsultábit ánima mea in Deo meo,
quia índuit me vestiméntis salútis *
   et induménto iustítiæ circúmdedit me,
quasi sponsum decorátum coróna *
   et quasi sponsam ornátam monílibus suis.
Sicut enim terra profert germen suum †
   et sicut hortus semen suum gérminat, *
   sic Dóminus Deus germinábit iustítiam et laudem
      coram univérsis géntibus.

℣. Hic est Fílius meus caríssimus.
℟. Audíte illum.

FERIA SEXTA IN PASSIONE DOMINI

AD INVITATORIUM

℣. Christum Dei Fílium, qui suo nos redémit sánguine, veníte, adorémus.

IN I NOCTURNO

℣. 1. Astitérunt reges terræ, * et príncipes convenérunt in unum, advérsus Dóminum et advérsus Christum eius. *Ps 2, p. 3.*

℣. 2. Divisérunt sibi * vestiménta mea, et super vestem meam misérunt sortem. *Ps 21, p. 32.*

℣. 3. Insurrexérunt in me * testes iníqui, et mentíta est iníquitas sibi. *Ps 26, p. 42.*

℣. 4. Vim faciébant * qui quærébant ánimam meam. *Ps 37, p. 94.*

A. 5. Confundántur * et revereántur qui quærunt ánimam meam, ut áuferant eam. Ps 39, p. 98.
A. 6. Aliéni * insurrexérunt in me, et fortes quæsiérunt ánimam meam. Ps 53, p. 128.
℣. Divisérunt sibi vestiménta mea.
℟. Et super vestem meam misérunt sortem.

IN II NOCTURNO

A. 1. Ab insurgéntibus in me * líbera me, Dómine, quia occupavérunt ánimam meam. Ps 58, p. 133.
A. 2. Zelus domus tuæ * comédit me, et oppróbria exprobrántium tibi cecidérunt super me. Ps 68, p. 154.
Vel A. Deus meus, * éripe me de manu peccatóris. Ps 70, p. 158.
A. 3. Exsúrge, Dómine, * et iúdica causam meam. Ps 73, p. 174.
A. 4. Terra trémuit * et quiévit, dum exsúrgeret in iudício Deus. Ps 75, p. 223.
A. 5. Longe fecísti * notos meos a me: tráditus sum, et non egrediébar. Ps 87, p. 195.
A. 6. Captábunt * in ánimam iusti, et sánguinem innocéntem condemnábunt. Ps 93, p. 212.
℣. Insurrexérunt in me testes iníqui.
℟. Et mentíta est iníquitas sibi.

IN III NOCTURNO

A. Apérto mílitis láncea * látere crucifíxi Dómini, exívit sanguis et aqua in redemptiónem salútis nostræ. *Cantica Quadragesimae, p. 59.* ¶C *Canticum Is 5, p. 380.*
℣. Sustínui qui simul contristarétur et non fuit.
℟. Et qui consolarétur et non invéni.

SABBATO SANCTO

AD INVITATORIUM

A. Christum Dóminum pro nobis passum et sepúltum, veníte, adorémus.

IN I NOCTURNO

A. 1. In pace in idípsum, * dórmiam et requiéscam. Ps 4, p. 352.

Sabbato Sancto

A. 2. Habitábit * in tabernáculo tuo, requiéscet in monte sancto tuo. *Ps 14, p. 16.*
A. 3. Caro mea * requiéscet in spe. *Ps 15, p. 17.*
A. 4. Elevámini * portæ æternáles, et introíbit rex glóriæ. *Ps 23, p. 36.*
A. 5. Credo vidére * bona Dómini in terra vivéntium. *Ps 26, p. 42.*
A. 6. Dómine, * abstraxísti ab ínferis ánimam meam. *Ps 29, p. 46.*

℣. Tu, Dómine, miserére mei.
℟. Et resúscita me et retríbuam eis.

IN II NOCTURNO

A. 1. Deus ádiuvat me, * et Dóminus suscéptor est ánimæ meæ. *Ps 53, p. 128.*
A. 2. Liberávit Dóminus * páuperem a poténte, et ínopem cui non erat adiútor. *Ps 71, p. 160.*
A. 3. Cogitavérunt ímpii, * et locúti sunt nequítiam: iniquitátem in excélso locúti sunt. *Ps 72, p. 162.*
A. 4. In pace factus est * locus eius, et in Sion habitátio eius. *Ps 75, p. 223.*
A. 5. In die * tribulatiónis meæ Deum exquisívi mánibus meis. *Ps 76, p. 177.*
A. 6. Factus sum * sicut homo sine adiutório, inter mórtuos liber. *Ps 87, p. 195.*

℣. Non derelínques ánimam meam in inférno.
℟. Nec dabis sanctum tuum vidére corruptiónem.

IN III NOCTURNO

A. Dum tribulárer, * clamávi ad Dóminum de ventre ínferi, et exaudívit me. *Cantica Quadragesimae, p. 59. Loco tertio cantico, dici potest canticum Ionae, p. 397, quod retinetur solum in schemate C.*

℣. In pace factus est locus eius.
℟. Et in Sion habitátio eius.

DOMINICA IN TEMPORE PASCHALI

IN I NOCTURNO

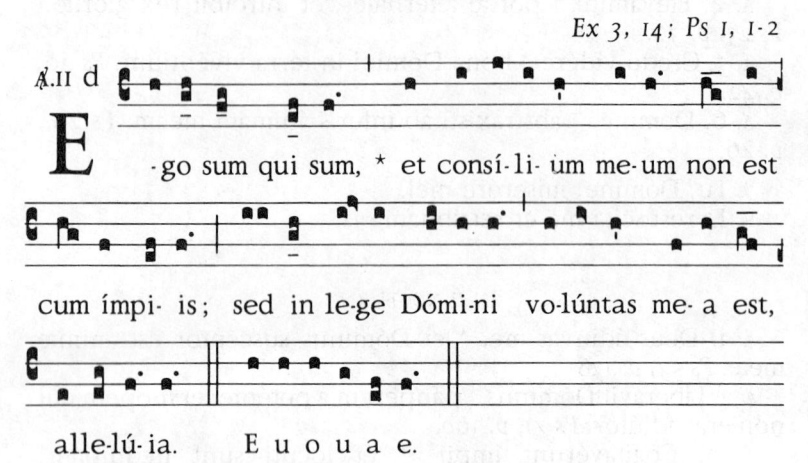

Ex 3, 14; Ps 1, 1-2

Ant. II d **E**go sum qui sum, * et consí-li-um me-um non est cum ímpi-is; sed in le-ge Dómi-ni vo-lúntas me-a est, alle-lú-ia. E u o u a e.

Ps 1, p. 2. *Sub hac unica antiphona dici possunt psalmi.*

Ant. 2. Postulávi * Patrem meum, allelúia; dedit mihi gentes, allelúia, in hereditátem, allelúia. *Ps 2, p. 3.*

Ant. 3. Dignus est Agnus * qui occísus est, accípere divinitátem et glóriam et honórem, allelúia. *Ps 8, p. 8.*

Ant. 4. Deus * suscitávit Christum a mórtuis et dedit ei glóriam ut fides vestra et spes esset in eo, allelúia. *Ps 15, p. 17.*

Ant. 5. Surréxit pastor bonus, * qui ánimam suam pósuit pro óvibus suis et pro grege suo mori dignátus est, allelúia. *Ps 23, p. 36.*

Ant. 6. Fílius Dei * dídicit ex iis quæ passus est obœdiéntiam, et factus est ómnibus obtemperántibus sibi causa salútis ætérnæ, allelúia. *Ps 27, p. 44.*

℣. Surréxit Dóminus de sepúlcro, allelúia.
℟. Qui pro nobis pepéndit in ligno, allelúia.

Dominica in T.P.

IN II NOCTURNO

Ps 75, 9.11

Ant. VIII C

TErra trému-it * et qui-é-vit, dum resúrgeret in iu-dí-ci-o De-us, alle-lú-ia. E u o u a e.

Ps 29, p. 46. Sub hac unica antiphona dici possunt psalmi.
Ant. 2. Crédimus * sciéntes quóniam qui suscitávit Iesum, et nos cum Iesu suscitábit, allelúia. *Ps 63, p. 165.*
Ant. 3. Redémpti estis * pretióso sánguine quasi agni immaculáti Christi et incontamináti, allelúia. *Ps 65, p. 148.*
Ant. 4. Liberábitur * creatúra in libertátem glóriæ filiórum Dei, allelúia. *Ps 75, p. 223.*
Ant. 5. Erípuit nos * de potestáte tenebrárum et tránstulit in regnum Fílii sui, allelúia. *Ps 87, p. 195.*
Ant. 6. Quæ sursum sunt * quǽrite, ubi Christus est in déxtera Dei sedens, allelúia. *Ps 107, p. 250.*

℣. In resurrectióne tua, Christe, allelúia.
℟. Cæli et terra læténtur, allelúia.

IN III NOCTURNO

Ant. Allelúia, * allelúia, allelúia, *p. 56.*

CANTICUM I

Is 63, 1-5

DOMINUS SOLUS VICTOR DE INIMICIS

Ipsi vicerunt draconem propter sanguinem Agni (cf. Apc 12, 11).

QUis est iste, qui venit de Edom, *
tinctis véstibus de Bosra?
Iste formósus in stola sua, *
grádiens in multitúdine fortitúdinis suæ.
«Sum ego qui loquor iustítiam, *
potens ad salvándum.»

«Quare ergo rubrum est induméntum tuum, *
   et vestiménta tua sicut calcántis in torculári?»
«Tórcular calcávi solus, *
   et de géntibus non erat vir mecum;
calcávi eos in furóre meo, *
   et conculcávi eos in ira mea.
Et aspérsus est sanguis eórum super vestiménta mea, *
   et ómnia induménta mea inquinávi.
Dies enim ultiónis in corde meo, *
   annus redemptiónis meæ venit.
Circumspéxi, et non erat auxiliátor; *
   mirátus sum, et non fuit qui adiuváret;
et salvávit mihi bráchium meum, *
   et indignátio mea ipsa auxiliáta est mihi.»

CANTICUM II Os 6, 1-6
*MISERATOR DOMINUS ET VOLENS MISERICORDIAM,
NON SACRIFICIUM*

Christus resurrexit tertia die secundum Scripturas (1 Cor 15, 4).

Veníte, et revertámur ad Dóminum, †
   quia ipse lacerávit et sanábit nos, *
percússit et curábit nos.
Vivificábit nos post duos dies, †
   in die tértia suscitábit nos, *
   et vivémus in conspéctu eius.
Sciámus sequamúrque, *
   ut cognoscámus Dóminum.
Quasi dilúculum præparátus est egréssus eius, †
   et véniet quasi imber nobis temporáneus, *
   quasi imber serótinus írrigans terram.
«Quid fáciam tibi, Ephraim? Quid fáciam tibi, Iuda? †
   Cáritas vestra quasi nubes matutína *
   et quasi ros mane pertránsiens.
Propter hoc dolávi per prophétas, †
   occídi eos in verbis oris mei, *
   sed ius meum quasi lux egrediétur;
quia caritátem volo et non sacrifícium, *
   et sciéntiam Dei plus quam holocáusta.»

CANTICUM III Soph 3, 8-13
RELIQUIAE ISRAEL SALVABUNTUR IN FINE

Isaias clamat pro Israel: Si fuerit numerus filiorum Israel tamquam arena maris, reliquiae salvae fient (Rom 9, 27).

Exspécta me, dicit Dóminus, †
 in die qua surgam ut testis; *
 quia iudícium meum, ut cóngregem gentes
  et cólligam regna,
ut effúndam super eas indignatiónem meam, *
 omnem iram furóris mei;
in igne enim zeli mei *
 devorábitur omnis terra.

Quia tunc reddam pópulis lábium purum, †
 ut ínvocent omnes in nómine Dómini *
 et sérviant ei úmero uno.
Ultra flúmina Æthiópiæ, inde súpplices mei, *
 fílii dispersórum meórum déferent munus mihi.

In die illa non confundéris super cunctis actiónibus tuis, *
 quibus prævaricáta es in me;
quia tunc áuferam de médio tui magníloquos supérbos tuos, *
 et non adícies exaltári ámplius in monte sancto meo.
Et derelínquam in médio tui pópulum páuperem et egénum. *
 Et sperábunt in nómine Dómini relíquiæ Israel.

Non fácient iniquitátem, †
 nec loquéntur mendácium; *
 et non inveniétur in ore eórum lingua dolósa,
quóniam ipsi pascéntur et accubábunt, *
 et non erit qui extérreat.

¶C *Canticum Ex 15, p. 198.*

℣. Christus resúrgens ex mórtuis iam non móritur, allelúia.
℟. Mors illi ultra non dominábitur, allelúia.

FERIA II INFRA OCTAVAM PASCHAE

Omnia ut in feria II tempore paschali, sed hac die adhiberi potest Officium cum tribus Nocturnis sicut in dominica Resurrectionis.

IN ASCENSIONE DOMINI
Sollemnitas

AD INVITATORIUM

℣. Allelúia, Christum Dóminum, ascendéntem in cælum, veníte, adorémus, allelúia.

IN I NOCTURNO

Ant. 1. Eleváta est * magnificéntia tua super cælos, Deus, allelúia. *Ps 8, p. 8.*

Ant. 2. Dóminus * in templo sancto suo, Dóminus in cælo, allelúia. *Ps 10, p. 13.*

Ant. 3. A summo cælo * egréssio eius, et occúrsus eius usque ad summum eius, allelúia. *Ps 18, p. 23.*

Ant. 4. Exaltáre, * Dómine, in virtúte tua: cantábimus et psallémus, allelúia. *Ps 20, p. 31.*

Ant. 5. Elevámini, * portæ æternáles, et introíbit rex glóriæ, allelúia. *Ps 23, p. 36.*

Ant. 6. Exaltábo te, * Dómine, quóniam suscepísti me, allelúia. *Ps 29, p. 46.*

℣. Conféssio et pulchritúdo in conspéctu eius, allelúia.
℟. Sanctimónia et magnificéntia in sanctificatióne eius, all.

IN II NOCTURNO

Ant. 1. Exaltábor * in géntibus et exaltábor in terra, allelúia. *Ps 45, p. 119.*

Ant. 2. Ascéndit * Deus in iubilatióne, et Dóminus in voce tubæ, allelúia. *Ps 46, p. 120.*

Ant. 3. Læténtur * cæli et exsúltet terra, quia venit Dóminus, allelúia. *Ps 95, p. 216.*

Ant. 4. Nimis * exaltátus est, allelúia, super omnes deos, allelúia. *Ps 96, p. 217.*

Ant. 5. Dóminus * in Sion, allelúia, magnus et excélsus, allelúia. *Ps 98, p. 219.*

Ant. 6. Dóminus * in cælo, allelúia, parávit sedem suam, allelúia. *Ps 102, p. 235.*

℣. Dóminus in Sion magnus, allelúia.
℟. Et excélsus super omnes pópulos, allelúia.

IN III NOCTURNO

Ant. Veníte, omnes, * adorémus eum qui de morte surréxit; ídeo venit per crucem gáudium in orbem terræ, allelúia.
Cantica T.P., p. 453. ¶C *Canticum Am 4, p. 383.*

℣. Ascéndo ad Patrem meum et Patrem vestrum, allelúia.
℞. Deum meum et Deum vestrum, allelúia.

DOMINICA PENTECOSTES
Sollemnitas

AD INVITATORIUM

Ant. Allelúia, Spíritus Dómini replévit orbem terrárum; veníte, adorémus, allelúia.

IN I NOCTURNO

Ant. 1. Factus est repénte de cælo sonus * adveniéntis Spíritus veheméntis, allelúia, allelúia. *Ps 1, p. 2.*
Sub hac unica antiphona dici possunt omnes psalmi.

Ant. 2. Advénit ignis divínus, * non cómburens sed illúminans et tríbuit eis charísmatum dona, allelúia. *Ps 8, p. 8.*

Ant. 3. Apparuérunt * apóstolis dispertítæ linguæ tamquam ignis, sedítque super síngulos eórum Spíritus Sanctus, allelúia. *Ps 18, p. 23.*

Ant. 4. Spíritus Sanctus, * procédens a throno, apostolórum péctora invisibíliter penetrávit, allelúia. *Ps 23, p. 36.*

Ant. 5. Firmávit * in illis grátiam Spíritus sui, et intelléctu implévit corda eórum, allelúia. *Ps 26, p. 42.*

Ant. 6. O quam bonus * et suávis est, Dómine, Spíritus tuus in nobis, allelúia! *Ps 28, p. 45.*

℣. Spíritus Dómini replévit orbem terrárum, allelúia.
℞. Et ipse qui cóntinet ómnia, sciéntiam habet vocis, allelúia.

IN II NOCTURNO

Ant. 1. Confírma hoc, Deus, * quod operátus es in nobis, a templo sancto tuo, quod est in Ierúsalem, allelúia, allelúia. *Ps 32, p. 85.*
Sub hac unica antiphona dici possunt omnes psalmi.

Ant. 2. Spíritus, * qui a Patre procédit, ille me clarificábit, allelúia. *Ps 45, p. 119.*

Ant. 3. Auge in nobis, * Dómine, fidem tuam, et Spíritus Sancti lucem in nos semper accénde, allelúia. *Ps 46, p. 120.*
Ant. 4. Spíritus Dómini * ómnium est enim ártifex, omnem habens virtútem, ómnia prospíciens, allelúia. *Ps 47, p. 121.*
Ant. 5. Non enim vos estis * qui loquímini, sed Spíritus Patris vestri, qui lóquitur in vobis, allelúia. *Ps 96, p. 217.*
Ant. 6. Spíritus * ubi vult spirat, et vocem eius audis; et nescis unde véniat aut quo vadat, allelúia. *Ps 97, p. 218.*

℣. Spíritus Paráclitus, allelúia.
℟. Docébit vos ómnia, allelúia.

IN III NOCTURNO

Ant. Emítte Spíritum tuum, * et creabúntur, et renovábis fáciem terræ, allelúia, allelúia.
Cantica T.P., p. 453, ¶C *Canticum Ex 15, p. 198.*

℣. Accípite Spíritum Sanctum in vobis Paráclitum, allelúia.
℟. Ille est, quem Pater mittet vobis, allelúia.

Dominica post Pentecosten
SANCTISSIMAE TRINITATIS
Sollemnitas

AD INVITATORIUM

Ant. Deum verum, unum in Trinitáte et Trinitátem in Unitáte, veníte, adorémus.

IN I NOCTURNO

Ant. 1. Adésto * unus Deus omnípotens, Pater, Fílius, et Spíritus Sanctus. *Ps 8, p. 8.*
Ant. 2. Te unum * in substántia, Trinitátem in persónis confitémur. *Ps 18, p. 23.*
Ant. 3. Te semper * idem esse, vívere, et intellégere, profitémur. *Ps 23, p. 36.*
Ant. 4. Te invocámus, * te laudámus, te adorámus, o beáta Trínitas. *Ps 28, p. 45.*
Ant. 5. Spes nostra, * salus nostra, honor noster, o beáta Trínitas. *Ps 32, p. 85.*
Ant. 6. Líbera nos, * salva nos, vivífica nos, o beáta Trínitas. *Ps 45, p. 119.*

S.mi Corporis et Sanguinis Christi

℣. Benedicámus Patrem et Fílium cum Sancto Spíritu.
℟. Laudémus et superexaltémus eum in sǽcula.

IN II NOCTURNO

Ant. 1. Cáritas * Pater est, grátia Fílius, communicátio Spíritus Sanctus, o beáta Trínitas. *Ps 46, p. 120.*
Ant. 2. Verax est Pater, * véritas Fílius, véritas Spíritus Sanctus, o beáta Trínitas. *Ps 47, p. 121.*
Ant. 3. Pater * et Fílius et Spíritus Sanctus una substántia est, o beáta Trínitas. *Ps 71, p. 160.*
Ant. 4. Glória * et honor Deo in unitáte Trinitátis, Patri et Fílio, cum Sancto Spíritu, in sempitérna sǽcula. *Ps 95, p. 216.*
Ant. 5. In Patre * manet ætérnitas, in Fílio æquálitas, in Spíritu Sancto æternitátis æqualitatísque connéxio. *Ps 96, p. 217.*
Ant. 6. Sanctus, * sanctus, sanctus Dóminus Deus omnípotens, qui erat et qui est et qui ventúrus est. *Ps 97, p. 218.*

℣. Tibi decus et impérium, o beáta Trínitas.
℟. Tibi glória et potéstas in sempitérna sǽcula.

IN III NOCTURNO

Ant. Laus Deo Patri, * parilíque Proli, et tibi Sancte stúdio perénni Spíritus, nostro résonet ab ore omne per ævum.
Cantica de dominicis per annum, p. 56.
¶C *Canticum 1 Par 29, p. 114.*

℣. Verbo Dómini cæli firmáti sunt.
℣. Et Spíritu oris eius omnis virtus eórum.

Feria V post Sanctissimam Trinitatem
SS.MI CORPORIS ET SANGUINIS CHRISTI
Sollemnitas

Ubi sollemnitas Ss.mi Corporis et Sanguinis Christi non est de praecepto servanda, assignatur, tamquam diei proprio, dominicae post Ss.mam Trinitatem.

AD INVITATORIUM

Ant. Panem vitæ, Christum Dóminum, veníte, adorémus.

IN I NOCTURNO

℣. 1. Fructum salutíferum * gustándum dedit Dóminus mortis suæ témpore. *Ps 1, p. 2.*

℣. 2. A fructu * fruménti et vini multiplicáti fidéles in pace Christi requiéscunt. *Ps 4, p. 352.*

℣. 3. Communióne cálicis * quo Deus ipse súmitur, non vitulórum sánguine, congregávit nos Dóminus. *Ps 15, p. 17.*

℣. 4. Memor sit * Dóminus sacrifícii nostri, et holocáustum nostrum pingue fiat. *Ps 19, p. 25.*

℣. 5. Dícite invitátis: * «Ecce prándium meum parávi, veníte ad núptias, allelúia.» *Ps 22, p. 35.*

℣. 6. Si quis sitit * véniat et bibat, et de ventre eius fluent aquæ vivæ. *Ps 41, p. 101.*

℣. Unus panis et unum corpus multi sumus, allelúia.
℟. Omnes de uno pane et de uno cálice participámus, allelúia.

IN II NOCTURNO

℣. 1. Introíbo * ad altáre Dei, sumam Christum, qui rénovat iuventútem meam. *Ps 42, p. 136.*

℣. 2. Cibávit nos * Dóminus ex ádipe fruménti, et de petra, melle saturávit nos. *Ps 80, p. 188.*

℣. 3. Ex altári tuo, * Dómine, Christum súmimus, in quem cor et caro nostra exsúltant. *Ps 83, p. 191.*

℣. 4. Benignitátem * fecit Dóminus, et terra nostra dedit fructum suum. *Ps 84, p. 192.*

℣. 5. Memor * Christus Dóminus sciéntium eum, fruménto et vino stabilívit eos. *Ps 86, p. 206.*

℣. 6. Dóminus * in Sion magnus; Móyses et Aaron in sacerdótibus eius. *Ps 98, p. 219.*

℣. Si quis sitit, véniat ad me, allelúia.
℟. Et bibat fontem ætérnum, allelúia.

IN III NOCTURNO

℣. Caro mea * vere est cibus, et sanguis meus vere est potus; qui mandúcat carnem meam et bibit sánguinem meum, habébit vitam ætérnam, allelúia.

CANTICUM I Prov 9, 1-6.10-12

SAPIENTIA PARVULOS VOCAT AD MENSAM SUAM

Homo quidam fecit cenam magnam et vocavit multos (Lc 14, 16).

S Apiéntia ædificávit sibi domum, *
excídit colúmnas septem;
immolávit víctimas suas, míscuit vinum *
et propósuit mensam suam.

Misit ancíllas suas, ut vocárent
ad arcem et ad excélsa civitátis: *
«Si quis est párvulus, véniat ad me.»
Et vecórdi locúta est: †
«Veníte, comédite panem meum *
et bíbite vinum, quod míscui vobis;
relínquite infántiam et vívite *
et ambuláte per vias prudéntiæ.»

Princípium sapiéntiæ timor Dómini, *
et sciéntia Sancti est prudéntia.
Per me enim multiplicabúntur dies tui, *
et addéntur tibi anni vitæ.
Si sápiens fúeris, tibimetípsi eris; *
si autem illúsor, solus portábis malum.

Canticum II, Ier 31, p. 200.

CANTICUM III Sap 16,20-21.26;17,1a

ANGELORUM ESCA NUTRIVIT DOMINUS POPULUM SUUM

Panis Dei est, qui de caelo descendit et dat vitam mundo (Io 6, 33).

A Ngelórum esca nutrivísti pópulum tuum *
et parátum panem de cælo præstitísti illis sine labóre,
omne delectaméntum in se habéntem *
et ad omnem gustum aptum.

Substántia enim tua dulcédinem tuam *
in fílios ostendébat;
et desérviens suméntis voluntáti, *
ad quod quisque volébat, convertebátur.

Ut díscerent fílii tui, quos dilexísti, Dómine, †
quóniam non nativitátes frúctuum pascunt hómines, *
sed sermo tuus credéntes in te consérvat.
Magna sunt enim iudícia tua, Dómine, *
et inenarrabília.

¶C *Canticum Is 61, p. 448*

℣. Pascha nostrum immolátus est Christus, allelúia.
℟. Itaque epulémur in ázymis sinceritátis et veritátis, allelúia.

Feria VI post Dominicam II post Pentecosten
SACRATISSIMI CORDIS IESU
Sollemnitas

AD INVITATORIUM

A̧. Cor Iesu, amóre nostri vulnerátum, veníte, adorémus.

IN I NOCTURNO

A̧. 1. Cogitatiónes * Cordis eius in generatióne et generatiónem. *Ps 32, p. 85.*

A̧. 2. Gustáte * et vidéte, quóniam suávis est Dóminus; beátus vir, qui sperat in eo. *Ps 33, p. 87.*

A̧. 3. Apud te * est fons vitæ, torrénte voluptátis tuæ potábis nos, Dómine. *Ps 35, p. 112.*

A̧. 4. Homo * pacis meæ, qui edébat panes meos, magnificávit super me supplantatiónem. *Ps 40, p. 101.*

A̧. 5. Rex omnis terræ * Deus, regnábit super gentes. *Ps 46, p. 120.*

A̧. 6. Dum anxiarétur * Cor meum, in petra exaltásti me. *Ps 60, p. 146.*

℣. Lætábor super eis.
℟. Cum bene eis fécero in toto Corde meo.

IN II NOCTURNO

A̧. 1. Dóminus * dabit benignitátem, loquétur pacem in plebem suam. *Ps 84, p. 192.*

A̧. 2. Suávis * et mitis es, Dómine, et multæ misericórdiæ ómnibus invocántibus te. *Ps 85, p. 205.*

A̧. 3. Secúndum multitúdinem * dolórum meórum in Corde meo, consolatiónes tuæ lætificavérunt ánimam meam. *Ps 93, p. 212.*

Ꭿ. 4. Qui dilígitis Dóminum, * confitémini memóriæ sanctificatiónis eius. *Ps 96, p. 217.*
Ꭿ. 5. Vidérunt * omnes términi terræ salutáre Dei nostri. *Ps 97, p. 218.*
Ꭿ. 6. Psallam tibi * in natiónibus, quia magna est super cælos misericórdia tua. *Ps 107, p. 250.*
℣. Qui sitit véniat.
℟. Qui vult accípiat aquam vitæ gratis.

IN III NOCTURNO

Ꭿ. Ecce Deus * Salvátor meus; fiduciáliter agam quia factus est mihi in salútem, allelúia.
Canticum I, Is 12, p. 113.
Canticum II, 1 Sam 2, p. 168, usque ad signum ¶.
Canticum III, Dóminus mortíficat et vivíficat, *scilicet ultima pars praecedentis cantici.*
¶C *Canticum Is 61, p. 448.*

℣. In caritáte perpétua diléxi te.
℟. Ideo attráxi te míserans.

Dominica XXXIV per annum
DOMINI NOSTRI IESU CHRISTI UNIVERSORUM REGIS
Sollemnitas

AD INVITATORIUM

Ꭿ. Iesum Christum, regem regum, veníte, adorémus.

IN I NOCTURNO

Ꭿ. 1. Ego autem * constitútus sum rex ab eo super Sion montem sanctum eius, prædicans præcéptum eius. *Ps 2, p. 3.*
Ꭿ. 2. Glória * et honóre coronásti eum, Dómine, ómnia subiecísti sub pédibus eius. *Ps 8, p. 8.*
Ꭿ. 3. Elevámini, * portæ æternáles, et introíbit rex glóriæ. *Ps 23, p. 36.*
Ꭿ. 4. Sedébit * Dóminus rex in ætérnum. Dóminus benedícet pópulo suo in pace. *Ps 28, p. 45.*
Ꭿ. 5. Virga directiónis, * virga regni tui; proptérea pópuli confitebúntur tibi in ætérnum et in sǽculum sǽculi. *Ps 44, p. 105.*

Ant. 6. Psállite * regi nostro, psállite, quóniam rex magnus super omnem terram. Ps 46, p. 120.
℣. Data est mihi omnis potéstas.
℟. In cælo et in terra.

IN II NOCTURNO

Ant. 1. Hic est Deus, * Deus noster in ætérnum; ipse reget nos in sǽcula. Ps 47, p. 121.
Ant. 2. Benedicéntur * in ipso omnes tribus terræ, omnes gentes magnificábunt eum. Ps 71, p. 160.
Ant. 3. Dícite * in géntibus, quia Dóminus regnávit; ipse iudicábit orbem terræ in æquitáte, et pópulos in veritáte sua. Ps 95, p. 216.
Ant. 4. Dóminus * regnávit! Exsúltet terra, læténtur ínsulæ multæ. Ps 96, p. 217.
Ant. 5. Iubiláte * in conspéctu regis Dómini, quóniam venit iudicáre terram. Ps 97, p. 218.
Ant. 6. Exaltáte * Dóminum Deum nostrum, et adoráte in monte sancto eius. Ps 98, p. 219.
℣. Adorábunt eum omnes reges terræ.
℟. Omnes gentes sérvient ei.

IN III NOCTURNO

Ant. Tua est poténtia, * tuum regnum, Dómine, tu es super omnes gentes: da pacem, Dómine, in diébus nostris.
Canticum I, 1 Par 29, p. 114.
Canticum II, Is 12, p. 113.

CANTICUM III Is 61, 10 - 62, 5
GAUDENS GAUDEBO

Vestimenta autem eius facta sunt alba sicut nix... ecce nubes lucida obumbravit eos (Mt 17, 2. 5).

Gaudens gaudébo in Dómino, *
   et exsultábit ánima mea in Deo meo,
quia índuit me vestiméntis salútis *
   et induménto iustítiæ circúmdedit me,
quasi sponsum decorátum coróna *
   et quasi sponsam ornátam monílibus suis.

Sicut enim terra profert germen suum †
　et sicut hortus semen suum gérminat, *
　sic Dóminus Deus germinábit iustítiam et laudem
　　coram univérsis géntibus.
Propter Sion non tacébo *
　et propter Ierúsalem non quiéscam,
donec egrediátur ut splendor iustítia eius, *
　et salus eius ut lampas accendátur.
Et vidébunt gentes iustítiam tuam *
　et cuncti reges glóriam tuam;
et vocáberis nómine novo, *
　quod os Dómini nominábit.
Et eris coróna glóriæ in manu Dómini *
　et diadéma regni in manu Dei tui.
Non vocáberis ultra Derelícta, *
　et terra tua non vocábitur ámplius Desoláta;
sed vocáberis Beneplácitum meum in ea, *
　et terra tua Nupta,
quia complácuit Dómino in te, *
　et terra tua erit nupta.
Nam ut iúvenis uxórem ducit vírginem, *
　ita ducent te fílii tui;
ut gaudet sponsus super sponsam, *
　ita gaudébit super te Deus tuus.

¶C *Canticum* Is 61, *p.* 448.

℣. Ecce dedi te in lucem géntium.
℟. Ut sis salus mea usque ad extrémum terræ.

COMMUNIA

COMMUNE DEDICATIONIS ECCLESIAE

AD INVITATORIUM

℟. Domum Dei decet sanctitúdo. Sponsum eius Christum adorémus in ea.

vel: ℟. Christum Dóminum qui diléxit Ecclésiam, veníte, adorémus.

IN I NOCTURNO

℟. 1. Introíbo * in domum tuam, Dómine, et adorábo ad templum sanctum tuum. *Ps 5, p. 110.*
℟. 2. Dóminus * in templo sancto suo, Dóminus, in cælo sedes eius. *Ps 10, p. 13.*
℟. 3. Tóllite portas, * príncipes, vestras, et elevámini, portæ æternáles. *Ps 23, p. 36.*
℟. 4. Adoráte Dóminum * in aula sancta eius. *Ps 28, p. 45.*
℟. 5. Erit mihi * Dóminus in Deum, et lapis iste vocábitur domus Dei. *Ps 45, p. 119.*
℟. 6. Ædificávit * Moyses altáre Dómino Deo. *Ps 47, p. 121.*

℣. Domum tuam, Dómine, decet sanctitúdo.
℟. In longitúdinem diérum.

IN II NOCTURNO

℟. 1. Beáti qui hábitant * in domo tua, Dómine: in sǽcula sæculórum laudábunt te. *Ps 83, p. 191.*
℟. 2. Gloriósa * dicta sunt de te, cívitas Dei. *Ps 86, p. 206.*
℟. 3. Templum Dómini * sanctum est, Dei structúra est, Dei ædificátio est. *Ps 87, p. 195.*
℟. 4. Qui hábitat * in adiutório Altíssimi, in protectióne Dei cæli commorábitur. *Ps 90, p. 353.*
℟. 5. Eréxit Iacob * lápidem in títulum, fundens óleum désuper. *Ps 95, p. 216.*
℟. 6. Benedícta * glória Dómini, de loco sancto suo, allelúia. *Ps 98, p. 219.*

℣. Domus mea.
℟. Domus oratiónis vocábitur.

Dedicationis

IN III NOCTURNO

℟. Vidit Iacob scalam, * súmmitas eius cælos tangébat, et descendéntes ángelos, et dixit: «Vere locus iste sanctus est, allelúia.»

CANTICUM I   Tob 13, 8-11,13-16
GRATIARUM ACTIO PRO LIBERATIONE POPULI

Ostendit mihi civitatem sanctam Ierusalem... habentem claritatem Dei (Apc 21, 10-11).

BEnedícite Dóminum, omnes elécti, †
et omnes laudáte maiestátem illíus. *
Agite dies lætítiæ et confitémini illi.
Ierúsalem, cívitas sancta, *
flagellábit te in opéribus mánuum tuárum.
Confitére Dómino in bono ópere *
et bénedic regem sæculórum,
ut íterum tabernáculum tuum ædificétur in te cum gáudio *
et lætos fáciat in te omnes captívos
et díligat in te omnes míseros *
in ómnia sǽcula sæculórum.
Lux spléndida fulgébit *
in ómnibus fínibus terræ;
natiónes multæ vénient tibi ex longínquo †
et a novíssimis pártibus terræ ad nomen sanctum tuum *
et múnera sua in mánibus suis habéntes regi cæli.
Generatiónes generatiónum dabunt in te lætítiam, *
et nomen eléctæ erit in sǽcula sæculórum.   ¶
Tunc gaude et lætáre in fíliis iustórum, †
quóniam omnes colligéntur, *
et benedícent Dómino ætérno.
Felíces qui díligunt te *
et felíces qui gaudébunt in pace tua.
Anima mea, bénedic Dómino regi magno, †
quia in Ierúsalem civitáte ædificábitur domus illíus *
in ómnia sǽcula.

CANTICUM II   Is 2, 2-3
OMNES GENTES VENIENT AD DOMUM DOMINI

Reges terrae afferent gloriam suam et honorem in civitatem sanctam Ierusalem (Apc 21, 24).

Erit in novíssimis diébus præparátus mons domus Dómini *
 in vértice móntium,
et elevábitur super colles; *
 et fluent ad eum omnes gentes.
Et ibunt pópuli multi et dicent: †
 «Veníte et ascendámus ad montem Dómini, *
 ad domum Dei Iacob,
ut dóceat nos vias suas, *
 et ambulémus in sémitis eius»;
quia de Sion exíbit lex *
 et verbum Dómini de Ierúsalem.

CANTICUM III   Ier 7, 2-7
BONAS FACITE VIAS VESTRAS, ET HABITABO VOBISCUM

Vade prius reconciliari fratri tuo, et tunc veniens offeres munus tuum (Mt 5, 24).

Audíte verbum Dómini, omnis Iuda, *
 qui ingredímini per portas has, ut adorétis Dóminum.
Hæc dicit Dóminus exercítuum, Deus Israel: †
 «Bonas fácite vias vestras et ópera vestra, *
 et habitáre vos fáciam in loco isto.
Nolíte confídere in verbis mendácii dicéntes: *
 «Templum Dómini, templum Dómini,
 templum Dómini est.»

Quóniam, si bene direxéritis vias vestras *
 et ópera vestra,
si fecéritis iudícium inter virum et próximum eius, *
 ádvenæ et pupíllo et víduæ non fecéritis calúmniam,
nec sánguinem innocéntem effudéritis in loco hoc *
 et post deos aliénos non ambulavéritis
 in malum vobismetípsis,
habitáre vos fáciam in loco isto, *
 in terra quam dedi pátribus vestris
 a sǽculo usque in sǽculum.»

B. Mariae Virginis

¶C *Canticum II, Is 2, ut supra, p. 468.*
℣. Adorábo ad templum sanctum tuum.
℟. Et confitébor nómini tuo, Dómine.

COMMUNE BEATAE MARIAE VIRGINIS

AD INVITATORIUM

Ant. Christum, Maríæ Fílium, veníte, adorémus.
vel: Ant. Festivitátem Vírginis Maríæ celebrémus, Christum eius Fílium adorémus Dóminum

IN I NOCTURNO

Ant. 1. Benedícta tu * in muliéribus, et benedíctus fructus ventris tui. *Ps 8, p. 8.*
Ant. 2. Tota pulchra es María, * et mácula originális non est in te. *Ps 18, p. 23.*
Ant. 3. Cum essem párvula * plácui Altíssimo et de meis viscéribus génui Deum et hóminem. *Ps 23, p. 36.*
Ant. 4. Diffúsa est grátia * in lábiis tuis, proptérea benedíxit te Deus in ætérnum. *Ps 44, p. 105.*
Ant. 5. Sanctificávit * tabernáculum suum Altíssimus. *Ps 45, p. 119.*
Ant. 6. María virgo, * semper lætáre, quæ meruísti Christum portáre salvatórem. *Ps 47, p. 121.*

℣. Fecit mihi magna qui potens est.
℟. Misericórdia eius a progénie in progénies timéntibus eum.

IN II NOCTURNO

Ant. 1. Misericórdia et véritas * obviavérunt sibi, iustítia et pax osculátæ sunt. *Ps 84, p. 192.*
Ant. 2. Gloriósa * dicta sunt de te, Virgo María. *Ps 86, p. 206.*
Ant. 3. Virgo verbo concépit, * virgo permánsit, virgo péperit regem ómnium regum. *Ps 95, p. 216.*
Ant. 4. Lætámini * omnes in Dómino, et confitémini memóriæ sanctitátis eius. *Ps 96, p. 217.*
Ant. 5. Notum fecit Dóminus * opus suum, in conspéctu géntium revelávit glóriam Genetrícis suæ. *Ps 97, p. 218.*
Ant. 6. Exaltáte * Dóminum Deum nostrum, et adoráte tabernáculum eius, quóniam sanctum est. *Ps 98, p. 219.*

℣. O quam gloriósa est Mater.
℟. Quæ cæli regem génuit.

IN III NOCTURNO

Ą. María Virgo, * semper lætáre, quæ meruísti Christum portáre, cæli et terræ conditórem, quia de tuo útero protulísti mundi Salvatórem, allelúia. *(In Quadragesima omittitur* allelúia.*)*

CANTICUM I Is 61, 10-62, 3

IUBILATIO PROPHETAE DE NOVA IERUSALEM

Vidi sanctam civitatem Ierusalem novam... paratam sicut sponsam ornatam viro suo (Apc 21, 2).

Gaudens gaudébo in Dómino, *
　et exsultábit ánima mea in Deo meo,
quia índuit me vestiméntis salútis *
　et induménto iustítiæ circúmdedit me,
quasi sponsum decorátum coróna *
　et quasi sponsam ornátam monílibus suis.

Sicut enim terra profert germen suum †
　et sicut hortus semen suum gérminat, *
　sic Dóminus Deus germinábit iustítiam et laudem
　　coram univérsis géntibus.

Propter Sion non tacébo *
　et propter Ierúsalem non quiéscam,
donec egrediátur ut splendor iustítia eius, *
　et salus eius ut lampas accendátur.
Et vidébunt gentes iustítiam tuam *
　et cuncti reges glóriam tuam;
et vocáberis nómine novo, *
　quod os Dómini nominábit.
Et eris coróna glóriæ in manu Dómini *
　et diadéma regni in manu Dei tui.

CANTICUM II Is 62, 4-7

GLORIA IERUSALEM NOVAE

Ecce tabernaculum Dei cum hominibus, et habitabit cum eis (Apc 21, 3).

NOn vocáberis ultra Derelícta, *
　et terra tua non vocábitur ámplius Desoláta;

sed vocáberis Beneplácitum meum in ea, *
　et terra tua Nupta,
quia complácuit Dómino in te, *
　et terra tua erit nupta.

Nam ut iúvenis uxórem ducit vírginem, *
　ita ducent te fílii tui;
ut gaudet sponsus super sponsam, *
　ita gaudébit super te Deus tuus.

Super muros tuos Ierúsalem constítui custódes; *
　tota die et tota nocte, in perpétuo non tacébunt.
Qui commonétis Dóminum, ne taceátis, †
　et ne detis siléntium ei, *
　donec stabíliat et donec ponat Ierúsalem laudem in terra.

CANTICUM III *Eccli 39, 17-21*

QUAM MAGNIFICATA SUNT OPERA TUA, DOMINE

Deo gratias, qui odorem notitiae suae manifestat per nos (2 Cor 2, 14).

O Baudíte me, fílii pii, *
　et quasi rosa plantáta super rivos aquárum
　florébit caro vestra;
quasi líbanus odórem suavitátis habéte, *
　floréte flores quasi lílium.
Date vocem et collaudáte cánticum, *
　et benedícite Dóminum in ómnibus opéribus suis.

Date nómini eius magnificéntiam †
　et confitémini illi in laudatióne eius *
　et in cánticis labiórum et cítharis;
et sic dicétis in confessióne: *
　«Opera Dómini univérsa bona valde.»

¶C *Canticum Is 62, 1-12, p. 445.*

℣. Beáti qui áudiunt verbum Dei.
℟. Et custódiunt illud.

COMMUNE APOSTOLORUM

AD INVITATORIUM

℣. Regem Apostolórum Dóminum, veníte, adorémus (*T.P.* allelúia).

Communia

IN I NOCTURNO

Ą. 1. In omnem terram * exívit sonus eórum et in fines orbis terræ verba eórum. *Ps 18, p. 23.*

Ą. 2. Clamavérunt * iusti, et Dóminus exaudívit eos. *Ps 33, p. 87.*

Ą. 3. Constítues eos * príncipes super omnem terram: mémores erunt nóminis tui, Dómine. *Ps 44, p. 105.*

Ą. 4. Príncipes populórum * congregáti sunt cum Deo Abraham. *Ps 46, p. 120.*

Ą. 5. Dedísti * hereditátem timéntibus nomen tuum, Dómine. *Ps 60, p. 146.*

Ą. 6. Annuntiavérunt * ópera Dei, et facta eius intellexérunt. *Ps 63, p. 165.*

Tempore paschali dici potest una tantum antiphona:

Ą. Virtúte magna * reddébant apóstoli testimónium resurrectiónis Iesu Christi Dómini nostri, allelúia.

℣. Quod vídimus et audívimus annuntiámus vobis.
℟. Ut et vos societátem habeátis nobíscum.

IN II NOCTURNO

Ą. 1. Exaltabúntur * córnua iusti, allelúia. *Ps 74, p. 176.*

Ą. 2. Annuntiavérunt * inter gentes glóriam Dómini, in ómnibus pópulis mirabília eius. *Ps 95, p. 216.*

Ą. 3. Lux orta est iusto, * allelúia, rectis corde lætítia, allelúia. *Ps 96, p. 217.*

Ą. 4. Déxtera Dómini * salvávit eos, et bráchium sanctum eius, allelúia. *Ps 97, p. 218.*

Ą. 5. Custodiébant * testimónia eius, et præcépta eius, allelúia. *Ps 98, p. 219.*

Ą. 6. Perambulábant * in innocéntia cordis sui, in médio domus tuæ. *Ps 100, p. 221.*

Tempore paschali dici potest una tantum antiphona:

Ą. Tristítia vestra,*allelúia, convertétur in gáudium, allelúia.

℣. Narravérunt laudes Dómini et virtútes eius.
℟. Et mirabília eius quæ fecit.

IN III NOCTURNO

Ą. Gaudéte * et exsultáte, quia nómina vestra scripta sunt in cælis, dicit Dóminus.

Apostolorum

CANTICUM I
Is 61, 6-9

FOEDUS DOMINI CUM MINISTRIS SUIS

Idoneos nos fecit Deus ministros novi Testamenti (2 Cor 3, 6).

VOs Sacerdótes Dómini vocabímini, *
  Minístri Dei nostri dicétur vobis;
fortitúdinem géntium comedétis *
  et in glória eárum superbiétis.

Pro confusióne eórum dúplici et ignomínia *
  laudábunt partem suam;
proptérea in terra sua duplícia possidébunt, *
  lætítia sempitérna erit eis.

Quia ego Dóminus díligens iudícium, *
  ódio habens rapínam et iniquitátem;
et dabo opus eórum in veritáte *
  et fœdus perpétuum fériam eis.

Et sciétur in géntibus semen eórum *
  et germen eórum in médio populórum;
omnes qui víderint eos cognóscent illos, *
  quia isti sunt semen, cui benedíxit Dóminus.

CANTICUM II
Sap 3, 7-9

FUTURA GLORIA IUSTORUM

Iusti fulgebunt sicut sol in regno Patris eorum (Mt 13, 43).

FUlgébunt iusti *
  et tamquam scintíllæ in arundinéto discúrrent;
iudicábunt natiónes et dominabúntur pópulis, *
  et regnábit Dóminus illórum in perpétuum.

Qui confídunt in illo intéllegent veritátem, *
  et fidéles in dilectióne acquiéscent illi,
quóniam grátia et misericórdia est sanctis eius *
  et visitátio eléctis eius.

CANTICUM III
Sap 10, 17-21

DEUS DUX POPULI SUI AD SALUTEM

Qui vicerunt bestiam cantabant canticum Moysis servi Dei, et canticum Agni (Apc 15, 2.3).

REddidit Deus sanctis mercédem labórum suórum *
et dedúxit illos in via mirábili
et fuit illis in velaménto diéi *
 et in luce stellárum per noctem.
Tránstulit illos per mare Rubrum *
 et transvéxit illos per aquam nímiam;
inimícos autem illórum demérsit *
 et ab altitúdine abýssi edúxit illos.
Ideo iusti tulérunt spólia impiórum *
 et decantavérunt, Dómine, nomen sanctum tuum
et victrícem manum tuam laudavérunt unanímiter †
 quóniam sapiéntia apéruit os mutórum *
 et linguas infántium fecit disértas.

¶C *Canticum Is 61, p. 448.*

℣. Ponam illos colúmnam in templo Dei mei.
℟. Et scribam super eos nomen Dei mei et civitátis eius.

In festo S. Marci, evangelistae:
℣. Dóminus dabit verbum evangelizántibus, allelúia.
℟. Virtúte multa, allelúia.

In festo S. Lucae, evangelistae:
℣. Audiéntes gentes gavísæ sunt.
℟. Et glorificábant verbum Dómini.

COMMUNE PLURIMORUM MARTYRUM
extra tempus paschale

AD INVITATORIUM
A̸. Regem mártyrum Dóminum, veníte, adorémus.

IN I NOCTURNO
A̸. 1. Secus decúrsus aquárum * plantávit víneam iustórum, et in lege Dómini fuit volúntas eórum. *Ps 1, p. 2.*
A̸. 2. Tamquam aurum in fornáce * probávit eléctos Dóminus, et quasi holocáusta accépit eos in ætérnum. *Ps 2, p. 3.*
A̸. 3. Oculi Dómini * respexérunt in páuperes, cum peccatóres arcus suos in eos inténderent. *Ps 10, p. 13.*
A̸. 4. Dabo sanctis meis * locum nominátum in regno Patris mei, dicit Dóminus. *Ps 14, p. 16.*

Plurimorum martyrum

Ꭺ. 5. Sanctis * qui in terra sunt eius, mirificávit omnes voluntátes meas inter illos. *Ps 15, p. 17.*

Ꭺ. 6. Sancti * qui sperant in Dómino, habébunt fortitúdinem, assúment pennas ut áquilæ, volábunt, et non defícient. *Ps 23, p. 36.*

℣. Non derelínquet Dóminus sanctos suos.

℟. In ætérnum conservabúntur.

IN II NOCTURNO

Ꭺ. 1. Iusti autem * in perpétuum vivent, et apud Dóminum est merces eórum. *Ps 32, p. 85.*

Ꭺ. 2. Tradidérunt * córpora sua in mortem, ne servírent idólis: ídeo coronáti póssident palmam. *Ps 33, p. 87.*

Ꭺ. 3. Ecce merces sanctórum * copiósa est apud Deum; ipsi vero mórtui sunt pro Christo, et vivent in ætérnum. *Ps 45, p. 119.*

Ꭺ. 4. Istórum est enim * regnum cælórum, qui contempsérunt vitam mundi, et pervenérunt ad præmia regni, et lavérunt stolas suas in sánguine Agni. *Ps 60, p. 146.*

Ꭺ. 5. Sanguis sanctórum mártyrum * pro Christo effúsus est in terra, ídeo adépti sunt múnera sempitérna. *Ps 63, p. 165.*

Ꭺ. 6. Víndica, Dómine, * sánguinem sanctórum tuórum, qui effúsus est super terram. *Ps 78, p. 184.*

℣. Moriéntes pro Christi nómine.

℟. Ut herédes fíerent in domo Dómini.

IN III NOCTURNO

Ꭺ. Abstérget Deus * omnem lácrimam ab óculis sanctórum, et iam non erit ámplius neque luctus neque clamor, sed nec ullus dolor, quóniam prióra transiérunt.

CANTICUM I *Sap 3, 1-6*
IUSTORUM ANIMAE IN MANU DEI SUNT

Beati mortui, qui in Domino moriuntur amodo. Etiam... ut requiescant a laboribus suis (Apc 14, 13).

IUstórum ánimæ in manu Dei sunt, *
　et non tanget illos torméntum mortis.
Visi sunt óculis insipiéntium mori, *
　et æstimáta est afflíctio éxitus illórum

et, quod a nobis est iter, extermínium; *
illi autem sunt in pace.
Etenim, si coram homínibus torménta passi sunt, *
spes illórum immortalitáte plena est;
et in paucis corrépti, in multis bene disponéntur, †
quóniam Deus tentávit eos *
et invénit illos dignos se.
Tamquam aurum in fornáce probávit illos †
et quasi holocáusti hóstiam accépit illos, *
et in témpore visitatiónis illórum fulgébunt.

Cantica II et III ut in Communi Apostolorum, p. 473.
¶C *Canticum Tob 13, 2-8, p. 140, usque ad signum ¶, unum cum cantico Tob 13, 9-11.13-16, p. 467.*

℣. Anima nostra sústinet Dóminum.
℟. Quóniam adiútor et protéctor noster est.

COMMUNE UNIUS MARTYRIS
extra tempus paschale

AD INVITATORIUM
Ant. Regem mártyrum Dóminum, veníte, adorémus.

IN I NOCTURNO
Ant. 1. In lege * Dómini fuit volúntas eius die ac nocte. *Ps 1, p. 2.*

Ant. 2. Prædicans * præcéptum Dómini constitútus est in monte sancto eius. *Ps 2, p. 3.*

Ant. 3. Fílii hóminum, * scitóte, quia Dóminus sanctum suum mirificávit. *Ps 4, p. 352.*

Ant. 4. Scuto * bonæ voluntátis tuæ coronásti eum, Dómine. *Ps 5, p. 110.*

Ant. 5. In univérsa terra * glória et honóre coronásti eum. *Ps 8, p. 8.*

Ant. 6. Oculi Dómini * respexérunt in páuperes, cum peccatóres arcus suos in eos inténderent. *Ps 10, p. 13.*

℣. Iste est qui contémpsit vitam mundi.
℟. Et pérvenit ad cæléstia regna.

IN II NOCTURNO
Ant. 1. Habitábit * in tabernáculo tuo, requiéscet in monte sancto tuo. *Ps 14, p. 16.*

Unius martyris

Ant. 2. Posuísti, Dómine, * super caput eius corónam de lápide pretióso. *Ps 20, p. 31.*

Ant. 3. Hic accípiet * benedictiónem a Dómino, et misericórdiam a Deo salutári suo; quia hæc est generátio quæréntium Dóminum. *Ps 23, p. 36.*

Ant. 4. Lætábitur iustus * in Dómino, et sperábit in eo, et laudabúntur omnes recti corde. *Ps 63, p. 165.*

Ant. 5. Beátus, * quem elegísti, Dómine, habitábit in átriis tuis. *Ps 64, p. 166.*

Ant. 6. Iustus ut palma * florébit, sicut cedrus Líbani multiplicábitur. *Ps 91, p. 224.*

℣. Coróna áurea super caput eius.
℟. Expréssa signo sanctitátis et opus fortitúdinis.

IN III NOCTURNO

Ant. Qui vult veníre post me, * ábneget semetípsum, et tollat crucem suam, et sequátur me.

CANTICUM I *Ier 17, 7-8*
BEATUS QUI CONFIDIT IN DOMINO
Beati qui audiunt verbum Dei et custodiunt illud (Lc 11, 28).

B Enedíctus vir qui confídit in Dómino, *
et erit Dóminus fidúcia eius;
et erit quasi lignum quod transplantátur super aquas, †
quod ad humórem mittit radíces suas, *
et non timébit, cum vénerit æstus:
et erit fólium eius víride, †
et in anno siccitátis non erit sollícitum, *
nec aliquándo désinet fácere fructum.

CANTICUM II *Eccli 14, 22; 15, 3.4.6b*
BEATITUDO SAPIENTIS
Iustificata est Sapientia ab omnibus filiis suis (Lc 7, 35).

B Eátus vir qui in sapiéntia morábitur †
et qui in iustítia sua meditábitur *
et in sensu cogitábit circumspectiónem Dei;
Cibábit illum pane vitæ et intelléctus *
et aqua sapiéntiæ salutáris potábit illum,

et firmábitur in illa et non flectétur †
 et confídet in illam et non confundétur; *
 et exaltábit illum præ próximis suis,
et nómine ætérno hereditábit illum *
 Dóminus Deus noster.

CANTICUM III
Eccli 31, 8-11

BEATUS QUI POST AURUM NON ABIIT

Facite vobis thesaurum non deficientem in caelis (Lc 12, 33).

B Eátus vir qui invéntus est sine mácula †
 et qui post aurum non ábiit, *
 nec sperávit in pecúnia et thesáuris.
Quis est hic, et laudábimus eum? *
 Fecit enim mirabília in pópulo suo.
Quis probátus est in illo et perféctus est? *
 Erit illi glória ætérna.
Quis pótuit tránsgredi et non est transgréssus, *
 fácere mala et non fecit?
Ideo stabilíta sunt bona illíus in Dómino, *
 et eleemósynas illíus enarrábit omnis ecclésia sanctórum.

¶C *Canticum Tob 13, 2-8, p. 140, usque ad signum* ¶*, unum cum cantico Tob 13, 9-11.13-16, p. 467.*

℣. Tribulátio et angústia invenérunt me.
℟. Mandáta tua meditátio mea est.

COMMUNE UNIUS ET PLURIMORUM MARTYRUM
Tempore paschali

Omnia de Communi unius aut plurimorum martyrum extra tempus paschale praeter sequentia.

AD INVITATORIUM

Ant. Exsúltent in Dómino sancti, allelúia.

IN I NOCTURNO

Ps de Communi martyrum extra T.P.. Antiphonis additur Allelúia. Vel dici potest haec una tantum antiphona:

Ant. Stabunt iusti * in magna constántia advérsus eos, qui se angustiavérunt, allelúia.

Pastorum

IN II NOCTURNO

Ps de Communi martyrum extra T.P.. Antiphonis additur Allelúia. Vel dici potest haec una tantum antiphona:

Ꭺ. Fulgébunt iusti * sicut sol in conspéctu Dei, allelúia.

IN III NOCTURNO

Ꭺ. Lux perpétua * lucébit sanctis tuis, Dómine, et ætérnitas témporum, allelúia.

COMMUNE PASTORUM

AD INVITATORIUM

Ꭺ. Christum, pastórum príncipem, veníte, adorémus (T.P. allelúia).

IN I NOCTURNO

Ꭺ. 1. Dabo vobis pastóres * iuxta cor meum, et pascent vos sciéntia et doctrína (T.P. allelúia). Ps 1, p. 2.
Sub hac una antiphona tempore paschali dici possunt psalmi.
Ꭺ. 2. Ego pascam * oves meas: quod períerat requíram; et quod abiéctum erat, redúcam. Ps 2, p. 3.
Ꭺ. 3. Pastor bonus * ánimam suam pósuit pro óvibus suis. Ps 4, p. 352.
Ꭺ. 4. Evangélii factus sum miníster, * secúndum donum grátiæ Dei. Ps 5, p. 110.
Ꭺ. 5. Fidélis servus et prudens, * quem constítuit Dóminus super famíliam suam. Ps 8, p. 8.
Ꭺ. 6. Oves meæ * vocem meam áudient, et fiet unum ovíle et unus pastor. Ps 10, p. 13.

℣. Ego ipse requíram oves meas (T.P. allelúia).
℟. Et indúcam eas in terram suam (T.P. allelúia).

IN II NOCTURNO

Ꭺ. 1. Si quis vult primus esse, * erit ómnium novíssimus et ómnium miníster (T.P. allelúia). Ps 14, p. 16.
Sub hac una antiphona tempore paschali dici possunt psalmi.
Ꭺ. 2. Cum apparúerit * princeps pastórum, percipiétis immarcescíbilem glóriæ corónam. Ps 20, p. 31.
Ꭺ. 3. Bonus eris * miníster Christi Iesu, enutrítus verbis fídei et bonæ doctrínæ quam adsecútus es. Ps 23, p. 36.

Ꙩ. 4. Vos estis * lux mundi. Non potest cívitas abscóndi supra montem pósita. *Ps 95, p. 216.*
Ꙩ. 5. Sic lúceat lux vestra * coram homínibus, ut vídeant ópera vestra bona, et gloríficent Patrem vestrum. *Ps 96, p. 217.*
Ꙩ. 6. Vivus est * sermo Dei et éfficax et penetrabílior omni gládio ancípiti. *Ps 97, p. 218.*

℣. Elégit eum Dóminus sacerdótem sibi (T.P. allelúia).
℟. Ad sacrificándum ei hóstiam laudis (T.P. allelúia).

IN III NOCTURNO

Ꙩ. Páscite qui in vobis est * gregem Dei non ut dominántes in cleris, sed forma facti gregis ex ánimo.

Cantica ut supra in Communi unius martyris, p. 477.

℣. Audies de ore meo verbum (T.P. allelúia).
℟. Et annuntiábis eis ex me (T.P. allelúia).

COMMUNE DOCTORUM ECCLESIAE

Omnia de Communi pastorum, praeter sequentia:

AD INVITATORIUM

Ꙩ. Fontem sapiéntiæ, Dóminum, veníte, adorémus (T.P. allelúia).

COMMUNE SANCTORUM MONACHORUM ET MONIALIUM

AD INVITATORIUM

Ꙩ. Mirábilem in sanctis suis Dóminum, veníte adorémus.

IN I NOCTURNO

Ꙩ. 1. Novit Dóminus * viam iustórum, qui in lege eius meditántur die ac nocte. *Ps 1, p. 2.*
Ꙩ. 2. Prædicántes * præcéptum Dómini constitúti sunt in monte sancto eius. *Ps 2, p. 3.*
Ꙩ. 3. Mirificávit Dóminus * sanctos suos, et exaudívit eos clamántes ad se. *Ps 4, p. 352.*
Ꙩ. 4. Læténtur omnes * qui sperant in te, Dómine, quóniam tu benedixísti iustis. Scuto bonæ voluntátis tuæ coronásti eos. *Ps 5, p. 110.*

Virginum

Ant. 5. In univérsa terra * glória et honóre coronásti eos. *Ps 8, p. 8.*

Ant. 6. Iustus Dóminus, * et iustítias diléxit, æquitátem vidit vultus eius. *Ps 10, p. 13.*

℣. Respícite ad Dóminum, et illuminámini.
℟. Et fácies vestræ non confundéntur.

IN II NOCTURNO

Ant. 1. Hæc est generátio * quæréntium Dóminum, quæréntium fáciem Dei Iacob. *Ps 23, p. 36.*

Ant. 2. Dómine, * qui operáti sunt iustítiam, habitábunt in tabernáculo tuo, et requiéscent in monte sancto tuo. *Ps 26, p. 42.*

Ant. 3. Annuntiavérunt * ópera Dei, et facta eius intellexérunt. *Ps 63, p. 165.*

Ant. 4. Beáti quos elegísti, * Dómine, habitábunt in átriis tuis. *Ps 64, p. 166.*

Ant. 5. Dómine Deus virtútum, * beáti omnes qui sperant in te: non privábis bonis eos, qui ámbulant in æquitáte; in sǽcula sæculórum laudábunt te. *Ps 83, p. 191.*

Ant. 6. Iustus ut palma * florébit, sicut cedrus Líbani multiplicábitur. *Ps 91, p. 224.*

℣. Hæc est generátio quæréntium eum.
℟. Quæréntium fáciem Dei Iacob.

IN III NOCTURNO

Ant. Lætábitur deserta et ínvia et exsultábit solitúdo et florébit quasi lílium.

Cantica ut supra in Communi plurimorum martyrum, p. 475.

℣. Gloriósus Deus in sanctis suis.
℟. Mirábilis in maiestáte sua.

COMMUNE VIRGINUM

AD INVITATORIUM

Ant. Regem vírginum Dóminum, veníte, adorémus (*T.P.* allelúia).

Communia

IN I NOCTURNO

Ant. 1. Veníte, fíliæ, * accédite ad Dóminum, et illuminámini. (T.P. allelúia). Ps 8, p. 8.

Ant. 2. Veni, elécta mea, et ponam in te thronum meum, quia concupívit rex spéciem tuam. Ps 18, p. 23.

Ant. 3. Exsultáte, * vírgines Christi, supérno fruéntes coniúgio, quod non habet finem. Ps 23, p. 36.

Ant. 4. Afferéntur * in lætítia et exsultatióne, adducéntur in templum regis, allelúia. Ps 44, p. 105.

Ant. 5. Mihi * adhærére Deo bonum est, pónere in Dómino Deo spem meam. Ps 45, p. 119.

Ant. 6. Súscipe me, Dómine, * secúndum elóquium tuum et vivam; et non confúndas me ab exspectatióne mea. Ps 47, p. 121.

V. Gaudens gaudébo in Dómino (T.P. allelúia).
R. Et exsultábit ánima mea in Deo meo (T.P. allelúia).

IN II NOCTURNO

Ant. 1. Virgo spléndida, * prudens, clara consílio, sponsum ánimæ tuæ Verbum habes immaculátum. Ps 84, p. 192.

Ant. 2. Regnum mundi * et omne sǽculum contémpsi propter amórem Dómini mei Iesu Christi. Ps 86, p. 206.

Ant. 3. O quam pulchra est * casta generátio cum claritáte. Ps 95, p. 216.

Ant. 4. Christum * líbere confíteor, Christum ardénter sítio, cum Christo iúgiter esse cúpio. Ps 96, p. 217.

Ant. 5. Benedícite, * vírgines, Dóminum: iam semiátor casti consílii in vobis dona sua corónat. Ps 97, p. 218.

Ant. 6. Exsultábunt sancti * in glória, quibus de carne et sánguine fúlgida est victória. Ps 98, p. 219.

V. Complácuit Dómino in te (T.P. allelúia).
R. Et in terra tua inhabitábitur (T.P. allelúia).

IN III NOCTURNO

Ant. Média nocte clamor factus est: «Ecce sponsus venit, exíte óbviam ei.»

Cantica ut in Communi B. Mariae V., p. 470.

V. Notas mihi fecísti vias vitæ (T.P. allelúia).
R. Adimplébis me lætítia cum vultu tuo (T.P. allelúia).

COMMUNE SANCTORUM VIRORUM

AD INVITATORIUM

℟. Mirábilem in sanctis suis Dóminum, veníte, adorémus (T.P. allelúia).

IN I NOCTURNO

Ant. 1. Beátus vir, * qui in lege Dómini meditátur: volúntas eius pérmanet die ac nocte; et ómnia quæcúmque fáciet, semper prosperabúntur. *Ps 1, p. 2.*

Ant. 2. Beátus iste sanctus, * qui confísus est in Dómino, prædicávit præcéptum Dómini, constitútus est in monte sancto eius. *Ps 2, p. 3.*

Ant. 3. Invocántem * exaudívit Dóminus sanctum suum: Dóminus exaudívit eum, et constítuit eum in pace. *Ps 4, p. 352.*

Ant. 4. Læténtur omnes * qui sperant in te, Dómine; quóniam tu benedixísti iusto: scuto bonæ voluntátis tuæ coronásti eum. *Ps 5, p. 110.*

Ant. 5. Dómine, * Dóminus noster, quam admirábile est nomen tuum in univérsa terra! Quia glória et honóre coronásti sanctum tuum, et constituísti eum super ópera mánuum tuárum. *Ps 8, p. 8.*

Ant. 6. Iustus Dóminus, * et iustítiam diléxit, æquitátem vidit vultus eius. *Ps 10, p. 13.*

℣. Amávit eum Dóminus, et ornávit eum.
℟. Stolam glóriæ índuit eum.

IN II NOCTURNO

Ant. 1. Dómine, * iste sanctus habitábit in tabernáculo tuo, operátus est iustítiam, requiéscet in monte sancto tuo. *Ps 14, p. 16.*

Ant. 2. Vitam pétiit a te * et tribuísti ei, Dómine: glóriam et magnum decórem imposuísti super eum; posuísti in cápite eius corónam de lápide pretióso. *Ps 20, p. 31.*

Ant. 3. Hic accípiet * benedictiónem a Dómino, et misericórdiam a Deo salutári suo; quia hæc est generátio quæréntium Dóminum. *Ps 23, p. 36.*

Ant. 4. Cognóvit eum Dóminus * in benedictiónibus suis, et invénit grátiam coram óculis Dómini. *Ps 95, p. 216.*

Ant. 5. In fide * et lenitáte ipsíus sanctum fecit illum Dóminus, et osténdit illi glóriam suam. *Ps 96, p. 217.*

Ant. 6. Iustus * germinábit sicut lílium, et florébit in ætérnum ante Dóminum. *Ps 97, p. 218.*

℣. Invéntus est sine mácula et perféctus est.
℟. Erit illi glória ætérna.

IN III NOCTURNO

Ant. Iustórum sémita * quasi lux splendens procédit, et crescit usque ad perféctum diem.

Cantica ut in Communi unius martyris, p. 477.

℣. Iustum dedúxit Dóminus per vias rectas.
℟. Et osténdit illi regnum Dei.

COMMUNE SANCTARUM MULIERUM

AD INVITATORIUM

Ant. Mirábilem in sanctis suis Dóminum, veníte, adorémus

IN I NOCTURNO

Ant. 1. Benedíctum * nomen Dómini, qui in ancílla sua adimplévit misericórdiam suam. *Ps 8, p. 8.*

Ant. 2. Complácuit * Dómino in te, et gaudébit super te Deus tuus. *Ps 18, p. 23.*

Ant. 3. Os suum * apéruit sapiéntiæ, et lex cleméntiæ in lingua eius. *Ps 23, p. 36.*

Ant. 4. Adducéntur Dómino * in lætítia et exsultatióne. *Ps 44, p. 105.*

Ant. 5. Sanctæ mulíeres * sperántes in Deum cantavérunt in corde suo. *Ps 45, p. 119.*

Ant. 6. Manus Dómini * confortávit te, et eris benedícta in ætérnum. *Ps 47, p. 121.*

℣. Fallax grátia et vana est pulchritúdo.
℟. Múlier timens Deum, ipsa laudábitur.

IN II NOCTURNO

Ant. 1. Adhǽsit * ánima mea post te, me suscépit déxtera tua. *Ps 84, p. 192.*

Sanctorum virorum

Ḁ. 2. Exsultábo * et lætábor in misericórdia tua, Dómine. Ps 86, p. 206.
Ḁ. 3. Cor meum * et caro mea exsultavérunt in Deum vivum. Ps 95, p. 216.
Ḁ. 4. Fámula tua, Dómine, * lætáta est in salutári tuo. Ps 96, p. 217.
Ḁ. 5. Fundaménta ætérna * supra petram: sic Dei mandáta in corde mulíeris sanctæ. Ps 97, p. 218.
Ḁ. 6. Super servos meos * et super ancíllas meas effúndam de Spíritu meo. Ps 98, p. 219.
℣. Manum suam apéruit ínopi.
℟. Et palmas suas exténdit ad páuperem.

IN III NOCTURNO

Ḁ. Invénta bona margaríta, * dedit ómnia sua, et comparávit eam.

Cantica ut in Communi B. Mariae V., p. 470.

PRO RELIGIOSIS

Omnia de Communi sanctorum virorum aut mulierum.

PRO IIS QUI OPERA MISERICORDIAE EXERCUERUNT

Omnia de Communi sanctorum virorum aut mulierum.

PRO EDUCATORIBUS

Omnia de Communi sanctorum virorum aut mulierum.

PROPRIUM DE SANCTIS

Die 25 ianuarii
IN CONVERSIONE S. PAULI, APOSTOLI
Festum

AD INVITATORIUM

℟. Laudémus Deum nostrum in conversióne Doctóris géntium.

IN I NOCTURNO

A. 1. Qui operátus est * Petro in apostolátum, operátus est et mihi inter gentes, et cognovérunt grátiam quæ data est mihi a Christo Dómino. *Ps 18, p. 23.*

A. 2. Scio cui crédidi, * et certus sum quia potens est depósitum meum serváre in illum diem iustus iudex. *Ps 33, p. 87.*

A. 3. Mihi vívere * Christus est, et mori lucrum: gloriári me opórtet in cruce Dómini nostri Iesu Christi. *Ps 44, p. 105.*

A. 4. Tu es vas electiónis, * sancte Paule Apóstole, prædicátor veritátis in univérso mundo. *Ps 46, p. 120.*

A. 5. Magnus sanctus Paulus, * vas electiónis, vere digne est glorificándus, qui et méruit thronum duodécimum possidére. *Ps. 60, p. 146.*

A. 6. Bonum certámen * certávi, cursum consummávi, fidem servávi. *Ps 63, p. 165.*

℣. Pro me autem nihil gloriábor.
℟. Nisi in infirmitátibus meis.

IN II NOCTURNO

A. 1. Saulus, * qui et Paulus, magnus prædicátor, a Deo confortátus convalescébat et confundébat Iudǽos. *Ps 74, p. 176.*

Ant. 2. Ne magnitúdo revelatiónum * extóllat me, datus est mihi stímulus carnis meæ, ángelus Sátanæ qui me colaphízet. Propter quod ter Dóminum rogávi, ut discéderet a me, et dixit mihi Dóminus: «Súfficit tibi, Paule, grátia mea.» *Ps 95, p. 216.*

Ant. 3. Repósita est mihi * coróna iustítiæ, quam reddet mihi Dóminus in illa die, iustus iudex. *Ps 96, p. 217.*

Ant. 4. Ter virgis cæsus sum, * semel lapidátus sum, ter naufrágium pértuli pro Christo Dómino. *Ps 97, p. 218.*

Ant. 5. Grátia Dei * sum id quod sum; et grátia eius in me vácua non fuit. *Ps 98, p. 219.*

Ant. 6. Súfficit tibi, * Paule, grátia mea, nam virtus in infirmitáte perfícitur. *Ps 100, p. 221.*

℣. Qui persequebátur nos aliquándo.
℟. Nunc evangélizat fidem.

IN III NOCTURNO

Ant. Gaudéte et exsultáte, * quia nómina vestra scripta sunt in cælis, dicit Dóminus.

Cantica de Communi Apostolorum, p. 473.

℣. Miserátor et miséricors Dóminus.
℟. Longánimis et multum miséricors.

Die 2 februarii
IN PRAESENTATIONE DOMINI
Festum

AD INVITATORIUM

Ant. Ecce venit ad templum sanctum suum dominátor Dóminus: gaude et lætáre, Sion, occúrrens Deo tuo.

IN I NOCTURNO

Ant. 1. Sanctífica mihi * primogénitum, tam de homínibus quam de iuméntis: mea sunt enim ómnia. *Ps 8, p. 8*

Ant. 2. Veníte, * ascendámus ad montem Dómini et ad domum Dei Iacob, quia de Sion egrediétur lex et verbum Dómini de Ierúsalem. *Ps 18, p. 23.*

Ant. 3. Attóllite, portæ, * cápita vestra, et elevámini, portæ æternáles, et introíbit rex glóriæ. *Ps 23, p. 36.*

Ant. 4. Ipse éxstruet * templum Dómino et ipse portábit glóriam et erit sacérdos super sólio suo. *Ps 44, p. 105.*

Ant. 5. Gaude et lætáre, * nova Sion: ecce enim rex tuus venit, mitis et salvans pópulum suum. *Ps 45, p. 119.*
Ant. 6. Revérsus sum * ad Sion et habitábo in médio Ierúsalem et vocábitur Ierúsalem cívitas veritátis et mons Dómini exercítuum mons sanctificátus. *Ps 47, p. 121.*

℣. Ecce ego, vénio et habitábo in médio tui.
℟. Et scies quia Dóminus exercítuum misit me ad te.

IN II NOCTURNO

Ant. 1. Ingrédiens mundum * dicit Christus: «Hóstiam et oblatiónem noluísti, corpus autem aptásti mihi.» *Ps 84, p. 192.*
Ant. 2. Tulérunt Iesum * in Hierosólymam ut sísterent Dómino, sicut scriptum est in lege Dómini. *Ps 86, p. 206.*
Ant. 3. Vidérunt * óculi mei salutáre tuum, quod parásti ante fáciem ómnium populórum. *Ps 95, p. 216.*
Ant. 4. Ecce pósitus est hic * in ruínam et resurrectiónem multórum in Israel. *Ps 96, p. 217.*
Ant. 5. Dixit Símeon * ad Maríam: «Et tuam ipsíus ánimam pertránsiet gládius, ut reveléntur ex multis córdibus cogitatiónes.» *Ps 97, p. 218.*
Ant. 6. Diléxit nos * et trádidit semetípsum pro nobis oblatiónem et hóstiam Deo, in odórem suavitátis. *Ps 98, p. 219.*

℣. Placébit Dómino sacrifícium Iuda et Ierúsalem.
℟. Sicut dies sǽculi et sicut anni antíqui.

IN III NOCTURNO

Ant. Lauda et lætáre, * fília Sion, quia ecce ego vénio et habitábo in médio tui, dicit Dóminus.

CANTICUM I   Is 9, 1-6

ADVENTUS PRINCIPIS PACIS

Visitabit nos oriens ex alto, illuminare his qui in tenebris et in umbra mortis sedent (Lc 1, 78. 79).

P Opulus, qui ambulábat in ténebris, *
   vidit lucem magnam;
habitántibus in regióne umbræ mortis *
   lux orta est eis.

Multiplicásti exsultatiónem *
   et magnificásti lætítiam;

lætántur coram te sicut lætántes in messe, *
  sicut exsúltant quando dívidunt spólia.

Iugum enim óneris eius et virgam úmeri eius *
  et sceptrum exactóris eius fregísti, sicut in die Mádian.
Quia omnis cáliga incedéntis cum tumúltu †
  et vestiméntum mixtum sánguine *
  erit in combustiónem, cibus ignis.

Párvulus enim natus est nobis, †
  fílius datus est nobis; *
  et factus est principátus super úmerum eius;
et vocábitur nomen eius: †
  admirábilis Consiliárius, Deus fortis, *
  Pater æternitátis, Princeps pacis.

Magnum erit eius impérium, *
  et pacis non erit finis
super sólium David *
  et super regnum eius,
ut confírmet illud et corróboret in iudício et iustítia, †
  ámodo et usque in sempitérnum: *
  zelus Dómini exercítuum fáciet hoc.

Canticum II, Is 26, p. 439.
Canticum III, Is 66, p. 440.
¶C Canticum Is 40, p. 441.

℣. Suscépimus, Deus, misericórdiam tuam.
℟. In médio templi tui.

Die 10 februarii
S. SCHOLASTICAE, VIRGINIS
Festum

Omnia de Communi virginum, vel ad libitum ut infra:

AD INVITATORIUM

A. Regem vírginum Dóminum, veníte, adorémus.

IN I NOCTURNO

A. 1. O quam admirábile * nomen Dómini! in cuius virtúte beáta virgo Scholástica tam ingéntem exaltatiónem obtinére méruit. *Ps 8, p. 8.*

Ꭺ. 2. Cæli enárrant * glóriam Dei, et annúntiant mérita Scholásticæ vírginis. Ps 18, p. 23.

Ꭺ. 3. Hæc accépit * benedictiónem a Dómino, et misericórdiam a Deo, salutári suo. Ps 23, p. 36.

Ꭺ. 4. Dilexísti iustítiam, * et odísti iniquitátem, proptérea unxit te Deus óleo lætítiæ. Ps 44, p. 105.

Ꭺ. 5. Flúminis ímpetus * lætificávit Scholásticam, sanctificávit vírginem suam Altíssimus. Ps 45, p. 119.

Ꭺ. 6. Suscépit Scholástica * misericórdiam tuam, Deus noster. Ps 47, p. 121.

℣. In matutínis meditábor in te.
℟. Quia fuísti adiútor meus.

IN II NOCTURNO

Ꭺ. 1. Dóminus * Scholásticæ dedit benignitátem, et terra dedit fructum suum. Ps 84, p. 192.

Ꭺ. 2. Sicut lætántium ómnium * habitátio est in te, o beáta Scholástica. Ps 86, p. 206.

Ꭺ. 3. Magnificéntia et pulchritúdo * in conspéctu Dómini; poténtia et decor in exaltatióne Scholásticæ sponsæ suæ. Ps 95, p. 216.

Ꭺ. 4. Vidérunt omnes * glóriam Dei, dum oráret ad eum sancta virgo Scholástica. Ps 96, p. 217.

Ꭺ. 5. Cantáte Dómino * cánticum novum, quia mirabília fecit in dilécta fília Scholástica. Ps 97, p. 218.

Ꭺ. 6. Invocábat Scholástica * Dóminum; et exaudiébat eam. Ps 98, p. 219.

℣. Mihi adhærére Deo bonum est.
℟. Pónere in Dómino meo spem meam.

IN III NOCTURNO

Ꭺ. Média nocte * clamor factus est: «Ecce sponsus venit, exíte óbviam ei.»
Cantica de Communi Beatae Mariae Virginis, p. 470.

℣. Quis dabit mihi pennas sicut colúmbæ?
℟. Et volábo et requiéscam.

Die 22 februarii
CATHEDRAE S. PETRI, APOSTOLI
Festum

AD INVITATORIUM

℣. Regem Apostolórum Dóminum, veníte, adorémus.

IN I NOCTURNO

Ant. 1. Dixit Dóminus Simóni: * «Noli timére; ex hoc iam hómines eris cápiens.» *Ps 18, p. 23.*
Ant. 2. Tu es Christus, * Fílius Dei vivi. Et tu beátus es, Simon Petre. *Ps 33, p. 87.*
Ant. 3. Ecce nubes lúcida * obumbrávit eos, patérna vox audíta est: «Hic est Fílius meus diléctus.» *Ps 44, p. 105.*
Ant. 4. Tu es pastor óvium, * Princeps Apostolórum. Tibi trádidit Deus claves regni cælórum. *Ps 46, p. 120.*
Ant. 5. Ait Petrus: * «Iesum, quem vos interemístis, hunc Deus suscitávit a mórtuis et exaltávit in glória.» *Ps 60, p. 146.*
Ant. 6. Petre, amas me? * Tu scis, Dómine, quia amo te. Pasce oves meas. *Ps 63, p. 165.*

℣. Tu es pastor óvium, Princeps Apostolórum.
℟. Tibi trádidit Deus claves regni cælórum.

IN II NOCTURNO

Ant. 1. Dixit Iesus * Simóni Petro et Andréæ fratri eius: «Veníte post me, et fáciam vos fíeri piscatóres hóminum.» *Ps 74, p. 176.*
Ant. 2. Simon Petre, * ántequam de navi vocárem te, novi te, et super plebem meam príncipem te constítui. *Ps 95, p. 216.*
Ant. 3. Dixit Dóminus Petro: * «Tibi dabo claves regni cælórum.» *Ps 96, p. 217.*
Ant. 4. Petrus servabátur * in cárcere, et orátio fiébat pro eo sine intermissióne ab Ecclésia ad Deum. *Ps 97, p. 218.*
Ant. 5. Misit Dóminus * ángelum suum, et liberávit me de manu Heródis. *Ps 98, p. 219.*
Ant. 6. Ego pro te rogávi, * Petre, ut non defíciat fides tua. Et tu aliquándo convérsus, confírma fratres tuos. *Ps 100, p. 221.*

℣. Simon Ioánnis díligis me plus his?
℟. Pasce agnos meos.

IN III NOCTURNO

Antiphona et cantica de Communi apostolorum, p. 473.

℣. Dómine ad quem íbimus?
℟. Verba vitæ ætérnæ habes.

Die 19 martii
S. IOSEPH, SPONSI BEATAE MARIAE VIRGINIS
Sollemnitas

AD INVITATORIUM

Ant. Christum Dei Fílium, qui putári dignátus est fílius Ioseph, veníte, adorémus (T.P. allelúia).

IN I NOCTURNO

Ant. 1. Ascéndit Ioseph * a Galilǽa de civitáte Názareth in Iudǽam in civitátem David, quæ vocátur Béthlehem, ut profiterétur cum María (T.P. additur antiphonis Allelúia). Ps 1, p. 2.

Ant. 2. Venérunt pastóres * festinántes et invenérunt Maríam et Ioseph et infántem pósitum in præsépio. Ps 2, p. 3.

Ant. 3. Ecce ángelus Dómini appáruit in somnis Ioseph dicens: «Surge et áccipe púerum et matrem eius, et fuge in Ægýptum.» Ps 4, p. 352.

Ant. 4. Consúrgens Ioseph, * accépit púerum et matrem eius nocte et secéssit in Ægýptum, et erat ibi usque ad óbitum Heródis. Ps 5, p. 110.

Ant. 5. Defúncto Heróde, * ángelus Dómini appáruit in somnis Ioseph in Ægýpto, dicens: «Surge et áccipe púerum et matrem eius et vade in terram Israel; defúncti sunt enim, qui quærébant ánimam púeri.» Ps 8, p. 8.

Ant. 6. Accépit Ioseph * púerum et matrem eius, et venit in terram Israel. Ps 10, p. 13.

℣. Constítuit eum dóminum domus suæ (T.P. allelúia).
℟. Et príncipem omnis possessiónis suæ (T.P. allelúia).

IN II NOCTURNO

Ant. 1. Audiens Ioseph, * quod Archeláus regnáret in Iudǽa pro Heróde patre suo, tímuit illo ire (T.P. allelúia). Ps 14, p. 16.

Ant. 2. Admónitus in somnis, * Ioseph secéssit in partes Galilǽæ et véniens habitávit in civitáte, quæ vocátur Názareth, ut adimplerétur quod dictum est per prophétas: «Quóniam Nazaræus vocábitur.» *Ps 20, p. 31.*

Ꭰ. 3. Induxérunt púerum Iesum * paréntes eius, ut fácerent secúndum consuetúdinem legis pro eo. *Ps 23, p. 36.*

Ꭰ. 4. Erat pater Iesu * et mater mirántes super his quæ dicebántur de illo. Et benedíxit illis Símeon. *Ps 95, p. 216.*

Ꭰ. 5. Et ut perfecérunt ómnia * secúndum legem Dómini, revérsi sunt in Galilǽam in civitátem suam Názareth. *Ps 96, p. 217.*

Ꭰ. 6. Mirabántur omnes * in verbis grátiæ quæ procedébant de ore ipsíus, et dicébant: «Nonne hic est fílius Ioseph?» *Ps 97, p. 218.*

℣. Magna est glória eius in salutári tuo (*T.P.* allelúia).

℟. Glóriam et magnum decórem impónes super eum (*T.P.* allelúia).

IN III NOCTURNO

Ꭰ. Vir fidélis * multum laudábitur, et qui custos est Dómini sui glorificábitur (*T.P.* Allelúia).

Cantica de Communi unius martyris, p. 477.

℣. Iustus germinábit sicut lílium (*T.P.* allelúia).

℟. Et florébit in ætérnum ante Dóminum (*T.P.* allelúia).

Die 21 martii
TRANSITUS S. PATRIS NOSTRI BENEDICTI ABBATIS
Festum

AD INVITATORIUM

Ꭰ. Laudémus Deum nostrum in festivitáte Patris nostri Benedícti.

IN I NOCTURNO

Ꭰ. 1. Vitæ mérito * et sapiéntiæ doctrína elégit eum Dóminus, ut sit monachórum dux et legislátor. *Ps 1, p. 2.*

Ꭰ. 2. Vitam ætérnam * quæ timéntibus Deum præparáta est, ánimo suo Benedíctus semper evolvébat. *Ps 2, p. 3.*

Ꭰ. 3. Omnia * bona et sancta factis ámplius quam verbis Benedíctus osténdit. *Ps 4, p. 352.*

Ꭰ. 4. In doctrína sua * apostólicam formam Benedíctus semper servávit. *Ps 5, p. 110.*

℟. 5. Constítuit nobis * Pater domínici scholam servítii, ut procéssu conversatiónis et fídei viam mandatórum currámus. *Ps 14, p. 16.*

℟. 6. Doctus * lege divína sanctus Benedíctus præbuit discípulis nova et vétera. *Ps 20, p. 31.*

Vel ad libitum:

℟. 1. Fuit vir * vitæ venerábilis, grátia Benedíctus et nómine. *Ps 1, p. 2.*

℟. 2. Ab ipso * puerítiæ suæ témpore cor gerens seníle ætátem móribus tránsiens, nulli ánimum voluptáti dedit. *Ps 2, p. 3.*

℟. 3. Liberióri génere * ex província Núrsiæ ortus, Romæ liberálibus litterárum stúdiis a paréntibus tráditus fúerat. *Ps 4, p. 352.*

℟. 4. Dum in hac terra esset, * quo temporáliter líbere uti potuísset, iam quasi áridum mundum cum flore despéxit. *Ps 5, p. 110.*

℟. 5. Relícta domo, * rebúsque patris, soli Deo placére cúpiens, sanctæ conversatiónis hábitum quæsívit. *Ps 14, p. 16.*

℟. 6. Recéssit ígitur * sciénter néscius, et sapiénter indóctus. *Ps 20, p. 31.*

℣. Amávit eum Dóminus, et ornávit eum.
℟. Stolam glóriæ índuit eum.

IN II NOCTURNO

℟. 1. Recéssit ígitur * sciénter néscius, et sapiénter indóctus. *Ps 23, p. 36.*

℟. 2. Huic dum erémum péteret, * Románus mónachus obviávit; cuius cum desidérium cognovísset, et secrétum ténuit, et adiutórium impéndit. *Ps 32, p. 85.*

℟. 3. Benedíctus * in dies magis augebátur divína grátia, ut étiam prophético spíritu ventúra prædíceret. *Ps 33, p. 87.*

℟. 4. Tantam grátiam * ei virtus divína contúlerat, ut sub uno solis rádio omnem mundum colléctum conspíceret. *Ps 60, p. 146.*

℟. 5. Pater sanctus * dum inténtam oculórum áciem in splendóre corúscæ lucis habére viderétur, vidit Germáni ánimam Capuáni epíscopi in sphæra ígnea ab ángelis in cælum deférri. *Ps 64, p. 166.*

℟. 6. Tunc ad locum * diléctæ solitúdinis rédiit; et solus in supérni inspectóris óculis habitávit secum. *Ps 91, p. 224.*

Vel ad libitum:

Ą. 1. Benedíctus * in dies magis augebátur divína grátia, ut étiam prophético spíritu ventúra prædíceret. *Ps 23, p. 36.*

Ą.. 2. Huic dum erémum péteret, * Románus mónachus obviávit; cuius cum desidérium cognovísset, et secrétum ténuit, et adiutórium impéndit. *Ps 32, p. 85.*

Ą. 3. Tantam grátiam * ei virtus divína contúlerat, ut sub uno solis rádio omnem mundum colléctum conspíceret. *Ps 33, p. 87.*

Ą. 4. Pater sanctus * dum inténtam oculórum áciem in splendóre corúscæ lucis habére viderétur, vidit Germáni ánimam Capuáni epíscopi in sphæra ígnea ab ángelis in cælum deférri. *Ps 60, p. 146.*

Ą. 5. Iníto consílio, * fratres venénum vino miscuére; quo obláto, signum crucis édidit; et vas pestíferi potus sic confráctum est, ac si pro signo lápidem dedísset. *Ps 64, p. 166.*

Ą. 6. Tunc ad locum * diléctæ solitúdinis rédiit; et solus in supérni inspectóris óculis habitávit secum. *Ps 91, p. 224.*

℣. Os iusti meditábitur sapiéntiam.
℟. Et lingua eius loquétur iudícium.

IN III NOCTURNO

Ą. Benedíctum * prophéticis condecorémus cánticis, qui tam fulsit prophetía, quam et doctrínæ grátia.

Cantica de Communi unius martyris, p. 477.

℣. Lex Dei eius in corde ipsíus.
℟. Et non supplantabúntur gressus eius.

Die 25 martii
IN ANNUNTIATIONE DOMINI
Sollemnitas

AD INVITATORIUM

Ą. Verbum caro factum est: veníte, adorémus (*T.P.* allelúia).

IN I NOCTURNO

Ą. 1. Ecce iam venit * plenitúdo témporis, in quo misit Deus Fílium suum in terras, natum de Vírgine, factum sub lege, ut eos qui sub lege erant redímeret (*T.P.* allelúia). *Ps 2, p. 3.*

Ꞗ. 2. In sole * pósuit tabernáculum suum, et ipse tamquam sponsus procédens de thálamo suo. Ps 18, p. 23.

Ꞗ. 3. Elevámini, * portæ æternáles, et introíbit rex glóriæ. Ps 23, p. 36.

Ꞗ. 4. Speciósus * forma præ fíliis hóminum, diffúsa est grátia in lábiis tuis. Ps 44, p. 105.

Ꞗ. 5. Suscépimus, Deus, * misericórdiam tuam in médio templi tui. Ps 47, p. 121.

Ꞗ. 6. Oriétur * in diébus Dómini abundántia pacis, et dominábitur. Ps 71, p. 160.

℣. In princípio erat Verbum, et Verbum erat apud Deum (T.P. allelúia).

℟. Et Deus erat Verbum (T.P. allelúia).

IN II NOCTURNO

Ꞗ. 1. Véritas * de terra orta est, et iustítia de cælo prospéxit (T.P. allelúia). Ps 84, p. 192.

Ꞗ. 2. Homo * natus est in ea, et ipse fundávit eam Altíssimus. Ps 86, p. 206.

Ꞗ. 3. Exsultábunt * ómnia ligna silvárum ante fáciem Dómini quóniam venit. Ps 95, p. 216.

Ꞗ. 4. Lætámini * cum Ierúsalem, et exsultáte in ea, omnes qui dilígitis eam, in ætérnum. Ps 96, p. 217.

Ꞗ. 5. Roráte * cæli désuper et nubes pluant iustum, aperiátur terra, et gérminet Salvatórem. Ps 97, p. 218.

Ꞗ. 6. Exaltáte * Dóminum Deum nostrum, et adoráte ad montem sanctum eius. Ps 98, p. 219.

℣. Vídimus glóriam eius, glóriam quasi Unigéniti a Patre (T.P. allelúia).

℟. Plenum grátiæ et veritátis (T.P. allelúia).

IN III NOCTURNO

Ꞗ. et cantica ut in Praesentatione Domini, p. 488.

℣. Verbum caro factum est (T.P. allelúia).

℟. Et habitávit in nobis (T.P. allelúia).

Die 31 maii
IN VISITATIONE BEATAE MARIAE VIRGINIS
Festum

De Communi Beatae Mariae Virginis, praeter ad invitatorium:

Ꞗ. Visitatiónem Vírginis Maríæ celebrémus; Christum eius Fílium adorémus Dóminum.

Die 24 iunii
IN NATIVITATE S. IOANNIS BAPTISTAE
Sollemnitas

AD INVITATORIUM

Ant. Agnum Dei, quem lætus monstrávit Ioánnes, veníte, adorémus.

IN I NOCTURNO

Ant. 1. Priúsquam te formárem * in útero, novi te et, ántequam progreneréris, sanctificávi te. *Ps 1, p. 2.*

Ant. 2. Ad ómnia quæ mittam te, * dicit Dóminus, ibis: ne tímeas, et quæ mandávero tibi, loquéris ad eos. *Ps 2, p. 3.*

Ant. 3. Ne tímeas * a fácie eórum, quia ego tecum sum, dicit Dóminus. *Ps 4, p. 352.*

Ant. 4. Misit * Dóminus manum suam et tétigit os meum, et prophétam in géntibus dedit me Dóminus. *Ps 5, p. 110.*

Ant. 5. Ecce * dedi verba mea in ore tuo; ecce constítui te super gentes et regna. *Ps 8, p. 8.*

Ant. 6. Dóminus ab útero * vocávit me, de ventre matris meæ recordátus est nóminis mei. *Ps 10, p. 13.*

V. Fuit homo missus a Deo.
R. Cui nomen erat Ioánnes.

IN II NOCTURNO

Ant. 1. Pósuit os meum Dóminus * quasi gládium acútum; sub umbra manus suæ protéxit me. *Ps 14, p. 16.*

Ant. 2. Formans me ex útero * servum sibi Dóminus, dicit: «Dedi te in lucem géntium, ut sis salus mea usque ad extrémum terræ.» *Ps 20, p. 31.*

Ant. 3. Reges vidébunt * et consúrgent príncipes et adorábunt Dóminum Deum tuum, qui elégit te. *Ps 33, p. 87.*

Ant. 4. Nazaræus * vocábitur puer iste: vinum et síceram non bibet, et omne immúndum non manducábit ex útero matris suæ. *Ps 63, p. 165.*

Ant. 5. Erit enim * magnus coram Dómino: nam et manus eius cum ipso est. *Ps 64, p. 166.*

Ant. 6. Ipse præíbit * ante illum in spíritu et virtúte Elíæ, paráre Dómino plebem perféctam. *Ps 91, p. 224.*

V. Inter natos mulíerum non surréxit maior.
R. Ioánne Baptísta.

IN III NOCTURNO

℣. Descéndit * ángelus Dómini ad Zacharíam, dicens: «Accipe púerum in senectúte tua, et habébit nomen Ioánnes Baptísta.»

Cantica de Communi unius martyris, p. 477.

℣. Hic venit ut testimónium perhibéret de lúmine.
℟. Ut omnes créderent per illum.

Die 29 iunii
SS. PETRI ET PAULI, APOSTOLORUM
Sollemnitas

AD INVITATORIUM

℣. Regem Apostolórum Dóminum, veníte, adorémus.

IN I NOCTURNO

Ant. 1. Tu es Christus, * Fílius Dei vivi. Et tu beátus es, Simon Bar Iona. *Ps 18, p. 23.*

Ant. 2. Non enim iudicávi * scire me áliquid inter vos nisi Iesum Christum et hunc crucifíxum. *Ps 33, p. 87.*

Ant. 3. Si díligis me, * Simon Petre, pasce oves meas. *Ps 44, p. 105.*

Ant. 4. Tu es vas electiónis, * sancte Paule apóstole, prædicátor veritátis in univérso mundo. *Ps 46, p. 120.*

Ant. 5. Dómine, si tu es, * iube me veníre ad te super aquas. *Ps 60, p. 146.*

Ant. 6. Scio cui crédidi, * et certus sum quia potens est depósitum meum serváre in illum diem iustus iudex. *Ps 63, p. 165.*

Vel antiphonae de Communi Apostolorum.

℣. In omnem terram exívit sonus eórum.
℟. Et in fines orbis terræ verba eórum.

IN II NOCTURNO

Ant. 1. Cum esses iúnior, * ambulábas ubi volébas; cum autem senúeris, álius te ducet quo tu non vis. *Ps 74, p. 176.*

Ant. 2. Constans esto: * sicut enim testificátus es de me in Ierúsalem, sic te opórtet et Romæ testificári. *Ps 95, p. 216.*

Ant. 3. Ego rogávi pro te, * Petre, ut non defíciat fides tua. Et tu, aliquándo convérsus, confírma fratres tuos. *Ps 96, p. 217.*

Ant. 4. Bonum certámen * certávi, cursum consummávi, fidem servávi. *Ps 97, p. 218.*

Die 6 augusti

Ꭺ. 5. Dómine, * tecum parátus sum et in cárcerem et in mortem ire. *Ps 98, p. 219.*

Ꭺ. 6. Mihi vívere * Christus est, et mori lucrum: gloriári me opórtet in cruce Dómini nostri Iesu Christi. *Ps 100, p. 221.*

Vel antiphonae de Communi Apostolorum.

℣. Quam pulchri pedes annuntiántis et prædicántis pacem.
℟. Annuntiántis bonum et prædicántis salútem.

IN III NOCTURNO

Ꭺ. Inseparábilis fides * passióque germána perpétuam eos transmísit ad vitam, quóniam doctrínam suam morte fortíssima consecrárunt.

Cantica de Communi Apostolorum, p. 473.

℣. Verbum Dómini manet in ætérnum.
℟. Hoc est quod evangelizátum est in vos.

Die 11 iulii
IN SOLLEMNITATE S. PATRIS NOSTRI BENEDICTI, ABBATIS
Sollemnitas

Ut supra in Transitu S.P.N. Benedicti, *p. 493.*

Die 6 augusti
IN TRANSFIGURATIONE DOMINI
Festum

AD INVITATORIUM

Ꭺ. Summum regem glóriæ, veníte, adorémus.

IN I NOCTURNO

Ꭺ. 1. Paulo minus * ab ángelis minorátus, glória et honóre coronátus est, et constitútus super ópera mánuum Dei. *Ps 8, p. 8.*

Ꭺ. 2. Revelábit * Dóminus condénsa, et in templo eius omnes dicent glóriam. *Ps 28, p. 45.*

Ꭺ. 3. Speciósus forma * præ fíliis hóminum, diffúsa est grátia in lábiis tuis. *Ps 44, p. 105.*

Ꭺ. 4. Ecce * nubes lúcida obumbrávit eos, patérna vox audíta est: «Hic est Fílius meus.» *Ps 45, p. 119.*

Ꭺ. 5. Petrus * et qui cum illo præséntes erant, Christo lætificáti, vidérunt glóriam Dei. *Ps 46, p. 120.*

A. 6. Respóndens Petrus, * ait ad Iesum: «Dómine, si vis, faciámus hic tria tabernácula.» *Ps 47, p. 121.*

℣. Gloriósus apparuísti in conspéctu Dómini.
℟. Proptérea decórem índuit te Dóminus.

IN II NOCTURNO

A. 1. Illúminans * tu mirabíliter a móntibus ætérnis; turbáti sunt omnes insipiéntes corde. *Ps 75, p. 223.*
A. 2. Mélior est * dies una in átriis tuis super mília. *Ps 83, p. 191.*
A. 3. Gloriósa * dicta sunt de te, cívitas Dei. *Ps 86, p. 206.*
A. 4. Thabor * et Hermon in nómine tuo exsultábunt, tuum bráchium cum poténtia. *Ps 88, p. 208, usque ad divisionem.*
A. 5. Lux orta est iusto, * et rectis corde lætítia. *Ps 96, p. 217.*
A. 6. Confessiónem * et decórem índuit, amíctus lúmine sicut vestiménto. *Ps 103, p. 236.*

℣. Glória et honóre coronásti eum, Dómine.
℟. Et constituísti eum super ópera mánuum tuárum.

IN III NOCTURNO

A. Accéssit Iesus, et divínæ vocis pavóre prostrátos tétigit discípulos suos dicens: «Súrgite et nolíte timére.»

Cantica, ut supra in sollemnitate D.N. Iesu Christi universorum regis, p. 464.

℣. In colúmna nubis loquebátur ad eos.
℟. Custodiébant testimónia eius.

Die 10 augusti
S. LAURENTII, DIACONI ET MARTYRIS
Festum

De Communi unius martyris praeter sequentia.

IN I NOCTURNO

℣. Gáudeo plane.
℟. Quia hóstia Christi éffici mérui.

IN II NOCTURNO

℣. Tamquam aurum in fornáce.
℟. Probávit eléctos Dóminus.

IN III NOCTURNO

℟. Nisi granum fruménti * cadens in terram mórtuum fúerit, ipsum solum manet.

℣. Tribulátio et angústia invenérunt me.
℟. Mandáta tua meditátio mea est.

Die 15 augusti
IN ASSUMPTIONE BEATAE MARIAE VIRGINIS
Sollemnitas

AD INVITATORIUM

℟. Veníte adorémus regem regum, cuius hódie ad æthéreum Virgo Mater assúmpta est cælum.

IN I NOCTURNO

℟. 1. Ascéndit Christus * super cælos, et præparávit suæ castíssimæ Matri immortalitátis locum, allelúia. *Ps 8, p. 8.*

℟. 2. Paradísi porta * per Evam cunctis clausa est, et per Maríam Vírginem íterum patefácta est, allelúia. *Ps 18, p. 23.*

℟. 3. Surge, * Virgo regína, et, ætérno digna decóre, conscénde præclárum palátium regis ætérni. *Ps 23, p. 36.*

℟. 4. Spécie tua * et pulchritúdine tua inténde, próspere procéde, et regna. *Ps 44, p. 105.*

℟. 5. Elégit eam Deus, * et præelégit eam, in tabernáculo suo habitáre fecit eam. *Ps 45, p. 119.*

℟. 6. Exaltáta est * Virgo María super omnes cælos; veníte omnes, magnificémus Christum regem, cuius regnum est ómnium sæculórum. *Ps 47, p. 121.*

℣. Cor meum et caro mea.
℟. Exsultavérunt in Deum vivum.

IN II NOCTURNO

℟. 1. Beáta es, María, * quia per te mundi salus advénit; iam gloriósa gaudes ante Dóminum. *Ps 84, p. 192.*

℟. 2. Gloriósa * dicta sunt de te, Virgo María. *Ps 86, p. 206.*

℟. 3. Exaltáta est * sancta Dei Génetrix super choros angelórum ad cæléstia regna. *Ps 95, p. 216.*

℟. 4. Paradísi portæ * per te nobis apértæ sunt, quæ hódie gloriósa cum ángelis triúmphas. *Ps 96, p. 217.*

Ant. 5. Gaude, * María Virgo, cunctas hǽreses sola interemísti in univérso mundo . Ps 97, p. 218.
Ant. 6. Nomen tuum * ita magnificávit Dóminus, ut non recédat laus tua de ore hóminum. Ps 98, p. 219.
℣. Veni de Líbano, sponsa mea.
℟. Veni, coronáberis.

IN III NOCTURNO

Ant. Augústa Dei Mater, * devícta morte, córpore et ánima ad supérnam cæli glóriam evécta est, allelúia.

Cantica de Communi B.M.V., p. 470.

℣. Beáta es, María, quæ credidísti Dómino.
℟. Perfécta sunt in te quæ dicta sunt tibi.

Die 3 septembris
S. GREGORII MAGNI, PAPAE ET ECCLESIAE DOCTORIS
Festum

De Communi pastorum vel doctorum Ecclesiae praeter sequentia.

IN III NOCTURNO

Ant. Speculatórem dedi te * dómui Israel, et áudies de ore meo verbum, et annuntiábis eis ex me.

Cantica de Communi unius martyris, p. 477.

℣. Tu es sacérdos in ætérnum.
℟. Secúndum órdinem Melchísedech.

Die 8 septembris
IN NATIVITATE BEATAE MARIAE VIRGINIS
Festum

Omnia de Communi B. Mariae. V. praeter sequentia.

AD INVITATORIUM

Ant. Nativitátem Vírginis Maríæ celebrémus: Christum eius Fílium adorémus Dóminum.

IN III NOCTURNO

Ant. Hódie nata est * beáta Virgo María ex progénie David, per quam salus mundi credéntibus appáruit.

Cantica de Communi B.M.V., p. 470.

℣. Elégit eam Deus, et præelégit eam.
℟. In tabernáculo suo habitáre facit eam.

Die 14 septembris
IN EXALTATIONE S. CRUCIS
Festum

AD INVITATORIUM

Ant. Christum regem pro nobis in cruce exaltátum, veníte, adorémus.

IN I NOCTURNO

Ant. 1. Nóbile lignum * exaltátur, Christi fides rútilat, dum crux ab ómnibus venerátur. *Ps 1, p. 2.*

Ant. 2. Sancta crux * extóllitur a cunctis régibus, virga régia erígitur, in qua Salvátor triumphávit. *Ps 2, p. 3.*

Ant. 3. O crux venerábilis, * quæ salútem attulísti míseris, quibus te éfferam præcóniis, quóniam vitam nobis cǽlitem præparásti. *Ps 4, p. 352.*

Ant. 4. O crucis victória * et admirábile signum, in cælésti cúria fac nos captáre triúmphum. *Ps 5, p. 110.*

Ant. 5. Dulce lignum, * dulci clavo, dulce pondus sustínuit, quæ méruit portáre prétium huius sǽculi. *Ps 8, p. 8.*

Ant. 6. Funéstæ mortis * damnátur supplícium, dum Christus nostra destrúxit víncula críminum. *Ps 10, p. 13.*

℣. Hoc signum crucis erit in cælo.
℟. Cum Dóminus ad iudicándum vénerit.

IN II NOCTURNO

Ant. 1. Rex exaltátur * in æthera, cum nóbile trophǽum crucis ab univérsis christícolis adorátur per sǽcula. *Ps 20, p. 31.*

Ant. 2. Virga tua * et báculus tuus, ipsa me consoláta sunt, Dómine Deus meus. *Ps 22, p. 35.*

Ant. 3. Adorámus te, * Christe, et benedícimus tibi, quia per crucem tuam redemísti mundum. *Ps 95, p. 216.*

Ant. 4. Per lignum * servi facti sumus, et per sanctam crucem liberáti sumus; fructus árboris sedúxit nos, Fílius Dei redémit nos, allelúia. *Ps 96, p. 217.*

Ant. 5. Salvátor mundi, * salva nos, qui per crucem et sánguinem tuum redemísti nos: auxiliáre nobis, te deprecámur, Deus noster *Ps 97, p. 218.*

Ant. 6. Adorámus * crucis signáculum, per quod salútis súmpsimus sacraméntum. Ps 98, p. 219.

℣. Si exaltátus fúero a terra.
℟. Omnia traham ad meípsum.

IN III NOCTURNO

Ant. O crux gloriósa, * o crux adoránda, o lignum pretiósum et admirábile signum, quo et diábolus est victus, et mundus Christi sánguine redémptus, allelúia.

Cantica ut supra in sollemnitate D.N. Iesu Christi universorum regis, p. 464.

℣. Sicut Móyses exaltávit serpéntem in desérto.
℟. Ita exaltári opórtet Fílium hóminis.

Die 29 septembris
SS. MICHAELIS ET OMNIUM ANGELORUM
Festum

AD INVITATORIUM

Ant. Regem angelórum Dóminum, veníte, adorémus.

IN I NOCTURNO

Ant. 1. Eleváta est * magnificéntia tua super cælos, rex angelórum. Ps 8, p. 8.

Ant. 2. Concússum est * mare et contrémuit terra, ubi archángelus Míchael descendébat de cælo. Ps 10, p. 13.

Ant. 3. Gábriel ángelus * appáruit Zacharíæ, dicens: «Uxor tua Elísabeth páriet tibi fílium, et vocábis nomen eius Ioánnem.» Ps 14, p. 16.

Ant. 4. Ego sum Ráphael ángelus, * qui asto ante Dóminum; vos autem benedícite Deum et narráte ómnia mirabília eius. Ps 18, p. 23.

Ant. 5. Te sanctum Dóminum * in excélsis laudant omnes ángeli, uno ore dicéntes: «Te decet hymnus, Deus.» Ps 23, p. 36.

Ant. 6. Vidi in médio throni * Agnum stantem tamquam occísum, et audívi vocem angelórum multórum in circúitu throni. Ps 33, p. 87.

℣. Stetit ángelus iuxta aram templi.
℟. Habens turíbulum áureum in manu sua.

IN II NOCTURNO

𝒜. 1. Ecce Míchael, * unus de princípibus primis, venit in adiutórium meum. *Ps 89, p. 197.*

𝒜. 2. Ecce Gábriel, * quem víderam in visióne, cito volans tétigit me et dócuit me. *Ps 95, p. 216.*

𝒜. 3. Missus est * Ráphael ángelus ad Tobíam et Saram, ut curáret eos. *Ps 96, p. 217.*

𝒜. 4. Ascéndit fumus * arómatum in conspéctu Dómini de manu ángeli. *Ps 97, p. 218.*

𝒜. 5. Data sunt ei * incénsa multa, ut adoléret ea ante altáre áureum, quod est ante óculos Dómini. *Ps 98, p. 219.*

𝒜. 6. Benedícite Dóminum, * omnes ángeli eius, benedícite, ministri eius, qui fácitis voluntátem eius: benedícite Dóminum. *Ps 102, p. 235.*

℣. In conspéctu angelórum psallam tibi, Deus meus.
℟. Adorábo ad templum sanctum tuum, et confitébor nómini tuo.

IN III NOCTURNO

𝒜. Accessístis * ad Sion montem et civitátem Dei vivéntis, Ierúsalem cæléstem, et multórum mílium angelórum frequéntiam.

Canticum I, Tob 13, 2-8, p. 140, usque ad signum ¶; cantica II et III, Tob 13, 9-11.13-16, p. 467, in duabus divisionibus.
¶C *Cantica I, II et III ut supra.*

℣. Benedícite Dómino, omnes ángeli eius.
℟. Poténtes virtúte, faciéntes verbum illíus.

Die 1 novembris
OMNIUM SANCTORUM
Sollemnitas

AD INVITATORIUM

𝒜. Deum, qui glorificátur in concílio sanctórum, veníte, adorémus.

Vel: 𝒜. Regem regum Dóminum, veníte, adorémus, quia ipse est coróna sanctórum ómnium.

IN I NOCTURNO

𝒜. 1. Novit Dóminus * viam iustórum, qui in lege eius meditántur die ac nocte. *Ps 1, p. 2.*

℣. 2. Mirificávit Dóminus * sanctos suos, et exaudívit eos, clamántes ad se. *Ps 4, p. 352.*

℣. 3. Læténtur omnes, * qui sperant in te, Dómine, in ætérnum exsultábunt, et habitábis in eis, et gloriabúntur in te omnes qui díligunt nomen tuum. *Ps 5, p. 110.*

℣. 4. Admirábile est * nomen tuum, Dómine; quia glória et honóre coronásti sanctos tuos, et constituísti eos super ópera mánuum tuárum. *Ps 8, p. 8.*

℣. 5. Dómine, * qui operáti sunt iustítiam, habitábunt in tabernáculo tuo, et requiéscent in monte sancto tuo. *Ps 14, p. 16.*

℣. 6. Hæc est * generátio quæréntium Dóminum, quæréntium fáciem Dei Iacob. *Ps 23, p. 36.*

℣. Lætámini in Dómino et exsultáte, iusti.
℟. Et gloriámini, omnes recti corde.

IN II NOCTURNO

℣. 1. Dilígite Dóminum, * omnes sancti eius, quóniam veritátem requíret Dóminus. *Ps 30, p. 48.*

℣. 2. Lætámini in Dómino * et exsultáte, iusti, et gloriámini, omnes recti corde. *Ps 31, p. 50.*

℣. 3. Timéte Dóminum, * omnes sancti eius, quóniam nihil deest timéntibus eum: ecce óculi Dómini super iustos, et aures eius ad preces eórum. *Ps 33, p. 87.*

℣. 4. Dómine, * spes sanctórum et turris fortitúdinis eórum, dedísti hereditátem timéntibus nomen tuum, et habitábunt in tabernáculo tuo in sǽcula. *Ps 60, p. 146.*

℣. 5. Dómine, * Deus virtútum, beáti omnes qui sperant in te: non privábis bonis eos, qui ámbulant in æquitáte; in sǽcula sæculórum laudábunt te. *Ps 83, p. 191.*

℣. 6. Qui dilígitis Dóminum, * lætámini in Dómino, et confitémini memóriæ sanctitátis eius. *Ps 96, p. 217.*

℣. Exsúltent iusti in conspéctu Dei.
℟. Et delecténtur in lætítia.

IN III NOCTURNO

℣. Benedícite Dóminum, * omnes elécti eius, ágite dies lætítiæ, et confitémini illi.

Canticum I, Tob 13, 2-8, *p. 140, usque ad signum* ¶.
Canticum II et III, Tob 13, 8-11, 13-16, *p. 467, in duabus divisionibus.*

¶C *Cantica I, II et III ut supra.*

℣. Respícite ad Dóminum, et illuminámini.
℟. Et fácies vestræ non confundéntur.

Die 2 novembris
IN COMMEMORATIONE OMNIUM FIDELIUM DEFUNCTORUM
OFFICIUM DEFUNCTORUM

AD INVITATORIUM

Ꭿ. Regem cui ómnia vivunt, veníte, adorémus.

IN I NOCTURNO

Ꭿ. 1. Invídia diáboli * mors introívit in orbem terrárum. *Ps 5, p. 110.*

Ꭿ. 2. Deus mortem non fecit * nec lætátur in perditióne virórum. *Ps 6, p. 5.*

Ꭿ. 3. Statútum est homínibus * semel mori, post hoc autem iudícium. *Ps 7, p. 7.*

Ꭿ. 4. Habitábit * in tabernáculo tuo, requiéscet in monte sancto tuo. *Ps 14, p. 16.*

Ꭿ. 5. Caro mea * requiéscet in spe. *Ps 15, p. 17.*

Ꭿ. 6. Exspectátio creatúræ * revelatiónem filiórum Dei exspéctat. *Ps 22, p. 35.*

℣. Misericórdiæ tuæ multæ, Dómine.
℟. Secúndum verbum tuum vivífica me.

IN II NOCTURNO

Ꭿ. 1. Ipsa creatúra * liberábitur a servitúte corruptiónis in libertátem glóriæ filiórum Dei. *Ps 24, p. 38.*

Ꭿ. 2. Si quid pátitur * unum membrum, compatiúntur ómnia membra. *Ps 26, p. 42.*

Ꭿ. 3. De terra formásti me * et carne induísti me. Redémptor meus, Dómine, resúscita me in novíssimo die. *Ps 39 , p. 98, usque ad signum* ¶.

Ꭿ. 4. Compláceat tibi, Dómine, * ut erípias me, ad adiuvándum me réspice. *Ps 39 B, p. 100.*

Ꭿ. 5. Sana, Dómine, * ánimam meam, quia peccávi tibi. *Ps 40, p. 101.*

Ꭿ. 6. Sitívit * ánima mea ad Deum vivum: quando véniam et apparébo ante fáciem Dómini? *Ps 41, p. 101.*

℣. A porta ínferi.
℟. Erue, Dómine, ánimas eórum.

IN III NOCTURNO

Ant. Dómine Deus * auxiliátor meus, et ídeo non sum confúsus.

vel: Ant. Præcipitábit * mortem in sempitérnum, et áuferet Dóminus lácrimam ab omni fácie.

Cantica sicut in Communi plurimorum martyrum, p. 475.

℣. Credo vidére bona Dómini.
℟. In terra vivéntium.

Die 11 novembris
S. MARTINI TURONENSIS, EPISCOPI
Festum

AD INVITATORIUM

Ant. Laudémus Deum nostrum, in confessióne beáti Martíni.

IN I NOCTURNO

Ant. 1. Martínus, * adhuc catechúmenus, hac me veste contéxit. Ps 1, p. 2.

Ant. 2. Sanctæ * Trinitátis fidem Martínus conféssus est, et baptísmi grátiam percépit. Ps 2, p. 3.

Ant. 3. Ego signo crucis, * non clípeo protéctus aut gálea, hóstium cúneos penetrábo secúrus. Ps 4, p. 352.

Ant. 4. Confído * in Dómino, quod fília mea précibus tuis reddénda sit sanitáti. Ps 5, p. 110.

Ant. 5. Tetrádius, * cógnita Dei virtúte, ad baptísmi grátiam pervénit. Ps 8, p. 8.

Ant. 6. O ineffábilem virum * per quem nobis tanta mirácula corúscant. Ps 10, p. 13.

℣. Ego ipse requíram oves meas.
℟. Et indúcam eas in terram suam.

IN II NOCTURNO

Ant. 1. Dóminus Iesus Christus, * non purpurátum aut diadémate reniténtem, se ventúrum esse prædíxit. Ps 14, p. 16.

Ant. 2. Dum sacraménta * offérret beátus Martínus, globus ígneus appáruit super caput eius. Ps 20, p. 31.

₳. 3. Sínite me, * inquit, cælum vidére, ut spíritus dirigátur ad Dóminum; nihil in me repériet inimícus, sed sinus Abrahæ me suscípiet. *Ps 23, p. 36.*
₳. 4. Sacérdos Dei, * Martíne, apérti sunt tibi cæli, et regnum Patris mei. *Ps 95, p. 216.*
₳. 5. Sacérdos Dei, * Martíne, pastor egrégie, ora pro nobis Deum. *Ps 96, p. 217.*
₳. 6. Beáti * viri corpus, usque ad locum sepúlcri, hymnis canóra cæléstibus turba proséquitur. *Ps 97, p. 218.*

℣. Elégit eum Dóminus sacerdótem sibi.
℟. Ad sacrificándum ei hóstiam laudis.

IN III NOCTURNO

₳. O vere beátum, * o ineffábilem pietáte, misericórdia, caritáte! Quarum ut viscéribus semper totus affluébat in Dómino, sic non desit nobis, non desit in ævum.

Cantica de Communi unius martyris, p. 477.

℣. Audies de ore meo verbum.
℟. Et annuntiábis eis ex me.

Die 30 novembris
S. ANDREAE, APOSTOLI
Festum

Omnia de Communi Apostolorum, praeter sequentia:

IN I NOCTURNO

₳. 1. Vidit Dóminus * Petrum et Andréam, et vocávit eos. *Ps 18, p. 23.*
₳. 2. Veníte post me, * dicit Dóminus, fáciam vos piscatóres hóminum. *Ps 33, p. 87.*
₳. 3. Relíctis * rétibus, secúti sunt Dóminum Redemptórem. *Ps 44, p. 105.*
₳. 4. Christus * me misit ad istam províncniam, in qua non parvum pópulum acquisívi. *Ps 46, p. 120.*
₳. 5. Ego si crucis * patíbulum expavéscerem, crucis glóriam non prædicárem. *Ps 60, p. 146.*
₳. 6. Dignum sibi * Dóminus computávit mártyrem, quem vocávit Apóstolum, dum esset in mari, allelúia. *Ps 63, p. 165.*

℣. Quod vídimus et audívimus annuntiámus vobis.
℟. Ut et vos societátem habeátis nobíscum.

IN II NOCTURNO

Ant. 1. Videns Andréas * crucem, cum gáudio dicébat: «Quia amátor tui semper fui, et desiderávi te amplécti, o bona crux.» *Ps 74, p. 176.*
Ant. 2. Diléxit * Andréam Dóminus in odórem suavitátis. *Ps 95, p. 216.*
Ant. 3. Bíduo * vivens pendébat in cruce beátus Andréas pro Christi nómine, et docébat pópulum. *Ps 96, p. 217.*
Ant. 4. Non me permíttas, * Dómine, fámulum tuum a te separári: tempus est, ut commendétur terræ corpus meum, et me ad te veníre iúbeas. *Ps 97, p. 218.*
Ant. 5. Andréas vero * rogábat pópulum, ut non impedíret passiónem ipsíus. *Ps 98, p. 219.*
Ant. 6. Accipe me * ab homínibus, et redde me magístro meo; ut per te me recípiat, qui per te me redémit, allelúia. *Ps 100, p. 221.*

℣. Narravérunt laudes Dómini et virtútes eius.
℟. Et mirabília eius quæ fecit.

Die 8 decembris
IN CONCEPTIONE IMMACULATA B.M.V.
Sollemnitas

AD INVITATORIUM

Ant. Immaculátam Conceptiónem Vírginis Maríæ celebrémus: Christum eius Fílium adorémus Dóminum.

IN I NOCTURNO

Ant. 1. Admirábile * est nomen tuum, Dómine, in univérsa terra, quia in Vírgine María dignum tibi habitáculum præparásti. *Ps 8, p. 8.*
Ant. 2. In sole * pósuit Deus tabernáculum suum. *Ps 18, p. 23.*
Ant. 3. In conceptióne sua * accépit María benedictiónem a Dómino, et misericórdiam a Deo salutári suo. *Ps 23, p. 36.*
Ant. 4. Diffúsa est grátia * in conceptióne eius, et speciósa appáruit inter fílias hóminum. *Ps 44, p. 105.*
Ant. 5. Adiúvit eam * Deus mane dilúculo; sanctificávit tabernáculum suum Altíssimus. *Ps 45, p. 119.*
Ant. 6. Fundátur * exsultatióne univérsæ terræ mons Sion, cívitas regis magni. *Ps 47, p. 121.*

℣. Deus omnípotens præcínxit me virtúte.
℟. Et pósuit immaculátam viam meam.

IN II NOCTURNO

Ꭺ. 1. Misericórdia * et véritas obviavérunt sibi in conceptióne Maríæ; iustítia et pax osculátæ sunt. *Ps 84, p. 192.*
Ꭺ. 2. Gloriósa * dicta sunt de te, cívitas Dei: fundávit te Dóminus in móntibus sanctis. *Ps 86, p. 206.*
Ꭺ. 3. Sanctimónia * et magnificéntia in conceptióne eius: annuntiáte in ómnibus pópulis glóriam eius. *Ps 95, p. 216.*
Ꭺ. 4. Lætámini, * omnes, in Dómino, et confitémini memóriæ sanctitátis eius. *Ps 96, p. 217.*
Ꭺ. 5. Notum fecit Dóminus * opus suum, in conspéctu géntium revelávit glóriam Genetrícis suæ. *Ps 97, p. 218.*
Ꭺ. 6. Exaltáte * Dóminum Deum nostrum, et adoráte tabernáculum eius, quóniam sanctum est. *Ps 98, p. 219.*

℣. In hoc cognóvi, quóniam voluísti me.
℟. Quóniam non gaudébit inimícus meus super me.

IN III NOCTURNO

Ꭺ. Benedícite Dómino * in ópere suo quia índuit Maríam vestiméntis salútis, et induménto iustítiæ circúmdedit eam.

Cantica de Communi B.M.V., p. 470.

℣. Exaltábo te, Dómine, quoniam suscepísti me.
℟. Nec delectásti inimícos meos super me.

Die 26 decembris
S. STEPHANI, PROTOMARTYRIS
Festum

De Communi unius martyris, vel:

AD INVITATORIUM

Ꭺ. Christum natum, qui beátum coronávit Stéphanum, veníte adorémus.

IN I NOCTURNO

Ꭺ. 1. Elegérunt Stéphanum, * virum plenum fide et Spíritu Sancto, ut ministráret mensis. *Ps 1, p. 3.*
Ꭺ. 2. Nemo * póterat resístere sapiéntiæ et Spirítui, quo loquebátur. *Ps 2, p. 3.*

Ant. 3. Eritis ódio ómnibus * propter nomen meum; qui autem perseveráverit usque in finem, hic salvus erit. *Ps 4, p. 352.*

Ant. 4. Cum esset Stéphanus * plenus Spíritu Sancto, inténdens in cælum vidit glóriam Dei et Iesum stantem a dextris Dei. *Ps 5, p. 110.*

Ant. 5. Vidébant omnes * fáciem Stéphani tamquam fáciem ángeli stantis inter illos. *Ps 8, p. 8.*

Ant. 6. Stéphanus, * pósitis génibus, clamávit voce magna: «Dómine, ne státuas illis hoc peccátum.» *Ps 10, p. 13.*

℣. Paulo minus consummavérunt me in terra.
℟. Ego autem non derelíqui mandáta tua.

IN II NOCTURNO

Ant. 1. Testes deposuérunt * vestiménta sua secus pedes adulescéntis qui vocabátur Saulus. *Ps 14, p. 16.*

Ant. 2. Non sunt condígnæ * passiónes huius témporis ad futúram glóriam, quæ revelábitur in nobis. *Ps 20, p. 31.*

Ant. 3. Patefáctæ sunt * iánuæ cæli Christi mártyri beáto Stéphano, qui in número mártyrum invéntus est primus. *Ps 23, p. 36.*

Ant. 4. Mortem * quam Salvátor noster dignátus est pro nobis pati, Stéphanus primus réddidit Salvatóri. *Ps 63, p. 165.*

Ant. 5. Hestérna die * Dóminus natus est in terris, ut Stéphanus nascerétur in cælis. *Ps 64, p. 166.*

Ant. 6. Facta est persecútio magna * in Ecclésiam quæ erat Hierosólymis. *Ps 91, p. 224*

℣. Accédite ad Deum et illuminámini.
℟. Et fácies vestræ non confundéntur.

IN III NOCTURNO

Ant. Ierúsalem, Ierúsalem, * quæ occídis prophétas et lápidas eos, qui ad te míssi sunt.

Cantica de Communi unius martyris, p. 477.

℣. Tribulátio et angústia invenérunt me.
℟. Mandáta tua meditátio mea est.

Die 27 decembris
S. IOANNIS, APOSTOLI ET EVANGELISTAE
Festum

De Communi Apostolorum, vel:

AD INVITATORIUM

℣. Regem Apostolórum Dóminum, veníte, adorémus.

IN I NOCTURNO

Ant. 1. Vidit Iesus * Iacóbum Zebedǽi et Ioánnem fratrem eius et vocávit eos. Illi autem statim, relícta navi et patre suo, secúti sunt eum. *Ps 18, p. 23.*

Ant. 2. Hic est discípulus ille, * quem diligébat Iesus. *Ps 33, p. 87.*

Ant. 3. Assúmit Iesus * Petrum et Iacóbum et Ioánnem, et ducit illos in montem excélsum seórsum solos. Et transfigurátus est coram ipsis. *Ps 44, p. 105.*

Ant. 4. Ioánnes * testimónium perhíbuit Verbo Dei, et testimónium Iesu Christi quæcúmque vidit. *Ps 46, p. 120.*

Ant. 5. Dixit Iesus * Iacóbo et Ioánni, fíliis Zebedǽi: «Cálicem quem ego bibo bibétis, et baptísmo quo ego baptízor baptizabímini.» *Ps 60, p. 146.*

Ant. 6. Ioánnes, * Apóstolus et evangelísta, virgo est eléctus a Dómino, atque inter céteros magis diléctus. *Ps 63, p. 165.*

℣. Hæc verba fidelíssima et vera.
℟. Et ego Ioánnes qui audívi et vidi hæc.

IN II NOCTURNO

Ant. 1. Fluénta evangélii * de ipso sacro Domínici péctoris fonte Ioánnes potávit. *Ps 74, p. 176.*

Ant. 2. Iste est Ioánnes, * cui Christus in cruce Matrem Vírginem vírgini commendávit. *Ps 95, p. 216.*

Ant. 3. Venit ad monuméntum * ille discípulus quem amábat Iesus; introívit et vidit et crédidit. *Ps 96, p. 217.*

Ant. 4. Dixit discípulus * quem diligébat Iesus: «Dóminus est, allelúia.» *Ps 97, p. 218.*

Ant. 5. Diligébat autem * Ioánnem Iesus, quóniam speciális prærogatíva castitátis amplióri dilectióne fécerat dignum. *Ps 98, p. 219.*

Ant. 6. Beatíssimus evangelísta * et Apóstolus Ioánnes, privilégio amóris præcípui, céteris áltius a Dómino méruit honorári. *Ps 100, p. 221.*

℣. Qui habet aurem áudiat.
℟. Quid spíritus dicat Ecclésiis.

IN III NOCTURNO

A̋. Dedit illi Dóminus * claritátem ætérnam, et nómine ætérno hereditábit illum.

Cantica de Communi Apostolorum, p. 473.

℣. Hic est qui testimónium perhíbuit verbo Dei.
℟. Et testimónium Iesu Christi.

Die 28 decembris
SS. INNOCENTIUM, MARTYRUM
Festum

Omnia de Communi plurimorum martyrum, præter sequentia:

AD INVITATORIUM

A̋. Christum natum, qui Innocéntes coronávit mártyres, veníte, adorémus.

IN I NOCTURNO

℣. Cantábant sancti cánticum novum ante sedem Dei et Agni.
℟. Et resonábat terra in voces illórum.

IN II NOCTURNO

℣. Mártyres Dómini.
℟. Dóminum benedícite in ætérnum.

IN III NOCTURNO

A̋. Innocéntium pássio, * Christi exaltátio; Heródes confúsus est, qui eos persecútus est.

Cantica de Communi plurimorum martyrum, p. 475.

℣. Iusti autem in perpétuum vivent.
℟. Et apud Dóminum est merces eórum.

LITANIÆ

Litaniarum in matutinis Laudibus Vesperisque adhibendarum aliquot hic proposita specimina interpretationes sunt vel adaptationes, tam antiquae quam hodiernae, litaniarum illarum quas orientales Ecclesiae in Liturgia missae necnon Horis Officii hucusque retinent. Sicut orientales litaniae omnes generatim intentiones Ecclesiae et hominum complectentur, sic et latinae imitationes, cum elata dicendi gravitate tum modesta simplicitate, fecerunt. Integrum autem cuique manet aptiori modo textus seligere necnon novos componere, atque secundum litteram sanctae Regulae unicam supplicationem Kýrie eléison adhibere.

I

Missale hibernic. de Stowe

℣. Dicámus omnes ex toto corde et ex tota mente: Kýrie eléison. ℟. Kýrie eléison.

℣. Pro supérna pace et tranquillitáte témporum nostrórum, orámus te. ℟.

℣. Pro sancta Ecclésia cathólica quæ est a fínibus usque ad términos orbis terræ, orámus te. ℟.

℣. Pro papa nostro N. et epíscopo N. et ómnibus epíscopis, presbýteris, diáconis et minístris, orámus te. ℟.

℣. Pro virgínibus, víduis, órphanis, pæniténtibus et catechúmenis, orámus te. ℟.

℣. Pro hoc loco et habitántibus in eo atque peregrinántibus, iter agéntibus et navigántibus, orámus te. ℟.

℣. Pro infírmis, egéntibus et afflíctis, atque his qui in sancta Ecclésia fructus misericórdiæ largiúntur, orámus te. ℟.

℣. Christiánum ac pacíficum nobis finem cóncedi a Dómino comprecémur. ℟.

℣. Et divínum in nobis permánere vínculum caritátis Deum comprecémur. ℟.

℣. Conserváre sanctitátem et cathólicæ fídei puritátem sanctum Deum comprecémur. ℟.

℣. Sanctæ Dei Genetrícis sempérque Vírginis Maríæ et sanctórum ómnium memóriam recólimus, ut, orántibus eis pro nobis, véniam a Dómino mereámur.

Pater noster.

II

Missale ambrosianum

℣. Divínæ pacis et indulgéntiæ múnera flagitántes, ex toto corde et ex tota mente precámur te. ℟. Dómine, miserére.

℣. Pro Ecclésia sancta cathólica, quæ hic et per totum orbem diffúsa est, precámur te. ℟.
℣. Pro papa nostro N. et pontífice nostro N. omnibúsque sacerdótibus et minístris, precámur te. ℟.
℣. Pro pace ecclesiárum, vocatióne géntium et quiéte populórum, precámur te. ℟.
℣. Pro civitáte hac et conversatióne eius, omnibúsque habitántibus in ea, precámur te. ℟.
℣. Pro áerum tempérie ac fructu et fecunditáte terrárum, precámur te. ℟.
℣. Pro virgínibus, víduis, órphanis, captívis et pæniténtibus, precámur te. ℟.
℣. Pro navigántibus, iter agéntibus, in carcéribus, in vínculis, in metállis, in exsíliis constitútis, precámur te. ℟.
℣. Pro his qui divérsis infirmitátibus detinéntur, quique spirítibus vexántur immúndis, precámur te. ℟.
℣. Pro his qui in sancta tua Ecclésia fructus misericórdiæ largiúntur, precámur te. ℟.
℣. Exáudi nos, Deus, in omni oratióne atque deprecatióne nostra, precámur te. ℟.
Pater noster.

III

Deprecatio Gelasii

℣. Dicámus omnes: Dómine, exáudi et miserére. ℟. Dómine, exáudi et miserére.
℣. Patrem Unigéniti et Dei Fílium Genitóris ingéniti et sanctum Dómini Spíritum fidélibus ánimis invocámus. ℟.
*℣. Pro immaculáta Dei vivi Ecclésia per totum orbem constitúta, divínæ bonitátis opuléntiam deprecámur. ℟.
**℣. Pro sanctis Dei magni sacerdótibus et minístris, cunctísque Deum verum coléntibus pópulis, Christum Dóminum supplicámus. ℟.
**℣. Pro univérsis recte tractántibus verbum veritátis, multifórmem Verbi Dei sapiéntiam peculiáriter obsecrámus. ℟.
**℣. Pro his qui se mente et córpore propter cælórum regna castíficant et spiritáli labóre desúdant, largitórem spiritálium múnerum implorámus. ℟.
*℣. Pro religiósis princípibus omníque milítia eórum qui iudícium et iustítiam díligunt, Dómini poténtiam obsecrámus. ℟.

Litaniae

*℣. Pro iucunditáte serenitátis et opportunitáte plúviæ atque aurárum vitálium blandiméntis ac próspero diversórum témporum cúrsu, rectórem mundi Dóminum deprecámur. ℟.

**℣. Pro his quos prima christiáni nóminis initiávit agnítio, quos iam desidérium grátiæ cæléstis accéndit, omnipoténtis Dei misericórdiam obsecrámus. ℟.

*℣. Pro his quos humánæ fragilitátis infírmitas et quos nequítiæ spiritális invídia vel várius sǽculi error invólvit, Redemptóris nostri misericórdiam implorámus. ℟.

*℣. Pro his quos peregrinatiónis necéssitas aut iníquæ potestátis oppréssio, vel hostilitátis vexat ærúmna, Salvatórem Dóminum supplicámus. ℟.

**℣. Pro (his quos ignorátio sui Creatóris excǽcat, vel gentílium superstítio détinet, aut a fídei sémitis error abdúcit,) veritátis Dóminum deprecámur. ℟.

*℣. Pro operáriis pietátis et his qui necessitátibus laborántium fratérna caritáte subvéniunt, misericordiárum Dóminum deprecámur. ℟.

*℣. Pro ómnibus intrántibus in hæc sanctæ domus Dómini átria, qui religióso corde et súpplici devotióne convenérunt, Dóminum glóriæ deprecámur. ℟.

*℣. Pro emundatióne animárum corporúmque nostrórum et ómnium vénia peccatórum, clementíssimum Dóminum supplicámus. ℟.

*℣. Pro refrigério fidélium animárum, præcípue (fratrum qui nobíscum Christo militavérunt), Dóminum spirítuum et univérsæ carnis iúdicem deprecámur. ℟. Dómine, exáudi et miserére.

**℣. Mortificátam vítiis carnem et vivéntem fide ánimam. ℟. Præsta, Dómine, præsta.

**℣. Castum timórem et veram dilectiónem. ℟. Præsta, Dómine, præsta.

**℣. Gratum vitæ órdinem et probábilem éxitum. ℟. Præsta, Dómine, præsta.

**℣. Angelum pacis et solácia sanctórum. ℟. Præsta, Dómine, præsta.

Nosmetípsos et ómnia nostra, quæ orta, quæ aucta per Dóminum, ipso auctóre suscípimus, ipso custóde retinémus, ipsiúsque misericórdiæ et arbítrio providéntiæ commendámus.

Pater noster.   (* una vice, ** altera vice, si placet.)

Litaniae

IV

Mss. franco-gallic.

℣. Dicámus omnes: Dómine, miserére. ℟. Dómine, miserére.

℣. Pro supérna pace et tranquillitáte témporum, invocámus te. ℟. Dómine, miserére.

℣. Pro sancta Ecclésia cathólica quæ est in toto orbe diffúsa, supplicámus te. ℟.

℣. Pro pastóre nostro et omni clero eius, implorámus te. ℟.

℣. Pro abbáte nostro et omni congregatióne eius, flagitámus te. ℟.

℣. Pro loco nostro et ómnibus habitántibus in eo, deprecámur te. ℟.

℣. Pro áeris tempérie et fecunditáte terræ, precámur te. ℟.

℣. Pro his qui infirmántur ac divérsis languóribus detinéntur, exorámus te. ℟.

℣. Pro remissióne peccatórum vel emendatióne morum, rogámus te. ℟.

℣. Pro réquie defunctórum et indulgéntia pæniténtium, implorámus te. ℟.

℣. Exáudi nos, Deus, in omni oratióne nostra, quia pius es. ℟. Pater noster.

V

Iuxta litanias graecas

℣. Dicámus omnes ex tota ánima et ex tota mente: Kýrie eléison. ℟. Kýrie eléison.

℣. Pro pace orbis univérsi, prosperitáte sanctæ Dei Ecclésiæ, omniúmque christifidélium unitáte, Dóminum rogémus. ℟.

℣. Pro papa N. et omni sacerdótio, Christi minístris et ascétis, cunctóque fidéli pópulo, Dóminum rogémus. ℟.

℣. Pro áerum tempérie, frúctuum terræ cópia, tranquillísque tempóribus, Dóminum rogémus. ℟.

℣. Pro salúte infirmórum, incolumitáte viatórum ac sublevatióne páuperum et tribulatórum, Dóminum rogémus. ℟.

℣. Pro liberatióne omnis ánimæ christiánæ a furóre persecutórum et a vexatióne dæmonum, Dóminum rogémus. ℟.

℣. Pro conversióne peccatórum et illuminatióne errántium a fide vel non credéntium, Dóminum rogémus. ℟.

℣. Pro réquie eórum qui iam dormiérunt patrum fratrúmque nostrórum et ómnium ubíque in Christo defunctórum, Dóminum rogémus. ℟.

Litaniae

Et simul his qui domum hanc sanctam, cum fide, pietáte et timóre Dei sunt ingréssi, nostram ad Dóminum precem compleámus.
Pater noster.

VI

Item
℣. Supérnam pacem et salútem animárum nostrárum a Dómino postulántes dicámus: Præsta, Dómine. ℟. Præsta, Dómine.
℣. Totam diem perféctam, sanctam, pacíficam et sine peccáto a Dómino postulémus. ℟.
℣. Angelum pacis, ducem fidélem, custódem animárum corporúmque nostrórum a Dómino postulémus. ℟.
℣. Liberatiónem ab omni afflictióne, violéntia, perículo et necessitáte a Dómino postulémus. ℟.
℣. Remissiónem peccatórum nostrórum, bona et utília animábus nostris a Dómino postulémus. ℟.
℣. Réliquum vitæ nostræ tempus in pace et pæniténtia (sanitáte) finiéndum a Dómino postulémus. ℟.
℣. Christiánum vitæ nostræ finem, pacíficum sine dolóre neque rubóre, bonámque defensiónem coram treméndo Christi tribunáli a Dómino postulémus. ℟.
Sanctæ et immaculátæ Dóminæ nostræ, gloriósæ Dei Genetrícis sempérque Vírginis Maríæ et ómnium sanctórum memóriam faciéntes atque auxílium postulántes, nosmetípsos et ínvicem totámque vitam nostram Deo commendémus.
Pater noster.

VII

Liturgia alexandrina S. Gregorii
℣. Nos pópulus tuus et Ecclésia tua, Dómine, per Fílium tuum te Patrem orámus dicéntes: Kýrie eléison. ℟. Kýrie eléison.
℣. Ecclésiæ tuæ fundaméntum fídei confírma. ℟.
℣. Pópulo tuo caritátis concórdiam radícitus ínsere. ℟.
℣. Pastóres róbora, eos qui pascúntur secúros præsta. ℟.
℣. Da clero morum sanctitátem; illis qui virginitátem servant temperántiam; illis qui sunt in honorábili coniúgio bonam vitam. ℟.

℣. Da divítibus bonitátem, paupéribus auxílium, infirmántibus sanitátem, afflíctis consolatiónem. ℟.
℣. Senes róbore accínge, iúvenes temperántes éffice. ℟.
℣. Infidéles convérte, schísmata cómprime, hæresium frémitus exstíngue. ℟.
℣. Et nos omnes concórditer in viam pii tui cultus dírige. ℟.
Pater noster.

VIII

Item

℣. Nos pópulus tuus et Ecclésia tua, Dómine, per Fílium tuum te Patrem orámus dicéntes: Kýrie eléison. ℟. Kýrie eléison.
℣. Concéde pópulo tuo concórdiam, toti mundo pacem et tranquillitátem. ℟.
℣. Omni loco áeris tempériem et terræ fecunditátem. ℟.
℣. Aegrotántibus salútem, indigéntibus adiutórium, órphanis auxílium, víduis protectiónem. ℟.
℣. Illis qui in exsíliis aut captivitáte sunt pacíficum ad própria réditum. ℟.
℣. Stantes confírma, eos qui cecidérunt érige, pæniténtes fidélibus annúmera. ℟.
℣. Eos qui sunt in hoc loco præséntes, imitatóres angelórum constítue. ℟.
℣. Et nos grátia tua ad tuum vocátos laudis ministérium, indígnos licet, súscipe. ℟.
Pater noster.

COLLECTARIUM

HEBDOMADA I ADVENTUS

Dominica

Da, quæsumus, omnípotens Deus, hanc tuis fidélibus voluntátem, † ut, Christo tuo veniénti iustis opéribus occurréntes, * eius déxteræ sociáti, regnum mereántur possidére cæléste. Per Dóminum.

Feria II

Fac nos, quæsumus, Dómine Deus noster, advéntum Christi Fílii tui sollícitos exspectáre, † ut, dum vénerit pulsans, * oratiónibus vigilántes, et in suis invéniat láudibus exsultántes. Per Dóminum.

Feria III

Propitiáre, Dómine Deus, supplicatiónibus nostris, † et tribulántibus, quæsumus, tuæ concéde pietátis auxílium, * ut, de Fílii tui veniéntis præséntia consoláti, nullis iam polluámur contágiis vetustátis. Per Dóminum.

Feria IV

Præpara, quæsumus, Dómine Deus noster, corda nostra divína tua virtúte, † ut, veniénte Christo Fílio tuo, digni inveniámur ætérnæ vitæ convívio, * et cibum cæléstem, ipso ministránte, percípere mereámur. Per Dóminum.

Feria V

Excita, Dómine, poténtiam tuam, et magna nobis virtúte succúrre, † ut, quod nostra peccáta præpédiunt, * grátia tuæ propitiatiónis accéleret. Per Dóminum.

Feria VI

Excita, quæsumus, Dómine, poténtiam tuam, et veni, † ut ab imminéntibus peccatórum nostrórum perículis te mereámur protegénte éripi, * te liberánte salvári. Qui vivis et regnas.

Sabbato

Deus, qui, ad liberándum humánum genus a vetustátis condicióne, Unigénitum tuum in hunc mundum misísti, † largíre devóte exspectántibus supérnæ tuæ grátiam pietátis, * ut ad veræ perveniámus præmium libertátis. Per Dóminum.

HEBDOMADA II ADVENTUS

Dominica

Omnípotens et miséricors Deus, † in tui occúrsum Fílii festinántes nulla ópera terréni actus impédiant, * sed sapiéntiæ cæléstis erudítio nos fáciat eius esse consórtes. Qui tecum vivit.

Feria II

Dirigátur, quæsumus, Dómine, in conspéctu tuo nostræ petitiónis orátio, † ut ad magnum incarnatiónis Unigéniti tui mystérium * nostræ vota servitútis illibáta puritáte␣pervéniant. Per Dóminum.

Feria III

Deus, qui salutáre tuum cunctis terræ fínibus declarásti, † tríbue, quæsumus, * ut nativitátis eius glóriam lætánter præstolémur. Per Dóminum.

Feria IV

Omnípotens Deus, qui nos præcipis iter Christo Dómino præparáre, † concéde propítius, ut nullis infirmitátibus fatigémur, * qui cæléstis médici consolántem præséntiam sustinémus. Per Dóminum.

Feria V

Excita, Dómine, corda nostra ad præparándas Unigéniti tui vias, † ut, per eius advéntum, * purificátis tibi méntibus servíre mereámur. Per Dóminum.

Feria VI

Concéde, quæsumus, omnípotens Deus, plebi tuæ advéntum Unigéniti tui cum summa vigilántia exspectáre, † ut, sicut ipse dócuit auctor nostræ salútis, * accénsis lampádibus in eius occúrsum vigilántes properémus. Per Dóminum.

Sabbato

Oriátur, quǽsumus, omnípotens Deus, in córdibus nostris splendor glóriæ tuæ, † ut, omni noctis obscuritáte subláta, * fílios nos esse lucis Unigéniti tui maniféstet advéntus. Per Dóminum.

HEBDOMADA III ADVENTUS

Dominica

Deus, qui cónspicis pópulum tuum nativitátis domínicæ festivitátem fidéliter exspectáre, † præsta, quǽsumus, ut valeámus ad tantæ salútis gaúdia perveníre, * et ea votis sollémnibus álacri semper lætítia celebráre. Per Dóminum.

Feria II

Voci nostræ, quǽsumus, Dómine, aures tuæ pietátis accómmoda, † et cordis nostri ténebras * grátia Fílii tui nos visitántis illústra. Per Dóminum.

Feria III

Deus, qui novam creatúram per Unigénitum tuum nos esse fecísti, † in ópera misericórdiæ tuæ propítius intuére, * et in advéntu Fílii tui ab ómnibus nos máculis vetustátis emúnda. Per Dóminum.

Feria IV

Præsta, quǽsumus, omnípotens Déus, † ut Fílii tui ventúra sollémnitas et præséntis nobis vitæ remédia largiátur, * et prǽmia ætérna concédat. Per Dóminum.

Feria V

Indígnos, quǽsumus, Dómine, nos fámulos tuos, quos actiónis própriæ culpa contrístat, * Unigéniti tui advéntu salutári lætífica. Per Dóminum.

Feria VI

Prævéniat nos, omnípotens Deus, tua grátia semper atque subsequátur, † ut, qui advéntum Unigéniti tui summo cordis desidério sustinémus, * et præséntis vitæ subsídia et futúræ páriter consequámur. Per Dóminum.

DOMINICA IV ADVENTUS

Grátiam tuam, quǽsumus, Dómine, méntibus nostris infúnde, † ut qui, ángelo nuntiánte, Christi Fílii tui incarnatiónem cognóvimus, * per passiónem eius et crucem ad resurrectiónis glóriam perducámur. Per Dóminum.

Die 17 decembris

Deus, humánæ cónditor et redémptor natúræ, qui Verbum tuum in útero perpétuæ virginitátis carnem assúmere voluísti, † réspice propítius ad preces nostras, * ut Unigénitus tuus, nostra humanitáte suscépta, nos divíno suo consórtio sociáre dignétur. Per Dóminum.

Die 18 decembris

Concéde, quǽsumus, omnípotens Deus, † ut, qui sub peccáti iugo ex vetústa servitúte deprímimur, * exspectáta Unigéniti tui nova nativitáte liberémur. Per Dóminum.

Die 19 decembris

Deus, qui splendórem glóriæ tuæ per sacræ Vírginis partum mundo dignátus es reveláre, † tríbue, quǽsumus, ut tantæ incarnatiónis mystérium et fídei integritáte colámus, * et devóto semper obséquio frequentémus. Per Dóminum.

Die 20 decembris

Deus, cuius ineffábile Verbum, ángelo nuntiánte, Virgo immaculáta suscépit, et, domus divinitátis effécta, Sancti Spíritus luce replétur, † quǽsumus, ut nos, eius exémplo, * voluntáti tuæ humíliter adhærére valeámus. Per Dóminum.

Die 21 decembris

Preces pópuli tui, quǽsumus, Dómine, cleménter exaúdi, † ut qui de Unigéniti tui in nostra carne advéntu lætántur, * cum vénerit in sua maiestáte, ætérnæ vitæ prǽmium consequántur. Per Dóminum.

Die 22 decembris

Deus, qui hóminem delápsum in mortem conspíciens, Unigéniti tui advéntu redímere voluísti, † præsta, quæsumus, ut qui húmili eius incarnatiónem devotióne faténtur, * ipsíus étiam Redemptóris consórtia mereántur. Per Dóminum.

Die 23 decembris

Omnípotens sempitérne Deus, † nativitátem Fílii tui secúndum carnem propinquáre cernéntes, * quæsumus, ut nobis indígnis fámulis tuis misericórdiam præstet Verbum, quod ex Vírgine María dignátum est caro fíeri, et habitáre in nobis. Qui tecum.

Die 24 decembris

Festína, quæsumus, ne tardáveris, Dómine Iesu, † ut advéntus tui consolatiónibus sublevéntur, * qui in tua pietáte confídunt. Qui vivis.

IN NATIVITATE DOMINI

Ad I Vesperas

Deus, qui nos redemptiónis nostræ ánnua exspectatióne lætíficas, † præsta, ut Unigénitum tuum, quem læti suscípimus redemptórem, * veniéntem quoque iúdicem secúri vidére mereámur. Per Dóminum.

Ad Laudes

Da, quæsumus, omnípotens Deus, * ut, dum nova incarnáti Verbi tui luce perfúndimur, hoc in nostro respléndeat ópere, quod per fidem fulget in mente. Per Dóminum.

Ad Vigilias, Horas et II Vesperas

Deus, qui humánæ substántiæ dignitátem et mirabíliter condidísti et mirabílius reformásti, † da, quæsumus, nobis eius divinitátis esse consórtes, * qui humanitátis nostræ fíeri dignátus est párticeps. Qui vivit.

Sanctae Familiae Iesu, Mariae et Ioseph

Deus, qui præclára nobis sanctæ Famíliæ dignátus es exémpla præbére, † concéde propítius, ut, domésticis virtútibus caritatísque vínculis illam sectántes, * in lætítia domus tuæ præmiis fruámur ætérnis. Per Dóminum.

Die 26 decembris

Concéde, quæsumus, omnípotens Deus, † ut nos Unigéniti tui nova per carnem natívitas líberet, * quos sub peccáti iugo vetústa sérvitus tenet. Per Dóminum.

Die 27 decembris

Da, quæsumus, omnípotens Deus, * ut, dum nova incarnáti Verbi tui luce perfúndimur, hoc in nostro respléndeat ópere, quod per fidem fulget in mente. Per Dóminum.

Die 28 decembris

Deus, qui humánæ substántiæ dignitátem et mirabíliter condidísti et mirabílius reformásti, † da, quæsumus, nobis eius divinitátis esse consórtes,* qui humanitátis nostræ fíeri dignátus est párticeps. Qui tecum vivit.

Die 29 decembris

Omnípotens et invisíbilis Deus, qui tuæ lucis advéntu mundi ténebras effugásti, † seréno vultu nos, quæsumus, intuére, * ut magnificéntiam nativitátis Unigéniti tui dignis præcóniis collaudémus. Qui tecum vivit.

Die 30 decembris

Concéde, quæsumus, omnípotens Deus, † ut nos Unigéniti tui nova per carnem natívitas líberet, * quos sub peccáti iugo vetústa sérvitus tenet. Per Dóminum.

Die 31 decembris

Omnípotens sempitérne Deus, qui in Fílii tui nativitáte tribuísti totíus religiónis inítium perfectionémque constáre, † da nobis, quæsumus, in eius portióne censéri, * in quo totíus salútis humánæ summa consístit. Per Dóminum.

Die 1 ianuarii

Deus, qui salútis aetérnæ, beátæ Maríæ virginitáte fecúnda, humáno géneri præmia præstitísti, † tríbue, quæsumus, ut ipsam pro nobis intercédere sentiámus, * per quam merúimus Fílium tuum auctórem vitæ suscípere. Qui tecum vivit.

DOMINICA II POST NATIVITATEM

Omnípotens sempitérne Deus, fidélium splendor animárum, † dignáre mundum glória tua implére benígnus, * et cunctis pópulis appáre per tui lúminis claritátem. Per Dóminum.

Die 2 ianuarii

Da, quæsumus, Dómine, pópulo tuo inviolábilem fídei firmitátem, † ut, qui Unigénitum tuum in tua tecum glória sempitérnum in veritáte nostri córporis natum de Matre Vírgine confiténtur, * et a præséntibus liberéntur advérsis, et mansúris gáudiis inserántur. Per Dóminum.

Die 3 ianuarii

Deus qui per beátum sacræ Vírginis partum, Fílii tui carnem humánis fecísti præiudíciis non tenéri, † præsta, quæsumus, ut, huius creatúræ novitáte suscépti * vetustátis antíquæ contágiis exuámur. Per Dóminum.

Die 4 ianuarii

Concéde nobis, omnípotens Deus, † ut salutáre tuum, quod ad redemptiónem mundi luce nova cælórum procéssit, * nostris semper innovándis córdibus oriátur. Per Dóminum.

Die 5 ianuarii

Deus, qui pópulo tuo, Unigéniti tui nativitáte, redemptiónis efféctum mirabíliter inchoásti, † ita, quæsumus, fídei fámulis tuis tríbue firmitátem, * ut usque ad promíssum glóriæ præmium, ipso gubernánte, pervéniant. Per Dóminum.

Die 6 ianuarii

Fidéles tuos, quæsumus, Dómine, benígnus illúmina, † et splendóre glóriæ tuæ corda eórum semper accénde, * ut Salvatórem suum et incessánter agnóscant, et veráciter apprehéndant. Per Dóminum.

Die 7 ianuarii

Omnípotens sempitérne Deus, qui per advéntum unigéniti Fílii tui nova luce radiáre dignátus es, † concéde nobis, ut, sicut eum per Vírginis partum in forma nostri córporis merúimus habére partícipem, * ita et in eius regno grátiæ mereámur esse consórtes. Per Dóminum.

IN EPIPHANIA DOMINI

Deus, qui hodiérna die Unigénitum tuum géntibus stella duce revelásti, † concéde propítius, ut qui iam te ex fide cognóvimus, * usque ad contemplándam spéciem tuæ celsitúdinis perducámur. Per Dóminum.

Die 7 ianuarii *vel* Feria II

Corda nostra, quæsumus, Dómine, tuæ maiestátis splendor illústret, † quo per mundi huius ténebras transíre valeámus, * et perveniámus ad pátriam claritátis aetérnæ. Per Dóminum.

Die 8 ianuarii *vel* Feria III

Deus, cuius Unigénitus in substántia nostræ carnis appáruit, † præsta, quæsumus, ut per eum, quem símilem nobis foris agnóvimus, * intus reformári mereámur. Qui tecum vivit.

Die 9 ianuarii *vel* Feria IV

Deus, illuminátor ómnium géntium, † da pópulis tuis perpétua pace gaudére, * et illud córdibus nostris spléndidum lumen infúnde, quod patrum nostrórum méntibus aspersísti. Per Dóminum.

Die 10 ianuarii *vel* Feria V

Deus, qui per Fílium tuum aeternitátis tuæ lumen cunctis géntibus suscitásti, † da plebi tuæ fulgórem plenum sui Redemptóris agnóscere, * ut ad perpétuam claritátem per eius increménta pervéniat. Per Dóminum.

Die 11 ianuarii *vel* Feria VI

Præsta, quæsumus, omnípotens Deus, * ut Salvatóris mundi, stella duce, manifestáta natívitas * méntibus nostris revelétur semper et crescat. Per Dóminum.

Die 12 ianuarii *vel* Sabbato

Omnípotens sempitérne Deus, qui per Unigénitum tuum novam creatúram nos tibi esse fecísti, † præsta, quæsumus, ut per grátiam tuam in illíus inveniámur forma, * in quo tecum est nostra substántia. Per Dóminum.

IN BAPTISMATE DOMINI

Omnípotens sempitérne Deus, qui Christum, in Iordáne flúmine baptizátum, Spíritu Sancto super eum descendénte, diléctum Fílium tuum sollémniter declarásti, † concéde fíliis adoptiónis tuæ, ex aqua et Spíritu Sancto renátis, * ut in beneplácito tuo iúgiter persevérent. Per Dóminum.

TEMPUS QUADRAGESIMAE

Feria IV Cinerum

Concéde nobis, Dómine, præsídia milítiæ christiánæ sanctis inchoáre ieiúniis, † ut, contra spiritáles nequítias pugnatúri, * continéntiæ muniámur auxíliis. Per Dóminum.

Feria V

Actiónes nostras, quæsumus, Dómine, aspirándo prǽveni et adiuvándo proséquere, † ut cuncta nostra operátio a te semper incípiat, * et per te cœpta finiátur. Per Dóminum.

Feria VI

Inchoáta paeniténtiæ ópera, quæsumus, Dómine, benígno favóre proséquere, † ut observántiam, quam corporáliter exercémus, * méntibus étiam valeámus implére sincéris. Per Dóminum.

Sabbato

Omnípotens sempitérne Deus, infirmitátem nostram propítius réspice, † atque ad protegéndum nos * déxteram tuæ maiestátis exténde. Per Dóminum.

HEBDOMADA I QUADRAGESIMAE

Dominica

Concéde nobis, omnípotens Deus, † ut per ánnua quadragesimális exercítia sacraménti, * et ad intellegéndum Christi proficiámus arcánum, et efféctus eius digna conversatióne sectémur. Per Dóminum.

Feria II

Convérte nos, Deus, salutáris noster, † et, ut nobis opus quadragesimále profíciat, * mentes nostras cæléstibus ínstrue disciplínis. Per Dóminum.

Feria III

Réspice, Dómine, famíliam tuam, † et præsta, ut apud te mens nostra tuo desidério fúlgeat, * quæ se corporálium moderatióne castígat. Per Dóminum.

Feria IV

Devotiónem pópuli tui, quæsumus, Dómine, benígnus inténde, † ut, qui per abstinéntiam temperántur in córpore, * per fructum boni óperis reficiántur in mente. Per Dóminum.

Feria V

Largíre nobis, quæsumus, Dómine, semper spíritum cogitándi quæ recta sunt, prómptius et agéndi, † ut, qui sine te esse non póssumus, * secúndum te vívere valeámus. Per Dóminum.

Feria VI

Da, quæsumus, Dómine, fidélibus tuis observatióni pascháli conveniénter aptári, † ut suscépta sollémniter castigátio corporális * cunctis ad fructum profíciat animárum. Per Dóminum.

Sabbato

Ad te corda nostra, Pater ætérne, convérte, † ut nos, unum necessárium semper quæréntes et ópera caritátis exercéntes, * tuo cúltui præstes esse dicátos. Per Dóminum.

HEBDOMADA II QUADRAGESIMAE

Dominica

Deus, qui nobis diléctum Fílium tuum audíre præcepísti, † verbo tuo intérius nos páscere dignéris, * ut, spiritáli purificáto intúitu, glóriæ tuæ lætémur aspéctu. Per Dóminum.

Feria II

Deus, qui ob animárum medélam castigáre córpora præcepísti, † concéde, ut ab ómnibus possímus abstinére peccátis, * et corda nostra pietátis tuæ váleant exercére mandáta. Per Dóminum.

Feria III

Custódi, Dómine, quæsumus, Ecclésiam tuam propitiatióne perpétua, † et, quia sine te lábitur humána mortálitas, * tuis semper auxíliis et abstrahátur a nóxiis, et ad salutária dirigátur. Per Dóminum.

Feria IV

Consérva, Dómine, famíliam tuam, bonis semper opéribus erudítam, † et sic præséntibus consoláre præsídiis, * ut propítius ad supérna dona perdúcas. Per Dóminum.

Feria V

Deus, innocéntiæ restitútor et amátor, dírige ad te tuórum corda servórum, † ut, Spíritus tui fervóre concépto, et in fide inveniántur stábiles * et in ópere efficáces. Per Dóminum.

Feria VI

Da quǽsumus, omnípotens Deus, † ut, sacro nos purificánte pæniténtiæ stúdio, * sincéris méntibus ad sancta ventúra fácias perveníre. Per Dóminum.

Sabbato

Deus, qui nos gloriósis remédiis in terris adhuc pósitos iam cæléstium rerum facis esse consórtes, † tu, quǽsumus, in ista qua vívimus nos vita gubérna, * ut ad illam, in qua ipse es, lucem perdúcas. Per Dóminum.

HEBDOMADA III QUADRAGESIMAE

Dominica

Deus, ómnium misericordiárum et totíus bonitátis auctor, qui peccatórum remédia in ieiúniis, oratiónibus et eleemósynis demonstrásti, † hanc humilitátis nostræ confessiónem propítius intuére, * ut, qui inclinámur consciéntia nostra, tua semper misericórdia sublevémur. Per Dóminum.

Feria II

Ecclésiam tuam, Dómine, miserátio continuáta mundet et múniat, † et, quia sine te non potest salva consístere, * tuo semper múnere gubernétur. Per Dóminum.

Feria III

Grátia tua ne nos, quǽsumus, Dómine, derelínquat, † quæ et sacræ nos déditos fáciat servitúti, * et tuam nobis opem semper acquírat. Per Dóminum.

Feria IV

Præsta, quǽsumus, Dómine, ut, per quadragesimálem observántiam erudíti et tuo verbo nutríti, † sancta continéntia tibi simus toto corde devóti, * et in oratióne tua semper efficiámur concórdes. Per Dóminum.

Feria V

Maiestátem tuam, Dómine, supplíciter implorámus, † ut, quanto magis dies salutíferæ festivitátis accédit, * tanto devótius ad eius celebrándum proficiámus paschále mystérium. Per Dóminum.

Feria VI

Córdibus nostris, quǽsumus, Dómine, grátiam tuam benígnus infúnde, † ut ab humánis semper retrahámur excéssibus, * et mónitis inhærére valeámus, te largiénte, cæléstibus. Per Dóminum.

Sabbato

Observatiónis huius ánnua celebritáte lætántes, † quǽsumus, Dómine, ut paschálibus sacraméntis inhæréntes, * plenis eórum efféctibus gaudeámus. Per Dóminum.

HEBDOMADA IV QUADRAGESIMAE

Dominica

Deus, qui per Verbum tuum humáni géneris reconciliatiónem mirabíliter operáris, † præsta, quǽsumus, ut pópulus christiánus prompta devotióne et álacri fide * ad ventúra sollémnia váleat festináre. Per Dóminum.

Feria II

Deus, qui ineffabílibus mundum rénovas sacraméntis, † præsta, quǽsumus, ut Ecclésia tua et ætérnis profíciat institútis, * et temporálibus non destituátur auxíliis. Per Dóminum.

Feria III

Exercitátio veneránda sanctæ devotiónis, Dómine, tuórum fidélium corda dispónat, † ut et dignis méntibus suscípiant paschále mystérium, * et salvatiónis tuæ núntient præcónium. Per Dóminum.

Feria IV

Deus, qui et iustis prǽmia meritórum et peccatóribus véniam per pæniténtiam præbes, † tuis supplícibus miserére, * ut reátus nostri conféssio indulgéntiam váleat percípere delictórum. Per Dóminum.

Feria V

Cleméntiam tuam, Dómine, súpplici voto depóscimus, † ut nos fámulos tuos, pæniténtia emendátos et bonis opéribus erudítos, * in mandátis tuis fácias perseveráre sincéros, et ad paschália festa perveníre illǽsos. Per Dóminum.

Feria VI

Deus, qui fragilitáti nostræ cóngrua subsídia præparásti, † concéde, quǽsumus, ut suæ reparatiónis efféctum et cum exsultatióne suscípiat, * et pia conversatióne recénseat. Per Dóminum.

Sabbato

Dírigat corda nostra, quǽsumus, Dómine, tuæ miseratiónis operátio, * quia tibi sine te placére non póssumus. Per Dóminum.

HEBDOMADA V QUADRAGESIMAE

Dominica

Quǽsumus, Dómine Deus noster, † ut in illa caritáte, qua Fílius tuus díligens mundum morti se trádidit, * inveniámur ipsi, te opitulánte, alácriter ambulántes. Per Dóminum.

Feria II

Deus, per cuius ineffábilem grátiam omni benedictióne ditámur, † præsta nobis ita in novitátem a vetustáte transíre, * ut regni cæléstis glóriæ præparémur. Per Dóminum.

Feria III

Da nobis, quǽsumus, Dómine, perseverántem in tua voluntáte famulátum, † ut in diébus nostris et mérito et número * pópulus tibi sérviens augeátur. Per Dóminum.

Feria IV

Sanctificáta per pæniténtiam tuórum corda filiórum, Deus miserátor, illústra, † et, quibus præstas devotiónis afféctum, * præbe supplicántibus pium benígnus audítum. Per Dóminum.

Feria V

Adésto, Dómine, supplícibus tuis, et spem suam in tua misericórdia collocántes tuére propítius, † ut, a peccatórum labe mundáti, * in sancta conversatióne permáneant, et promissiónis tuæ perficiántur herédes. Per Dóminum.

Feria VI

Absólve, quæsumus, Dómine, tuórum delícta populórum, † ut a peccatórum néxibus, quæ pro nostra fragilitáte contráximus, * tua benignitáte liberémur. Per Dóminum.

Sabbato

Deus, qui licet salútem hóminum semper operáris, nunc tamen pópulum tuum grátia abundantióre lætíficas, † réspice propítius ad electiónem tuam, * ut piæ protectiónis auxílium et regenerándos múniat et renátos. Per Dóminum.

HEBDOMADA SANCTA

Dominica

Omnípotens sempitérne Deus, qui humáno géneri, ad imitándum humilitátis exémplum, Salvatórem nostrum carnem súmere et crucem subíre fecísti, † concéde propítius, ut et patiéntiæ ipsíus habére documénta * et resurrectiónis consórtia mereámur. Per Dóminum.

Feria II

Da, quæsumus, omnípotens Deus, † ut, qui ex nostra infirmitáte defícimus, * intercedénte unigéniti Fílii tui passióne, respirémus. Qui tecum.

Feria III

Omnípotens sempitérne Deus, † da nobis ita domínicæ passiónis sacraménta perágere, * ut indulgéntiam percípere mereámur. Per Dóminum.

Feria IV

Deus, qui pro nobis Fílium tuum crucis patíbulum subíre voluísti, ut inimíci a nobis expélleres potestátem, † concéde nobis fámulis tuis, * ut resurrectiónis grátiam consequámur. Per Dóminum.

Feria V

Deus, quem dilígere et amáre iustítia est, † ineffábilis grátiæ tuæ in nobis dona multíplica, * et, qui fecísti nos in morte Fílii tui speráre quæ crédimus, fac nos, eódem resurgénte, perveníre quo téndimus. Qui tecum.

Ad Vesperam

Deus, qui ad glóriam tuam et géneris humáni salútem Christum esse voluísti summum æternúmque sacerdótem, † præsta ut pópulus, quem sánguine suo tibi acquisívit, * ex eius memoriális participatióne, virtútem crucis ipsíus cápiat et resurrectiónis. Per Dóminum.

Feria VI

Réspice, quǽsumus, Dómine, super hanc famíliam tuam, † pro qua Dóminus noster Iesus Christus non dubitávit mánibus tradi nocéntium * et crucis subíre torméntum. Qui tecum.

Sabbato

Omnípotens sempitérne Deus, cuius Unigénitus ad inferióra terræ descéndit, unde et gloriósus ascéndit, † concéde propítius, ut fidéles tui, cum eo consepúlti in baptísmate, * ipso resurgénte, ad vitam profíciant sempitérnam. Qui tecum.

DOMINICA RESURRECTIONIS

Deus, qui hodiérna die, per Unigénitum tuum, æternitátis nobis áditum, devícta morte, reserásti, † da nobis, quǽsumus, ut, qui resurrectiónis domínicæ sollémnia cólimus, * per innovatiónem tui Spíritus in lúmine vitæ resurgámus. Per Dóminum.

Feria II

Deus, qui Ecclésiam tuam nova semper prole multíplicas, † concéde fámulis tuis, ut sacraméntum vivéndo téneant, * quod fide percepérunt. Per Dóminum.

Feria III

Deus, qui paschália nobis remédia contulísti, † pópulum tuum cælésti dono proséquere, * ut, perféctam libertátem assecútus, in cælis gaúdeat unde nunc in terris exsúltat. Per Dóminum.

Feria IV

Deus, qui nos resurrectiónis domínicæ annua sollemnitáte lætíficas, † concéde propítius, ut, per temporália festa quæ ágimus, * perveníre ad gaúdia ætérna mereámur. Per Dóminum.

Feria V

Deus, qui diversitátem géntium in confessióne tui nóminis adunásti, † da, ut renátis fonte baptísmatis * una sit fides méntium et píetas actiónum. Per Dóminum.

Feria VI

Omnípotens sempitérne Deus, qui paschále sacraméntum in reconciliatiónis humánæ fœdere contulísti, † da méntibus nostris, ut, quod professióne celebrámus, * imitémur efféctu. Per Dóminum.

Sabbato

Deus, qui credéntes in te pópulos grátiæ tuæ largitáte multíplicas, † ad electiónem tuam propítius intuére, * ut, qui sacraménto baptísmatis sunt renáti, beáta fácias immortalitáte vestíri. Per Dóminum.

HEBDOMADA II PASCHAE

Dominica

Deus, misericórdiæ sempitérnæ, qui in ipso paschális festi recúrsu fidem sacrátæ tibi plebis accéndis † auge grátiam quam dedísti, * ut digna omnes intellegéntia compréhéndant quo lavácro ablúti, quo Spíritu regeneráti, quo sánguine sunt redémpti. Per Dóminum.

Feria II

Omnípotens sempitérne Deus, quem patérno nómine invocáre præsúmimus, † pérfice in córdibus nostris spíritum adoptiónis filiórum, * ut promíssam hereditátem íngredi mereámur. Per Dóminum.

Feria III

Fac nos, quǽsumus, omnípotens Deus, Dómini resurgéntis prædicáre virtútem, † ut, cuius múneris pignus accépimus, * manifésta dona comprehéndere valeámus. Per Dóminum.

Feria IV

Annua recoléntes mystéria, quibus per renovátam oríginis dignitátem humána substántia spem resurrectiónis accépit, † cleméntiam tuam, Dómine, supplíciter exorámus, * ut, quod fide recólimus, perpétua dilectióne capiámus. Per Dóminum.

Feria V

Concéde, miséricors Deus, † ut, quod paschálibus exséquimur institútis, * fructíferum nobis omni témpore sentiámus. Per Dóminum.

Feria VI

Deus, qui pro nobis Fílium tuum crucis patíbulum subíre voluísti, ut inimíci a nobis expélleres potestátem, † concéde nobis fámulis tuis, * ut resurrectiónis grátiam consequámur. Per Dóminum.

Sabbato

Deus, per quem nobis et redémptio venit et præstátur adóptio, † fílios dilectiónis tuæ benígnus inténde, * ut in Christo credéntibus et vera tribuátur libértas et heréditas ætérna. Per Dóminum.

HEBDOMADA III PASCHAE

Dominica

Semper exsúltet pópulus tuus, Deus, renováta ánimæ iuventúte, † ut, qui nunc lætátur in adoptiónis se glóriam restitútum, * resurrectiónis diem spe certæ gratulatiónis exspéctet. Per Dóminum.

Feria II

Deus, qui errántibus, ut in viam possint redíre, veritátis tuæ lumen osténdis, † da cunctis, qui christiána professióne censéntur, et illa respúere, quæ huic inimíca sunt nómini, * et ea quæ sunt apta sectári. Per Dóminum.

Feria III

Deus, qui renátis ex aqua et Spíritu Sancto cæléstis regni pandis intróitum, † auge super fámulos tuos grátiam quam dedísti, * ut, qui ab ómnibus sunt purgáti peccátis, nullis privéntur tua pietáte promíssis. Per Dóminum.

Feria IV

Adésto, quǽsumus, Dómine, famíliæ tuæ, et dignánter impénde, † ut, quibus fídei grátiam contulísti, * in resurrectióne Unigéniti tui portiónem largiáris ætérnam. Per Dóminum.

Feria V

Omnípotens sempitérne Deus, propénsius his diébus tuam pietátem consequámur, quibus eam plénius te largiénte cognóvimus, † ut, quos ab erróris calígine liberásti, * veritátis tuæ fírmius inhærére fácias documéntis. Per Dóminum.

Feria VI

Præsta, quæsumus, omnípotens Deus, † ut, qui grátiam domínicæ resurrectiónis cognóvimus, * ipsi per amórem Spíritus in novitátem vitæ resurgámus. Per Dóminum.

Sabbato

Deus, qui credéntes in te fonte baptísmatis innovásti, † hanc renátis in Christo concéde custódiam, * ut, omni erróris incúrsu devícto, grátiam tuæ benedictiónis fidéliter servent. Per Dóminum.

HEBDOMADA IV PASCHAE

Dominica

Omnípotens sempitérne Deus, deduc nos ad societátem cæléstium gaudiórum, † ut eo pervéniat humílitas gregis, * quo procéssit fortitúdo pastóris. Per Dóminum.

Feria II

Deus, qui in Fílii tui humilitáte iacéntem mundum erexísti, † fidélibus tuis sanctam concéde lætítiam, * ut, quos eripuísti a servitúte peccáti, gaúdiis fácias pérfrui sempitérnis. Per Dóminum.

Feria III

Præsta, quæsumus, omnípotens Deus, † ut, qui resurrectiónis domínicæ mystéria cólimus, * redemptiónis nostræ suscípere lætítiam mereámur. Per Dóminum.

Feria IV

Deus, vita fidélium, glória humílium, beatitúdo iustórum, ad preces súpplicum benígnus inténde, † ut, qui promíssa tuæ sítiunt largitátis, * de tua semper abundántia repleántur. Per Dóminum.

Feria V

Deus, qui humánam natúram supra primæ oríginis réparas dignitátem, † réspice ad pietátis tuæ ineffábile sacraméntum, * ut, quos regeneratiónis mystério dignátus es innováre, in his dona tuæ perpétuæ grátiæ benedictionísque consérves. Per Dóminum.

Feria VI

Deus, qui et libertátis nostræ auctor es et salútis, exáudi supplicántium voces, † et, quos sánguinis Fílii tui effusióne redemísti, * fac ut per te vívere et perpétua in te váleant incolumitáte gaudére. Per Dóminum.

Sabbato

Omnípotens sempitérne Deus, semper in nobis paschále pérfice sacraméntum, † ut, quos sacro baptísmate dignátus es renováre, * sub tuæ protectiónis auxílio multos fructus ófferant, et ad ætérnæ vitæ gáudia perveníre concédas. Per Dóminum.

HEBDOMADA V PASCHAE

Dominica

Deus, per quem nobis et redémptio venit et præstátur adóptio, † fílios dilectiónis tuæ benígnus inténde, * ut in Christo credéntibus et vera tribuátur libértas et heréditas ætérna. Per Dóminum.

Feria II

Deus, qui fidélium mentes uníus éfficis voluntátis, † da pópulis tuis id amáre quod præcipis, id desideráre quod promíttis, * ut, inter mundánas varietátes, ibi nostra fixa sint corda, ubi vera sunt gáudia. Per Dóminum.

Feria III

Deus, qui ad ætérnam vitam in Christi resurrectióne nos réparas, † da pópulo tuo fídei speíque constántiam, * ut non dubitémus implénda, quæ te nóvimus auctóre promíssa. Per Dóminum.

Feria IV

Deus, innocéntiæ restitútor et amátor, dírige ad te tuórum corda famulórum, † ut, quos de incredulitátis ténebris liberásti, * numquam a tuæ veritátis luce discédant. Per Dóminum.

Feria V

Deus, cuius grátia iusti ex ímpiis et beáti effícimur ex míseris, † adésto opéribus tuis, adésto munéribus, * ut, quibus inest fídei iustificátio, non desit perseverántiæ fortitúdo. Per Dóminum.

Feria VI

Tríbue nobis, quǽsumus, Dómine, mystériis paschálibus conveniénter aptári, † ut, quæ lætánter exséquimur, * perpétua virtúte nos tueántur et salvent. Per Dóminum.

Sabbato

Omnípotens ætérne Deus, qui nobis regeneratióne baptísmatis cæléstem vitam conférre dignátus es, † præsta, quǽsumus, ut, quos immortalitátis éfficis iustificándo capáces, * usque ad plenitúdinem glóriæ, te moderánte, pervéniant. Per Dóminum.

HEBDOMADA VI PASCHAE

Dominica

Fac nos, omnípotens Deus, hos lætítiæ dies, quos in honórem Dómini resurgéntis exséquimur, afféctu sédulo celebráre, † ut, quod recordatióne percúrrimus, * semper in ópere teneámus. Per Dóminum.

Feria II

Concéde, miséricors Deus, † ut, quod paschálibus exséquimur institútis, * fructíferum nobis omni témpore sentiámus. Per Dóminum.

Feria III

Semper exsúltet pópulus tuus, Deus, renováta ánimæ iuventúte, † ut, qui nunc lætátur in adoptiónis se glóriam restitútum, * resurrectiónis diem spe certæ gratulatiónis exspéctet. Per Dóminum.

Feria IV

Annue nobis, quæsumus, Dómine, † ut, quemádmodum mystério resurrectiónis Fílii tui sollémnia cólimus, * ita et in advéntu eius gaudére cum sanctis ómnibus mereámur. Per Dóminum.

IN ASCENSIONE DOMINI

Fac nos, omnípotens Deus, sanctis exsultáre gáudiis et pia gratiárum actióne lætári, † quia Christi Fílii tui ascénsio est nostra provéctio, * et, quo procéssit glória cápitis, eo spes vocátur et córporis. Per Dóminum.

Feria VI

Deus, qui ad ætérnam vitam in Christi resurrectióne nos réparas, † érige nos ad consedéntem in déxtera tua nostræ salútis auctórem, * ut, cum in maiestáte sua Salvátor noster advénerit, quos fecísti baptísmo renásci, fácias beáta immortalitáte vestíri. Per Dóminum.

Sabbato

Deus, cuius Fílius, ad cælos ascéndens, Apóstolis Sanctum Spíritum dignátus est pollicéri, † præsta, quæsumus, ut, sicut illi multifária doctrínæ cæléstis múnera percepérunt, * ita nobis quoque spiritália dona concédas. Per Dóminum.

Ubi sollemnitas Ascensionis ad dominicam transfertur:

Feria V

Deus, qui pópulum tuum tuæ fecísti redemptiónis partícipem, † concéde nobis, quæsumus, * ut de resurrectióne domínica perpétuo gratulémur. Per Dóminum.

Feria VI

Exáudi, Dómine, preces nostras, † ut, quod tui Verbi sanctificatióne promíssum est, evangélico ubíque compleátur efféctu, * et plenitúdo adoptiónis obtíneat quod prædíxit testificátio veritátis. Per Dóminum nostrum.

Sabbato

Mentes nostras, quæsumus, Dómine, bonis opéribus semper infórma, † ut, ad melióra iúgiter contendéntes, * paschále mystérium studeámus habére perpétuum. Per Dóminum.

HEBDOMADA VII PASCHAE

Dominica

Supplicatiónibus nostris, Dómine, adésto propítius, † ut, sicut humáni géneris Salvatórem tecum in tua crédimus maiestáte,* ita eum usque ad consummatiónem sæculi manére nobíscum, sicut ipse promísit, sentiámus. Per Dóminum.

Feria II

Advéniat nobis, quæsumus, Dómine, virtus Spíritus Sancti, * qua voluntátem tuam fidéli mente retinére et pia conversatióne deprómere valeámus. Per Dóminum.

Feria III

Præsta, quæsumus, omnípotens et miséricors Deus, * ut Spíritus Sanctus advéniens templum nos glóriæ suæ dignánter inhabitándo perfíciat. Per Dóminum.

Feria IV

Ecclésiæ tuæ, miséricors Deus, concéde propítius, † ut, Sancto Spíritu congregáta, * toto sit corde tibi devóta, et pura voluntáte concórdet. Per Dóminum.

Feria V

Spíritus tuus, quæsumus, Dómine, spiritália nobis dona poténter infúndat, † ut det nobis mentem, quæ tibi sit plácita, * et aptet nos tuæ propítius voluntáti. Per Dóminum.

Feria VI

Deus, qui nobis æternitátis áditum glorificatióne Christi tui et Sancti Spíritus illuminatióne reserásti, † concéde, quǽsumus, ut, tanti doni párticeps, devótio nostra profíciat, * et ad fídei transferámur augméntum. Per Dóminum.

Sabbato

Præsta, quǽsumus, omnípotens Deus, † ut, qui paschália festa perégimus, * hæc, te largiénte, móribus et vita teneámus. Per Dóminum.

DOMINICA PENTECOSTES

Ad I Vesperas

Omnípotens sempitérne Deus, qui paschále sacraméntum quinquagínta diérum voluísti mystério continéri, * præsta, ut, géntium facta dispersióne, divisiónes linguárum ad unam confessiónem tui nóminis cælésti múnere congregéntur. Per Dóminum.

In die

Deus, qui sacraménto festivitátis hodiérnæ univérsam Ecclésiam tuam in omni gente et natióne sanctíficas, in totam mundi latitúdinem Spíritus Sancti dona defúnde, * et quod inter ipsa evangélicæ prædicatiónis exórdia operáta est divína dignátio, nunc quoque per credéntium corda perfúnde. Per Dóminum.

Ad Horas minores

Præsta, quǽsumus, omnípotens Deus, † ut claritátis tuæ super nos splendor effúlgeat, * et lux tuæ lucis corda eórum, qui per tuam grátiam sunt renáti, Sancti Spíritus illustratióne confírmet. Per Christum.

SANCTISSIMAE TRINITATIS

Deus Pater, qui, Verbum veritátis et Spíritum sanctificatiónis mittens in mundum, admirábile mystérium tuum homínibus declarásti, † da nobis, in confessióne veræ fídei, ætérnæ glóriam Trinitátis agnóscere, * et Unitátem adoráre in poténtia maiestátis. Per Dóminum.

SS.MI CORPORIS ET SANGUINIS CHRISTI

Deus, qui nobis sub sacraménto mirábili passiónis tuæ memóriam reliquísti, † tríbue, quæsumus, ita nos córporis et sánguinis tui sacra mystéria venerári, * ut redemptiónis tuæ fructum in nobis iúgiter sentiámus. Qui vivis et regnas cum Deo Patre.

SACRATISSIMI CORDIS IESU

Concéde, quæsumus, omnípotens Deus, † ut qui, dilécti Fílii tui corde gloriántes, eius præcípua in nos benefícia recólimus caritátis, * de illo donórum fonte cælésti supereffluéntem grátiam mereámur accípere. Per Dóminum.

TEMPUS PER ANNUM

I

Vota, quæsumus, Dómine, supplicántis pópuli cælésti pietáte proséquere, † ut et quæ agénda sunt vídeant, * et ad implénda quæ víderint convaléscant. Per Dóminum.

II

Omnípotens sempitérne Deus, qui cæléstia simul et terréna moderáris, † supplicatiónes pópuli tui cleménter exáudi, * et pacem tuam nostris concéde tempóribus. Per Dóminum.

III

Omnípotens sempitérne Deus, dírige actus nostros in beneplácito tuo, † ut in nómine dilécti Fílii tui * mereámur bonis opéribus abundáre. Per Dóminum.

IV

Concéde nobis, Dómine Deus noster, † ut te tota mente venerémur, * et omnes hómines rationábili diligámus afféctu. Per Dóminum.

V

Famíliam tuam, quæsumus, Dómine, contínua pietáte custódi, † ut, quæ in sola spe grátiæ cæléstis innítitur, * tua semper protectióne muniátur. Per Dóminum.

VI

Deus, qui te in rectis et sincéris manére pectóribus ásseris, † da nobis tua grátia tales exsístere, * in quibus habitáre dignéris. Per Dóminum.

VII

Præsta, quæsumus, omnípotens Deus, † ut, semper rationabília meditántes, * quæ tibi sunt plácita, et dictis exsequámur et factis. Per Dóminum.

VIII

Da nobis, quæsumus, Dómine, † ut et mundi cursus pacífico nobis tuo órdine dirigátur, * et Ecclésia tua tranquílla devotióne lætétur. Per Dóminum.

IX

Deus, cuius providéntia in sui dispositióne non fállitur, † te súpplices exorámus, * ut nóxia cuncta submóveas, et ómnia nobis profutúra concédas. Per Dóminum.

X

Deus, a quo bona cuncta procédunt, † tuis largíre supplícibus, ut cogitémus, te inspiránte, quæ recta sunt, * et te gubernánte, éadem faciámus. Per Dóminum.

XI

Deus, in te sperántium fortitúdo, invocatiónibus nostris adésto propítius, † et, quia sine te nihil potest mortális infírmitas, grátiæ tuæ præsta semper auxílium, * ut, in exsequéndis mandátis tuis, et voluntáte tibi et actióne placeámus. Per Dóminum.

XII

Sancti nóminis tui, Dómine, timórem páriter et amórem fac nos habére perpétuum, † quia numquam tua gubernatióne destítuis, * quos in soliditáte tuæ dilectiónis instítuis. Per Dóminum.

XIII

Deus, qui per adoptiónem grátiæ, lucis nos esse fílios voluísti, † præsta, quǽsumus, ut errórum non involvámur ténebris, * sed in splendóre veritátis semper maneámus conspícui. Per Dóminum.

XIV

Deus, qui in Fílii tui humilitáte iacéntem mundum erexísti, † fidélibus tuis sanctam concéde lætítiam, * ut, quos eripuísti a servitúte peccáti, gaúdiis fácias pérfrui sempitérnis. Per Dóminum.

XV

Deus, qui errántibus, ut in viam possint redíre, veritátis tuæ lumen osténdis, † da cunctis qui christiána professióne censéntur, et illa respúere, quæ huic inimíca sunt nómini, * et ea quæ sunt apta sectári. Per Dóminum.

XVI

Propitiáre, Dómine, fámulis tuis, et cleménter grátiæ tuæ super eos dona multíplica, † ut, spe, fide et caritáte fervéntes, * semper in mandátis tuis vígili custódia persevérent. Per Dominum.

XVII

Protéctor in te sperántium, Deus, sine quo nihil est válidum, nihil sanctum, † multíplica super nos misericórdiam tuam, * ut, te rectóre, te duce, sic bonis transeúntibus nunc utámur, ut iam possímus inhærére mansúris. Per Dóminum.

XVIII

Adésto, Dómine, fámulis tuis, et perpétuam benignitátem largíre poscéntibus, † ut his, qui te auctórem et gubernatórem gloriántur habére, * et grata restáures, et restauráta consérves. Per Dóminum.

XIX

Omnípotens sempitérne Deus, quem patérno nómine invocáre præsúmimus, † pérfice in córdibus nostris spíritum adoptiónis filiórum, * ut promíssam hereditátem íngredi mereámur. Per Dóminum.

XX

Deus, qui diligéntibus te bona invisibília præparásti, † infúnde córdibus nostris tui amóris afféctum, * ut, te in ómnibus et super ómnia diligéntes, promissiónes tuas, quæ omne desidérium súperant, consequámur. Per Dóminum.

XXI

Deus, qui fidélium mentes uníus éfficis voluntátis, † da pópulis tuis id amáre quod præcipis, id desideráre quod promíttis, * ut, inter mundánas varietátes, ibi nostra fixa sint corda, ubi vera sunt gaúdia. Per Dóminum.

XXII

Deus virtútum, cuius est totum quod est óptimum, † ínsere pectóribus nostris tui nóminis amórem, et præsta, * ut in nobis, religiónis augménto, quæ sunt bona nútrias, ac, vigilánti stúdio, quæ sunt nutríta custódias. Per Dóminum.

XXIII

Deus, per quem nobis et redémptio venit et præstátur adóptio, † fílios dilectiónis tuæ benígnus inténde, * ut in Christo credéntibus et vera tribuátur libértas, et heréditas ætérna. Per Dóminum.

XXIV

Réspice nos, rerum ómnium Deus creátor et rector, † et, ut tuæ propitiatiónis sentiámus efféctum, * toto nos tríbue tibi corde servíre. Per Dóminum.

XXV

Deus, qui sacræ legis ómnia constitúta in tua et próximi dilectióne posuísti, † da nobis, ut, tua præcépta servántes, * ad vitam mereámur perveníre perpétuam. Per Dóminum.

XXVI

Deus, qui omnipoténtiam tuam parcéndo máxime et miserándo maniféstas, † grátiam tuam super nos indesinénter infúnde, * ut, ad tua promíssa curréntes, cæléstium bonórum fácias esse consórtes. Per Dóminum.

XXVII

Omnípotens sempitérne Deus, qui abundántia pietátis tuæ et mérita súpplicum excédis et vota, † effúnde super nos misericórdiam tuam, * ut dimíttas quæ consciéntia métuit, et adícias quod orátio non præsúmit. Per Dóminum.

XXVIII

Tua nos, quæsumus, Dómine, grátia semper et prævéniat et sequátur, * ac bonis opéribus iúgiter præstet esse inténtos. Per Dóminum.

XXIX

Omnípotens sempitérne Deus, † fac nos tibi semper et devótam gérere voluntátem, * et maiestáti tuæ sincéro corde servíre. Per Dóminum.

XXX

Omnípotens sempitérne Deus, da nobis fídei, spei et caritátis augméntum, † et, ut mereámur ássequi quod promíttis, * fac nos amáre quod præcipis. Per Dóminum.

XXXI

Omnípotens et miséricors Deus, de cuius múnere venit, ut tibi a fidélibus tuis digne et laudabíliter serviátur, † tríbue, quæsumus, nobis, * ut ad promissiónes tuas sine offensióne currámus. Per Dóminum.

XXXII

Omnípotens et miséricors Deus, univérsa nobis adversántia propitiátus exclúde, † ut, mente et córpore páriter expedíti, * quæ tua sunt líberis méntibus exsequámur. Per Dóminum.

XXXIII

Da nobis, quæsumus, Dómine Deus noster, in tua semper devotióne gaudére, † quia perpétua est et plena felícitas, * si bonórum ómnium iúgiter serviámus auctóri. Per Dóminum.

DOMINI NOSTRI IESU CHRISTI UNIVERSORUM REGIS

Omnípotens sempitérne Deus, qui in dilécto Fílio tuo, universórum rege, ómnia instauráre voluísti, † concéde propítius, ut tota creatúra, a servitúte liberáta, * tuæ maiestáti desérviat ac te sine fine collaúdet. Per Dóminum.

XXXIV

Excita, quæsumus, Dómine, tuórum fidélium voluntátes, † ut divíni óperis fructum propénsius exsequéntes, * pietátis tuæ remédia maióra percípiant. Per Dóminum.

INDICES

	Antiphonae					
1	A fructu frumenti	352	8	Alleluia *quater*	283
4*	A solis ortu	305	8	Alleluia *quater*	284
2	A timore inimici	165	8	Alleluia *quater*	292
4	A viro iniquo	335	E	Alleluia *quater*	286
1	Ab insurgentibus	133	7	Amove, Domine	97
7	Ad te de luce	72	7	Amplius lava me	165
E	Adiutor	118	8	Angelis suis	354
1	Adiutorium nostrum	293	2	Annuntiate	216
8	Adiuva me	275	1	Audite, omnes	149
8	Adorate Dominum	45	E	Auribus percipite	122
8	Adspice in me	273	1	Auxilium meum	287
8	Advenerunt nobis	286	8	Avertit Dominus	127
1	Ædificavit Deus	179	1	Beati mundo corde	391
C	Alleluia, alleluia	67	2	Beati omnes	297
1	Alleluia *ter*	97	8	Beati qui ambulant	261
1	Alleluia *ter*	115	8	Beati qui habitant	191
1	Alleluia *ter*	223	8	Beati qui lavant	368
1	Alleluia *ter*	280	8	Beatus homo	212
1	Alleluia *ter*	228	8	Beatus populus	341
2	Alleluia *ter*	170	8	Beatus vir	2
3	Alleluia *ter*	281	8	Benedic anima mea	236
3	Alleluia *ter*	324, 333	2*	Benedicentur	161
5	Alleluia *ter*	141, 233	6	Benedicite, gentes	147
6	Alleluia *ter*	110, 186, 200	6	Benedictus Deus	116
7	Alleluia *ter*	165	4*	Benedictus Dnus... Israel	116
7	Alleluia *ter*	278	6	Benedictus Dnus... meus	340
7	Alleluia *ter*	302	6	Benedictus ... in æternum	207
8	Alleluia *ter*	154	1	Benedictus es	74
8	Alleluia *ter*	346	6	Benedixisti, Domine	191
8	Alleluia *ter*	119, 205, 318	5	Benefac, Domine	294
8	Alleluia *ter*	127	7	Beneplacitum est	78
8	Alleluia *ter*	145	4*	Benigne fac	254
8	Alleluia *ter*	195	8	Benignitatem	192
8	Alleluia *ter*	243, 340	6	Bonitatem fecisti	267
E	Alleluia *ter*	215	8	Bonum est confiteri	224
E	Alleluia *ter*	258	8	Bonum est sperare	69
4*	Alleluia *ter*	85, 136, 174	2	Cæli cælorum	169
4*	Alleluia *ter*	254	1	Cæli enarrant	24
D	Alleluia *ter*	309	2	Calicem salutaris	312
D	Alleluia *ter*	56, 76, 279	8	Cantabimus	31
1	Alleluia *quater*	285	2	Cantabo Domino	14
2	Alleluia *quater*	297	2	Cantate Domino	215
2	Alleluia *quater*	282	E	Cantemus Domino	198
6	Alleluia *quater*	281	1	Caritas Dei	388
7	Alleluia *quater*	278	8	Christo datus est	372
8	Alleluia *quater*	2, 279	7	Clamaverunt iusti	87
			E	Clamavi	285

E	Clamor meus	233		5	Dominus aedificet	298
2*	Commendemus	1		2	Dominus de cælo	15
2	Complaceat tibi	99		1	Dominus defensor	42
E	Confiteantur	247		1	Dominus iudicabit	167
7	Confitebor Domino	250		4	Dominus regit me	35
5	Confitebor nomini	329		3	Dominus regnavit	217
8	Confitebor tibi	125		4*	Dum anxiaretur	146
6	Confitebuntur tibi	105		7	Dum tribularer	397
2	Confortate manus	42		4	Ecce ascendimus	366
8	Conserva me	17		6	Ecce iam venit	53
8	Conversus est	113		8	Ecce nunc tempus	58
1	Convertere, Domine	197		1	Ecce quam bonum	321
8	Credidi	312		6	Ecce venio	48
7	Cum tribularentur	245		4	Eduxit Deus	240
E	Cunctis diebus	138		3	Ego autem	3
8	Custodi innocentiam	92		8	Ego dormivi	28
1	Da mihi intellectum	272		2	Ego sum qui sum	452
2	Da nobis, Domine	145		3	Elegit Dominus	320
7	Da scientiam	202		2* 4	Emitte agnum	53
6	Date magnitudinem	255		7	Erexit Dominus	143
1	De manu omnium	171		6	Eructavit	102
5	De necessitatibus	246		1	Esto mihi	158
8	De profundis	318		2	Et ego	208
8	Dedisti	146		8	Et invocabimus	176
1	Dedit ei	375		E	Et omnis	319
2	Deduc me	264		5	Ex quo omnia	389
4*	Dele, Domine	136		8	Exaltabo te	46
8	Deo nostro	348		8	Exaltare	211
1	Deposuit potentes	345		6	Exaltate Dominum	219
8	Deus adiuvat me	128		7	Exaltate regem	140
p	Deus autem noster	310		8	Exaudiat te	25
8	Deus deorum	123		2*	Excita, Domine	186
8	Deus in sancto	177		4	Expugna impugnantes	88
8	Deus iudex iustus	7		1	Exsultate Deo	186
8	Deus meus eripe me	158		7	Exsultate, iusti	85
8	Deus meus es tu	69		5	Exsultet spiritus	323
8	Deus misereatur	66		7	Exsurgat Deus	150
8	Dextera Domini	69		2	Exsurge... et intende	89
6	Diligam te	20		1	Exsurge... non praevaleat	6
7	Dixit Dominus	302		6	Exsurge... salvum	29
8	Domine, abstraxisti	47		7	Fac, Deus	338
4*	Domine, audivi	225		8	Facta est Iudaea	309
8	Domine, clamavi	336		1	Factus est adiutor	44
2	Dne Deus, in adiutorium	157		8	Fecit mihi magna	332
8	Domine, Deus meus	236		1	Fiat manus tua	277
2	Domine, in caelo	112		4*	Fidelia	303
8	Domine, in virtute	31		8	Filii Sion	78
2*	Domine, magnus	169		1	Fundamenta eius	206
1	Domine, non est	319		4	Gaude... filia Ierusalem	35
3	Domine, probasti me	332		1	Gaude... filia Sion	52
6	Domine, refugium	197		3	Gaudete, omnes	45

Antiphonarum 555

1	Gloria et honore	9
7	Gloriosa dicta sunt	207
4*	Gressus meos	263
4*	Habitabit	16
8	Hymnum cantate	328
8	Hymnum dicamus	396
E	Illumina, Domine	66
8	Illuminare	260
8	Illuminatio mea	42
3	Immitet angelus	87
E	Immola Deo	124
4	In adventu	37
8	In æternum	269
5	In conspectu angelorum	329
E	In cymbalis	258
1	In Deo speravi	131
5	In Domino iustificabitur	227
4	In domum Domini	288
D	In ecclesiis	150
8	In innocentia	221
8	In Israel	223
8	In loco pascuæ	35
4*	In mandatis eius	304
D	In noctibus	355
8	In pace	352
6	In sanctis eius	200
7	In sanctitate	202
2	In spiritu	384
1	In toto corde	262
8	In tua iustitia	48
1	In tympano	228
7	In verbum tuum	269
8	In veritate tua	254
1	In viam pacis	260
1	Inclina cor meum	276
7	Inclina, Domine	18, 205
4*	Inclinate aurem	179
1	Inclinavit Dominus	312
4*	Innocens manibus	36
8	Intellege clamorem	110
2	Intende in adiutorium	94
5	Intende in me	129
8	Intende voci	110
5	Intret oratio	195
2*	Introibo	136
3	Ipsi viderunt	248
4*	Iubilate in conspectu	218
7	Iubilate... in voce	120
4*	Iubilate... omnis	220
E	Iusta iudicate	132
2	Iuste et pie	387

1	Iustus es	274
2*	Iustus Dominus	13
7	Iuxta eloquium	271
8	Labia mea	73
3	Lætamini	50
8	Lætatus sum	288
D	Lætetur cor	239
E	Lauda, Ierusalem	349
4*	Laudabo Deum meum	347
1	Laudamus nomen tuum	114
1	Laudate Dnum de cælis	114
E	Laudate Dnum omnes	314
2	Laudate nomen	325
1	Libera me, Domine	278
8	Liberasti virgam	174
8	Liberati serviamus	171
7	Liberavit Dominus	160
3	Magna opera	303
4*	Magnificat... Dominum	316
8	Magnificat... quia	323
7	Magnificavit	297
7	Magnificemus	339
4*	Magnificet te	316
1	Magnus Dominus	121
5	Memor esto congregationis	174
8	Memor esto verbi tui	266
6	Mirabilia opera	334
6	Miserere mei Deus	110
8	Miserere... miserere mei	137
8	Miserere mihi Domine	352
1	Misericordia et veritas	208
2*	Misericordia tua	40
4*	Ne derelinquas me	335
2	Ne discedas a me	32
C	Ne in ira	94
8	Nequando rapiat	7
1	Ne tacueris	251
8	Nomini tuo	310
1	Non confundas me	272
3	Nonne Deo	147
8	Nonne sic oportuit	363
p.	Nos qui vivimus	309
4	Oculi mei	38
5	Omnes angeli	141
4*	Omnes gentes	377
3	Omnia quæcumque	324
7	Optavi	392
3	Ostende nobis	257
2	Paratus esto	383
1	Per arma iustitiæ	297
8	Per singulos dies	342

8	Per viscera	230		8	Tibi soli peccavi	195
4*	Populus meus	199		3	Tollite portas	36
8	Portio mea	339		8	Tres pueri	74
8	Propitius esto	184		8	Tu, Domine, servabis	13
7	Proprio Filio suo	395		C	Tu es Deus qui facis	177
4*	Psallam tibi	250		8	Tu es, Domine, qui	17
8	Quærite Dominum	156		7	Tu mandasti	265
1	Quam admirabile	8		6	Tu solus	189
8	Quam bonus	160		8	Tuam disciplinam	266
8	Quam dulcia	270		E	Unde veniet	287
7	Quam magnificata	238		7	Unxit te Deus	105
8	Qui habitas	291		4	Ut non delinquam	97
8	Qui habitat	353		2	Ut quid, Domine	11
1	Qui te exspectant	38		1	Veniant mihi	268
E	Quia mirabilia	218		1	Veniet ecce Rex	31
3	Quoniam in æternum	326		8	Venite, adoremus	27
8	Quoniam in te confidit	137		8	Verbum caro	381
4	Rectos decet	85		4*	Vide humilitatem	275
2	Rectus Dominus	224		E	Visita nos	243
8	Redemisti nos	370		5	Visitavit et fecit	230
3	Redemit eos	179		8	Vivam et custodiam	262
4	Regnavit Dominus	211		7	Vivit Dominus	22
8	Regnum tuum	346		3	Vivo ego	292
8	Respexit Dominus	331				
8	Respexit me	98			**Responsoria brevia**	
4*	Retribuet mihi	20			A solis ortu	350
6	Revela Domino	91			Adimplebis me	322
2*	Sæpe expugnaverunt	314			Auditam fac	229
6	Salutare vultus mei	136			Benedicam	170
7	Salutem ex inimicis	143			Benedictus Dominus	115
3	Salva nos	358			Benedictus es Domine	307
2	Salvasti nos	103			Cibavit nos Dominus	337
8	Salvum me fac, Deus	154			Christe Fili Dei	80
8	Salvum me fac, Domine	5			Christus dilexit	343
2	Sana Domine	100			Clamabo ad Dominum	229
8	Sanctificavit	119			Clamavi ad te	258
1	Scio cui credidi	386			Clamavi in toto	201
4	Secus decursus	2			Confitebimur tibi	80
1	Sede a dextris	302			Custodi nos	331
8	Sedisti super thronum	189			Deus in nomine	127
8	Servite Domino	1			Deus meus adiutor	141
7	Sit nomen Domini	305			Dirigatur Domine	337
2	Sitivit anima mea	102			Domine exaudi	242
E	Speret Israel	319			Dominus pascit me	315
1	Spiritu principali	223			Exsultabunt labia	259
1	Suavis est Dominus	220			Exsultate Deo	186
6	Surrexit Christus	74			Exsultate iusti	115
7	Suscepit Deus	345			Gustate	96
8	Te decet	166			In æternum	322
8	Terra tremuit	453			In manus tuas *sine et cum* all.	357
6	Tibi, Domine, psallam	221			In matutinis	201

Psalmorum

In te Domine	153	Ps 37	94
Inclina cor meum	80	Ps 38	97
Inclina cor meum	170	Ps 39	98
Magnus Dominus	350	Ps 40	101
Misericordias tuas	214	Ps 41	101
Mortuus est	344	Ps 42	136
Quam magnificata	306	Ps 43	103
Redime me	330	Ps 44	105
Sana animam meam	315	Ps 45	119
Vocem meam	142	Ps 46	120
		Ps 47	121
		Ps 48	122
Psalmi		Ps 49	124
Ps 1	2	Ps 50	67
Ps 2	3	Ps 51	125
Ps 3	29	Ps 52	128
Ps 4	352	Ps 53	128
Ps 5	110	Ps 54	129
Ps 6	5	Ps 55	131
Ps 7	7	Ps 56	137
Ps 8	8	Ps 57	132
Ps 9 A	10	Ps 58	133
Ps 9 B	11	Ps 59	145
Ps 10	13	Ps 60	146
Ps 11	13	Ps 61	147
Ps 12	15	Ps 62	72
Ps 13	15	Ps 63	165
Ps 14	16	Ps 64	166
Ps 15	17	Ps 65	148
Ps 16	18	Ps 66	66
Ps 17 A	20	Ps 67	150
Ps 17 B	22	Ps 68	154
Ps 18	23	Ps 69	157
Ps 19	25	Ps 70	158
Ps 20	31	Ps 71	160
Ps 21	32	Ps 72	162
Ps 22	35	Ps 73	174
Ps 23	36	Ps 74	176
Ps 24	38	Ps 75	223
Ps 25	40	Ps 76	177
Ps 26	42	Ps 77	179
Ps 27	44	Ps 78	184
Ps 28	45	Ps 79	186
Ps 29	46	Ps 80	188
Ps 30	48	Ps 81	189
Ps 31	50	Ps 82	190
Ps 32	85	Ps 83	191
Ps 33	87	Ps 84	192
Ps 34	89	Ps 85	205
Ps 35	112	Ps 86	206
Ps 36	91	Ps 87	195

Ps 88	208	Ps 138		333
Ps 89	197	Ps 139		335
Ps 90	353	Ps 140		336
Ps 91	224	Ps 141		340
Ps 92	71, 211	Ps 142		254
Ps 93	212	Ps 143		341
Ps 94	27	Ps 144 A		342
Ps 95	216	Ps 144 B		346
Ps 96	217	Ps 145		347
Ps 97	218	Ps 146		348
Ps 98	219	Ps 147		349
Ps 99	72, 220	Ps 148		76
Ps 100	221	Ps 149		78
Ps 101	233	Ps 150		79
Ps 102	235			
Ps 103	236	**Cantica V.T.**		
Ps 104	239	Ex 15, 1·4a.8·13.17·18		198
Ps 105	243	Dt 32, 1·12		256
Ps 106	247	1 Sam 2, 1·10		168
Ps 107	250	1 Par 29, 10·13		114
Ps 108	251	Tob 13, 2·8		140
Ps 109	302	Tob 13, 8·11, 13·16		467
Ps 110	303	Idt 16, 2·3.15·19		169
Ps 111	304	Prov 9, 1·6.10·12		461
Ps 112	305	Sap 3, 1·6		475
Ps 113 A	309	Sap 3, 7·9		473
Ps 113 B	310	Sap 9, 1·6.9·11		392
Ps 114	312	Sap 10, 17·21		473
Ps 115	313	Sap 16, 20·21.26; 17, 1		461
Ps 116	314	Eccli 14, 22; 15, 3.4.6b		477
Ps 117	69	Eccli 31, 8·11		478
Ps 118	261	Eccli 36, 1·7.13·16		257
Ps 119	286	Eccli 36, 14·19		57
Ps 120	287	Eccli 39, 17·21		471
Ps 121	288	Is 2, 2·3		468
Ps 122	292	Is 5, 1·7		380
Ps 123	293	Is 9, 2·7		488
Ps 124	294	Is 12, 1·6		113
Ps 125	297	Is 26, 1·4.7·9.12		439
Ps 126	298	Is 33, 2·10		56
Ps 127	299	Is 33, 13·16		57
Ps 128	314	Is 38, 10·14.17·20		139
Ps 129	318	Is 40, 1·8		439
Ps 130	319	Is 40, 9·11.27·31		441
Ps 131	320	Is 40, 10·17		53
Ps 132	321	Is 42, 10·16		54
Ps 133	355	Is 45, 15·26		227
Ps 134	325	Is 49, 7·13		55
Ps 135	326	Is 61, 1·11		448
Ps 136	328	Is 61, 6·9		473
Ps 137	329	Is 61, 10· 62, 3		470

Canticorum

Is 61, 10- 62,5	464	Auctor perennis	232
Is 62, 1-12	445	Audi benigne	425
Is 62, 4-7	470	Aurora iam	259
Is 63, 1-5	453	Aurora lucis	431
Is 66, 10-14a	440	Cæli Deus	331
Ier 7, 2-7	468	Candor æternæ	412
Ier 14, 17-21	59	Chorus novæ	431
Ier 17, 7-8	477	Christe precamur	173
Ier 31, 10-14	200	Christe qui splendor	356
Lam 5, 1-7.15-17.19-21	60	Christe redemptor	417
Ez 36, 24-28	59	Conditor alme	411
Dn 3, 26.27.29.34-41	384	Consors paterni	118
Dn 3, 52-57	75	Deus creator	351
Dn 3, 57-88.56	75	Dies ætasque	30
Os 6, 1-6	454	En acetum	427
Am 4, 13; 5, 8; 9, 5-6	383	Ex more	422
Ion 2, 3-10	397	Hic est dies	429
Hab 3, 2-4.13a.15-19	226	Hostis Herodes	421
Soph 3, 8-13	455	Iam, Christe	424
		Iam lucis	1
Cantica N.T.		Iesu, quadragenariæ	425
Lc 1, 46-55	308	Immense cæli	316
Lc 1, 68-79	82	Lætare, cælum	429
Lc 2, 29-32	358	Lucis creator	307
Mt 5, 3-10	391	Magi videntes	418
Io 1, 1.3.4.9.10.11.14.16	381	Magnæ Deus	338
Rom 8, 14-17	389	Magnis prophetæ	410
Rom 8, 31-35.37-39	395	Nox atra	173
Rom 11, 33-36	390	Nox et tenebræ	171
Eph 1, 3-10	369	Nunc sancte	279
Philp 2, 6-11	363	Nunc tempus	422
Col 1, 12-20	373	O rex æterne	433
1 Tim 2, 5-6; 3, 16; 6, 15-16	386	O sacrosancta	118
Tit 3, 4-7	387	Optatus votis	435
1 Pe 1, 3-9	396	Pange lingua... prœlium	426
1 Pe 2, 21-24	367	Pergrata mundo	142
Apc 4, 11; 5, 9.10.12	371	Plasmator hominis	344
Apc 11, 17-18; 12, 10b-12a	375	Precemur omnes	423
Apc 15, 3-4	377	Primo dierum	29
		Quicumque Christum	420
Canticum responsoriale		Rector potens	280
Apc 19, 1-7	365	Rerum creator	144
		Rerum Deus	281
Hymni		Scientiarum Domino	144
A solis ortus	416	Sol ecce surgit	202
Ad cenam	433	Somno refectis	84
Adesto, Christe	204	Splendor paternæ	116
Æterna cæli	230	Summæ Deus	232
Æterna lux	84	Te decet	62
Æterne rerum	81	Te Deum	62
Æterne rex	434	Te lucis	355

Telluris ingens	322	Verbum salutis	412
Tu Trinitatis	204	Verbum supernum	408
Veni, creator	435	Vexilla regis	428
Veni, redemptor	408	Vox clara	409

INDEX GENERALIS

Proœmium	vii
Mediationes in tonis psalmorum	ix
Tonus lectionum	xi
Psalterium secundum schema A	1
Per hebdomadam ad Primam	1
Ad invitatorium	26
Dominica ad Vigilias	28
Dominica ad Laudes matutinas	66
Per hebdomadam ad Vigilias et Laudes matutinas	84
Psalmus 118	261
Dominica ad Horas minores	278
Per hebdomadam ad Tertiam, Sextam et Nonam	282
Dominica ad Vesperas	302
Per hebdomadam ad Vesperas	309
Ad Completorium	352
Psalterium secundum schema B	363
Psalterium secundum schema C	379
Psalterium secundum schema D	399
Ordinaria de diversis temporibus	407
In Adventu	408
Tempore Nativitatis	412
Tempore Epiphaniæ	418
In Quadragesima	422
Hebdomada sancta	426
Tempore paschali	429
℟. et ℣. **Vigiliarum pro sollemnitatibus et festis**	437
Proprium de tempore	438
Communia	466
Proprium de sanctis	486
Litaniæ	515
Collectarium	521
Indices	553

Imprimé en France par Imprimerie Tardy Quercy S.A. Bourges — 11990
Dépôt légal : 1er trim. 1985